21世纪普通高等教育
法 学 系 列 教 材

监察法学

主　　编　吴建雄　廖永安
执行主编　李　蓉

撰 稿 人（以撰写章节先后为序）
吴建雄　廖永安　张全民
李　蓉　张义清　穆远征
吕晓刚

中国人民大学出版社
·北京·

湘潭大学教材建设基金出版资助

作者简介

吴建雄，1954年生，法学博士，中国反腐败司法研究中心主任，湘潭大学教授、博士生导师，全国检察业务专家。先后主持完成国家社科基金特别委托项目“中国特色社会主义国家监察制度研究”“习近平反腐败战略思想研究”，国家社科基金重大项目“反腐败领导体制机制研究”等8项国家和省部级重大、重点项目。在《求是》、《人民日报》（理论版）、《新华文摘》、《法学评论》、《法学家》等权威核心刊物发表论文120余篇；出版理论著作12部。先后获最高人民检察院理论研究成果特等奖、湖南省委省政府哲学社会科学研究成果一等奖等省部级奖项10项。学术思想反腐资源整合论、刑事司法二元论、反腐立法一元论、监察改革价值论等影响广泛。

廖永安，1972年生，法学博士，湘潭大学副校长、教授、博士生导师。兼任中国法学会理事、中国民事诉讼法学研究会副会长、湖南省法学会副会长、湖南省法学会诉讼法学研究会会长。系教育部新世纪人才工程计划入选者、国家百千万人才工程入选者、国家有突出贡献中青年专家、第七届和第八届“全国十大杰出青年法学家”提名奖获得者、湖南省优秀社会科学专家。先后主持国家社科基金重大项目等科研项目三十余项。在《求是》《中国法学》《人民日报》等报刊上发表学术论文一百五十余篇，出版《民事审判权作用范围研究》《民事诉讼制度专题实证研究》《诉讼费用研究》等著作二十余部。荣获教育部霍英东教育基金会高等院校“青年教师奖”、宝钢教育基金会优秀教师奖、教育部高等教育国家级教学成果奖二等奖、中国法学优秀成果奖一等奖、全国法学教材与科研成果奖一等奖、教育部高等学校科学研究优秀成果奖（人文社会科学）等奖励十余项。

李蓉，1968年生，法学博士，湘潭大学法学院教授，博士生导师。兼任中国刑事诉讼法学会理事、湖南省法学会诉讼法学研究会副会长、湖南省法学会法治反腐研究会副会长。湖南省人民检察院检察专家咨询委员会委员。长期从事刑事诉讼法学教学与研究工作。出版专著3部，在《政法论坛》《法学家》等刊物上发表学术论文近50篇。主持国家社科基金一般项目2项、国家社科基金重大招标项目子项目1项、司法部等省部级课题7项。参编教材多部。

张全民，1968年生，历史学博士，湘潭大学法学院教授、博士生导师，法律史学位点负责人。研究领域为中国法律史、法律古籍整理，偏重于中国古代法律史（尤其是刑法史）及法律古籍点校、译注。2004年入选湖南省新世纪青年社会科学研究人才“百人工程”、湖南省新世纪“121人才工程”。社会兼职有湖南省普法讲师团成员、湖南省法治文化研究会副会长。曾主持过省部级项目4项，出版学术著作3部，在《法学研究》等刊物公开发表论文二|余篇。

张义清，1974年生，兼任法学博士，湘潭大学法学院教授，博士生导师。系湖南省新世纪青年社会科学研究人才“百人工程”学者。兼任中国法学会法理学研究会常务理事、中国法学会宪法学研究会理事。主持完成全国教育科学“十五”规划重点课题、国家社科基金项目等12项；著有《人大监督的立法轨迹》等学术专著2部；主编教材1部；在《法学》《法制与社会发展》等刊物公开发表学术论文六十余篇，其中十余篇论文被《新华文摘》、《中国社会科学文摘》、中国人民大学复印报刊资料等转载或摘录。曾获评省教育科学研究优秀成果二等奖等。

穆远征，1983年生，法学博士，湘潭大学法学院副教授，硕士生导师。主要从事刑事诉讼法学、证据法学、监察法学教学研究。兼任中国反腐败司法研究中心研究员，湖南省法学会诉讼法学研究会、法治反腐研究会研究员、副秘书长等。承担国家社科基金一般项目1项、国家社科基金重大项目子项目2项、省部级项目5项。在《法学论坛》等核心刊物上发表论文十余篇。

吕晓刚，1985年生，湘潭大学法学院讲师，法学博士，硕士生导师，兼任湘潭大学反腐败司法研究基地研究员、湖南省法学会法治反腐研究会理事、湖南省法学会诉讼法学研究会理事、湖南省刑事法治研究会副秘书长、湖南省湘潭市人民检察院人民监督员。先后公开发表论文十余篇，出版专著一部，主编参编著作七部，主持国家级和省部级课题多项。

编写说明

中国共产党十九届四中全会擘画了“坚持和完善中国特色社会主义制度、推进国家治理体系和治理能力现代化”的宏伟蓝图，也为坚持和完善中国特色法律制度的法学教育和学科建设提出了新的要求。第十三届全国人民代表大会第一次会议通过的《中华人民共和国监察法》（以下简称《监察法》），是习近平新时代中国特色社会主义思想，特别是反腐败新理念、新思想、新战略的重大法制成果。它将党和国家监察体制改革的实践经验以法律形式固定下来，确立了具有中国特色的社会主义监察法律制度。如何运用我们的智识创制监察法学理论学科，构建监察法学学科体系，不仅是在新起点上推进反腐败斗争法治化、规范化的必然要求，而且是中国特色社会主义法学学科建设的时代命题，是新时代法学、法律工作者的重要使命。

本书作者从深化国家监察体制改革的时代背景入手，研究了旧有监察模式的体制性障碍、结构性矛盾、政策性问题，论证监察体制改革的重要性和必然性；从监察体制改革的文化渊源和域外借鉴入手，研究了中华传统的中央集权文化、监督百官的监察御史文化，考量了现代法治国家的反腐败机构模式，证成监察体制改革的价值认同、文化认同和制度自信；从监察体制改革的理论基础和实践逻辑入手，论证监察体制改革和新型监察法律制度建立的科学性和时代性；从监察法的立法价值和规范设计入手，对监察委员会的领导体制、职责权限、程序设置、自我约束以及与相关执法、司法部门之间工作衔接机制等进行了系统的理论分析和实证考量，从而为本书的编写奠定了基础。

作为教学用书，本书肩负着科学定位《监察法》、全面阐释《监察法》、完整理解《监察法》、综合研究《监察法》的重任。其基本思路是：以监察立法为逻辑起点，以监察职权为核心范畴，以监察法理为基础支撑，以相关法律制度、监察法治实践及其规律性研究为体系范围，用发展、开放的思维和方法来编写，以向正在接受法学教育和从事法学研究的广大师生提供一个良好的学习范本，实现促进学科成熟、推动监察制度研究、推进监察制度完善的目的。本书以帮助法学专业本科生、硕士研究生研习我国监察制度，培养广大监察干部，帮助全体受《监察法》保障和监督制约的公职人员学习《监察法》为编撰目的。

本书主要由三个部分构成。第一章至第三章为总论部分，主要阐述了监察法学的基本概念，包括监察法学的性质和任务、范畴与学科体系、研究对象和研究方法；重点阐述了监察制度的起源与发展，包括中国监察制度的起源、各国监察模式与发展、我国监察制度的文化源流；重点阐述了监察法的中国特色和基本理论，包括监察法创制的政治特色、民族特色、规范特色、本质特色、实践特色、时代特色，监察法所遵循的新时代中国化马克思主义理论创新成果。第四章至第十二章是分论部分，主要对监察法的基本原则、基本方针、基本内容进行学理和法理阐释，包括监察体制与组织结构、监察职责、监察范围和管辖、监察权限、监察程序、反腐败国际合作、对监察机关和监察人员的监督、监察法律责任。第十三章是余论部分，主要阐述监察法与相关法规的衔接，包括监察法与党内监督条例的贯通、监察法与党纪处分条例的衔接、监察法与相关法律的衔接等内容。

本书由吴建雄、廖永安担任主编，李蓉担任执行主编。全书由吴建雄、廖永安、李蓉负责统稿。本书作者分工如下。

吴建雄：第一章、第三章、第四章、第十章、第十一章、第十二章、第十三章；

廖永安：第六章；

张全民：第二章；
李　蓉：第七章；
张义清：第五章；
穆远征：第九章；
吕晓刚：第八章。

希望通过本书的编辑出版，能够为构建具有中国特色的监察法学学科体系发挥积极作用。囿于监察法律制度的确立和实施处在初始时期，仍有诸多理论和实践问题需要进一步研究，本书所涉内容尚有诸多不足之处，恳望读者批评指正。

编者

2019 年 12 月

目 录

第一章 监察法学概述

第一节 监察、监督权与监察法

一、“监察”的含义与沿革

（一）“监察”的基本含义

监察，从词义来说，指监督（督促）考察及检举。在汉语中，监察中的“监”，是“监控、监测、监护、监考、监听”之意；监察中的“察”，是“细看、详审”和“考察、调查”之意，源于《论语·卫灵公》：“众恶之，必察焉；众好之，必察焉。”可见，“监察”一词既指监督考察，又指检举、制止。

在中国古代，统治者为监督政府官员，设立了自上而下、自成体系的御史制度，以纠察百官，肃正朝纲，维护统治秩序，保障国家机器正常运转和最高统治者的利益。如明朝皇帝朱元璋说：“国家立三大府，中书总政事，都督掌军旅，御史掌纠察。朝廷纲纪尽系于此，而台察之任尤清要。”①《通志·魏高恭传》就写道：“御史检事，移付司直。”② 意即将所要纠劾的事项与典章律令相对照查验，如果发现有违制的情况，就依照典章律令的规定移交有关部门处理。源远流长的我国古代监察制度，为构建中国特色社会主义监察制度奠定了深厚的文化根基。

国外的“监察”与我国的“监察”都有“监督、检举”之意，只是在制度模式上存在差异。国外的“监察”有多种模式，主要包括代议机关内部的行政监察、行政机关内部的行政监察和监察与审计合一的行政监察等。如以瑞典为代表的代议机关内部的行政监察，其内部设立的监察机构称为议会行政监察专员。议会赋予行政监察专员以调查权、批评权和起诉权。监察专员在案件调查结束后可以对有关机关提出建议和批评，这是监察专员常用的权力。起诉权是监察专员对重大违法行为动用的权力。

（二）党和国家“监察”的沿革

在新中国成立前后，“监察”是指党和国家监督党员干部依法履职、秉公用权、廉洁从政的执纪执法活动。尽管“监督”这一基本形式未变，但监察的内涵和外延历经了从新中国成立前的党的监察，新中国成立后的行政监察、行政监察与党的纪律检查部门合署办公的纪检监察，到行政监察升格为国家监察、并与党的纪检合署办公的纪检监察的发展变化。

---

① 明史：志·卷四十九·职官二//王桂五．中华人民共和国监察制度研究．北京：法律出版社 1991：37.

② 谭金土．法言与法相．呼和浩特：远方出版社，2001：111.

1. 新中国成立前中国共产党的监察

新中国成立前中国共产党的监察活动始于1921年中共“一大”通过的党章。该党章强调了党的纪律，但是没有单设一章。1922年中共“二大”通过的党章单列了“纪律”一章，规定党员要服从党的全国大会及中央执行委员会的决议、下级机关必须执行上级机关的命令等党的纪律。

1927年4月，中共“五大”选举产生了中央监察委员会。这是中共历史上首次设立专门的纪律检查机构。其后，受中共“五大”委托，中共中央政治局于1927年6月召开会议修改了党章，增设了“监察委员会”一章，规定在党的全国代表大会及省代表大会选举中央和省监察委员会。1945年中共“七大”通过的党章专列了“党的监察机关”一章，规定中央监察委员会由中央全体会议选举产生，并对纪检机关的任务和职能、领导体制作了明确的规定。

2. 新中国成立初期党、政分立的监察

1949年11月，新中国成立后，中共建立了中央纪律检查委员会，政务院也设立了人民监察委员会。其主要任务是检查中央直属各部门及各级党的组织、党的干部及党员违反党的纪律的行为；受理、审查并决定中央直属各部门、各级党的组织及党员违反纪律的处分或取消处分；加强党员干部纪律教育。1955年3月，中国共产党召开全国代表会议，选举产生了中央监察委员会。中央监委的职权比过去纪委的职权有所扩大，组织机构有所扩充，“成为党中央对党组织和党员干部进行监督的强有力的机关”①。而政府的监察机构人民监察委员会于1954年9月改为监督部。1986年12月，第六届全国人民代表大会常委会第十八次会议决定设立中华人民共和国监察部，作为国家行政机构内的监察机关，依法对国家行政机关及其公务员行使行政权力的行为进行的监视和督察。

3. 中国共产党的“纪检”与行政“监察”合署的监察

为适应加快改革开放和现代化建设的新形势，提高党政监督的整体效能，1993年，中共中央和地方各级党的纪律检查机关与监察机关实行合署办公。其主要职责是：检查监察对象在遵守和执行法律、法规和人民政府的决定、命令中的问题；受理对监察对象违反行政纪律行为的控告、检举；调查处理监察对象违反行政纪律的行为；受理监察对象不服主管行政机关给予行政处分决定的申诉，以及法律、行政法规规定的其他由监察机关受理的申诉；法律、行政法规规定由监察机关履行的其他职责。纪检、监察机关依法对监察对象违反国家法律、法规和政策的行为，以及违反政纪的行为行使检查权、调查权、建议权和行政处分权。

4. 中国共产党的“纪检”与国家“监委”合署的监察

为适应实现中华民族伟大复兴的中国梦的时代要求，构建集中统一、权威高效的国家监察体系，2016年12月，党中央决定在北京市、山西省、浙江省开展国家监察体制改革试点工作。试点地区依照第十二届全国人大常委会通过的《全国人民代表大会常务委员会关于在北京市、山西省、浙江省开展国家监察体制改革试点工作的决定》，将行政监察部门、预防腐败机构和监察机关查处贪污贿赂、失职渎职以及预防职务犯罪等部门的工作力量整合起来，组建党统一领导的反腐败机构即监察委员会，实现对所有公权力人员的监察全覆盖，从根本上改变长期以来监察范围过窄、反腐败力量分散、监察专责集中统一不够等问题。

2017年10月中共十九大以后，国家监察体制改革试点工作在全国推开。根据中共中央确定的时间表和路线图，各省、市、县、区监察委员会相继成立。2018年3月，第十三届全国人大第一次会议通过《中华人民共和国宪法修正案》和《中华人民共和国监察法》，选举产生中

---

① 中纪委风雨80载. 人民网，2009-10-15.

华人民共和国监察委员会，标志着行政“监察”升格为国家“监察”的重大政治体制改革布局完成。作为国家反腐败的专责机关，监察委员会和中国共产党的纪律检查委员会合署办公，依法履行监督、调查、处置职责权限，为加强中国共产党对反腐败工作的集中、统一领导，构建中国特色社会主义监督体系奠定了坚实基础。

二、监察权的概念与特征

（一）监察权的概念

监察权是监察法学的核心概念，也是贯穿于监察法的一条主线。国家监察体制改革前，我国对公职人员的监察即反腐败职权，分别由政府行政监察和检察职务犯罪侦查部门行使。2018年3月11日第十三届全国人民代表大会第一次会议通过的《中华人民共和国宪法修正案》和《监察法》，在总结反腐败实践经验的基础上，赋予监察委员会监督、调查、处置三项基本权能。这标志着国家监察权的确立，也标志着新的国家权力结构即在一级人大之下“一府一委两院”的权力格局的形成。据此，我们可以将监察权界定为：国家监察机关享有并行使的，对掌握公权力的公职人员进行监督，对职务违法和职务犯罪开展调查和处置的反腐败执法权力。[①]

监察权为新型的国家权力，目前国内对监察权的性质尚有不同的认识。有观点指出，监察权是立法权、行政权、司法权之外的第四权力[②]；有观点认为，监察权是具有行政权和专门调查权二元属性的复合权力[③]；也有观点指出，监察权不完全属于受宪法和法律制约的国家权力，其与中国共产党所行使的政治领导权、指挥权、监督权及对干部的问责权存在交叉和重叠关系，因此监察权属于一种执政党的执政权与国家机构的国家治理权相混合的产物。[④]

（二）监察权的特征[⑤]

1. 在主体上，行使监察权的主体为各级监察委员会

监察委员会作为行使监察权的国家监察机关，是宪法的规定，是对监察职能的法律定位。监察委员会是政治机关，这与“国家监察机关”的定位是一致的。在我国，一切国家机关和部门都具有政治属性，这种政治属性主要体现在对中国共产党的领导和方针政策的贯彻落实上。强调监察机关是政治机关，是从监察职能的基本属性来定位的。监察委员会与纪律检查机关合署办公，共享中国共产党的政治权力，实现中国共产党对反腐败工作的统一领导。监察权在整体上的政治属性表现为“四种形态”的工作模式，即批评教育、组织处理、纪律处分、立案审查。在四种形态的监察活动中，绝大多数是批评教育，少数是组织处理，极少数是纪律处分，极极少数才追究刑事责任。这就决定了监察工作的主体是以监督为专责的政治机关。监察委员会既是宪法规定的“国家监察机关”，又是监察法规定的“行使国家监察职能的专责机关”，也是与中国共产党的纪检机关一体运行的政治机关。

2. 在职责上，国家监察权是建设廉洁政治，惩治、预防腐败的国家权力

反对腐败、建设廉洁政治，是中国共产党一贯坚持的鲜明政治立场，是人民关注的重大政治问题。中国共产党十八大以来，党和国家狠抓党风廉政建设和反腐败斗争，打虎拍蝇雷霆万钧，正风肃纪驰而不息，形成了反腐败斗争的压倒性态势。在此背景下国家监察体制改革启动

---

① 吴建雄．国家监察体制改革若干问题探析．新疆师范大学学报（哲学社会科学版），2019（5）.

② 魏昌东．国家监察委员会改革方案之辨正：属性、职能与职责定位．法学，2017（3）.

③ 秦前红．我国监察机关的宪法定位——以国家机关相互间的关系为中心．中外法学，2018.

④ 莫纪宏．国家监察体制改革要注重对监察权性质的研究．中州学刊，2017（10）.

⑤ 同①.

了，国家监察权应运而生，监察委作为中国共产党统一领导下的反腐败机构，肩负的任务就是对所有行使公权力的公职人员进行监察，调查职务违法和职务犯罪，开展廉政建设和反腐败工作，维护宪法和法律的尊严。国家监察权首先就是中国共产党统一领导下建设廉洁政治，惩治、预防腐败的国家权力。

3. 在本质上，国家监察权是中国共产党和国家自我监督的权力

我国实行中国共产党一党执政、多党合作的政党制度。由于一党执政，其他民主党派只是参政议政，我国公务员队伍中中国共产党党员占比超过80%，县处级以上领导干部中中国共产党党员占比超过95%。这就决定了反腐败的关键在于中国共产党和国家协同管理好所有的中国共产党党员干部，使其奉行中国共产党全心全意为人民服务的宗旨，根据宪法和公务员法的规定为国家效力。我国政治特色还在于，中国共产党是领导核心，中国共产党的领导权被载入宪法，实际政治生活中所有国家机构的权力最终统一于中共中央和中央政治局。“最高国家权力机关”的法定职权与中国共产党的领导权都是宪法确认的权力，都是人民赋予的权力，是对国家主权的共同行使。“党的执政地位，决定了党内监督在党和国家各种监督形式中是最基本的、第一位的”，“强化党内监督是为了保证党立党为公、执政为民，强化国家监察是为了保证国家机器依法履职、秉公用权”。中国共产党的自我监督和国家的自我监督对于整个国家的廉洁政治，对于人民主权的维护同样重要。纪检监察机关作为党和国家监督的专责机关，肩负维护中国共产党的机关和国家机构的纯洁性、廉洁性的使命，是中国共产党和国家实行自我监督的权力。

4. 在功能上，国家监察权是督促公职人员依法履职、勤政廉政的权力

监察委员会是中国共产党统一领导下的反腐败机构，也是“党管干部”原则指导下对干部的廉洁状况进行监督的专门机构。在我国，中国共产党的宗旨要求党员领导干部必须全心全意为人民服务；公务员是人民的公仆，《公务员法》规定公务员有模范遵守宪法和法律、全心全意为人民服务、接受人民监督、按照规定的权限和程序认真履行职责、忠于职守、勤勉尽责、遵守纪律、清正廉洁、公道正派等义务。国家监察体制改革的目标之一就是要健全国家监察组织架构，形成全面覆盖国家机关及其公务员的国家监察体系。国家监察权通过对所有公职人员全覆盖，开展廉政教育、监督检查，对职务违法和职务犯罪进行调查等活动，将法律对公职人员的要求落到实处，是督促公职人员依法履职、勤政廉政的权力。

三、监察法的概念与特点

监察法是调整监察关系的法律规范的总称，具体而言，是规定国家监督的基本原则和基本要求，明确监察机关的定位，规范监察组织及其职权，监察组织行使职权的方式、程序，以及监督等各种关系的法律规范的总称，包括监察组织法、监察行为和程序法、监察监督法等。就其发展而言，我国的监察法经历了行政监察法和国家监察法两个阶段。第一阶段，即1997年5月9日第八届全国人大常委会通过的《中华人民共和国行政监察法》和2010年6月25日第十一届全国人大常委会通过的《关于修改〈中华人民共和国行政监察法〉的决定》(已失效)，都是规范行政机关监察体制、监察职权、监察对象、监察活动的专项法律；第二阶段，即2018年3月第十三届全国人大第一次会议通过的《中华人民共和国监察法》(以下简称《监察法》)，是规范国家监察机关组织体制、职责权限、监察范围、监察程序等的基本法律，具有高于专项法律的立法位阶。其具有以下突出特点。

一是立法指导思想明确，突出了中国共产党的集中、统一领导。加强中国共产党对反腐败斗争的统一领导，是监察体制改革的第一要义。这是因为，反腐败既是全面从严治党的重要组

成部分，又是国家依法治权的系统工程，客观要求执政的中国共产党，在领导中国特色社会主义事业建设过程中，通过对公权力和公务人员的全方位监督，掌握和控制公共权力依法、规范运行的主动权，实现党内监督和国家监察功能的最大化，不断提升党和国家自我净化和自我修复的能力。《监察法》规定，坚持中国共产党对国家监察工作的领导，构建具有中国特色的国家监察体系，建立集中统一、权威高效的反腐败体制，强化党和国家的自我监督从而确立了具有鲜明中国特色的社会主义监督制度。

二是立法体例科学、逻辑缜密。《监察法》共 9 章 69 条。总则明确立法目的、指导思想和监察原则等；分则包括：监察主体，包括监察机关的产生程序和领导体制、派出监察机构、监察官制度；监察范围，包括监察对象和管辖问题；监察职责，包括监察机关的主要职能和职责；监察权限，包括谈话、讯问、搜查、留置等 12 项调查措施，需要有关机关协助的措施和相关证据规则；监察程序即工作流程，包括对线索处置、初步核实、立案、调查、处置、移送起诉、申诉程序；反腐败国际合作，包括双边，多边合作，追逃追赃和防逃等制度；对监察机关和监察人员的监督，包括内部监督和外部监督两个方面；法律责任，包括有关单位和人员、监察机关及其工作人员的法律责任等。这一立法体例科学，即包括了监察机构设置，又涵盖了监察行为、活动全过程，逻辑缜密。

三是新监察主体的产生和监察对象的拓展，创新和丰富了我国监察制度的内涵。整合反腐败资源力量，由各级人大选举产生各级监察委员会，既是社会主义政治制度的内在要求，也是解决机构分散、打击不力等问题的对策选择，是实现国家腐败治理体系和治理能力现代化的组织保障。实行国家层面反腐败机构的集中统一，使中国共产党的反腐败决策转化为国家意志，使权力机关的反腐败监督通过法定程序落到实处。将中国共产党的机关、人大机关、行政机关、政协机关、审判机关、监察机关、民主党派和工商联机关的公务员及参照公务员法管理的人员，法律、法规授权或者受国家机关依法委托管理公共事务的组织中从事公务的人员，国有企业管理人员，公办的教育、科研、文化、医疗卫生、体育等单位中从事管理的人员，基层群众性自治组织中从事集体事务管理的人员，以及其他依法履行公职的人员，统一纳入监察范围，体现了对国家公务人员监察的全覆盖、无例外的立法要旨。

四是监察职能定位和监察权限设置适应了反腐败斗争的客观需要。《监察法》规定，监察机关的主要职能是：维护宪法和法律法规；依法监察公职人员行使公权力的情况，调查职务违法和职务犯罪；开展廉政建设和反腐败工作。《监察法》要求监察机关依法履行监督、调查、处置职责，并将目前监察机关实际使用的十余种调查措施以国家立法形式固定下来，特别规定监察机关在调查涉嫌贪污贿赂、失职渎职等严重职务违法和职务犯罪时，可以采取留置调查措施，从而为揭露、证实、惩治腐败违法犯罪提供了有力的法律武器。它适应了腐败问题违规与违法交织的特点和规律，是查办职务违规违法和职务犯罪的措施的制度创新，破解了刑事强制措施难以突破职务犯罪案件的困局，同时也为废除实际需要但又饱受诟病的“双规”措施创造了条件，实现了用留置取代“双规”措施的法治化进步。

五是严格规范监察程序和强化对监察的外部监督，体现了信任不能代替监督的法治原则。为保证监察机关正确行使权力，《监察法》专设监察程序一章，对监督、调查、处置工作程序作出严格规定，如对于采取留置调查措施的，规定了严格的程序和期限与审批程序，以及被留置人员的基本人权保障。这些规定，为监察权的行使构筑了严密的制度笼子。为加强对监察机关和监察人员的内外监督，《监察法》规定监察机关接受本级人大及其常委会的监督，细化了多项监督措施。《监察法》与中国共产党的纪律检查机关的监督执纪工作规则相衔接，将实践中行之有效的做法上升为法律规范。《监察法》明确了监察机关与检察机关的相互配合和制约，规定监察机关移送的案件，检察机关经审查后，认为需要补充核实的，应当退回监察机关补充调查，必要时可以自行补充侦查；对于证据不足、犯罪行为较轻，或者没有犯罪事实的，依法作出不起诉的决定。《监察法》还作出了监察机关公开监察工作信息，接受民主监督、社会监督、舆论监督的规定。这些规定的细化和实施，必将促进监察权在法治的轨道上规范运行。

从法律体系看，监察法属于：

（1）实体（组织）与程序相结合的特别法。一般法按其内容与作用可分为实体法与程序法。实体法是规定具体权利义务的内容或者法律保护的具体情况的法律，如人民检察院组织法、人民法院组织法就是规定检察机关和审判机关的机构设置和权力配置的法律。程序法是规定权利得到实现或职权据以行使、义务和责任得到履行的有关程序的法律。与“一般法”相对称，特别法是对特定的人群和事项或者在特定的地区和时间内适用的法律。监察法之所以是实体与程序相结合的特别法，就是因为它既不是一般的实体法或程序法，也不是一般的特别法。监察法规定了监察机关的组织机构及其职责、权限和法律责任，具有实体法的内容；同时又规定了监察范围、监察程序等，具有程序法的内容；其规定的反腐败国际合作更具有实体和程序一体的特征。

（2）公法。法按其涉及的国家和个人间的关系，可分为公法和私法。这是罗马法的传统分类。公法是调整国家与个人之间关系的法律，私法是调整个人与个人之间关系的法律。监察法调整的是监察工作中国家监察机关与公职人员及其他监察参与人的关系，因而它属于公法。制定和实施监察法，应当充分注意到它属于公法的特点，处理好监察执法中国家权力与被监察人员及公民权利的冲突和平衡问题。

（3）基本法。我国的法律按其层次分为根本法、基本法和一般法律。根本法是指国家的根本大法——宪法；基本法是必须由全国人民代表大会通过的重要法律；一般法律则由全国人民代表大会常务委员会通过。《监察法》必须经全国人民代表大会通过，是在我国法律体系中占有重要地位的基本法。《监察法》作为一部体现党和国家自我监督的基本法律，也是我国第一部反腐败国家立法。在我国宪法之下的法律体系中，《监察法》处于源头性、引领性的重要地位。“要制定同监察法配套的法律法规，将监察法中原则性、概括性的规定具体化，形成系统完备、科学规范、运行有效的法规体系。”①

四、监察法与宪法

第十三届全国人大第一次会议审议通过的宪法修正案，对国家机构作出重要调整和完善，即在原来人大下的“一府两院”（人民政府、人民法院、人民检察院），增加“一委”（监察委员会）；同时专门增加监察委员会一节，确立监察委员会作为国家机构的法律地位，对监察委员会的权力运行体制机制等重要问题作出原则性、纲领性规定，从而为深化国家监察体制改革、保证监察委员会履职尽责提供了根本遵循，为《监察法》的制定提供了宪法依据。具体而言，《宪法》对监察制度和《监察法》具有以下形塑作用。

第一，为确立监察委员会的性质和地位提供依据。《宪法》第123条规定，“中华人民共和国各级监察委员会是国家的监察机关”，从而明确了监察委员会的性质和地位。在国家权力结构中设置监察机关，是从我国历史传统和现实国情出发加强对公权力监督的重大改革创新，体现了中国特色社会主义道路自信、理论自信、制度自信、文化自信。监察委员会作为行使国家

① 习近平：在新起点上深化国家监察体制改革．求是，2018（5）.

监察职能的专责机关，与中国共产党的纪律检查委员会合署办公，实现党性和人民性的高度统一。监察委员会是实现党和国家自我监督的政治机关，不是行政机关、司法机关。其依法行使的监察权，不是行政监察、反贪反渎、预防腐败职能的简单叠加，而是在中国共产党直接领导下，代表党和国家对所有行使公权力的公职人员进行监督，既调查职务违法行为，又调查职务犯罪行为，其职能权限与司法机关及其他执法部门的明显不同。同时，监察委员会在履行职责过程中，既要加强日常监督、查清职务违法犯罪事实，进行相应处置，又要开展严肃的思想政治工作，进行理想信念宗旨教育，做到惩前毖后、治病救人，努力取得良好的政治效果、法纪效果和社会效果。

第二，为明确监察委员会的组织架构和职能职责提供依据。《宪法》第 124 条规定："中华人民共和国设立国家监察委员会和地方各级监察委员会。"监察委员会由下列人员组成：主任，副主任若干人，委员若干人。"监察委员会主任每届任期同本级人民代表大会每届任期相同。国家监察委员会主任连续任职不得超过两届。""监察委员会的组织和职权由法律规定。"这一规定明确了监察委员会的基本构成。根据《宪法》的这一规定，《监察法》对国家、省、市、县设立监察委员会作出具体规定：国家一级监察委员会名称前冠以"国家"，表明现行监察体制已由行政监察"小监察"变为国家监察"大监察"，确立了国家监察委员会最高一级国家机构的地位；地方各级监察委员会名称采用行政区划＋"监察委员会"的表述方式。监察委员会主任由本级人民代表大会选举产生，副主任和委员由主任提请本级人民代表大会常务委员会任免。各级监察委员会可以向本级党的机关、国家机关、经法律法规授权或者委托管理公共事务的组织和单位以及所管辖的行政区域、国有企业等派驻或者派出监察机构、监察专员。监察机关的主要职能是调查职务违法和职务犯罪，开展廉政建设和反腐败工作，维护宪法和法律的尊严；主要职责是监督、调查、处置；主要权限包括谈话、讯问、询问、查询、冻结、调取、查封、扣押、搜查、勘验检查、鉴定、留置等。

第三，为规定监察委员会的领导体制和工作机制提供依据。《宪法》第 125 条规定："中华人民共和国国家监察委员会是最高监察机关。""国家监察委员会领导地方各级监察委员会的工作……"第 126 条规定："国家监察委员会对全国人民代表大会和全国人民代表大会常务委员会负责。地方各级监察委员会对产生它的国家权力机关和上一级监察委员会负责。"对这两条应当统一起来理解、贯通起来把握。一方面，为保证中国共产党对反腐败工作的集中统一领导，党的纪律检查机关同监察委员会合署办公，履行纪检、监察两项职责，在领导体制上与纪委的双重领导体制高度一致。监察委员会在行使权限时，重要事项需由同级党委批准；国家监察委员会领导地方各级监察委员会的工作，上级监察委员会领导下级监察委员会的工作，地方各级监察委员会要对上一级监察委员会负责。另一方面，监察委员会由人大产生，就必然要对人大及其常委会负责，并接受其监督。在深化国家监察体制改革试点中，试点地区创造出许多有利于人大及其常委会实现对监察委员会的监督的好形式、好方法。

第四，为明确监察委员会与其他机关的配合制约关系提供依据。《宪法》第 127 条规定："监察委员会依照法律规定独立行使监察权，不受行政机关、社会团体和个人的干涉。""监察机关办理职务违法和职务犯罪案件，应当与审判机关、检察机关、执法部门互相配合、互相制约。"审判机关指的是各级人民法院；检察机关指的是各级人民检察院；执法部门包括公安机关、国家安全机关、审计机关、行政执法机关等。监察机关履行监督、调查、处置职责，行使调查权限，是依据法律授权，行政机关、社会团体和个人无权干涉。同时，有关单位和个人应当积极协助、配合监察委员会行使监察权。目前在实际工作中，纪检、监察机关不仅同审判机关、检察机关形成了互相配合、互相制约的关系，同执法部门也形成互相配合、制约的工作联系。审计机关发现领导干部涉嫌违纪违法问题的线索，要按规定移送相关纪检、监察机关调查处置；纪检、监察机关提出采取技术调查、限制出境等措施的请求后，公安机关与相关部门要对适用对象、种类、期限、程序等进行严格审核并批准；在对生产安全责任事故的调查中，由安监、质检、食药监等部门同监察机关组成联合调查组，实地调查取证，共同研究分析事故的性质和责任，确定责任追究的范围和形式。监察机关成立后，对于涉嫌职务犯罪的行为，监察机关调查终结后移送检察机关依法审查、提起公诉，由人民法院负责审判；对监察机关移送的案件，检察机关经审查后认为需要补充核实的，应退回监察机关进行补充调查，必要时还可自行补充侦查。在宪法中对这种关系作出明确规定，是将客观存在的工作关系制度化、法律化，可确保监察权依法正确行使，并受到严格监督。

第二节　监察法学的性质和任务

一、监察法学的性质

对监察法学学科性质的界定涉及两个方面：一是它与相邻学科的关系（外部关系），即通过对监察法学与相邻学科的关系的探讨，来揭示其学科属性；二是它与法学内部二级学科的关系（内部关系），即通过对监察法学与法学二级学科的关系的研究，来揭示其自身的性质。要诠释和解读这些关系，关键在于对监察法学学科概念的界定，亦即对监察法学定义的概括。监察法学是一门以政治性为主要特征的综合性法学学科。对这一概念可从以下几个方面来理解。

（一）监察法学是一门法学学科

监察法学是法学中的一门学科，它归属于法学。监察是各级监察委员会依法对所有行使公权力的公职人员进行监督，调查处置职务违法和职务犯罪，开展廉政建设和反腐败工作，维护宪法和法律的尊严的活动。对于开展监察活动的主体构架、职权范围、活动方式、活动原则等事项，通过法律的形式加以规定。在新的时代背景下，随着法治的进步、权力监督和人权意识的增强，监察立法和执法都必须体现中国特色社会主义的法治正义，都必须严格依照法定程序进行。研究监察立法和监察执法的学问，自然应当是法学的一个学科。

监察制度是我国政治制度的重要组成部分，但它的所有内涵，包括监察机关及其职责、监察范围和管辖、监察权限、监察程序、对监察机关和监察人员的监督、法律责任及反腐败国际合作等，都是通过法律条文固定下来，通过宪法、法律的形式表现出来；监察机关和监察活动都因法而存，依法而行，并以护法为目的。对监察制度的研究，也必须运用法学的基本原理，以法律制度为参照来展开。因此，无论是监察法学研究对象本身的性质，还是监察法学研究的内容，都决定了它必然是一门法学学科。

（二）监察法学是一门政治性的法学学科

从监察立法的目的来看，监察法是我国继宪法之后第一部将中国共产党的领导写进法律的基本法。这是监察法作为党和国家重大政治改革的成果所决定的。《宪法（修正案）》明确规定，“中华人民共和国各级监察委员会是国家的监察机关”。《监察法》第 3 条规定，“各级监察委员会是行使国家监察职能的专责机关……”。这清晰地阐明了监察委员会不同于行政机关、司法机关的性质和地位，是实现党和国家自我监督的政治机关。监察委员会实质上就是反腐败工作机构，和中国共产党的纪律检查委员会合署办公，代表党和国家行使监督权。监察委员会作为政治机关，本质上是中国共产党的工作机构，政治属性是第一属性、根本属性。监察立法的政治性，决定了监察法学是一门以政治性为主的学科。

从监察机关的职能定位来看，监察委员会是实现党和国家自我监督的政治机关，也是行使国家监察职能的反腐败专责机关。在工作方式上，监察委员会与中国共产党的纪律检查委员会合署办公，实现党性和人民性的高度统一；职能属性上，其依法行使的监察权，不是行政监察、反贪反渎、预防腐败职能的简单叠加，而是在中国共产党直接领导下，代表党和国家对所有行使公权力的公职人员进行监督，既调查职务违法行为，又调查职务犯罪行为，其职能权限与司法机关、执法部门的明显不同；从职责运行上讲，监察委员会既要加强日常监督、查清职务违法犯罪事实，进行相应处置，还要开展严肃的思想政治工作，进行理想信念宗旨教育，做到惩前毖后、治病救人，努力取得良好的政治效果、法纪效果和社会效果。监察机关特有的反腐败政治职能定位，也是监察法学以政治性为主的内在支撑。

（三）监察法学是一门综合性的法学学科

监察法学虽归属于法学，但有着鲜明的政治性，同时与法学之外的多门学科具有交叉关系，是法学与其他一些学科的综合。研究监察法学，首先要研究政治学的内容，如国家政体理论、权力监督制约理论、民主法治理论等。在监察委员会被定位为行使国家监察职能的专职机关时，如果离开政治学，就难以对监察机关的性质作出正确的理解。特别是监察为党和国家自我监督的方式，监察委员会与中国共产党的纪律检查委员会合署办公，监察法学研究必然涉及中国共产党的反腐倡廉理论。其次，监察制度作为上层建筑，必须以经济为基础。当前我国正处于社会主义初级阶段，经济建设是我们的中心任务，因而监察法学必然与经济学有着密切的联系。虽监察机关不是经济部门，但并不等于可以不进行成本-收益分析，可以不重视有关经济数据和指标，如监察成本包括腐败成本的研究等，都涉及经济学知识，因此，监察法学需要综合经济学的内容。最后，监察法学还需要吸收社会学、管理学、教育学、统计学、心理学、职业道德学、职业伦理学等的内容。

（四）监察法学是一门应用性的法学学科

从认识论的角度进行分类，可以把法学内部的学科划分为理论法学和应用法学。“理论法学综合研究法的基本概念、原理和规律等；应用法学则主要研究法律的结构和内容，以及它们的概念、解释和适用。”① 监察法学是理论法学与应用法学的综合。作为理论法学，监察法学需要研究监察制度的理论基础及其他基本理论，需要揭示监察制度产生、发展、变化的一般规律以及各种具体监察制度的运用规律。在监察法学创建过程中，这种理论研究的任务更为重要，否则，监察法学就会缺乏理论根基，因而难以自立于法学学科之林。而就监察活动的具体实践而言，监察法学又是一门重要的应用法学，因为它的一切研究不仅要立足于实际，而且必须应用于监察实践，否则，监察学就可能成为无源之水、无本之木。在监察法学的体系中，属于基础理论的内容占有相当的比重。从全国人大常委会《关于在北京市、山西省、浙江省开展监察体制改革试点工作的决定》实施，到《监察法》的颁布，监察基础理论和监察应用理论两方面的研究都深入进行并取得明显成效，其中宪法学界、诉讼法学界、行政法学界和反腐败领域的学者以及纪检、监察、审判等实务界的专家对监察体制改革给予了充分的关注，其中不乏有创新、有价值、有建树的基础理论和应用研究成果。以《监察法》的出台为例，2017 年 6 月下旬，全国人大法工委将监察法草案送给 23 个中央国家机关和 31 个省、自治区、直辖市人大常委会征求意见；同时，召开专家会，听取了宪法、行政法和刑事诉讼法方面的专家学者的意

---

① 石少侠．浅谈监察法学的性质、特点和体系//中国法学会监察研究会．监察法学的学科建设．北京：中国检察出版社，2008：66.

见。全国人大共收到专家学者意见超过 1.3 万条。实践证明，把监察法学视为理论法学与应用法学的综合，既符合监察法学体系的实际，也符合监察法学研究的实际。

二、监察法学研究的任务

（一）坚持和丰富中国特色社会主义法治理论体系

中国特色社会主义法治是中国共产党的领导、人民当家做主和依法治国的有机统一。中国特色社会主义法治理论，是在习近平新时代中国特色社会主义思想的指导下，以习近平法治思想为引领和遵循的，体现我国法治建设规律的认识论、方法论、价值论、实践论等。监察法学作为一门新型学科，是中国特色社会主义法治理论体系的重要组成部分。开展监察法学研究，对于坚持和丰富中国特色社会主义理论法治体系具有重要的现实意义。

习近平新时代中国特色社会主义思想内涵丰富、体系完整、愿景高远，其所蕴含的法治思想尤为瞩目，为监察法学研究提供了最根本的思想指导。一方面，要在习近平新时代法治思想的指引下，推进中国特色社会主义监察理论学科建设，澄清在监察制度上的重大理论是非，用中国特色社会主义法治理论体系牢固地占领监察理论阵地，并以正确的监察理论指导监察实践活动，推进“迈向法治反腐新征程”的各项职能工作，实现新时代“以良法保障善治、促进发展”①，为夺取反腐败压倒性胜利提供理论支撑。另一方面，中国特色社会主义法治理论是一个不断丰富发展的、开放的理论体系，中国特色社会主义监察制度是中国特色社会主义制度的重要组成部分，中国特色社会主义监察理论学科的丰富和发展，必然会推进中国特色社会主义法治理论体系的丰富和发展。因此，推进中国特色社会主义监察理论建设，使之立足国情、符合规律，适应时代要求，充分体现习近平新时代中国特色社会主义法治思想的基本精神，是丰富中国特色社会主义法治理论体系的一个重要方面。

（二）巩固和发展中国特色社会主义监察制度

中国特色社会主义监察制度与资本主义的监察制度具有本质区别，因而不能用资本主义的政治理论和监察理论来说明和评判，而必须从中国监察制度的实际出发，努力构建中国特色社会主义监察法学。通过监察法学的研究，对涉及监察制度的重大问题作出全面、系统的理论回答，对中国特色社会主义监察制度作出科学的理论概括。

监察法确立的中国特色社会主义监察制度，是中国共产党建立和新中国成立以来反腐败实践经验的科学总结。无论是在革命斗争岁月还是在和平建设时期，中国共产党都坚持不懈地开展反腐败斗争，全力以赴地确保无产阶级政党的先进性和纯洁性。中国共产党十八大以来，以习近平同志为核心的中国共产党中央坚持反腐败无禁区、全覆盖、零容忍，以雷霆万钧之势，坚定不移“打虎”“拍蝇”“猎狐”，“不敢腐”的目标初步实现，“不能腐”的笼子越扎越牢，“不想腐”的堤坝正在构筑。在深入开展反腐败斗争的同时，国家监察体制改革蹄疾步稳。依据《宪法》制定的《监察法》，以国家立法的形式，对监察工作的指导思想和领导体制、监察工作的原则和方针、监察委员会的产生和职责进行明确，实现对所有行使公权力的公职人员监察全覆盖，赋予监察机关必要的权限，严格规范监察程序等，解决了我国反腐败实践中存在的反腐败力量分散、集中统一领导不够等问题。根据《监察法》，各级监察委员会是行使国家监察职能的专责机关，对所有行使公权力的公职人员进行监察，调查职务违法和职务犯罪，开展廉政建设和反腐败工作，维护宪法和法律的尊严。监察委员会履行监督、调查、处置的职责，

① 十九大报告.

填补了行政监察范围过窄的空白，充分体现了抓早抓小、防微杜渐、惩前毖后、治病救人的方针。《监察法》规定用留置取代“双规”措施，并规定严格的程序，解决了长期困扰我们的法治难题。《监察法》明确提出：国家监察工作坚持标本兼治、综合治理，强化监督问责，严厉惩治腐败；深化改革、健全法制，有效制约和监督权力；加强法治教育和道德教育，弘扬中华优秀传统文化，构建不敢腐、不能腐、不想腐的长效机制。这些正是中国共产党领导反腐败斗争、加强党风廉政建设的重要经验。开展监察法学研究，就是要充分阐明监察法为我国第一部反腐败国家立法，是唯一将中国共产党的领导写进法律的基本法，也是第一部组织与程序相结合的“特别法”；就是要充分阐明，贯彻实施监察法就要高度认同监察法所具有的党和国家自我监督的政治性、监察职权与监察程序的正当性、与相关法律法法衔接的源头性、监察授权与监察控权的人民性；就是要从中国特色社会主义政治理论与政治实践相结合的角度，回答监察法“为何制定、谁来执行、怎样实施”等问题，得出立足中国国情、体现中国特色、符合中国政治实际的科学结论，为巩固和发展中国特色社会主义监察制度提供有力的理论支撑。

（三）提高监察队伍的政治素质和专业素质

监察理论学科建设是加强监察队伍思想政治建设的重要工程，理论上成熟是政治上成熟的基础。坚持用习近平新时代中国特色社会主义思想武装监察人员，用习近平反腐败思想和监察体制改革的重要论述指导监察工作，才能在纷繁复杂的情况下明辨是非，增强政治敏锐性和鉴别力。监察理论学科建设又是建设高素质、专业化监察队伍的重要途径和基础。监察人员参与建设中国特色社会主义监察理论学科的过程，既是进一步认识工作规律、科学解释监察监督原理、掌握正确理论的过程，也是掌握实情、加强理性思考、解决履行职责和执行法律政策过程中的疑难问题的过程。因此，推进监察法学理论研究，不仅是提高监察人员的理论素养的需要，而且是提高执法能力和水平的有效途径。开展监察法学理论研究，有利于针对反腐败斗争迈向法治反腐新阶段的实际情况，统筹安排、精准施策，切实把监察制度的优势转化为腐败治理的效能；有利于准确把握监察法的执法要义和法治精神，在监察执法中坚持抓早抓小、动辄则咎，强化对各类监察对象的日常监督，用好各项监察调查措施，坚决查处职务违法和职务犯罪行为，确保监察权依法高效顺畅运行；有利于从理性上深化运用监督执纪“四种形态”，严把事实关、程序关和法律适用关，不断提高反腐败工作的规范化、法治化水平。与此同时，开展监察法学理论研究，有利于引领良好风气，培养高雅志趣，增强严格、文明、公正执法的自觉性。

（四）促进监察法学学科的形成和发展

监察法学的形成是监察理论的高级形态和发展形式，不仅标志着监察理论的体系化、范畴化以及基本观点与方法论的统一，而且意味着监察法学在法学的学科体系中取得了相对独立的地位，成为一门专业化的学问。因此，加强监察法学研究是提高监察理论研究水平的重要途径。

监察法把党内监督和国家监督统一起来，确立了具有鲜明中国特色的社会主义监察制度。这种监察制度既体现了中华民族传统制度文化，是对中国历史上监察制度的一种借鉴，也是对当今权力制约形式的一个新探索。正如有学者言，“由于新颖，必然生疏，以至于在对监察制度的理解上，一开始是不深入，甚至是有几分陌生的”①。这就要求我们沉下心来研读，结合

① 彭伶．在浙江省法学会监察法学研究会成立大会上的讲话．［2018－06－06］．中国法学会网站，https：//www. chinalaw. org. cn.

实践来理解，在学习研究中读懂监察法，切实领悟这部唯一将中国共产党的领导写进法律的基本法、组织法与程序法相结合的“特别法”的政治与法治意蕴，深刻把握正确实施监察法的基本要义。

监察法学作为法学专业教育和监察官职业教育的必要学科设置，是学习和掌握有关监察制度及其发展规律的系统知识的理论体系。监察法学成为法学中的一个分支学科，不仅能够通过法学专业教学传播监察法学知识，而且有利于吸引大学和科研机构的专业研究人员投身监察法学研究，从而有力地推动监察法学学科建设的发展。

第三节　监察法学的基本范畴与学科体系

监察法学的基本范畴是指监察法学的基本概念及其相互关系，是监察法学发展到高级阶段的产物；监察法学的学科体系是指监察法学作为一个学科群所包含的各个分支学科及其相互关系。基本范畴是学科体系的基础。基本范畴是理论体系的重要内容，学科体系也是理论体系的重要构成。监察法学学科体系在监察理论体系中占据着重要地位。

一、监察法学的基本范畴

监察法本质上是党和国家自我监督的基本法律，属公权领域的治理规范，因而，以监察法为研究对象的监察法学属于政治与法律为主相交叉的综合性法学学科范畴。这一学科基本范畴包括监察法的目的、研究的价值等。

（一）监察法的目的

从监察法学的基本范畴研究监察法，就能够深刻理解制定监察法是以习近平同志为核心的中国共产党中央从党情和国情出发作出的重大决策部署。监察委员会作为反腐败的专责机关，与中央纪律检查机关合署办公，在中国共产党的统一领导下履行反腐败职责，对行使公权力的公职人员进行监察。这是习近平总书记和中国共产党中央以及全国人民对纪检监察系统的信任和重托。监察法学研究，要按照习近平总书记的要求，做好“行使权力慎之又慎，自我约束严之又严，不断增强本领，练就绝世武功，切实履职尽责，不辜负党和人民的信任和重托，确保惩恶扬善的利剑永不蒙尘”① 的理论答卷。

深化国家监察体制改革、制定监察法目的是坚持和加强中国共产党对反腐败工作的集中统一领导，使党的主张通过法定程序成为国家意志。党的十八大以来，习近平总书记作为党中央的核心、全党的核心，作为党和国家的领航人，从理论与实践回答了新时代坚持和发展什么样的中国特色社会主义、怎样坚持和发展中国特色社会主义，创立了习近平新时代中国特色社会主义思想。习近平新时代中国特色社会主义思想的一个根本性内容就是，中国特色社会主义最本质的特征是中国共产党领导，中国特色社会主义制度的最大优势是中国共产党领导，中国共产党是最高政治领导力量，是领导一切的。

监察法规定的反腐败工作，监督调查处置的对象是党员干部、公职人员。在我们国家，党管干部是一条重要政治原则。中国共产党不仅管干部的培养、提拔、使用，还管对干部的教育、管理、监督，对违纪违法者作出处理。监察委员会作为专门的反腐败工作机构，与中国共

① 深刻认识监察法的重大意义准确把握科学内涵——中央纪委法规室主任马森述座客在线访谈．[2018－03－24]．中央纪委国家监委网站，http：//v. ccdi. gov. cn/zxft/masenshu/index. shtml.

产党的纪律检查机关合署办公，对党员干部、公职人员进行监督，对违纪者进行查处，对涉嫌违法犯罪者进行调查，这是坚持党管干部原则、加强党的领导的重要体现。

制定监察法是要把中国共产党对反腐败工作的集中统一领导机制固定下来，着力解决反腐败斗争中存在的力量分散、行政监察范围过窄、纪法衔接不畅，一些地方在查办职务犯罪案件时“先移后处”“先法后纪”，甚至让违法犯罪者“带着党籍蹲监狱”① 等突出问题。监察法通过整合行政监察、预防腐败和监察机关查处贪污贿赂、失职渎职及预防职务犯罪等工作力量，设立国家、省、市、县监察委员会，同中国共产党的纪律检查机关合署办公，对中国共产党中央或地方党委全面负责，形成监督合力、增强监督实效，构建起集中统一、权威高效的国家监察体系，把制度优势转化为治理效能，确保中国共产党和人民赋予的权力真正用来为人民谋利益。

中国共产党是执政党，掌握国家的权力，领导一切。实现对公权力的有效监督，提高拒腐防变和抵御风险的能力，是中国共产党必须解决的重大课题。习近平总书记指出，我们党全面领导、长期执政，面临的最大挑战是对权力的监督。全面从严治党和党领导下的反腐败是一场自我革命，关乎党和国家事业的成败，关乎我们能不能跳出历史周期。

从历史上看，我国从秦朝开始确立监察御史制度，经过两千多年的发展，逐步形成了一套自上而下的独立于行政和司法的监察体系。这与西方“三权分立”模式下监察隶属于立法机关或行政机关完全不同。历史文化传统决定道路选择，我们要坚定“四个自信”，保持战略定力，立足党情、国情，不走西方“三权分立”的道路。中国共产党全面领导、长期执政，党和国家治理体系包括两个方面：一是依规治党，依据党章党规党纪管党治党建设党；二是依法治国，依据宪法法律法规治国理政。

我国80％的公务员、95％以上的领导干部是中国共产党党员，故党内监督和国家监察既具有高度内在一致性，又具有高度互补性，都是中国特色治理体系的重要组成部分。目前党内监督已经实现全覆盖，而行政监察主要限于对行政机关及其工作人员的监督，覆盖面窄；检察院主要是侦办国家工作人员职务犯罪，不负责职务违法行为。制定监察法，就是要通过制度设计补上过去监督存在的短板，实现对所有行使公权力的公职人员监察全覆盖，真正把所有公权力都关进制度笼子，体现依规治党与依法治国、党内监督与国家监察有机统一，不断强化党和国家的监督效能，探索出一条中国共产党长期执政条件下实现自我净化的有效路径，推进治理体系和治理能力现代化。②

（二）监察法学研究的价值

监察法学研究的价值是强化“不敢腐”的震慑，扎牢“不能腐”的笼子，增强“不想腐”的自觉。习近平总书记在中国共产党十九大报告中指出，要强化不敢腐的震慑，扎牢不能腐的笼子，增强不想腐的自觉，通过不懈努力换来海晏河清、朗朗乾坤。监察法从监察机关的反腐败专责的职能定位，到监察权限、程序规范、法律责任等法律规范，在制度价值上，集中体现了对十九大报告上述论述的贯彻实施。不敢腐、不能腐、不想腐，既是把权力关进制度笼子的机制构建，又是反腐败工作的基本战略，蕴含着反腐败斗争形势依然严峻复杂的科学判断；蕴含着对现阶段以治标为主，为治本赢得时间、赢得主动的反腐败斗争策略；蕴含着巩固压倒性态势、夺取压倒性胜利的坚如磐石的决心。“不敢腐”就是强调惩治和威慑，让意欲腐败者在带电的高压线面前不敢越雷池半步，坚决遏制蔓延势头。“不能腐”就是强调制

① 王岐山在十八届中央纪委第七次全体会议上的工作报告．[2017-01-19]．新华社．

② 肖培．谈监察委员会写入宪法：真正把权力都关进制度的笼子．[2018-03-11]．中央纪委、国家监委官网站．

约和监督，扎紧制度笼子，让胆敢腐败者在严格监督中无机可乘。“不想腐”就是强调教育和引导，着眼于产生问题的深层次原因，对症下药、综合施策，让人从思想源头上消除贪腐之念。①

制定监察法，将深化国家监察体制改革的成果固定下来，体现了中国共产党中央关于“反腐败斗争永远在路上”的战略判断。监察法作为“不敢腐”“不能腐”“不想腐”的长效机制，具有“惩戒威慑、固笼防范、教育引导、服务保障和社会向善功能”② 是“永远在路上”的反腐败斗争的法治保障。监察法学就是要从监察法的价值上阐明“不敢腐”是“不能腐”“不想腐”的前提和基础，“不能腐”是“不敢腐”的巩固和发展，“不想腐”是“不敢腐”和“不能腐”的结果和保障，三者相互联系、相互促进、缺一不可。这使人们看到，“不敢腐”的威慑虽然及于人的内心，但属于强制；“不能腐”以制度约束行为，不及于人的内心；“不想腐”则以文化浸润人的心灵，让人自愿、主动而非勉强、被动地远离腐败。如果说“高压反腐”所追求的“不敢腐”是“压服”，“建制反腐”所追求的“不能腐”是“制服”，那么“不想腐”所追求的则是“折服”。“本理则国固，本乱则国危。”监察法强调抓好思想教育这个根本。其中最重要的是：一要坚持中国共产党人的价值观，不断坚定和提高政治觉悟。从不敢腐、不能腐到不想腐，要靠铸牢理想信念这个共产党人的魂。补足精神之钙，筑牢思想之魂，提高政治觉悟，在公和私、义和利、是和非、正和邪、苦和乐等问题面前，我们就能心明眼亮，找到自己行为的准星。二要依靠文化自信坚定理想信念。没有中华优秀传统文化、革命文化、社会主义先进文化的底蕴和滋养，信仰信念就难以深沉而执着。领导干部要不忘初心、坚守正道，必须坚定文化自信，接受文化熏陶，不断提升人文素养和精神境界，以文化自信支撑政治定力，永葆人民公仆的政治本色。

二、监察法学的学科体系

监察法学的学科体系，是指监察法学内部既相互独立又相互联系的若干分支学科所构成的有机整体和学科群。它与监察法学的理论体系既相互联系又相互区别。构建监察法学的学科体系的基础和前提，是对监察法典进行深入、系统的研究；对监察法律精神、法律原则、法律规范完整、全面、准确的学理解读，是监察法学理论的重要内容。在此基础上展开的更深入、更广泛的跨学科、多领域研究，构成了监察法学的分支学科。各分支学科既有自己的理论体系，又与其他相关分支学科有着严密的逻辑关系，从而共同构筑了监察法学的理论大厦。我们认为，监察法学作为一个学科群，应当包含如下分支学科。

（一）监察法理学

监察法理学是研究监察现象的产生、发展规律及其他根本性问题的学科。我国监察法的理论基础主要涉及政治学和法学的基本理论，包括马克思列宁主义人民主权学说、毛泽东人民民主专政思想、习近平新时代中国特色社会主义思想特别是反腐败和法治思想、监察体制改革、监察法所蕴含的权力监督的内在逻辑，执政党对权力运行的全方位监督，权力属于人民、人民监督权力的宪治思想，等等。监察法理学就是要将监察法置于上述不同的理论框架中进行研究和考量，坚持和创新权力监督与制约的现代法治理论，不断深化科学有效的腐败治理的认识论与方法论。

① 邱学强．把握新时代战略导向，夺取反腐败斗争压倒性胜利．学习时报，2017-11-16（01）．

② 吴建雄．国家监察制度改革的法治逻辑与法治理念．中南大学学报（社会科学版），2017（4）．

（二）监察法史学

监察法史学是研究监察法产生、发展变化的历史沿革及规律的学科。我国的监察思想和制度可谓源远流长。在延绵两千多年的历史中，监察制度是国家政治制度的重要组成部分，是调节古代国家机器的制衡器，对于维护政治秩序的运行、社会秩序的稳定以及阶级关系的调整都起着重要作用。纵观从古至今监察制度的流变脉络，能够看到清晰而独具特色的中国监察文化源流和源远流长的中国文明。监察法史学要通过研究国家监察制度构建的历史渊源，阐明中国传统的中央集权文化、监督百官的监察御史文化、官民分野的法律治理文化、重典惩贪的刑事司法文化的精髓及其相关思想，证成国家监察体制改革的价值认同和文化认同。

（三）比较监察法学

比较监察法学是研究各国（地区）监察法律制度并从中探寻共同规律的学科。自瑞典在世界范围内最早建立议会监察专员制度以后，该制度在欧洲国家获得迅速传播。至20世纪80年代，一些新兴的国家和地区开始建立起专门的监察专员制度，该制度的内涵也比过去更加丰富。当代有关国家和地区都赋予了反腐败机构较大的监察权。在瑞典议会监察专员有权对法律法规提出修改建议，还有权针对贪污腐败、玩忽职守的官员向法院起诉。在西班牙，监察官被称为“护民官”，主要处理人权事务和监督政府。在伊斯兰国家，监察官具有浓厚的宗教色彩。在中国香港，廉政公署不仅有权针对公共机构以及公务员的贪污进行调查，也有权针对私营机构进行调查，调查权限包括逮捕、扣留和批准保释，必要时亦可使用枪支和手铐等武力。考量议会监察专员制和行政监察制度的兴起及其立法保障、独立行使监察权、覆盖对象广泛、监察手段多样，对于中国特色社会主义监察理论的形成具有重要的借鉴意义。

（四）专门监察法学

专门监察法学是指以基于不同监察职能而进行的各种监察活动为研究对象形成专门监察法学学科。依据监察法的主要内容，监察法学可分为监察体制学、监察监督学、监察调查学、监察处置学、监察衔接学、监察管理学等学科。在这些专门监察法学中，有些学科还可进一步细分。如监察管理学，其下又可细分为监察政策学、监察官管理学（可含监察道德学、监察伦理学）、监察业务管理学等。开展专门监察法学研究，就是要论证监察委员会作为反腐败专门机构和监督执法机关的职能定位的合理性与必要性；论证人民代表大会之下监察委员会与“一府两院”并列的宪法定位的合理性与必要性；论证国家反腐败领导体制和反腐败监督体系中监察机关的功能定位的合理性与必要性；论证监察委员会监督、调查、处置这三项监督执法权及其所派生的若干具体权能的配置与运行的合理性与必要性；论证监察委员会与中国共产党中央纪律检查机关合署办公的制度安排、程序规范，党内监督与国家监察双责设计、执纪与执法的有机结合的合理性和必要性；论证监察委员会自身监督与程序制约的合理性和必要性。

第四节 监察法学的研究对象和研究方法

一、监察法学的研究对象

监察法学作为一门法学分支学科，有着自己的研究对象和理论体系。其研究对象包括监察法律规范、监察执法实践和国家监察理论。需要明确的是，以上三个方面的内容不限于当代中国的监察法律、监察实践和监察理论，而是包容古今中外的，即中外历史上的和当今世界各国的监察制度、反腐败理论与实践都是监察法学的研究对象。当然，本书以当今中国的监察法律、执法实践和监察理论为主要内容。

（一）监察法律规范

监察法学将广义的反腐败法律制度作为自己的研究对象，其中我国的监察法是监察法学的首要研究对象。监察法以外的其他法律、法规、规章中有关反腐败的制度、程序的规定，以及最高人民法院、最高人民监察院就职务犯罪中具体应用法律所作的司法解释，都属于监察法学的研究对象。研究监察法，就要准确解读监察法的条文的字义、词义及内容含义，同时还要研究监察法律规范的结构，把握监察法各个部分之间的关系、条文之间的关系以及监察法与其他有关职务犯罪的法律规范之间的关系。这是对监察法本身进行研究的基础。另外，要准确了解和适用监察法律规范，不能只知其形而不知其神，即不能仅仅对法律规范的外在形式进行研究，还必须对其内在精神，主要包括立法背景、立法的指导思想及所反映的法律价值选择等进行研究。发达国家（地区）反腐败法律制度比较完备，对其中重要的内容我们应当有所研究以便加以比较和借鉴吸取。

另外，我国是《联合国反腐败公约》的签约国，随着反腐败国际合作的开展，各国有关规制腐败的规定和经验对我国反腐败制度的影响逐渐增强，因而必须对之加强研究。

（二）监察实践

监察法学是一门实性很强的应用型学科，将监察活动作为自己的研究对象，即研究监察法律规范在监察实践中的适用和实施情况，从中总结经验，发现和解决在具体贯彻实施监察法的过程中存在的问题。监察实践是检验监察法律是否科学、是否完善的标准，研究监察实践，可以提出改进立法的意见。同时，监察实践会不断提出新的研究课题，促使监察法学针对监察实践的需要，探索进一步健全监察法律制度的措施和途径。实践是知识的源泉，监察法学离开了实践，便成为无本之木、无源之水。监察法学只有植根于监察实践之中，不断总结实践、服务实践、促进实践，才能使自己获得新的繁荣和发展。

（三）监察理论

制定监察法是深化国家监察体制改革、推进国家治理体系和治理能力现代化的重大举措。国家监察体制改革是人民主权国家的一项全新的政治体制改革，国外尚无直接的理论研究文献，国内有关监察理论研究亦尚在起步阶段。监察理论建设的价值在于，它不仅是中国共产党中央关于深化国家监察体制改革重大决策的理论构建，而且是整合国家反腐败资源力量、建设高效权威的反腐败执法机构的法理支撑，同时，对于总结监察体制改革试点经验，推进国家监察法、宪法及相关法律的修改和制定，具有重要的实践价值。

监察法理论应以习近平新时代中国特色社会主义思想为指导，以《宪法》和《监察法》为依据；以探求国家监察体制改革和制定监察法的理论逻辑为基础；以既往监察模式存在的体制性障碍、结构性矛盾和政策性问题为导向；以科学设置国家监察委员会领导机构、职能机构和监察职权研究为重点；以建立健全国家监察权运行机制和自我约束机制，与相关司法、执法部门的工作衔接机制和外部监督机制为研究内容；以构建机构设置科学，人员配备合理，装备手段先进，具有强大战斗力、威慑力和公信力的反腐败国家权威机构为研究目标，为推进党内执纪与国家执法相辅相成、相互促进、相互保障格局的形成，提供有力的理论支撑。

（1）从研究国家监察制度构建的时代背景入手，充分论证国家监察体制改革是整合国家监督资源、实现制度效益最大化的客观需要，是国内外权力监督制约制度建设经验和教训的科学总结，是推进国家治理体系和治理能力现代化的必然要求，是巩固中国共产党的执政基础执政地位、维护国家政权安全、保障人民赋予的权力永远为人民谋利益、推进实现中华民族伟大复兴中国梦的必然选择。

（2）从研究监察法的基本内涵入手，论证监察委员会作为反腐败专门机构和监督执法机关的职能定位的合理性与必要性；论证人民代表大会之下监察委员会与“一府两院”并列的宪法定位的合理性与必要性；论证国家反腐败领导体制和反腐败监督体系中监察机关的功能定位的合理性与必要性，论证监察委员会监督、调查、处置这三项监督执法权及其所派生的若干具体权能的配置与运行的合理性与必要性；论证监察委员会与中国共产党中央纪律检查机关合署办公的制度安排、程序规范，党内监督与国家监察双责设计、执纪与执法有机结合的合理性和必要性；论证监察委员会自身监督与程序制约的合理性和必要性。

（3）从研究国家监察制度构建的理论逻辑入手，论证马克思列宁主义人民主权学说、毛泽东人民民主专政思想、习近平反腐败战略思想、权力监督与制约的现代法治思想所蕴含的腐败治理的认识论与方法论，阐明监察体制改革符合我国权力监督的内在逻辑，体现中国共产党对权力运行的全方位监督，体现用权者必受监督的基本法则，体现人民监督权力的本质特征，体现中国特色监督制度的传承和发展。

（4）从研究国家监察制度构建的实践基础入手，揭示党内监督与国家监察的关联性和互补性；揭示反腐败斗争压倒性态势背后腐败的深层次问题和反腐败体制性障碍、结构性矛盾和政策性问题；阐明反腐败行政监察和监察侦查执法力量对国家监察体制改革提供的深厚的组织基础和实践基础。

（5）从研究国家监察制度构建的文化渊源入手，阐明中国传统的中央集权文化、监督百官的监察御史文化、官民分野的法律治理文化、重典惩贪的刑事司法文化的精髓及相关思想，证成国家监察体制改革的价值认同和文化认同。

（6）从研究国家监察制度构建的域外借鉴入手，分析研究 20 世纪尤其是冷战结束以来，西方各国建立专门的反腐机构，排除反腐败干扰，力求清政立国的经验和教训；考量现代法治国家反腐败机构模式、法律模式、运行模式并进行样本分析和比较研究，提炼出可资借鉴的法治文化精髓。

二、监察法学的研究方法

1. 法哲学研究方法

法哲学研究方法就是从哲学角度用哲学方法研究和思考法学问题的研究方法。有什么样的法哲学，人们对法治建设及其本质就会有什么样的法学理解。作为监察法学的基本研究方法，法哲学方法就是用中国化的马克思主义立场、观点和方法，对监察体制改革和监察法的创制与实施进行总结提炼、法理阐释和理论概括。通过理论提炼、学理阐释，阐明深化国家监察体制改革是新的历史条件下中国共产党执政的人民主权国家“限制权力、保障权利”的重大法治举措，它蕴含依规治党和依法治国的内在逻辑，承载着中国特色社会主义法治建设的立场、观点和方法。运用法哲学方法的研究将揭示中国特色社会主义监察法律制度创立和实施的根本立场就是人民立场，即中国共产党反腐败“全覆盖、无禁区、零容忍”的鲜明态度，体现了“以人民为中心”的初心使命、“打铁必须自身硬”的执政品格。法哲学方法将揭示党和国家自我革新、自我完善、自我提高的发展规律，“加强党对反腐败的统一领导”“强化人民对权力的监督”“把权力关进制度的笼子里”是这一研究的必然结论。这一研究方法的运用源于新的时代条件下中国共产党的哲学自觉，表现为政治思维与法治思维、战略思维与辩证思维的思想方法，问题导向与顶层设计、试点探路与整体推进的工作方法；是辩证唯物主义和历史唯物主义的世界观、方法论的集中体现。

2. 法教义学方法

法教义学也称法释义学、法教条学，主要包括对现行生效法律的描述、对现行生效法律从事法概念体系的研究，以及提出解决疑难问题的建议。概括起来法教义学就是通过对法律文本的解读来阐释法律含义的学习和研究方法。“解释规范时亦须考量该规范之意义脉络、上下关系体系地位及其对该当规范的整个脉络之功能为何”，“以体系的形式将之表现出来，乃是法学最重要的任务之一”①。只有正确地理解和分析法律文本，才能正确地适用法律规范，解决法律实践中产生的问题。学习和研究监察法，就要对监察法的内容包括监察概念、监察原则、监察组织、监察对象、监察职权、监察程序等，作出既符合立法意图又阐明法律本意的正确解读。同时，由于监察法具有鲜明的政治性特征，而目前我国监察法律存在一定程度的供给不足，研究者仍需将监察法与中国共产党党内法规和刑事诉讼法的衔接作为研究内容，阐明纪法衔接的法理内涵和法法衔接的科学逻辑。

3. 比较分析方法

比较分析法强调横向比较研究，就是通过对不同历史时期或不同国家的法律进行比较，揭示各自的本质、特征及其发展规律。恩格斯说，“只有当自然和历史的材料收集到一定程度以后，才能进行批判的分析和比较，并相应地进行纲、目和种的划分”②，只有积累了大量的材料，才“使得运用比较的方法成为可能，同时也成为必要”③。中国共产党和国家在腐败治理方面积累了大量独具特色的科学经验，形成了管用的权力监督的制度成果。但也要看到我国监察制度还存在周延、完善的空间。正所谓“它山之石，可以攻玉”。监察法学不仅要比较不同社会制度的国家在监察法律、监察制度等方面的差异，也要比较研究实行同一社会制度的不同国家采取的监察路径和监察方法，还要比较研究实行同一社会制度但属不同法系的国家在监察立法模式、监察组织设置等方面的差异，从而为我国监察法律制度的不断发展与进步提供宝贵的域外资源。

4. 历史分析方法

历史分析法侧重纵向比较研究，强调历史文化轨迹。列宁指出：“在分析任何一个社会问题时，马克思主义理论的绝对要求，就是要把问题提到一定的历史范围之内……”④ 研究监察法学同样要运用历史研究法。我国《监察法》第6条就明确规定，我国监察工作要弘扬中华优秀传统文化。监察法学历史研究法正是以我国监察法治悠久制度文明为研究对象，研究我国监察法治“彰善瘅恶，激浊扬清”的价值理念和可取之处。中国历史上监察法治的完整性、系统性和持久性是世界法制史上少见的，其孕育的监察制度体系、完备的监察法律规范无不鲜明地彰显了中华民族以法律约束权力的法治传统。因此，监察法学历史研究要立足中华文化，深入挖掘我国不同历史阶段各监察制度的鲜明特色、内在机理和法治意蕴，提炼出可用以巩固、完善中国特色社会主义国家监察制度的历史借鉴，从历史发展脉络中获得有益于现实发展的重要启示。

5. 实证分析方法

实证分析方法是指研究者为提出理论假设或检验理论假设的真实性而亲自收集观察研究对象的研究方法。实证研究具有鲜明的直接经验特征，是一种通过对经验事实的观察分析来建立

① 卡尔·拉伦茨. 法学方法论. 陈爱娥，译. 北京：商务印书馆，2003：194-203.

② 恩格斯.《反杜林论》的准备材料（1876—1877年）//马克思恩格斯全集：第20卷. 北京：人民出版社，1971：699.

③ 马克思恩格斯全集：第26卷. 2版. 北京：人民出版社，2014：474.

④ 列宁全集：第25卷. 2版. 北京：人民出版社，1988：229.

和检验各种理论命题的科学研究方法。其目的是发现事实、提供证据，为制度构建和改革决策提供切合实际的参考。我国监察体制改革正是在全面研判反腐败斗争形势、科学总结反腐败斗争经验的基础上进行的重大政治体制改革。因此，要对我国监察制度的合理性和科学性作出立场正确与合乎逻辑的评价，就要在中国特色社会主义政治法律制度的框架下，以反腐败斗争实践为素材来源，通过实地调研、调查问卷、深度访谈、案例分析等实证方式对监察法实施情况进行调查研究，从而得出符合实际情况的结论，以客观真实的研究成果促进监察法律制度的坚持和完善。

6. 综合研究方法

法学研究日益呈现出与社会学、政治学、管理学、统计学、历史学等学科交叉研究的特点，监察法学的研究也应以法学为本，兼容并蓄其他学科的研究方法。综合研究法就是强调综合运用各相关学科的研究视角和研究工具的研究方法。监察法学研究对象的复杂性决定了监察法学学科的综合性。总的来说，监察制度是监督权力运行的制度之笼，综合研究法就是采用多种研究方法来解决如何提升制度之笼的硬度和密度，将监察制度的效能转化为腐败治理的效能。如通过大数据对腐败治理成效作出评价，就是法学、管理学、统计学研究方法的综合运用。监察法学采用综合研究方法有助于研究工作在历史与现实、他国与我国、一般与特殊、宏观与微观、理论与实践、动态与静态等方面实现有机结合，得出更有说服力的研究结论。

第二章 监察制度的起源与发展

在中国古代监察制度是封建政治制度的重要组成部分，历史悠久，源远流长。历代王朝建立监察制度，其原因是多方面的。中央集权的制度初步形成时，君主掌握着国家的军政大权。由于建立了庞大的官僚机构和全面地推行郡县制，便产生了种种政治的需要：需要对君主任命的内外官僚进行严密的控制，以确保他们对君主本人的忠诚；需要确保中央和地方各级政府机构的工作效率，同时防止出现违法乱纪的行为；需要确保中央对地方郡县的控制，以维护国家的统一和稳定。在这种情况下，监察制度应运而生。可以说，监察制度是中央集权国家机器运转的制衡器，它具有制衡、监察、治吏、弹劾、惩戒与教育的效能。研究中国监察制度产生、发展和演变的规律，比较国内外不同的监察模式，总结其本质特征与历史经验，对于建设中国特色社会主义的现代监察制度具有重要的借鉴意义。

第一节　中国监察制度的起源

早在先秦时期的奴隶制国家阶段，就已经产生了最初的监察因素。类似监察的职能是伴随着国家机器的产生而萌发的。“监”字在甲骨文和金文中均有出现。“监”为会意字，像人在水盘里照看自己的容颜，故“监”的本义是察看。监察与“法”是相伴而生的。《说文解字》对“法”的解释是：“灋，刑也，平之如水，从水。廌，所以触不直者去之。”[1]“廌”就是獬豸，后世专任监察职责的御史所佩戴的冠即称为“獬豸冠”。可见，监察与司法是紧密相连的，在法律的最初范畴中即反映了司法监察的意义。

在殷墟的卜辞中发现有“东吏来”“乃令西吏”等记载，学者据此认为商代的职官中有“东吏”“西吏”之设。陈梦家先生考释说，卜辞中的“东吏”“西吏”等，“当指派至于东或于西的使者”[2]，也即商王派遣至东西两个方面的大使，他们兼有驻防和监察东、西方国的职责。

西周的职官中也有“大宰”“小宰”之设。大宰掌邦之六典、八法、八则，以佐王治邦国。从“八法”“八则”的内容看，大宰负有监察的职责，但具体的监察工作由大宰的副手小宰掌管。《周礼·天官·小宰》记载，小宰的职责是“掌建邦之宫刑，以治王宫之政令，凡宫之纠禁。掌邦之六典、八法、八则之贰，以逆邦国、都鄙、官府之治”。郑玄注曰：“宫刑，在王宫中者之刑。建，明布告之。纠犹割也，察也，若今御史中丞。”[3] 贾公彦疏曰：“既言纠，谓纠举其非。事已发者，依法断割之；事未发者，审察之。”对于“若今御史中丞”者，贾疏引应

① 段玉裁．说文解字注．郑州：中州古籍出版社，2006：470.
② 陈梦家．殷墟卜辞综述．北京：中华书局，1988：520.
③ 孙诒让．周礼正义．北京：中华书局，2016：157.

劭云："秩千石，朝会独坐，副贰御史大夫，内掌兰台图籍，外督刺史，纠察百寮。"①

综上，可以认为商代的东吏、西吏，西周的大宰、小宰等，其职权已经或多或少地涉及监察官的职权，但这只是后世御史所掌庞杂职权中的一个次要部分。我们可以把这视作监察因素的萌芽，却不能视作监察制度的出现，况且，东吏、西吏、小宰、宰夫等并没有发展成为后世的监察官。严格意义上的监察制度是在封建社会才出现的，而且，它的产生、发展、演变与中国封建社会的特定历史阶段相适应，或者说两者基本上同步发展。

战国时期，随着封建制度的最初出现，监察制度开始萌芽。史载韩、赵、魏、秦、齐等国均设置了御史。当时的御史职掌较为复杂，已经担负记事纠察的职责。其中，魏、韩、秦等国还在地方设置监县御史。《战国策·韩策三》"安邑之御史死"条记载：原驻安邑的御史死了，邑人向王请示，王说地方设置御史的法令是固有的，本王不能违背法令，于是向安邑派驻新的御史。鲍彪在该条注释中引用吕祖谦《大事记》说："六国已遣御史监掌矣，非独秦也。"② 可见，战国时期各国都向地方派驻御史，以监督地方官员为其主要职责。

公元前 221 年，秦始皇统一天下，建立起我国历史上第一个统一的专制主义的中央集权国家——秦朝。为了巩固统治，秦朝在历史上第一次正式创建监察机关和监察制度。秦朝中央设立御史大夫寺，也称御史府。其长官为御史大夫，较之战国时期的御史，增加了"大夫"的头衔，其地位显然大大提高，仅次于丞相，与丞相、太尉同列三公。御史大夫的职掌比较复杂，如掌文书档案、群臣章奏，下达皇帝诏令，在皇帝身边记事，协助丞相处理全国政务，等等，但他又同时职掌"典正法度"，负有监察百官之责。这是御史大夫区别于其他朝廷重臣的独特之处。云梦秦简即有"岁雠辟律于御史"③ 之文，是说掌管刑辟的最高长官廷尉每年都必须去御史府核对刑律。这说明御史府负有监督法律法令实施之责。

秦朝在地方设置监郡御史，称为监御史。《汉书·百官公卿表》载："监御史，秦官，掌监郡。"④ 设置监御史监郡，是对战国时期在地方设置监县御史制度的继承和发展。战国时期地方只在县一级设置了御史监县，而秦统一后地方只在郡一级设置了御史监郡。

秦亡后，西汉继起。"汉承秦制"，汉朝基本上继承了秦朝的制度，但又有所发展。在监察制度上也是如此。西汉在中央仍置御史大夫，也称御史大夫之署为御史府。御史大大仍为副丞相，地位高崇，职大权重。御史大夫一方面辅佐丞相统理天下政务，另一方面又是御史府的最高长官，具有承风化、典法度、执法以监临百官的职掌，显然握有监察、弹劾百官的大权。这种权力有时甚至还在丞相的权力之上。御史大夫对于丞相既辅佐又起制约作用，故当时不仅称御史大夫为副丞相，而且把丞相府和御史府并称为"两府"。御史大夫之下主要的属官有御史中丞、御史丞及御史数十人，其中，御史中丞"专掌纠劾"，御史"掌察举非法"，"有违失劾举之"，专职监察的功能非常明显。西汉王朝对地方的监察得到显著加强。汉武帝元封五年（公元前 106 年），分全国为 13 个监察区，置 13 州部刺史，掌奉诏六条察州。刺史根据汉武帝手订的六条，对部内下属郡国地区进行监察。这六条属于最早的地方监察法规。西汉末年，中国古代的监察制度进入它的第一个大调整期，发生了一大嬗变：御史大夫与御史中丞分离，御史大夫转为大司空，而御史中丞成为御史台率。这种分离的结果是，出现了以专职监察官为首脑的专门监察机关——御史台。从此，御史大夫成为与监察无涉的专职行政官，御史中丞出任

① 孙诒让．周礼正义．北京：中华书局，2016：158.
② 范祥雍．战国策笺证：下册．上海：上海古籍出版社，2006：1634.
③ 睡虎地秦墓竹简整理小组．睡虎地秦墓竹简尉杂．北京：文物出版社，1978：109.
④ 班固．汉书·百官公卿表．上海：中华书局，2016：741.

新的御史台的长官。

魏晋南北朝时期属于封建乱世，国家分裂，战乱频仍。但各王朝的封建统治者为了巩固政权，在动乱中求得生存和发展，往往比较重视政治制度的建设。因此这一时期的监察制度不仅没有因王朝的不断更替而废弃，反而在动荡中有所发展。经过西汉末年的大调整后，御史台虽然已成为独立的专职的国家监察机关，但在名义上仍隶属于少府。至东晋初，御史台脱离少府，成为完全独立的国家监察机关，最突出的特点是监察机关的职权扩大，而以两晋的司法监察较为典型。西晋曾设置黄沙狱治书侍御史，专门负责监察、审理皇帝诏令的大案，并监察廷尉的审判活动。这种设置虽然只是昙花一现，但对唐以后的御史制度影响很大。

唐朝的御史监察制度在中国古代监察制度史上占有十分重要的地位。御史监察制度自秦王朝设立，发展至唐朝时，已进入成熟期。日本学者池田温对唐代的御史制度评价颇高："中国传统官僚机构的显著特征之一，是监察制度的发达。汉代以来御史制的发展构成了监察制度的核心，而唐代御史台的组织和功能，则可视为完善了的、典型的监察制度。"① 唐朝御史监察制度的成熟与完备主要体现在三方面：一是监察组织体制健全、分工明确。行政机构的监察权归于御史台，并且御史被分为三类，分别隶属于台院、殿院、察院，"一台三院"制被创造性地产生了，"从而使监察机关的具体组织模式御史台模式由初期阶段发展到成熟的一台三院制阶段，以后历宋辽金而至于元，基本上维持了一台三院制的组织形式"②。二是监察机关职权广泛，御史能相对独立地行使监察权，范围涉及政治、经济、司法、军事等领域。御史职权的运作以皇权为背景，权力极大，但并非毫无节制，它必须寻求法律上的依据，以显示权力发生效力的正当性与合理性，而唐代的律令制度为御史职权的运作奠定了法制基础。御史台是重要的司法监察机构，对大理寺、刑部的司法活动进行监督。大理寺、刑部审理的案件，须申报台司审核，若审判不当，御史有权提出异议并可弹劾违法的司法官员。察院的监察御史必须定期巡查京城和地方的监狱，以便发现冤案，改善狱政状况；并可推鞫地方衙门的狱案，监察地方司法。京畿地区的罪犯被执行死刑时，御史台派遣监察御史亲临现场监决。这是御史对死刑执行的监察。三是重视御史的选任。唐朝以法律治理天下，尤重风宪官。御史的选拔，要经过严格的录用程序，由吏部、御史台长官、宰相三方审议之后，最终由皇帝敕授。御史须精通法律、刚正无私、德才兼备。御史台为整饬吏治、弘扬正气的纲纪之地，在唐人的文章里对此屡有精彩描述："栖乌之府，地凛冽而风生；避马之台，气威棱而霜动。惩奸疾恶，实籍严明；肃政弹非，诚宜允列……御史推核，受委非轻；有罪必绳，无幽不察。神羊竦角，必触邪人；隼鸷惊飞，先驱恶鸟。"③

宋朝的中央监察机构沿袭唐的"一台三院"制。御史台官制到神宗元丰年间才确定人员，划分职责，御史编制共10人，员额规模比唐朝时减少。其中监察御史权威更加显赫，注重行使监察百官的职能。《宋史·职官四》说，"台官职在绳愆纠谬。自宰臣至百官，三省至百司，不循法守，有罪当劾"。在司法监察方面，中央法司大理寺与刑部从受理案件到判决执行的全过程，都受到御史台的监察，大案要案更成为监察重点。此外，御史负有监察官员道德品行和纪律的职责。御史监察狱政同样是司法监察的重要方面，刑部必须定期向御史台奏报断案数量、留滞未断案件以及狱政情况。宋朝时中央为强化对地方的监察，除设置转运司、提点刑狱司等监司职掌监察外，还临时遣使巡按地方。中央特使的主要职责有两项：一是审理地方疑

① 池田温．论韩琬《御史台记》//唐研究论文集．北京：中国社会科学出版社，1999：336.

② 王晓天．求索刍草．北京：团结出版社，2006：3－4.

③ 董诰，等．全唐文：卷172. 北京：中华书局，2001：1751.

案、要案，二是监察地方官的其他司法活动。地方官员有贪赃枉法等违法失职行为时，特使就可以对其弹劾治罪。宋朝的刑讯制度比唐朝时规定更全面，监督防范更加严密，因此宋朝的酷吏数目远远少于唐朝。宋朝司法官吏刑讯罪囚，需向本处长官申请，并由长官指挥监督。涉及官吏犯罪的案件时，监察官甚至可以直接参与刑讯。宋朝重视监督刑讯工具的施用，如果使用非法刑具进行逼供，司法官员将受到严惩。宋太宗雍熙年间，王元吉被诬毒母案中，开封左军巡卒以极其惨毒的“鼠弹筝”刑讯王元吉，后来太宗令用此刑惩罚狱卒，“宛转号叫求速死”①。宋真宗下令毁弃所有非法刑具，并由监司督察——“应有非法讯囚之具，一切毁弃，提点刑狱司察之。”南宋高宗绍兴十一年（1141 年）四月诏：“讯囚非法之具并行毁弃，尚或违戾，委御史台弹劾以闻。”不毁弃非法刑具或仍使用非法刑具讯囚的官吏，将受到监察官的弹劾。绍兴十二年（1142 年），“御史台点检钱塘、仁和县狱具，钱塘大杖，一多五钱半，仁和枷，一多一斤，一轻半斤。诏县官各降一官”②。意即御史监察发现地方官府的刑具不符合法律规定，县官受降职处分。

元朝时监察制度得到加强。作为专门监察机构的御史台与总政务的中书省、掌军权的枢密院并驾齐驱，一起构成元朝的主体中央机构。元世祖忽必烈曾说：“中书朕左手，枢密朕右手，御史台是朕医两手的。”③ 可见当时统治者对监察职能的重视，以及御史台与御史地位的提高。元朝地域辽阔，地方监察机构的设置有所创新：第一，建立行御史台，实行大区监察体制。行御史台受制于中央御史台，是它的分支机构。在监察职能分工上，中央御史台监察中书省和邻近的几个行中书省；行御史台监察地方其他行省。第二，在行台之下设置二十二道肃政廉访司，监察行省之下各路、府、州、县。这样就形成了以御史台为监察中枢、以行御史台及各道廉访司为地方监察主体的严密的监察体系，从中央到地方无所不察。元朝明确规定监察官有纠弹官吏违法权、考核官吏权、监督铨选权、监督军事权、监督司法权等权责。元朝的司法监察较前代更为完善，主要表现在制定较为成熟的监察法规，使司法监察有明确的监察法规可依，并且区分司法监察与司法审判的权限。据《元典章》记载，元世祖至元五年（1268 年），制定御史台纲 36 条，称为《设立宪台格例》。至元十四年（1277 年），制定行御史台的职能条例 30 条，称为《行台体察等例》。后又陆续制定一批监察法规。从以上的监察法规中可以看出，监察机关司法监察的职能更加突出：一是纠正理断不当的错案假案；二是纠察违法拘禁、拷讯之事；三是复审重大案件或死刑案件；四是监督审案回避制度的执行；五是监督司法保密制度的执行。可见，监察机关主要负责监督纠察司法人员的执法情况，对案件本身只是具有一定限度的复审权和检查权。这与唐宋时司法权和监察权严重混淆的状况相比是一大进步。④

明朝通过废中书省，提升六部地位，改御史台为都察院，将君主专制推向极端，监察制度较前代更完备、更严密。都御史享有相当广泛的司法监察权，其职能主要体现在复核直隶及各省职官犯罪案件，复核京师、直隶及各省斩、绞监候案件。都察院监察司法判决的处理方式有三种：一是如判决依律允当，则批复并上奏得旨执行判决；二是如案情审查不明，故意或过失出入人罪，则驳回改正再问；三是如初审法官明显故意出入人罪且情节特别严重，上奏并追究原问官吏责任。⑤ 监察御史是都察院直接行使监察权的专职监察官，监察御史在组织上隶属都察院，但在行使监察职能的过程中，具有较强的独立性，可以不受长官干涉，有事可以直接单

① 历代刑法志．北京：群众出版社，1988：350.

② 同①356.

③ 叶子奇．草木子：卷三下：杂制篇．

④ 邱永明．中国监察制度史．上海：上海人民出版社，2006：369－370.

⑤ 那思陆．明代中央司法审判制度．北京：北京大学出版社，2004：128.

独上奏。监察御史与都御史同为皇帝耳目之官，可以互相监察。明朝对地方的司法监察是多层次的。全国分为13道，监察御史代天子巡察地方事务，无所不察，“而巡按则代天子巡狩，所按藩服大臣、府州县官诸考察，举劾尤专，大事奏裁，小事立断。按临所至，必先审录罪囚，吊刷案卷，有故出入者理辩之”①。在洪武九年（1376年）的官制改革中又设置按察司，作为明朝省级的监察机关和司法机关。对地方司法的监察，是按察司的重要职责之一。按察司与巡按御史的职责相似，都注重对地方官吏司法活动的监察，但两者各属不同的系统，各自相对独立地行使对地方的监察权，且可相互纠举，巡按御史代表中央监察地方，故其在地位、权力方面稍高于按察司。明朝时监察的矛头直指犯罪官吏，充分实践了“明主治吏不治民”的治国理论。

清朝时都察院大体依照明制。虽然其机构与职官设置和明制有异，但在监察职能方面大同小异，主要有建议国政、监察行政、弹劾官吏、财政审计、鞫审重案、考核官吏、纠察禁令等职权。都察院下属机构有15道监察御史、六科给事中及五城察院。都察院最高长官称左都御史，其职责是“掌察核官常，参维纲纪。率科道官矢言职，率京畿道纠失检奸，并豫参朝廷大议。凡重辟，会刑部、大理寺定谳。祭祀、朝会、经筵、临雍，执法纠不如仪者”②。右都御史为地方总督兼衔，右副都御史为地方巡抚兼衔，并不在京城任职。至于对地方的监察，清承明制，按行省划分设置15道监察御史，对地方实行分道监察，各道设掌印监察御史满、汉各1人。据《清史稿·职官二》载，15道监察御史“掌弹举官邪，敷陈治道，各核本省刑名。其祭祀监礼、侍班纠仪，科道同之”③。《皇朝文献通考》对监察御史的职掌有更详细的记载：“监察御史掌纠察内外百司之官邪。在内：刷卷，巡视京营，监文武乡会试，稽察部院诸司；在外：巡盐、巡漕、巡仓等，及提督学政。各以其事专纠察。朝会纠仪，祭祀监礼，有大事集阙廷预议焉。”清朝时京城被分为中、东、西、南、北五城，都察院分派御史巡城，每城设巡城御史衙门，统称为“五城察院”。其长官为巡城御史，负责巡视、维护京城治安，负责审理辖区内人命和盗窃等案件、缉捕盗贼等事。总之，清朝的监察机构继承和发展了秦汉以来御史的职权，同时清朝比前朝更重视监察法规的制定，先后制定《钦定台规》与《都察院则例》两部完整的监察法典，它们系统地展示了清代监察制度的全貌。

第二节　各国监察模式与发展

监察模式是对各类监察机关的机构设置、领导方式、职能职权、方式手段、运行机制等运作规律的总结。监察模式突出强调监察机关履行监察职责时的形式规律。深入了解与研究各类监察模式，掌握其一般规律，有利于我们对照并吸取其中有益的经验。如今，国际上通行的监察模式主要有以下四种：代议机关监察专员模式、政府内部行政监察模式、监审合一模式、司法监察模式。虽然此四类模式不能涵盖国际上所有的监察类型，但它们被当今国际上大多数国家采用，且代表了未来监察模式发展的大体方向。当然，许多民主和法制相对健全的国家不只存在一种监察模式，而是几种监察模式共同发展、共同促进政府的勤政廉政建设。

① 张廷玉．明史·职官志二．北京：中华书局，1974：1768．

②③ 赵尔巽．清史稿·职官二．北京：中华书局，1977：3302．

一、代议机关监察专员模式

代议机关监察专员模式是全球各类监察模式中影响最大、适用范围最广的一种。代议机关监察专员源于瑞典的Ombudsman一词，原指征收负罪人的罚款施于受害人的代理，后来用于形容一个代表他人或保护他人利益的人。在英语国家中，人们倾向于将该词称作"监察专员"或"督察专员"。1809年，瑞典通过第一部宪法性文件《政府组织法》后，瑞典议会任命了一位公共官员，代表议会来监督政府官员，调查公民对法院和公共行政的投诉。这是代议机关监察专员的开始。从设有监察专员的国家的情况来看，在监督政府机关依法办事方面，它既不同于由行政机关内部实行的行政复议制度，也不同于由审判机关实行的行政诉讼制度或违宪审查制度，更不是议会本身对行政机关所进行的直接监督，而是一种由议会授权、独立开展活动并依法依程序开展调查的方式及配套的职位、机构和救济方式。监察专员协助议会监督行政、司法，审查二者的合法性、合理性问题，同时受理弊政投诉。简言之，监察专员的功能在于监察政府行为，保护公民权益，改善公共行政。

到目前为止，已有超过120个国家设立了国家级或州、省级监察专员机构。以时间为划分标准，代议机关监察专员制度在世界范围内的传播可以分为三大阶段。第一阶段为20世纪60年代之前，该制度在斯堪的那维亚地区，如丹麦、芬兰、挪威等国，得到推广；第二阶段为20世纪六七十年代，该制度在英语国家和西欧其他国家，如新西兰、英国、加拿大、美国、澳大利亚、法国、荷兰、爱尔兰、奥地利、瑞士、西班牙、葡萄牙、意大利等流行；第三阶段为30多年来，该制度在亚洲、非洲乃至南美洲的广大发展中国家和各行业中被普遍采用。至今，监察专员已经成为法治和民主的助推器、防止专制的工具。不过，大部分国家在效仿瑞典时并没有生搬硬套，各国设立监察专员的出发点、监察专员的职责范围各有差异。下面，我们以列举的方式，分别对代议机关监察专员制度的典型代表——瑞典议会监察专员、颇具特色的英国行政监察专员以及唯一的跨国监察机构欧盟行政监察专员署的情况进行了解。

（一）瑞典议会监察专员

瑞典1974年宪法第二章第6条规定："议会选举议会监察专员一人或数人，根据议会的训令，监督法律、法令在公共事务中的执行情况。"目前，瑞典的议会监察专员公署由4名议会监察专员组成，每届任期4年，可连任两届。在4名监察专员中，1人为首席监察专员，是议会监察专员公署的负责人，决定公署的主要活动，负责整体协调工作。4名监察专员由秘书处辅助，各自独立开展工作。尽管普通监察专员在开展调查、审理前须征求首席监察专员的意见，但他们在具体履行公务时依然独立行使职权。

瑞典1975年政府组织法规定："行政监察专员必须由精通法律且为人正直、堪为楷模的公民担任。"实践中，行政监察专员往往从最高法院和最高行政法院的优秀法官中挑选。

在瑞典，行政监察专员的监督对象主要是国家和地方的权力机关及其中的官员、公共企业的官员、中尉以上的军官，不包括议员、议会成员、银行官员、中央政府及其各部大臣、司法总长、地方决策机构人员。

行政监察专员分别收受和处理一切控告国家机关（包括行政机关、司法机关、军事机关）和企事业单位及其工作人员（包括文官、军官、经理人员）的申诉案件，也可以主动发现问题去处理。[1] 总的来说，行政监察专员的主要职权是：接受公民的申诉和控告、立案调查和案件

[1] 李秀峰．廉政体系的国际比较．北京：社会科学文献出版社，2007：138.

处理（包括调查、建议、批评、起诉）。在瑞典，为了保证行政监察专员的独立性与权威性，议会赋予行政监察专员调查权。有关当局的全部文件和记录都应当提供给监察专员，即使这些文件和记录是保密的，并且不能以任何其他方式获得。① 行政监察专员的建议权不具有强制力，行政监察专员在结束案件调查后，可以向有关机关提出书面的纠正错误的建议和批评。批评权是行政监察专员常行使的权力，如果监察对象不接受批评，行政监察专员可在报纸杂志上点名批评。起诉权是行政监察专员对审查结果能采取的最严厉的处理措施。行政监察专员在受理申诉和审查过程中，若发现官员或公共机构的雇员涉嫌违法犯罪，可通报有关部门予以处分，敦促官员解职或暂时离职。对于重大违法行为，行政监察专员可以行使起诉权。

（二）英国行政监察专员

英国的行政监察专员由首相提名、女王任命，对议会负责。这既保障了行政监察专员的独立性，又便于其开展调查工作，但也有可能危及其独立性。根据英国《议会行政监察专员法》（1967 年颁布，1988 年修订），行政监察专员不得出任上、下议院议员和北爱尔兰下议院议员，其专门代表女王与政府调查弊政行为。在英国，行政监察专员一经任命，就成为行政裁判委员会的当然成员。除非其主动请求免职或遭议会两院弹劾，行政监察专员将终身任职，直到年满 65 岁退休。

英国行政监察专员的办公机构为议会行政监察专员公署，主要职能是代表或辅助议会监察中央各部的不良行政行为。但下列对象不在行政监察专员的调查范围之内：(1) 不代表英王活动的行政机关。(2) 由法院和行政裁判所管辖的案件。若情况特殊，行政监察专员可以受理向其申诉的原属法院和行政裁判所管辖范围的案件。(3) 英国《议会行政监察专员法》附表（三）中所列不能由议会行政监察专员调查的事项等。②

具体说来，英国行政监察专员可以受理由议员转来的公民认为中央政府各部门及公务员的不良行政行为使其权益受侵害的申诉，拥有对某些具体行政行为的控诉权，拥有案件调查权和向议会、政府有关部门提出处理不良行政行为的参考意见的权力，但没有直接的裁决权。就具体的监察活动而言，行政监察专员在确定对某一申诉进行调查后，首先向有关部门的最高官员或向指控书所指控的侵权行为的实施者或者授权实施者，表明对指控书列举的事项进行说明和辩护的权利和时间；其次要求有关部门的大臣或常务次官及其他相关人员提供必要的情况、文件、资料等，要求有关证人出庭并加以询问。

（三）欧盟行政监察专员

监察专员制度在全球范围内的推广，促进了行政监察领域的国际交流。1978 年，国际监察专员协会成立，各大洲也相继成立地区监察专员协会。1993 年，欧盟设立行政监察专员署，受理欧盟公民对官员的投诉，成为第一个跨国监察机构。欧盟行政监察专员制度也是世界上唯一的超国家监察专员制度。

按照规定，行政监察专员必须为欧洲公民，应具备在本国最高司法机关任职的条件，能胜任职位要求，保持独立性。其地位相当于欧洲法院大法官。行政监察专员由欧洲议会选举产生，向议会报告工作，任期也由议会决定，可连选连任，一般不会解职，除非个人提出辞职或不能再胜任工作或犯有严重错误。行政监察专员必须以欧洲整体利益和公民利益为重，完全独立履行职责，不得寻求或听从任何政府、机构的指示，不得担任其他政治或行政上的职务。行政监察专员犯有严重错误时，经议会要求，由欧洲法院予以罢免。

---

① 本特维斯兰德尔．瑞典的议会监察专员．程洁，译．北京：清华大学出版社，2001：24.

② 尤光付．中外监督制度比较．北京：商务印书馆，2013：106.

据《欧盟监察专员法》（1995 年）及其实施细则（1996 年）有关规定，欧盟行政监察专员的主要职权是在欧洲联盟条约框架内、欧洲法院和初审法院司法职能之外，发现欧盟机构的不正当行政行为并提出建议使其终止，且有权对不能直接终止的投诉案件进行调查。

欧盟行政监察专员的管辖范围包括：欧洲理事会、欧洲部长理事会、欧盟委员会、欧洲议会、欧洲法院和初审法院（仅限于行政事务）、欧洲审计院、欧洲经济社会委员会和各地区委员会、欧洲中央银行和欧洲投资银行，以及其他欧盟附属机构。欧盟行政监察专员也受理公民关于欧洲机构不良行政行为的投诉。任何欧洲公民、在各成员国居住的自然人和注册法人均可向欧盟行政监察专员投诉。这种投诉可直接进行，也可以通过议员转交。法院的审判、法院已受理的案件、涉及劳资关系且可通过内部渠道解决的案件，欧盟行政监察专员不予受理。欧盟行政监察专员还可以实施主动监察，对新闻媒体曝光的不良行政事件进行追踪调查。

除以上三种监察专员以外，有些国家的地方政府的监察专员享有的自主权更大些，职责范围也更广。如澳大利亚新南威尔士监察专员依其专员法的授权，不仅可以构架起一个由副监察专员、助理监察专员、监察专员特派员等组成的监察网络，而且可直接将问题提交有关行政首长或部长，建议对犯有错误的官员予以撤职、罢免或作出其他处罚；也有权将任何因自己的决定所引发的法律问题移送给行政审判庭评判。

总的来看，监察专员的职责范围虽然较为广泛，但主要还是涉及行政的疏忽、过失、不公平、不合理等职业操守的问题。行政监察专员这一监察模式在全球各地的运作中打破了文化传统、政治体制和经济文化水平的限制，呈现欣欣向荣的发展趋势。

二、政府内部行政监察模式

世界上许多国家采取在行政机关内部设置行政监察机构的模式，来达到行政监察的目的。此模式属于政府内部监察机制。此种监察机构既可对行政机关及其工作人员执行法律法规的行为与作出的决定进行监督，也可对公务员的违法乱纪行为进行查处，促进政府行政效率的提高。由于所处国家国情的不同，这些监察机构中有的是司（局）级，有的为内设机构。采用此模式的国家主要有美国、日本、埃及、朝鲜、越南、俄罗斯、苏丹、突尼斯、委内瑞拉等。此种模式的代表是美国、日本以及埃及这三个国家的行政监察制度。

（一）美国监察长制度

美国是一个多民族融合的国家，具有“民族的熔炉”之称。17～18 世纪资产阶级革命及多民族的进一步融合，使美国更容易接受新的政治观念和宪政体制。另外，因历史较短，美国受封建传统和文化的影响较弱，保守势力及君权意识相对薄弱，同时又深受权力制约理论的影响。以上种种因素决定了美国不能采取君主专制制度或英国式的君主立宪制度，只能采取共和制政体形式，最终美国实施总统制。之后总统制为现代立宪体制所采用，与内阁制一样都成为资本主义国家宪政体制的主要形式。美国的行政权、立法权与司法权相分离又相互制衡，美国是实施“三权分立”制度的典型国家。

监察长的概念对于美国来说并不新奇。早在美国独立战争期间，美国便出现了监察长一职，其职责主要是管理盗窃和侵占公款的罪行。独立战争后，该职位及职能便被废除。监察长办公室的设立有其历史背景，一定意义上它是一种权力控制与制约的体现。20 世纪 70 年代美国农业部官员彼拉素·戴斯诈骗案发生，美国政府损失惨重，折射出当时政府财政权力不断扩张但制约权力的机构却没有改变的现实。而政府的受贿、欺诈、浪费、权力滥用事件层出不穷，破坏了经济的正常运转，公民对政府日益不满，政府的信誉逐渐下降。鉴于此，卡特总统于 1978 年签署了《监察长法案》，在政府 12 个重要部门设立监察长办公室，监察长办公室设在政府内部各部门、署、局内，为政府内设监察机关，负责对政府各部门的财政进行审核及调查。

从1978年《监察长法案》颁布至1988年的十年间，监察长办公室逐渐成为美国政府各部的常设机构。①《监察长法案》第3条规定："监察长应由总统根据参议院的建议和同意任命。"监察长对总统和国会负责并向总统和国会报告工作，同时还须接受议员的质询。美国州以下地方政府的监察长由行政首长提名、议会审议通过，每届任期4年。

监察长办公室履行两方面职能：一是对财政的公共计划支出进行审核，防止出现侵吞、讹诈及浪费现象；二是对发现的各种不合理、不合法的财政支出进行调查取证，并提出相应改进建议。② 监察长有权对政府公务员、幕僚以及与政府有交往的企业进行调查，由此可见，其监察范围很广泛。监察长的工作内容主要为以下六个方面：一是制订监察计划，二是跟踪监察，三是接受举报和控告，四是案件调查，五是提交报告，六是根据调查结果进行处理。

此外，美国还有一个重要的内部行政监察机构叫政府道德署。政府道德署于1978年根据卡特政府颁布的《政府道德法》设立，是美国联邦政府部门廉政建设的领导和指导机关，主要负责制定联邦政府的廉政政策、法规和培训计划，对联邦政府行政部门的廉政工作提供指导方针，帮助落实联邦政府法规要求和总统的廉政命令。其具体职责有六项：一是制定行政部门关于利益冲突、离职后行为限制、道德行为准则、财产申报等方面的法规、制度；二是对总统提名任用的行政官员进行资格审查，管理高级官员的财产申报；三是宣传道德行为准则，制订并协助各行政部门实施廉政教育培训计划；四是指导廉政法规的实施，解释法规条文；五是监督检查廉政法规的落实情况，发现违反利益冲突法规的案件时交由司法部查处；六是评估廉政法规，建议制定新的法规或对现有法规提出修改意见。

（二）埃及行政监察制度

1971年9月11日，埃及通过宪法并确立总统共和制政治体制。埃及的监督体系大致由三部分组成：一为立法监督机构，指埃及人民议会及其下设的各专门委员会、中央审计院、投诉局，它们负责对政府各部门及其人员进行监督；二是司法监督机构，主要指法院、检察院、行政法院、行政检察院的反贪污局，它们负责对国家各部门、社会组织和团体、企业及其人员、公民个人的监督；三是行政机关内部监督，主要包括行政监察署、内政部和中央组织管理局等。这三类监督机构相互联系和制约，分工明确，相互合作，在埃及监督体系中发挥着重要作用。

埃及行政监察署始建于1958年，成立之初只是行政检察院的一个下属部门。随着1964年《关于组建行政监察署的第54号法令》的颁布，埃及建立了独立的监察机构。1980年该机构被撤销，1982年又恢复组建。如今，行政监察署由政府总理直接领导，向总理负责并报告工作，受总统、总理委托行使职权。监察官员全部由行政监察署直接派出，受行政监察署的完全垂直领导。埃及根据人口和地域大小将地方26个省划分为十多个监察区，每个监察区管辖若干个省；每个省设立监察官办公室。

（三）日本行政监察制度

日本监察机构的设立始于二战后期。1947年中央行政监察委员会的建立，标志着日本行政监察工作的开始。彼时，日本负责政府综合行政管理和监督的部门叫总务厅。在行政机关内部，日本设立行政监察局、地方行政监察机构以及人事院和各类行政审议会等，实施行政监察

① 杜兴洋．行政监察学．武汉：武汉大学出版社，2008：152.

② 李秀峰．廉政体系的国际比较．北京：社会科学文献出版社，2007：38.

与监督。行政监察局是当时日本最高行政监察机关，为总务厅下属机构之一。行政监察局的职能和任务是经过前期调查，指出政府各职能部门需要改善的问题，对政府制定的政策及实施的效果进行评估，提出改革和改善行政管理的措施。其特点是监察事而不监察人。监察官由内阁总理大臣从有学识和富有经验的人士中选择任命，分管本内阁各省、各厅的监察事务。进入21世纪以来，日本的监察机构也在不断发展变革。2001年，日本进行行政机构改革，把总务厅、邮政省、自治省合并起来统称为总务省，将原来设立在总务厅之下的行政监察局改名为总务省行政评价局。

当前，日本的行政监察层次较清晰，除了总务省行政评价局负责对行政机关的监督外，日本的一些地方政府也设有监察机构即监察委员会。这些监察委员会既对行政机关落实工作任务和目标进行监督，也进行审计监督。如东京的监察委员会，是专门对行政机关及其公务员进行监督的机关。专职监察机关的建立可以更好地保证行政监察的客观性和公正性。总之，日本的行政监察机构“从中央到地方设立行政评价局、人事院、公平交易委员会等机构，从不同方面对行政机关和工作人员进行监督”①。日本的行政监察制度是为了加强国家行政管理、提高行政效率而建立发展起来的，它是政府内部自省、自律机制的体现，是科学行政管理的一个重要组成部分。

综上，我们可以看出，政府内设专门监察机构模式的优势在于：监察机构设置于政府内部，相对熟悉政府的运作，便于其监察工作的开展。不利之处在于：监察机构如果缺少相应的独立性与权威性，容易受制于政府，产生“官官相护”的弊端，使监察流于形式。

三、监审合一监察模式

行政监察与财务监督是一个有机的整体。对一个单位实施监察，必然涉及其执行法律、行政运作、人事管理、资财使用、工作绩效等情况。国家公职人员的各种违纪违法行为多涉及钱财，查办案件时离不开财务审计，因此，一些国家将行政监察机关与财务审计机关合一。这是一种类似于集我国监察委员会、审计署和财政部的部分职能为一体而设立的监审合一的监察机构，在国际上较为流行，并成为一种发展趋势。此类监察机构除个别属于政府外，绝大多数为向议会报告工作的独立机构。它们享有很高的法律地位，在一些国家被列为立法、行政、司法之后的“第四权力机关”。

实行监审合一监察模式的国家有韩国、蒙古、波兰、捷克、智利、秘鲁、巴西、斯洛伐克、阿尔巴尼亚、墨西哥、芬兰等。现举代表性的墨西哥、波兰、韩国为例，窥其一二。

（一）韩国监察院

韩国历史上沿袭中国封建社会的监察御史制度。1948年韩国摆脱日本的统治后，曾设立审计院和监察委员会。由于审计和监察工作关系十分密切，为了提高工作效率，1963年，韩国根据《监察委员会法》的规定，将监察委员会和审计院合并，设立了监察院。监察院作为韩国最高监察机关，独立于议会和政府，只受总统领导。韩国监察院法第3条规定：“监察院由包括监察院院长在内的七名监察委员参加的监察委员会和事务处组成。”第4条规定：“院长经国会同意，由总统任命。”普通监察委员则由院长提名、总统任命，任期为4年。监察院在政府部门、地方自治区等设有内部监审机构，它们要向监察院报告监察结果，接受监察院的工作指导。

---

① 田雅琴．日本行政监察制度管窥．中国监察，2005（8）．

根据韩国宪法的规定，监察院的主要任务是审计国家决算及受国家与法律约束的团体的财务，监察国家行政机关及公务员履行职务的情况，以及揭露公职人员违法违纪问题。[①] 此外，监察院还监察议会和司法机关、国家安全部门、国家部分投资的企业以及军队中的高级军官。韩国监察院是一个特殊的单位，其工作人员均经过精心挑选后录用，管理严格，待遇优厚，工资比其他部门人员的高一级；且部门资金充足，办公条件优越，以此保证监察院所承担的重任能顺利完成。

韩国监察院法第 24 条规定了监察院的监察范围，主要包括下列具体事项：（1）依照政府组织法和其他法律而设置的行政机关的事务和其下属公务员的职责；（2）地方自治团体的事务和其下属地方公务员的职责；（3）符合监察院法第 22 条第 1 款第 3 项和第 23 条第 7 款规定的事务及人员，可成为监察对象的会计事务，与监察事务有直接联系的公务员的职责；（4）其他法令规定具有公务员身份的准公务员的职责。

韩国监察院进行监察的方式主要是要求监察对象提交账簿及其他的有关文件，必要时可以开展巡回监察。监察院有权冻结监察对象的仓库、物品等；根据监察结果，发现监察对象有违法行为时，有权移交司法部门处理；发现法律或行政工作有问题时，可以向有关机关提出修改建议或者改进行政工作的具体措施。

（二）墨西哥监察部

墨西哥监察部也是监审合一监察模式的典型代表，它集公务员监督、行政监察、财务审计、企业监督于一身。监察部隶属于墨西哥联邦政府序列，向总统负责。监察部由 A 部和 B 部组成，各由一位副部长负责。A 部主管行政监察，B 部主管财务审计。两部通力合作，B 部将审计结果报 A 部后，A 部酌情进行处理。监察部在其他部委派驻代表，代表监察部实施监督检查。同时监察部还任命巡视员，专门监督国营企业的收支情况和生产经营活动。墨西哥政府在地方各州也设立了类似的监察机构。

墨西哥监察部拥有较大的监察职权和管辖范围，可以说包罗万象、覆盖全国。归纳起来其职权涉及五大事项：（1）监督公务员公正廉洁地行使职责。墨西哥 1983 年颁布《墨西哥联邦政府工作人员职责法》，明确规定了政府各部的职能，并对政府工作人员的行政行为、法律行为、道德行为提出具体要求。监察部依据该法实施监督，对违反职责的官员直接进行查处，可给予警告、罚款、停职、撤职等处分。（2）主管政府精简机构工作。墨西哥自 20 世纪 80 年代末开始精简机构，试图解决人浮于事、效率低下等问题。监察部负责政府各部精简机构的规划、协调与监督，各部根据监察部制订的准则提出具体实施方案，将实施结果报监察部，由监察部汇总上呈总统。（3）审查政府部门预算执行和财务收支情况。政府各部门和国营企业每年要向监察部上报采购计划，监察部进行跟踪监察。各单位（包括中小企业）出售资产要公开拍卖，监察部派人参与并监督资金收付和拍卖活动的全过程。（4）负责公务员财产申报。联邦政府科长以上官员（含总统）都要向监察部进行财产申报登记。任职 60 天内申报一次，1 年后申报财产变动情况，任职期满后全面申报一次。监察部对申报不实的举报进行立案调查。（5）对国营企业、国家发展计划及公共工程进行监督。根据企业法，国营企业设企业委员会，监察部巡视员为委员会当然成员。委员会每年两次对生产经营活动进行评估，提出建议。对国家发展计划实施的全过程和公共工程可行性研究、设计、招标、施工、款项支付、验收等环节，监察部都派人参与，而且要在有关文件上签署意见，否则有关部门不予批准施工、拨款和验收。

① 李景平，赵亮，于一丁．中外行政监察制度比较及其启示．西安交通大学学报（社会科学版），2008（4）．

（三）波兰最高监察院

波兰于1921年成立最高监察院。1994年波兰修改宪法，对监察院的职能、地位重新作了法律规定。作为集监察与审计于一体的监察机构，波兰最高监察院有着自己的特点。与墨西哥监察部不同，波兰最高监察院是一个独立于总统和政府的国家监督机构，向议会报告工作，不受任何党派或部门的领导或指派。波兰最高监察院内设15个司局，同时在地方设17个代表处，分别对全国49个（1998年改为16个）省进行监督。代表处为派驻机构，在行政、财政上均直属监察院领导，监察计划由监察院统一部署。波兰最高监察院工作量的10％～15％为议会委托事项，85％～90％为自订工作计划的事项。

波兰总统或总理可委托最高监察院就某事进行调查，但不能命令最高监察院做或不做什么。最高监察院的财政预算单列，一般比其他部门的高，由议会审定通过，财政部无权削减。最高监察院院长由众议院任免，不得带有任何政治色彩，不得担任其他任何公职，但可以参加议会召开的会议和政府内阁会议。

波兰最高监察院的监察对象包括政府行政部门、国家金融机构、国家法人和单位、地方政府部门，以及执行国家委派任务和使用国家资产的所有单位。其主要任务是：对国家的财政、经济、行政活动，特别是国家法律和财政预算执行情况、政府部门和企事业单位运作情况，实施全面监察。它还有权监督总统府、议会、军队的预算执行情况和财产管理情况，还可根据议会的要求和总统的委托，对议会与总统府的行政活动进行监察。

综览这些国家监审合一的监察机构，可以发现此类监察模式有其明显的特征：(1) 通过监察、审计的结合扩大了监察机构的权力范围，同时使监察机构能够掌握更多的信息，从而提高监察机构的权威性及执行的合理性。(2) 监察和审计同处于监察机构内部，二者的协调、合作性比处在不同的部门时要高，有利于提高监察机构的工作效率。(3) 出于“专业化限制”效应，监察与审计部门同处于监察机构下，权力过分集中，不利于其他专职部门业务的开展。

四、司法监察模式

设置独立的司法监督机制，是现代法治走向。不同法治文化、不同政治体制背景下的司法监督的设置和功能配置有较大差异，进而导致司法机关对行政权力的制约监督也颇有差别。目前各国推行的司法监察制度主要包括司法审查制度、违宪审查制度和行政诉讼制度这三大类。

（一）司法审查

司法审查是指普通法院对公民申请审查行政行为案件，依照有关法律或行政规章，以普通司法程序判定涉案行政行为是否合法、正当，并裁判维持或撤销乃至赔偿的活动。其功能在于保障个人权益、纠正违法行为和保障法律适用的统一。英美法系国家普遍提倡这种司法审查。其中以英、美两国为典型。

从传统来看，司法审查是英国国王特权的反映，因此，法院开展的司法审查，作为一种公法上的救济，主要是通过英国高等法院颁发的四个特权令（提审令、禁止令、执行令、人身保护状）来实现。[①] 几经变革后，根据1982年最高法院法和2000年民事诉讼规则，英国的司法审查有了一些变动。当下，英国司法审查的主体包含上议院上诉委员会、枢密院司法委员会、上诉法院、高等法院、皇家法院、郡法院和治安法院。此外，由于英国普通法没有严格区别公法和私法，在某些情况下私法上的救济手段可适用于公法领域。司法审查中有时就用到私法中

---

① 曾繁正．西方主要国家行政法、行政诉讼法．北京：红旗出版社，1998：441-445.

的撤销令、禁止令、确认令、阻止令等救济手段。欧盟形成后，《欧洲共同体法》和《欧洲人权公约》等实际上使英国的司法审查有些改变，即议会的法律也可成为普通法院司法审查的对象。

源自上述英国普通法院监督传统的美国司法审查，经美国宪法起草人之一——汉密尔顿倡导后，自19世纪以来几经改进和简化，已经变成根据成文法的规定进行审查。因此，如今美国的司法审查通常是指联邦普通法院（含联邦地区法院、联邦巡回上诉法院、专门法院和联邦最高法院）以及附属于行政与准行政机构的行政法庭，通过对案件的审理来审查实施中的法律是否合宪以及行政机关的行政行为是否合宪、合法。其监督的目的在于限制公共权力（特别是其中的行政权力），纠正违法行为，确保依法行政和法律适用的统一，维护公民的尊严和权利。与英国比较而言，美国的司法审查简化了形式，扩大了范围。美国司法审查的范围不仅涉及行政权力、立法权力和司法权力三者之间的冲突，也涉及地区性的冲突和保障公民自由，甚至涉及对选举制度的监督和对政党内部治理的协调。

（二）违宪审查

违宪审查理论可追溯到汉密尔顿的权力制衡主张。汉密尔顿认为，司法机关无军权和财权，不能支配社会的力量和财富，因此在“三权分立”境地中，由其纠举违宪行为最为适宜。[①] 美国违宪审查的实践始于1803年美国最高法院对“马伯里诉麦迪逊案”的判决，在该案中联邦最高法院大法官马歇尔从司法操作的角度提出一个极有监督价值的问题：立法机关制定的法律若与宪法相违背就是无效的，但由谁认定某一部法律是无效的呢？这一权力属于司法机关。如果两部法律相互抵触，法院必须决定适用其中的哪一部法律；如果一部法律是违反宪法的，而该部法律与宪法都适用于同一案件，那么法院只能无视该法，适用宪法。当今存在违宪审查的代表国家有美国、法国与德国等。

美国普通法院附带进行违宪审查，其传统的审查对象只限于联邦法律、行政法规和地方性法规，以及具体的行政行为等。法国将违宪审查与行政审查传统混合起来，即由宪法委员会与行政法院并行开展违宪审查，具体讲就是，宪法委员会作为宪法监督的专门机构，负责对法律的合宪性进行事前审查；行为违宪或大量行政法规、规章的合法性和合宪性问题所引起的纠纷，则由普通法院或行政法院审查裁决。欧洲大陆法系国家进行违宪审查的基本形式是宪法法院审查。宪法法院源于1789年法国宪法规定设立的护法元老院，但其产生于奥地利，体现了规范法学派代表人物凯尔森的主张。第二次世界大战后，一些国家鉴于法西斯主义对宪法和人权肆意践踏的惨痛教训，相继效仿奥地利建立起宪法法院。不过，因机构的组成、运作的程序、审判的权限等不尽一致，各国宪法法院又可分为两种：一种是纯司法性质的宪法法院。这种宪法法院属于独立的司法机构，如德国、奥地利、意大利、葡萄牙、西班牙、俄罗斯等国家的宪法法院。在这方面，德国的宪法法院体系，几乎成为政治体制中与立法、行政和司法平行的“第四权力”。另一种是最高法院下辖的宪法法庭。如爱沙尼亚在最高法院中设立的宪法审查法庭或宪法审判庭。这种设置主要是考虑了在一国的司法体制中避免双轨制和重复设立机构的麻烦。

综上，违宪审查主要有如下特点：（1）违宪审查的主体有二：普通法院和宪法法院。（2）审查的内容主要在于：法律的合宪性；国家最高权力机构活动的合宪性；宪法诉愿；政党违宪，选举违宪；国家机关之权限争议。（3）违宪审查的方式主要有：事先审查、事后审查、控诉性违宪审查等。

---

① 汉密尔顿，等．联邦党人文集．程逢如，等译．北京：商务印书馆，1980：392.

（三）行政诉讼

相对人认为行政机关的具体行政行为侵犯其合法权益，又不愿或不服调解和仲裁时，可以向复议机关提出重新处理的申请。受理申请的复议机关应当依法审查和裁决，维护和督促行政机关依法行使职权，保护自然人、法人和其他组织的合法权益。复议的程序简便经济，有益于补充行政系统内部层级监督的不足，减轻司法机关的负担。但对于“官告官”和“民告官”的案件，由政府自身的机构来仲裁，难显公平且常有“官官相护”之嫌，甚至可能出现被告参与组织处理纠纷的情况。因此，对行政争议专门性的司法处置自然就成了仲裁与复议的延续、监督和救济。在全球范围内，负责行政诉讼的机构各式各样。在有的国家由普通法院承担行政诉讼的重任，如我国。在有的国家考虑到普通法院不便干预行政，又专门设立了行政法院，如法国、德国。在有的国家普通法院内设专管行政案件的行政法庭。设立行政裁判所是英美法系国家对行政法院做法的借鉴。

现代行政诉讼的特征是：(1) 独立的行政法院适用独立的行政法体系来解决行政复议中的问题。(2) 审查对象是行政机关的所有行政行为。(3) 审查方式具有书面性。(4) 审查程序为行政法官主导的纠问制。

公权力监督的本质是制约权力。权力必须进行分工、受到约束，经过分工和制约后的每一项权力都需要受到监督。不同治理环境下，基于选举制度、法治状况、政治文化（特别是其中的从政道德和廉洁文化）等的差异或变化，对权力的制约与监督在监督权能、对象、方式、目标、原则、基础等方面往往大相径庭。西方资本主义国家采用权力的分立与制衡，通过政党竞争、定期选举、议会主权等方式，来防止和克服权力的失衡、失序等现象，但是这些方式仍然没有从根本上解决问题，资本主义国家的权力腐败、权力滥用等现象仍然时有出现。当前，随着社会的发展，行政权力不断扩展，有关公民行政权利的利益诉求也不断增加。无论哪种监察模式的国家，其政府都在不断寻求一种更合理的模式，以达到权力制约的目的。监察是监督行政权力运行的一种方式，监察制度是防止公共权力滥用的重要制度，监察模式的变革、发展及创新都离不开权力制约这一宗旨。

无论是代议机关监察专员模式、政府内设行政监察模式还是监审合一模式抑或司法监察模式，它们之间的共性特征之一是，通过监察提高政府的行政效率和加强廉政建设。一个合格政府的形象首先是廉洁，廉洁行政是政府获得民众支持、取得公信力的首要条件。随着经济社会的不断发展，推动政府的廉政建设和提高政府的行政效率意义重大。政府体制的改革、廉政及绩效建设的变革皆对监察的职能、权限产生影响，使其随之变革。概览当今的各类监察模式，都存在监察的主体不断增多、监察的范围不断扩大的趋势，而且，政府政策的合理性逐渐被纳入行政监察的范围。除此以外，监察还不断深入某些专业和行业领域。总之，各种监察模式并非一成不变，而是与时俱进，随着政府职能的变化而变革，进而在新时代更好地发挥监察的作用与功能。

第三节 我国监察制度的文化源流

一、监察制度产生的思想文化基础

在中国的封建社会，形成了不同于西方各国的以御史监察为主体的监察制度。这有其深厚独特的思想文化渊源。综览历史可以发现，法家思想是监察制度产生的直接诱因。作为新兴地主阶级政治思想代表的法家，曾经多次论述了建立监察制度的必要性。战国后期法家思想的集大成者韩非指出："善张网者引其纲，不一一摄万目而后得；一一摄万目而后得，则是劳而难。引其纲而鱼已囊矣。故吏者，民之本纲者也，故圣人治吏不治民。"[①] 意思是说，通过治吏来治民，犹如纲举而目张，因此，治理国家关键在于治吏。如何治吏呢？韩非又提出了君主集权的法、术、势理论。按照这套理论，所谓"术者，因任而授官，循名而责实，操杀生之柄，课群臣之能者也"[②]。这里，治吏的核心问题是监督官吏守法，以使"官不敢枉法，吏不敢为私利"。这种对官吏的监察权只能由君主掌握，"此人主之所执也"。但是，在一个疆域如此辽阔、机构如此庞杂、官吏如此众多的帝国，仅仅依凭君主一人之力实施监督是不可能的，"夫为人主而身察百官，则日不足，力不给"[③]。而且，仅靠行政系统内部建立在管辖关系基础上的自上而下的监督也是不够的，"吏虽众，［事］同体一也。夫［事］同体一者，相［监］不可"[④]。这样，建立与行政机关事不"同体一者"的监察机关来对百官实施监察就成为一种需要和可能。李斯也有类似的强调督责之术重要作用的论述。他说："夫贤主者，必且能全道而行督责之术者也。督责之，则臣不敢不竭能以徇其主矣。"[⑤] 他进而阐述监察的全面功效："若此则谓督责之诚，则臣无邪，臣无邪则天下安，天下安则主严尊，主严尊则督责必，督责必则所求得，所求得则国家富，国家富则君乐丰。故督责之术设，则所欲无不得矣。"[⑥] 此处的"督"是监察，"责"是处罚。正是在这种法家理论的指导下，秦国创建了监察制度。"汉承秦制"，其后历代王朝均予以承袭，并不断加强。

儒家思想是促成监察制度产生的又一原因，而且是促使中国古代监察制度在两千多年漫长历史中发展演变的思想主因。先秦儒家的"尊王""大一统""德主刑辅"等思想本身就与法家的思想相通。儒家与法家除了相异的一面外，亦有趋同，即互相吸收、互相影响的一面。从历史发展过程来考察，战国、秦以及西汉初年，统治者大多奉行"法治"，不用儒术，而以秦为最典型。但是，讲究"法治"的秦王朝，偏偏短命而亡。这不能不使继秦而起的西汉王朝统治者深思。仅仅靠法家思想不足以维系其统治，于是，汉朝转而采用道、法结合的黄老学说为治国的指导思想。黄老思想主张清静无为、约法省刑、与民休息，实际上也就是以道家之长来补法家之短。这种思想对于经济凋敝、百业荒疏、民生艰困的汉初社会经济的恢复无疑是有益处的。但黄老思想过于消极，不利于中央集权制度的巩固，也不利于加强对人民的统治，因此，经过汉初几十年的"休养生息"，随着封建经济的恢复和政治的发展，统治者为了解决上述矛盾便进一步谋求一种既不如法家那样激烈又不如道家那样消极，还更有利于维护专制统治的思想来作指导。直到汉武帝时，终于接受儒士董仲舒等的建议，"罢黜百家，独尊儒术"，将儒家思想作为维护中央集权统治的正统思想；从儒家的传统出发，将"明德慎罚""德主刑辅"等作为统治人民的主要方法。《唐律疏议》所谓"德礼为政教之本，刑罚为政教之用"实际上仍然是德刑并用。从理论上讲，用刑还是强调"慎刑""适中"。儒家的"明德慎罚"、刑罚适中等思想，反映在司法实践当中，表现为确立严格的复核或复审程序。诸如执行死刑须由皇帝批准、由监察官监决死囚等司法活动中监察特色的强化，都可以在儒家思想中找到其思想根源。

① 王先慎．韩非子集解．北京：中华书局，1998：342.

② 同①397.

③ 同①36.

④ 蒋礼鸿．商君书锥指．北京：中华书局，1986：134. 孙诒让曰："同体一上疑脱'事'字"，"相下当有'监'字"。

⑤ 司马迁．史记・李斯列传．北京：中华书局，1982：2554.

⑥ 同⑤2557.

二、监察机构相对独立，实行自上而下的垂直监察

监察机构相对独立的地位是在官僚体制逐步完善的过程中形成的。监察机构是“天子耳目风纪之司”，监察的主要对象是各级官吏，监察的根本目的是维护君主专制的集权统治。监察职能的运作依靠组织独立的监察机构，实行自上而下的垂直监察，为整饬吏治、维护纲纪国法、保障风清气正的社会环境，发挥了积极的作用。

秦与西汉时期，作为中央监察机构长官的御史大夫可以独立设府，称为御史大夫寺，又称御史府。此时的御史府尚不是专门的监察机关，但监察各级官员无疑是其最重要的职掌。“御史大夫内承本朝之风化，外佐丞相统理天下，任重职大，非庸材所能堪。”① 意即御史大夫既监察百官，匡正官场风气，又辅助丞相，治国理政。御史大夫既是监察长官又是副丞相，说明御史大夫具有监察长官与行政长官的双重属性，拥有非常显赫的权威和地位；也说明当时监察机关与行政机关并没有分离。“从西汉末年到东汉初年……御史中丞出任新设御史台的台官，成为国家最高监察长官。这样，就实现了监察机关与行政机关的初步分离，御史台名义上虽然仍受少府节制，但实际上独立工作。至魏晋以后，御史台完全脱离少府，在组织上与行政机关完全分离，成为独立的监察机关。至唐代，又进一步实现了各监察机构的统一，形成了从中央到地方的比较完备的监察系统，而且内部分工缜密。”② 在唐朝，御史台是独立的专门监察机构，分为三院：台院掌台务，并掌纠弹中央百官，参与大理寺的审判活动；殿院，专掌朝廷礼仪监督；察院，设六察御史分掌吏、户、礼、兵、刑、工六部监督。此可谓分工细密、职责明确。唐以后，宋、元、明、清各王朝的监察机构虽在内部分工上有不同，但基本上沿袭唐制。

宋朝时御史台的监察模式与唐朝时的类似，地方监察系统则由监司、通判等组成，均独立行使监察职权，直接向皇帝负责。御史中丞为台长，从三品。台院置侍御史 1 人，负责台内政务。殿院置殿中侍御史 2 人，职掌监察朝廷礼仪。察院置监察御史 6 人，从六品，“掌分察六曹及百司之事，纠其谬误，大事则奏劾，小事则举正。迭监祠祭。岁诣三省、枢密院以下轮治。凡六察之事，稽其多寡当否，岁终条具殿最，以诏黜陟。”③ 宋朝时御史台官吏设置的基本特点是三院的组织机构趋向合并、官少吏多，其中监察御史权威最高，有监察百官的权力。

明朝时改御史台为都察院，名称虽变，而性质未改。都察院是中央最高监察机关，都御史、副都御史、佥都御史为都察院的主管官员。其中，“都御史，职专纠劾百司，辨明冤枉，提督各道，为天子耳目风纪之司。凡大臣奸邪、小人构党、作威福乱政者，劾。凡百官猥茸贪冒坏官纪者，劾。凡学术不正、上书陈言变乱成宪、希进用者，劾。”④ 也即官吏如有违法乱纪甚至学术不正等行为，都御史都可行使弹劾权。一旦都御史提出弹劾，被弹劾者必须作出回应，或者上疏辩解，或者等候皇帝处置。

此外，明清时又设六科给事中。考察其渊源，系由唐朝的六察御史发展而来。明朝在都察院之外，又设置六科给事中，分察六部，其权责类似御史。例如，给事中对刑部的监察主要是司法监察，“每岁二月下旬，上前一年南北罪囚之数，岁终类上一岁蔽狱之数，阅十日一上实在罪囚之数，皆凭法司移报而奏御焉”⑤。处决囚犯，须经刑科给事中三复奏；决囚之时，有

① 班固．汉书·薛宣传．北京：中华书局，2016：3391.

② 王晓天．论中国封建监察制度的利弊得失．湘潭师范学院学报，1999 (4).

③ 脱脱．宋史·职官四．北京：中华书局，2016：3871.

④ 张廷玉．明史·职官志二．北京：中华书局，1974：1768.

⑤ 同④1806.

上书称冤的，给事中有权停止行刑。清初，六科给事中为独立监察机关，至雍正元年（1723年），六科给事中隶属都察院，最终实现了专门监察机关在组织上的完全划一。并入都察院后，刑科给事中的司法监察职能有所加强，可参与秋审及朝审，掌秋审及朝审情实人犯的复奏、朝审勾到人犯与监视行刑。

除了监察机构相对独立，监察职能的运作，也实行自上而下的垂直监察。御史监察中央各部门官吏，直接向皇帝负责，独立行使监察权，不受长官或同级官吏制约。监察官依靠皇权保护，显然是自上而下的垂直监察模式。中央对地方的监察，亦是如此：皇帝可以直接派遣御史巡视地方。地方的监察机构或监察官，一般也不隶属地方行政部门。这种制度设计，就是为了防止地方行政权力削弱监察职能。如西汉的刺史，唐朝的十道巡按，宋朝的监司，元朝的行御史台和22道肃政廉访司，明朝的督抚和13道巡按御史，清朝的15道巡按御史，等等，均直属中央管辖，实行自上而下的层层监察，形成了从中央到地方的严密的监察网络。其监察功能无微不至，行政、司法、经济、军事等部门均受监督，可谓无所不察。各地驻军、考试、计簿、漕运等事务，均有监察官监察。古代中国幅员辽阔，各级官吏众多，地理环境复杂多样，交通又不便利，民间有"天高皇帝远"之说。凭借如此严密的监察体系，专制皇帝方能对这个庞大的国家及官僚群体进行有效的监控。究其原因，组织上自成系统的监察机构、自上而下的垂直监察体系，为封建王朝监察职能的实现提供了制度上强有力的保障。

三、制定切实可行的监察法规，监察职能的实现有法可依

历朝历代统治者为了确保监察机构正常运作、监察活动有明确的目的和方向，防止监察官员滥用监察权力，同时提高监察的效率，十分重视通过专门的法律法规来约束、规范监察机构的监察活动。随着监察制度的发展，监察的范围不断拓展，监察法也由简单趋向复杂，由最初的监察条例发展到成熟的体例完整的监察法典。

历史上最先出现的比较系统的监察法规是西汉的《监御史九条》与《刺史六条》。这两种均是专门的地方监察法规。《监御史九条》又称《御史九条》，其内容见于《西汉年纪》卷一引《汉仪》："惠帝三年，相国奏御史监三辅郡，察以九条：察有讼者，盗贼者，伪铸钱者，恣为奸诈论狱不直者，擅兴徭役不平者，吏不廉者，吏以苛刻故劾无罪者，敢为逾侈及弩十石以上者，非所当服者，凡九条。"九条内容涉及御史监察地方的司法、财政、治安、吏治等方面。汉武帝时制定的《刺史六条》，规范了刺史的监察对象与监察的具体内容。《汉书·百官公卿表》颜师古注引《汉官典职仪》云："刺史班宣，周行郡国，省察治状，黜陟能否，断治冤狱，以六条问事，非条所问，即不省。一条，强宗豪右田宅逾制，以强凌弱，以众暴寡。二条，二千石不奉诏书遵承典制，倍公向私，旁诏守利，侵渔百姓，聚敛为奸。三条，二千石不恤疑狱，风厉杀人，怒则任刑，喜则淫赏，烦扰刻暴，剥截黎元，为百姓所疾，山崩石裂，袄祥讹言。四条，二千石选署不平，苟阿所爱，蔽贤宠顽。五条，二千石子弟恃怙荣势，请托所监。六条，二千石违公下比，阿附豪强，通行货赂，割损正令也。"① 六条监察的重点对象是豪强大族、地方高级官员及其子弟。监察很有针对性，注重有效解决当时严重的社会问题：其一是缩小贫富悬殊，缓和社会阶级矛盾；其二是维护中央集权，打击地方官员公开对抗中央；其三是维护地方司法公正，保障百姓的生命、财产安全，体恤百姓，稳定社会；其四是选拔有才能的贤士，为国家所用；其五是严加追究依仗权势的官家子弟横行霸道、胡作非为，从根本上改

① 班固．汉书百官公卿表．北京：中华书局，2016：742.

善社会风气；其六是防止地方官吏与豪强勾结，破坏国家政策、法令的实施。六条表述简洁明朗，刺史监察地方时有法可依、便于操作。《刺史六条》问世后，《监御史九条》就停止执行，顾炎武称赞“汉六条为百世不易之良法”。

唐朝法制空前完备，监察法规也在前朝的基础上有所突破。唐朝时地方监察以六条为主，六条是御史巡察地方的法律依据。《新唐书·百官三》记载了其具体内容：“其一，察官人善恶；其二，察户口流散，籍帐隐没，赋役不均；其三，察农桑不勤，仓库减耗；其四，察妖猾盗贼，不事生业，为私蠹害；其五，察德行孝悌，茂才异等，藏器晦迹，应时用者；其六，察黠吏豪宗兼并纵暴，贫弱冤苦不能自申者。”① 唐朝的巡察六条与汉朝的刺史六条相比，有显著区别。唐朝的社会政治、经济环境已发生深刻变化，故除了重视监察吏治，更是将户口、籍帐、赋役、仓库、农业生产、土地兼并等财政经济方面的问题作为地方监察的重要内容。

宋朝的监察法规仍然偏重对地方的监察立法。地方监察法涉及面广泛，各种监察法规自成体系。据《庆元条法事类》与《宋大诏令集》所载，各类监察法多达二十余种，其中最具特色的监察法是《监司互察法》，这是宋朝监察立法的一大贡献。为保证监察法的实施，宋朝颁布《诸路监司互察法》，主要内容有：诸官司无按察官而有违法及不公事者，要互相举报，其经略、按抚、发运、监司属官也可互相察举。同时诸监司巡历所至，凡规定应受酒食之类，却受折送钱者，也得相互察举。监司互察法可以弥补地方监察官不受监察的漏洞，防止失监现象的发生。②

元朝统治者十分重视监察法规的制定。尤其元世祖至元年间，制定了一系列监察法规，这些监察法规基本汇编于《元典章·台纲》中。至元五年（1268 年）制定御史台纲 36 条，称为《设立宪台格例》，可谓元朝监察法规的总纲，以法律的形式确定了中央监察机构御史台的地位及各项职权，如规定了监察官的弹劾权——“弹劾中书省、枢密院、制国用使司等内外百官奸邪非违，肃清风俗，刷磨诸司案牍，并监察祭祀及出使之事”；规定了监察官的司法监察权——“诸诉讼人等，先从本管官司陈告……若中书省看循或理断不当，许御史台纠弹”，“诸官司刑名违错，赋役不均……委监察纠察”；规定对官吏是否廉洁进行监察——“诸官吏乞受钱物，委监察纠察”③。至元十四年（1277 年），又制定地方监察机构行御史台的职能条例 30 条，称为《行台体察等例》。④ 后又陆续制定相关监察法规。从中央到地方的系列监察法规为元朝监察官行使监察职权提供了法律依据和基本准则。

明朝参照元朝御史台纲等监察法规并充实、完善，制定了较为完备的监察法规。特别是在明英宗正统四年（1439 年），正式颁布《宪纲条例》，详细规定了监察官的地位、职权、选用、考核、监察对象、监察权限及监察纪律等内容。此后陆续有所增补，形成完整的部门监察法规及其实施细则。

监察立法发展到清朝时，从形式到内容已经由一般的法规或条例发展成监察法典。清朝先后制定了两部体系完整的监察法典：《钦定台规》与《都察院则例》。《钦定台规》是中国法律史上一部最完整的监察法典。这部台规以皇帝的名义颁布，故被称为《钦定台规》。台规的内容主要分为训典、宪纲、六科、各道、五城、稽察、巡察、通例等八大类，每类之下又分若干子目。《钦定台规》纲目清晰、体系严谨、内容广泛，整合了清朝历代颁布的重要的监察法规，

① 欧阳修，宋祁．新唐书·百官三．北京：中华书局，2003：1240.

② 邱永明．中国古代监察制度史．上海：上海人民出版社，2006：324.

③ 陈高华，等．元典章台纲．北京：中华书局，2012：143-144.

④ 同③149.

涉及监察制度的各个方面，确立了监察机构的性质和职责，明确了监察对象与基本任务，严格规范监察官的纪律。在《钦定台规》颁布之后，都察院又制定若干则例，汇编为《都察院则例》，是为都察院实施监察的细则规定，成为清朝监察法规的重要组成部分。《钦定台规》与《都察院则例》这两部规模宏大的监察法典，系统地反映了有清一代监察制度的全貌。

四、建立失察责任追究机制

无论古今，在赋予官吏权力之时，必然要求其承担相应的责任。监察的目的就在于保证国家的政策、法律能够被官吏忠实而谨慎地执行。而要实现这个目的，一方面有赖于监察官自身刚正不阿的品德，另一方面更需要监察体制中责任追究的落实。因此，失察追究是防止行使监察权的官吏失职渎职的一道防护墙。

失察追究机制并非一蹴而就，而是随着监察制度的发展而逐步完善的。当监察、司法、行政等职能混为一体，分工不明确的时候，要追究官员失察的责任，往往因官员个人的品德修养而异。春秋时司法官李离因失察而错杀人，晋文公认为是下吏的过错，特意为他开脱罪责，但李离固执不从，并说："理有法，失刑则刑，失死则死。公以臣能听微决疑，故使为理。今过听杀人，罪当死。"① 遂自杀。李离伏剑的故事可谓司法官主动承担失察责任的典范，可惜毕竟少见。重要的是失察追究的制度化与法律化，而不能仅仅停留在道德说教的层面。

自秦汉以降，监察组织不断扩大，监察职能的分工日趋细密。为防范监察官玩忽职守、姑息养奸的失职行为，失察追究已成为监察制度中不可缺少的一部分。据《汉书·刑法志》记载，汉武帝"招进张汤、赵禹之属，条定法令，作见知故纵、监临部主之法"。颜师古注曰："见知人犯法不举告为故纵，而所监临部主有罪并连坐也。"② 意即负有监察纠劾之责的监察官或上级主管官员，因失察要受连坐处罚。在东汉，监察官因不知情而没有举劾被监察对象的贪赃行为，仍比附"见知故纵法"追究失察的罪责。汉桓帝颁布诏令，规定：负有监察责任的刺史，如不发觉或不举劾贪赃的地方官，则以纵避为罪。《晋书·刑法志》也说，"其见知而故不举劾，各与同罪"。但因过失不举劾或根本不知情而不举劾的，予以减轻或免除处罚——"失不举劾，各以赎论。其不见不知，不坐也。"③

在唐朝，监临主司失察应承担的责任较前朝时有所减轻。唐文宗太和三年（829 年），华州刺史宇文鼎、户部员外郎卢允中坐赃，文宗欲杀之，侍御史卢宏贞上奏曰："鼎为近辅刺史，以赃污闻，死固恒典。但取受之首，罪在允中。监司之责，鼎当连坐。"卢侍御认为卢允中是贪污犯罪的首犯，作为监司的刺史宇文鼎不揭发卢的罪行，是失察，但罪不至死。文宗同意卢侍御的意见，依律减罪三等惩处了宇文鼎。"诸监临主司知所部有犯法，不举劾者，减罪人罪三等。纠弹之官，减二等。"④ 纠弹之官主要指御史。专司监察的御史因失察承担的责任较其他官吏为重。唐朝后期，为打击官吏在经济方面的犯罪，对监察官失察的惩罚有加重的趋势。唐文宗太和七年（833 年）的一道诏令规定："御史台所置六察，分纠百司，比来因循，鲜能举职。起今以后，诸司如有身名伪滥，盗官钱及违法等事，他时发觉时，本察御史并当贬斥。"宋朝恢复与罪人连坐的方式，用以惩治失察行为。宋真宗诏令："诸路官吏蠹政害民，转运使、提点刑狱官不觉察者坐之。"明朝重要的监察法规《宪纲事类》对监察官失察的责任追究规定

① 司马迁．史记·循吏列传．北京：中华书局，1982：3103.

② 班固．汉书·刑法志．北京：中华书局，2016：1101.

③ 房玄龄．晋书·刑法志．北京：中华书局，1974：925.

④ 唐律疏议·斗讼：第 361 条。

得更具体明确："凡风宪任纪纲之重，为耳目之司。内外大小衙门官员但有不公不法等事，在内从监察御史，在外从按察司纠举。其纠举之事，须要明著年月，指陈实迹，明白具奏。若系机密重事，实封御前开拆，并不许虚文泛言。若挟私搜求细事及纠言不实者，抵罪。"① "凡监察御史、按察司官巡历去处，但知有司等官守法奉公、廉能昭著者，随即举闻。若奸贪废事、蠹政害民者，即便拿问。其应请旨者，具实奏闻。若知善不举，见恶不拿，杖一百，发烟瘴地面安置。有赃者，从重论。"②

清朝的《钦定台规》是监察立法史上的巅峰之作：对监察官在监察活动中的失察追究，视其特定情况而定，或罚俸或降职或抵罪，承担相应的责任；并要求监察官忠实履行职责，对贪酷不法的官吏，应直言弹奏、不畏权贵；监察官依附朋党，或为党争工具，利用其职权之便诬告打击他人，要以其所诬之罪罪之："言官纠参，实指奸贪，是其职掌，若结党挟私，肆行陷害者，反坐。"③ 监察官弹劾陈奏与事实不符，或无真凭实据，借口风闻言事者，应受降职调用的处分。"康熙九年题准：言官列款纠参贪婪官吏，有一二事审实者，免议。若审问全虚，及条陈事件，隐含讥刺，或不据实回奏，或参官员老病衰庸涉虚者，皆降二级调用。"④ 康熙十五年（1676 年）又议论准可："言官条陈讥刺及回奏不实，或凡事不据实陈奏，或并无可据，称风闻具题者，降一级调用。"⑤ 监察官接受请托、受贿而为违法官吏隐瞒罪行，也应受严厉惩罚。雍正二年（1724 年）上谕："外省督抚有怀私背法、逞威等事，给事中、御史等受其请托贿赂、瞻徇隐瞒，经朕于别处闻知，将都察院堂官一并议处。"⑥

针对监察官的失察责任追究机制，在官僚政治正常运作的状态下，能够及时有效地追究监察官失察的责任，制约或防止监察官怠于行使或滥用监察权力，同时也便于皇帝掌控监察机构，维护皇权及中央集权的国家制度。

① 宪纲事类·宪纲·纠劾百司．中国珍稀法律典籍集成：乙编：第二册．

② 宪纲事类·宪纲·巡按失职．中国珍稀法律典籍集成：乙编：第二册．

③④⑤⑥ 钦定台规·宪纲二·陈奏．

第三章 监察法的理论基础和中国特色

第一节 《监察法》的理论基础

《监察法》确立的中国特色社会主义国家监察制度，是习近平新时代中国特色社会主义思想指导下的重大法制成果。它同任何一次国家立法一样，背后有着深厚的理论渊源：既传承了中国传统监察文化精华，包括维护权威、政治一统，强化监督、规制权力，官民分野、重典治理，道德自律、德法结合等思想精髓，又汲取了大量民主政治、政治经济学理论，包括权力制衡理论、寻租理论、公共选择理论、委托代理理论等思想精华。但是，作为体现执政的中国共产党自我监督的反腐败国家立法，《监察法》最直接、最重要的理论基础，是习近平新时代中国特色社会主义思想及中国化马克思主义创新理论。正如习近平总书记指出的，“马克思主义及其在中国的发展，为党和人民事业发展提供了既一脉相承又与时俱进的科学理论指导”[①]。对于监察体制改革和监察法的创制、实施，我们既可以从马克思主义经典著作中找到理论渊源，又可以从马克思主义中国化的理论成果中找到答案。

一、马克思主义的人民主权学说

国家监察体制改革和监察立法的理论基础，可以追溯到马克思主义的人民主权学说。马克思主义的人民主权思想，是马克思、恩格斯在总结1848年欧洲革命的经验，特别是总结巴黎公社的革命经验以后，在吸收资产阶级的人民主权学说（以卢梭为代表）的基础上提出的。这一思想成为原苏联和我国等的社会主义宪治体制的理论基石。

马克思主义的人民主权学说认为，以卢梭为代表的资产阶级的人民主权学说虽然在反封建专制主义方面起到了进步作用，但其局限性也是很明显的：（1）人民主权的“民”范围较小，仅包括资产阶级；（2）立论基础——自然状态说和社会契约的理论，是无法证实的。国家的一切权力应该属于人民，人民是国家主权的唯一享有者，国家权力是统一而不可分割的。无产阶级在建立无产阶级政权后，应当将一切国家权力统一集中在人民手中，由人民选出的代表来掌握国家最高权力。马克思曾在批判黑格尔的君主主权说时指出：“人民的主权不是从国王的主权中派生出来的，相反地，国王的主权倒是以人民的主权为基础的。”[②] 他又在《黑格尔法哲学批判》中明确指出：“人民是否有权来为自己建立新的国家制度呢？对这个问题的回答应该

① 习近平．在庆祝中国共产党成立95周年大会上的讲话．人民日报（海外版），2016-07-02（03）．

② 马克思恩格斯全集：第1卷．北京：人民出版社，1956：279．

是绝对肯定的，因为国家制度如果不再真正表现人民的意志，那它就变成有名无实的东西了。”① 人民主权究竟是什么样的政治形态呢？在马克思主义经典作家那里，人民主权并不是抽象空洞的概念，而是现实的民主政治。这与资产阶级人民主权学说及“三权分立”制度有着根本区别。人民代表大会制度通过民主集中制原则，通过间接民主或直接民主，始终保证了国家权力的人民性本质。

作为马克思主义的人民主权学说的重要原则，议行合一是我国行政权、军事权、监察权、审判权与检察权由国家权力机关产生的政治基础。议行合一原则与“三权分立”相对立，是指决定和执行国家重大事务的权力由最高国家权力机关统一行使的政治理念与实践，是马克思在总结巴黎公社经验时创立的政治原则。列宁高度赞扬议行合一制。他认为，公社成为工作机关，是摆脱资产阶级议会制的出路。他按照“把立法的职能和执行法律的职能在选出的人民代表身上结合起来”的总体构思，在实践中对巴黎公社所首创的议行合一原则加以发展。② 议行合一与“三权分立”作为国家权力的两种截然不同的分配体制，反映了中、西方集体主义和个人自由的不同的价值追求，以及对政治体制两种截然不同的文化认知。西方“三权分立”理论③的诞生、发展乃至实践，是以西方文化对人性恶的强调、对政府不信任的心理和对自由的极度保障等认知为基础的。“政府即使在其最好的情况下，也不过是一件免不了的祸害，在其最坏的情况下，就成了不可容忍的祸害。”④ 而在我国，传统文化中始终提倡人性善，始终宣扬社会至上、集体至上的价值，始终对政权持一种信任的心态，所以“三权分立”所主张的通过权力分立来保障个人自由的基础自然就在我国不存在。近代中国的发展历程告诉我们，西方“三权分立”的政治体制并不适合中国，议行合一体制下的人民代表大会制度是我国人民的历史选择，是我国政治体制的政治优势所在。

二、人民代表大会制度理论

中国特色的人民代表大会制度理论认为，社会主义共和国必须以通过选举产生的人民代表机关作为国家统一的、最高的权力机关，并以此体现人民主权。人民代表大会制度作为我国的根本政治制度和政权组织形式，是马克思主义的人民代表机关理论在我国的应用和发展。在人民代表大会制度下，国家的一切权力属于人民，人民代表大会代表人民统一行使国家权力。人民代表大会的组织形式和活动方式决定了它主要负责反映和集中人民的意愿、作出决策，并监督决策的贯彻实施。它组织起行政机关并要求其依法行使各项行政管理职权，组织起国家监察机关来对所有行使公权力人员的履职行为和职业操守进行监察，组织起审判机关和检察机关来

---

① 马克思恩格斯全集：第1卷．北京：人民出版社，1956：316.

② 1918年苏俄宪法规定：全俄苏维埃代表大会及其常设机关——中央执行委员会是最高国家权力机关，人民委员会是行使行政权的最高行政机关，中央执行委员会委员在人民委员会所属各部（各人民委员会）中工作，并执行中央执行委员会的各项特别委托。

③ 近代意义的“三权分立”理论是由法国思想家孟德斯鸠提出的。他继承和发展了洛克的分权思想，在其1748年出版的法学名著《论法的精神》中，将“三权分立说”进一步完备。孟德斯鸠认为：“一切有权力的人都容易滥用权力，这是万古不易的一条经验。”“防止滥用权力，就必须以权力约束权力。”他将国家权力划分为立法、行政、司法三种权力，主张议会行使立法权，政府行使行政权，司法权则由独立的审判机关行使。孟德斯鸠认为：“如果司法权不同立法权和行政权分立，自由也就不存在了。如果司法权同立法权合二为一，则将有对公民的生命和自由施行专断的权力，因为法官就是立法者。如果司法权同行政权合二为一，法官便拥有了压迫者的力量。”“如果同一个人或是由重要人物、贵族和平民组成的同一个机关行使这三种权力，即制定法律权、执行公共决议权和裁判私人犯罪或争讼权，则一切都完了。”这一学说为资产阶级革命后建立的政治制度提供了模式和基本原则。

④ 潘恩．潘恩选集．北京：商务印书馆，1989：22.

维护社会公平正义，组织起军事机关来维护国家的安全和利益。

作为人民代表大会制度理论基础的民主集中制理论，是我国宪法的理论基础，也是与分权制衡理论对立的一种政体理论。民主集中制理论认为，在社会主义国家，国家机关与人民群众之间的关系、权力机关和其他国家机关之间的关系、中央与地方之间的关系以及各个国家机关内部的关系，都必须既是民主的又是集中的，即按照民主集中制的原则来确定和调整，都必须实行在民主的基础上集中、在集中的指导下民主。“只有这个制度，才既能表现广泛的民主，使各级人民代表大会有高度的权力；又能集中处理国事，使各级政府能集中地处理被各级人民代表大会所委托的一切事务，并保障人民的一切必要的民主活动。”[①] 民主集中制理论从学理上说明了国家权力机关与监察机关的关系，使监察委员会成为独立的国家监察机关；也论证了监察委员会的组织形式和领导体制，使国家监察权在执政党的领导和权力机关的监督下，在民主集中制的原则下依法规范运行，永葆人民性的本质特征。

人民代表大会与监察委员会存在以下关系。第一，人民代表大会是监察委员会的权力来源。在我国，人民的主体地位是通过人民代表大会制度实现的。在人民代表大会制度下，国家的一切权力属于人民，人民代表大会代表人民统一行使国家权力，所有的其他国家权力都只能来源于人民代表大会。人民代表大会制度这一根本政治制度决定了监察委员会必须由各级人民代表大会产生，监察委员会的权力也来源于人民代表大会。监察委员会的监察权是不同于行政权、审判权和检察权的专门国家权力。第二，监察机关必须对人民代表大会负责。这里的负责既包括监察委员会作为一级组织向人民代表大会负责，也包括监察委员会的主任和监察委员会的其他组成人员向人民代表大会负责；既包括监察委员会对产生它的人民代表大会负责，也包括监察委员会对产生它的人民代表大会常务委员会负责。根据《宪法》和《监察法》的规定，监察委员会向人民代表大会负责、接受监督的方式或者途径包括：向人大常委会报告专项工作；接受人大常委会组织的执法检查；接受人民代表大会代表或者常务委员会组成人员就监察工作中的有关问题提出的询问或者质询；接受人民代表大会对其组成人员的罢免等。第三，监察机关必须接受人大的工作监督。我国《宪法》第 104 条规定了县级以上的地方各级人民代表大会常务委员会“监督本级人民政府、监察委员会、人民法院和人民检察院的工作”。《各级人民代表大会常务委员会监督法》不仅规定了各级人大常委会行使监督权的原则、内容、基本规范和程序，还规定了“一府两院”等国家机关接受人大及其常委会监督的义务。这些规定表明：人大监督是宪法和法律赋予的职权，是依法开展的监督，是以国家意志进行的监督，也是具有最高法律权威的监督。在人民代表大会制度的政治体制下，监察委员会由权力机关产生，当然要对权力机关负责，接受权力机关的监督。人大及其常委会监督监察机关的工作，体现了权力来源与由其派生的权力之间的关系，从根本上体现了人民主权。

三、全面从严治党的基本理论

全面从严治党的基本理论是中国特色社会主义政治学的核心内容。在我国宪法之下的基本法中，《监察法》是唯一将中国共产党的领导和中国共产党的指导思想写进规范的法律。这是《监察法》作为我国第一部反腐败国家立法的政治性特质所决定的。反腐败是从严治党的基本任务，从严治党的基本理论是习近平新时代中国特色社会主义思想的重要组成部分，是中国共产党领导中国革命和建设基本经验的科学总结，是与马克思主义党的建设理论既一脉相承又与

① 毛泽东．论联合政府//毛泽东选集：第 3 卷．2 版．北京：人民出版社，1991：1057.

时俱进的科学体系，是贯穿于国家监察体制改革和反腐败斗争的鲜明主题。

从严治党的理论源于马克思列宁主义的建党学说。《共产党宣言》作为无产阶级政党第一个党纲，把无产阶级政党命名为共产党，并就如何保持其先进性、纯洁性、革命性作了集中阐述。列宁强调“无产阶级在争取政权的斗争中，除了组织纪律，没有别的武器”①，强调了纪律治党。毛泽东同志结合中国实际丰富了马克思列宁主义的建党学说，从党的思想、组织、作风建设等方面探索了从严治党的策略办法、制度机制和重要举措。邓小平同志把从严管党治党提升到一个新的高度，突出强调了党要管党、从严治党的极端重要性和紧迫性。江泽民同志强调从严治党是中国共产党的优良传统和宝贵经验，明确提出“治国必先治党、治党务必从严”。胡锦涛同志明确指出，“开创中国特色社会主义事业新局面，关键是要抓好党的自身建设，必须坚持党要管党、从严治党”。习近平拓展了从严治党的广度和深度，指出：从严治党的基础是“全面”，关键是“从严”，重点是“治吏”，把全面从严治党作为战略举措，纳入执政党治国理政的战略布局，贯穿于改革开放和现代化建设全过程和党内生活各方面。

作为从严治党的重中之重，反腐败既是管党治党的重要组成部分，又是国家依法治权的系统工程。它客观要求执政的中国共产党，在领导中国特色社会主义事业建设中，通过对公权力和公务人员的全方位监督，掌握和控制公共权力依法规范运行的主动权，实现党内监督和国家监察功能的最大化。《监察法》对“坚持中国共产党对国家监察工作的领导”作出明确规定，表明监察工作必须在中国共产党的领导下进行，任何脱离中国共产党的领导的监察行为都是违法的。只有加强中国共产党对反腐败的集中统一领导，才能不断提升党和国家自我监督能力。这种自我监督理论的意义在于：这是一种刀刃向内、无私无畏的自我革命。自我革命意味着要“革”自己的命，对自身存在的问题“动刀子”；意味着反躬自省，自己扬弃自己，自己超越自己，自己否定自己。这种自我革命的目的不是要自己推翻自己、全盘否定自己，不是要改弦更张、改旗易帜，而是要确保党开创的事业始终沿着正确的轨道、既定的目标前进，确保中国特色社会主义制度变得更加成熟、更加定型，确保中国共产党始终成为中国特色社会主义事业的坚强领导核心。这就决定了我们不能用西方政治学概念、政党政治学说和政治理论模式，来评价监察机关与中国共产党的纪检机关合署办公、一体运行的制度设计，而是要从中国特色社会主义政治理论与政治实践相结合的角度，回答《监察法》为何制定、谁来执行、怎样实施等问题，得出符合中国政治实际的科学结论。

四、全面依法治国的基本理论

全面依法治国的基本理论是中国特色社会主义法治理论的重要内容。《监察法》是我国宪法之下的基本法，是反腐败斗争法治化的基本依据。依法治国理论是中国共产党治国理政集体智慧的最新思想结晶，是新中国成立以来中国共产党领导人民依法治国的最新经验总结，是马克思主义法律观、法治观中国化的最新理论成果。有学者认为，依法治国理论主要包括治国方略论、人民主体论、宪法权威论、良法善治论、依法治权论、保障人权论、公平正义论、法治系统论、党法关系论等。②

中国特色社会主义法治，以民主为前提，以权力的制约和权利的保障为核心，国家的社会行为和活动状态是依法办事。绝对的权力导致绝对的腐败。习近平同志关于“把权力关进制度

① 列宁全集：第8卷.2版.北京：人民出版社，1986：415.

② 李林.习近平全面依法治国思想的理论逻辑与创新发展.法学研究，2016（2）.

的笼子里”的思想，是对中国历史和现实教训的深刻总结，是以法治精神限制权力恣意的体现。实现把“权力关进制度的笼子里”关键在中国共产党，其主动权也在中国共产党。然而实现“把权力关进制度的笼子里”这个目标，还得花力气建好制度、落实制度。现有制度之笼之所以关不住权力，实为非制度因素制约太多，以致形成权力恣意的恶疾。更为严重的是，权力是由人行使的，人的思想问题不解决，权力就不会自动往笼子里钻，更不会老实地待在笼子里。所以，管党治党，就需要中国共产党以勇气和智慧革新政治生态，排除各种阻挠，重构权力体系，稳妥地推进政治改革，探索适合中国国情的依法执政之路。在深化国家监察体制改革过程中，实现对国家机器和公务人员监督的全覆盖，真正实现把权力关进制度的笼子里。

权力是政治生活的核心，规范行使权力是社会主义法治国家依法执政的重要内容，是现代政治文明的体现。中国共产党的十八届三中全会对国家监督权力体系的建立提出明确要求：决策科学、执行坚决、监督有力。这表明中国特色社会主义政治制度必须以权力制约与监督机制建设为重要内容，一个监督有力的权力运行体系是国家治理体系和治理能力的体现和保障。权力制约思维是将权力制约的精神理念、基本原则、实践要求运用于权力行使过程的思维方式和习惯，它是对权力结构科学化、权力行使法治化的理性认知过程，也是权力主体认识、分析、处理问题的思维活动。从认知规律的角度来看，权力制约思维是一种有关权力有限性的认识、一种有关权力必须受到制约的观念、一种权力必须接受监督的理念。只有强化对权力的监督，把权力关进制度的笼子里，才能“形成不敢腐的惩戒机制、不能腐的防范机制、不易腐的保障机制”①。这些思想正是监察立法正当性的法理支撑。要通过监察职权和监察程序的科学设置，实现对公职人员的监督全覆盖，强化权力规制，管住权力行使者，做到权力任性就查、权力出笼就打，既监察行权者不作为，又监察行权者乱作为，确保公共权力在法治的轨道上规范运行。

五、以人民为中心的基本理论

以人民为中心的理论渊源是马克思主义历史唯物论。《监察法》从根本上说是监督权力、保障权利的基本规范，通过对执掌公权力的公职人员的严格约束，以至让渡部分应该享有的公民权利，“……防止国家和国家机关由社会公仆变为社会主人……”②。公职人员因行使国家权力而成为“特别义务人”，既要接受相对于一般公民更高更严的监督与尽职要求，又要履行接受监察、配合调查的法定（特定）义务。这种以人民为中心的立法本位，蕴含着马克思主义历史唯物论的主体哲学思想。

马克思主义进入中国，就带来了一种新的主体哲学观念，这就是把工人阶级和劳苦大众作为历史命运的主体。中国共产党从成立的第一天起，就把马克思主义的主体哲学观念运用到中国人民大众作为政治主体的历史建构中。这一主体建构与西方哲学意义上的主体思想截然不同。古希腊哲学奠定了“人”的主体地位。但这里所说的“人”，指的是城邦中拥有奴隶的自由人。奴隶不过是“会说话的工具”，他们不是“人”而是“物”。马克思主义主体哲学观实现了奴隶由“物”到“人”的转化。新中国的成立使马克思主义主体哲学思想在我国变为现实。正如中国共产党的十九大报告中指出的，“中国人民谋求民族独立、人民解放和国家富强、人民幸福的斗争就有了主心骨，中国人民就从精神上由被动转为主动”。这就意味着，中国人全面转向了主人人格，开始牢牢把握自己的历史命运。

---

① 李雪勤．扎实构建不敢腐不能腐不想腐的有效机制．求是，2017（5）．

② 列宁全集：第31卷．2版增订版．北京：人民出版社，2017：190．

习近平新时代中国特色社会主义思想继承和发展了马克思主义主体哲学观念。习近平总书记在十九大报告之“新时代中国特色社会主义思想和基本方略”中，提出了“坚持以人民为中心”的理念，强调“人民是历史的创造者，是决定党和国家前途命运的根本力量。必须坚持人民主体地位，坚持立党为公、执政为民，践行全心全意为人民服务的根本宗旨，把党的群众路线贯彻到治国理政全部活动之中”。这与习近平总书记在中国共产党的十八届四中全会上提出的要恪守以民为本、立法为民的理念，使每项立法都能反映人民意志、得到人民的拥护、都符合宪法精神的论述一脉相承。习近平同志在谈到“权力观”时强调：要拉近与群众的距离，就要求领导干部要克制“官本位”的思想，不能“以官压人”，不搞“官贵民贱”和“以官为本”。领导干部要树立正确的权力观，切实解决好群众最关心、最现实、最直接的民生问题。吸收和借鉴“民为邦本、本固邦宁”的中华文化精神，做到为人民执好政、掌好权、谋好利。要牢固树立“水可载舟，亦可覆舟”的民本思想，坚持反映人民的意志，坚持树立“以民为本”意识，坚持实现人民群众的主体地位，社会主义法治的本质才能得到体现。国家监察体制改革，就是要以人民群众和人民利益为本位，这是强化依法治权、依法治官的要义所在。

六、全面深化改革的基本理论

全面深化改革的基本理论是辩证唯物论和“实事求是、解放思想、与时俱进”的思想路线。《监察法》既是国家监察体制改革的法治成果，又是在新起点上深化这一改革的基本依据。因此，全面深化改革的基本理论无疑是创立监察法学的题中之意。“《监察法》的颁布和实施，标志着国家监察体制改革和反腐败工作站在了新的起点上，反腐败国家立法从无到有，腐败治理体系现代化的基石已经奠定。”①《监察法》的时代性特征和奠基性特质，决定了监察法学必须把全面深化改革的基本理论作为学科建设的重要内容。

深化监察改革的基本理论是建立在马克思主义辩证唯物论哲学基础上的，是与中国实际紧密结合的认识论和方法论。它源于新的时代条件下中国共产党的哲学自觉。正是在矛盾论和实践论的基础上，中国共产党的十九大报告第一次提出中国社会的主要矛盾变为了“人民日益增长的美好生活需要和不平衡不充分的发展之间的矛盾”。经过七十多年的努力，中国实现了从毛泽东时代、邓小平时代到习近平时代的历史性跨越。《监察法》的立法背景是新的社会矛盾将中国推进到新的历史时代，而新的时代面临的新问题自然需要新的思想来解决，这无疑是习近平新时代中国特色社会主义思想的历史起源。“进行伟大斗争、建设伟大工程、推进伟大事业、实现伟大梦想”的科学理论，对监察体制改革和《监察法》的颁布、实施来说，是“不断认识规律，不断推进理论创新、实践创新、制度创新、文化创新以及其他各方面创新”② 的重要方式和手段。

《监察法》的立法动因是问题导向。马克思说，“问题就是时代的口号，是它表现自己精神状态的最实际的呼声”③。习近平总书记强调，“推进党和国家各项工作，必须坚持问题导向，倾听人民呼声”④。作为马克思主义中国化的理论成果，习近平新时代中国特色社会主义思想给人们提供了发现问题、直面问题、分析问题、解决问题的工作方法。问题导向蕴含与时俱进的理论逻辑，马克思主义哲学的时代化进程就是在以问题为导向的前提下，实现理论与时代结

① 邱学强．迈向法治反腐新征程．学习时报，2018－06－13（01）．

② 习近平．在中国共产党第十九次全国代表大会上的报告．人民日报，2017－10－28（01）．

③ 马克思恩格斯全集：第40卷．北京：人民出版社，1982：289－290．

④ 全国政协举行新年茶话会习近平发表重要讲话．人民日报，2016－01－01（01）．

合的过程。强烈关注现实，使马克思主义者更加注重解决具体问题，如既往反腐败体制下监察范围过窄、监察手段单一、监察力量分散、监察权威不够等体制机制问题。深化监察体制改革，将使上述问题迎刃而解。《监察法》使中国共产党的主张通过法定程序成为国家意志，有效提升了反腐败工作的法理基础，解决了长期困扰反腐败的法治难题。制定《监察法》，就是要通过制度设计补上过去监督存在的短板，实现对所有行使公权力的公职人员监察全覆盖，探索出一条实现自我净化的有效路径。

创立监察法律制度的重大政治改革，蕴含着推进治理体系和治理能力现代化的理论逻辑。国家治理体系和治理能力两者相辅相成，是一个国家的制度及制度执行能力的集中体现。习近平同志指出，“我们的国家治理体系和治理能力总体上是好的，是有独特优势的，是适应我国国情和发展要求的”。世界各国治国理政的实践证明，国家治理能力的现代化，离不开腐败治理的民主化、科学化和法治化。实践表明，反腐败是一项维护公共权力廉洁高效运转的复杂而又艰巨的国家治理工程，同时，反腐败也是中国共产党作为执政党不断进行自我净化、自我完善、自我革新、自我提高的过程。腐败是国家治理中的一种病变，具体表现为公共管理活动中的权力滥用。只有真正遏制住国家治理中的这种病变，有效防止住公共权力的滥用，才能够保障国家治理的有效性。推进国家治理体系和治理能力现代化，必须实现反腐败治理体系和治理能力的现代化。

按照这一逻辑，中国共产党领导的反腐败治理有两大基本点：一是党和国家的自我监督，二是人民群众的民主监督。二者相辅相成、相互保障，有机结合、共同发力。构建中国特色社会主义监督体系，实现反腐败治理体系和治理能力的现代化，要求党委在担起反腐败主体责任的同时，既要强化党内监督，又要加强国家监察。党内监督按照执纪、监督、问责的职权配置要求纪委负责党内纪律检查，围绕全体党员是否遵守党的纪律行为来进行监督。而国家监察则按照执法、监督、问责的职权配置，要求监察委员会负责廉政法规监察，围绕公共权力运行中国家工作人员是否遵守法律法规而进行监督，并且依法对不构成犯罪的腐败行为实施非刑事处罚，将触犯刑法的腐败行为移送司法机关使其审查起诉、审判。而人大、政协和民主党派、群众舆论的监督，则承担着为纪检监察机关提供信息资源、监督其职能工作的双重职责或义务。中国特色反腐败监察体系的整合与优化，为反腐败治理体系和治理能力的现代化创造了条件，有利于推进国家反腐败治理体系的规范化、程序化、制度化和科学化，从而形成与社会治理体系相对应的公共权力治理体系。社会治理体系与公共权力治理体系，是国家治理体系中并存的两大治理体系。要大力促进国家治理体系中两大治理体系的各治理主体彼此之间相互协调、共同发挥作用，从而把中国特色社会主义制度体系的整体优势，转化成为推进国家治理体系和治理能力现代化的整体效能。

七、新时代反腐败战略思想

中国共产党的十八大以来，习近平总书记立足于对国内政治、经济、社会发展和复杂多变的国际形势的准确洞察与研判，紧紧围绕中国共产党要团结和带领全国各族人民实现“两个一百年”奋斗目标和中华民族伟大复兴中国梦的时代主题，着眼于从严治党、执政为民，深入推进党风廉政建设和反腐败斗争，提出了一系列新理念、新观点、新论断：在指导思想上，强调坚持党要管党、从严治党，始终保持党的先进性和纯洁性，确保党始终成为中国特色社会主义事业的坚强领导核心①；在形势判断上，强调反腐败斗争关系党和国家的生死存亡，反腐败斗

① 中共中央文献研究院．习近平关于全面从严治党论述摘编．北京：中央文献出版社，2016.

争形势依然严峻复杂，坚决反对腐败是中国共产党必须抓好的重大政治任务，反腐败斗争永远在路上①；在立场态度上，强调对腐败现象实行零容忍，做到有腐必反、有贪必肃，党中央反腐败的决心和遏制腐败现象蔓延势头的目标不变②；在任务目标上，强调反腐败要经常抓、长期抓，“老虎”“苍蝇”一起打，无禁区、全覆盖，构建风清气正的廉洁政治生态，把权力关进制度的笼子里，实现干部清正、政府清廉、政治清明③；在战略重心上，强调现阶段以治标为主，为治本赢得时间、赢得主动，以“不敢腐”推进“不能腐”和“不想腐”，从源头上遏制腐败现象蔓延④；在方式方法上，强调运用法治思维和法治方式反对腐败，加强反腐倡廉法规制度建设，把纪律挺在前面，严格执法、公正司法，利剑高悬、威慑常在⑤；在内生动力上，强调从执政为民的根本宗旨出发，强化党委的主体责任、纪委的监督责任和司法的法律责任，建立责任倒查追究制⑥；在国际合作上，强调深入了解和掌握国际反腐败规则和动态，提高追逃追赃工作的针对性和有效性，决不能让国外成为腐败分子的“避罪天堂”⑦ 等等。这些新理念、新观点、新论断构成一个内在联系、有机统一的整体，系统回答了新时期反腐败斗争为什么、是什么、怎么办等一系列重大理论和现实问题，体现了时代条件下对反腐败斗争的规律特点、趋势方向的深刻把握，形成了新时代反腐败斗争的战略思想。⑧

新时代反腐败战略思想以对历史规律的科学把握、以对风险矛盾的忧患认知，以历史周期率的兴亡命题和温水煮青蛙的寄寓忧思，通过理论和实践的结合昭示了全面从严治党的极端重要性和现实紧迫性。它坚持从实际出发，立足对党情国情世情的正确判断，蕴含着唯物论的基本观点；运用全面的、历史的、发展的思维方式，科学认识当下各种腐败的本质以及与社会经济政治间的有机联系，蕴含着辩证法的基本观点；科学总结中国共产党自成立以来同腐败现象作斗争的经验教训，并进行规律性概括，蕴含着认识论的基本观点；高度聚焦中国共产党建设廉洁政治、真挚为民的执政思想和理念，蕴含着价值论的基本观点。正是这些充满马克思主义思想光辉的科学内核，为全面从严治党和反腐败斗争提供了前所未有的巨大动能，为深化国家监察体制改革、制定监察法奠定了坚实的理论基础。⑨

新时代反腐败战略思想蕴含着马克思主义的立场观点和方法。反腐败战略思想的根本立场，就是中国共产党的立场、人民的立场。这就要求监察工作必须在思想上紧跟中国共产党的领导核心，理论上聚焦核心，感情上认同核心，因为核心集中代表了中国共产党的利益、人民的利益。对核心的忠诚，就是对中国共产党的忠诚、对人民的忠诚，而且这种忠诚必须是绝对的。忠诚不绝对，就是绝对的不忠诚。要以绝对忠诚的坚定立场，不断增强维护党中央权威的自觉性和坚定性，任何时候、任何情况下都要把政治纪律和政治规矩挺在各项纪律、规矩的前面，自觉地把维护中央权威体现到一言一行中，体现在反腐执法中。大量事实证明，腐败分子往往是政治问题与经济问题相交织，他们大搞权钱交易、利益输送，物欲和权欲形成了恶性循

---

①② 中共中央纪律检查委员会，中共中央文献研究室．习近平关于党风廉政建设和反腐败斗争论述摘编．北京：中央文献出版社，中国方正出版社，2015.

③⑤ 习近平在十八届中央纪委二次全会上发表重要讲话．(2013－01－22)．中国共产党新闻网．

④ 王岐山在中共十八届中央纪委委员学习贯彻党的十八大精神研讨班上的发言．(2013－02－20)．人民网．

⑥ 邱学强．以绝对忠诚的使命担当践行习近平总书记反腐败战略思想．学习时报，2017－06－02 (01).

⑦ 习近平在中央有关会议上对国际追逃追赃工作的重要讲话．中国纪检监察报，2017－11－15 (04).

⑧ 邱学强．新时期反腐败理论与实践的重大创新．学习时报，2015－07－06 (01).

⑨ 邱学强．坚决把反腐败斗争进行到底．人民日报，2014－05－06 (07).

环。他们利用党和国家经济资源笼络人心、结党营私，恶化政治生态。要充分认识其动摇中国共产党的执政基础、危害国家政权安全的反党反人民本质，并毫不留情地予以揭露和打击，决不能温良恭俭让。要按照党中央的要求创新监察思路，明确监察责任，高质量、高效率开展各项监察工作。监察执法中自觉坚持中国共产党的核心领导，该向党委报告的要报告，该向党委请示的要请示，自觉服从党中央统一指挥，坚持和完善党委和纪委监委双重领导制度，把维护党中央权威落实到反腐败监察活动之中。①

新时代反腐败战略思想的基本观点，就是坚持党的领导、维护人民利益、依纪依法反腐。监察机关坚持中国共产党的领导，就要保持高度的政治敏锐性，在要不要巩固中国共产党的执政地位、厚植中国共产党的执政基础，要不要坚持中国共产党的领导、人民当家做主和依法治国有机统一的重大原则，要不要坚持中国特色反腐败道路自信、理论自信、制度自信和文化自信等重大理论和实践问题上，绝不能闪烁其词、语焉不详。对重大问题、疑难问题、社会热点问题等，要坚持摆事实、讲道理，开展批评与自我批评，提高主流思想舆论的传播力和影响力；对别有用心的恶意炒作和混淆视听，要及时坚决地予以回击，用深入的有针对性的研究成果，用客观事实和科学论证，揭示其虚伪性和挑唆性，旗帜鲜明地维护中国共产党的核心领导地位。监察机关维护人民利益，就要在国计民生、经济社会发展的问题上态度坚决、措施到位，不断提高反腐执法的政治效果、法律效果和社会效果，为实现创新、协调、绿色、开放、共享的五大发展目标提供安定有序的社会环境、诚实守信的经济环境、清正廉明的政务环境、公平公正的司法环境。监察机关依纪依法反腐，就是要以宪法和中国共产党章程为基本遵循，秉持党纪与国法相辅相成、相互促进、相互保障的反腐败法治方式，坚持纪在法前、纪法衔接，充分发挥党纪国法惩治和预防腐败的法治效应。始终坚持反腐败无禁区、全覆盖、零容忍，做到监察反腐不放松、不停步、不手软；始终围绕构建不敢腐、不能腐、不想腐体制机制的基本战略，推动“不敢腐”向“不能腐”和“不想腐”的转化。

新时代反腐败战略思想的基本方法就是治标与治本的辩证法。监察机关把握治标与治本的辩证法：一要坚持以打促防、惩防并举的战略方针。做到惩治腐败力度决不减弱、零容忍态度决不改变，坚决铲除腐败这个致命的“污染源”；以驰而不息的恒心和韧劲做到治标不松劲，不断以治标促进治本。② 二要正确处理反腐败各要素间的重大关系。在作风建设与惩治腐败的问题上，认清前者是固本强基之举，后者是刮骨疗毒之策，都是全面从严治党的客观要求；在拍“苍蝇”和打“老虎”的问题上，认清只打“老虎”不拍“苍蝇”就会养痈遗患，只拍“苍蝇”不打“老虎”就会越反越腐；在建章立制与制度执行的问题上，认清前者是反腐的基础，后者是反腐的关键；在国内反腐与国际反腐的问题上，认清腐败是全世界的共同敌人，切实加强反腐败国际合作，决不让国外成为腐败分子的“避罪天堂”。三要及时总结和运用反腐败斗争的实践经验。坚持党纪反腐与法律反腐相结合、权力反腐与权利反腐相结合、专职反腐与自身反腐相结合；充分运用监督执纪“四种形态”、“巡视利剑”和“派驻全覆盖”等行之有效的措施持续发力；谨记“四个统一”③ 的新鲜经验，做到高标准和守底线相统一、抓惩治和抓责任相统一、查找问题和深化改革相统一、选人用人和严格管理相统一，不断增强反腐败斗争的系统性、创造性和实效性，为坚持和完善中国特色社会主义制度、推进国家治理体系与治理能

① 邱学强．以绝对忠诚的使命担当践行习近平总书记反腐败战略思想．学习时报，2017-06-02 (01).

② 新华社评论员．治标不松劲，以治标促治本——三论学习贯彻习近平总书记在十八届中央纪委七次全会重要讲话．(2017-01-09)．中国共产党新闻网．

③ 邱学强．坚定不移反对腐败的思想指南和行动纲领．人民日报，2017-06-19 (07).

力现代化提供有力的政治保障。

第二节 《监察法》的中国特色

作为我国第一部反腐败国家立法，《监察法》把党内监督和国家监督统一起来，确立了具有鲜明中国特色的社会主义监察制度。这种特色主要表现在六个方面：一是中国共产党领导的政治特色。在中国特色社会主义事业建设中，中国共产党通过对公权力和公务人员的全方位监督，掌握和控制公共权力依法规范运行的主动权，实现党内监督和国家监察功能的最大化，不断提升党和国家自我净化、自我修复的能力。二是监察传统文化的民族特色。我国传统监察文化是中华民族五千年历史文化的重要组成部分。中国封建政治体制能够延续数千年，与监察制度以及由此奠基的国家治理体系和治理能力有着直接深刻的联系。维护中央权威，实行一统政治，强化权力监督，维护政治清明的监察传统文化，为中国特色社会主义监察制度的确立奠定了坚实的文化基础。三是系统完备的规范特色。《监察法》整合国家监督资源，适应发现、揭露、查证、处罚腐败行为的基本规律，设置监督、调查、处置三项权能，构成惩治和预防腐败环环相扣的法治链条，具有不敢腐的威慑力、不能腐的防范力、不想腐的自律力，实现制度效益最大化。四是纪委监委一体的运行特色。监察委员会在中国共产党的统一领导下与纪委合署办公，代表党和国家行使监督权、监察权，履行纪检、监察两项职责，实现了纪律检查机关与国家监察机关的有机统一，使国家监督与党内监督一体同向；通过合署办公实现党纪与国法的无缝衔接，极大提高惩治和预防腐败的法治效能。五是人民监督权力的本质特色。《监察法》弥补了在国家权力结构中监察体系不够完善的短板，构筑起防止中国共产党在长期执政条件下权力异化和权力寻租的屏障，昭示了党和国家确保公共权力的人民性、确保人民赋予的权力永远为人民谋利益的价值追求和坚定决心。六是监察立法统领性的时代特色。在我国宪法之下的法律体系和腐败治理体系中，《监察法》处于基础性、统领性的重要地位。这就决定了在修改和调整相关法律的实践中，必须强调相关法律与《监察法》相衔接、相补充，与“坚持和完善中国特色社会主义制度，推进治理体系与治理能力现代化”的要求相适应。

一、政治特色：中国共产党对国家监察的统一领导

政治性是监察法的灵魂，也是监察法最鲜明的特色。《监察法》第 2 条规定，“坚持中国共产党对国家监察工作的领导”。加强中国共产党对国家监察和反腐败工作的统一领导，是深化国家监察体制改革、增强反腐败法治效能的第一要义。这是因为，反腐败既是全面从严治党的重要组成部分，又是国家依法治权的系统工程，客观要求执政的中国共产党，在领导中国特色社会主义事业建设过程中，通过对公权力和公务人员的全方位监督，掌握和控制公共权力依法规范运行的主动权，实现党内监督和国家监察功能的最大化，不断提升党和国家自我净化、自我修复的能力。

中国共产党对反腐败斗争的领导首先是思想和政治领导。自党的十八大以来，中国共产党关于党风廉政建设和反腐败斗争的全部理论，以回答为什么必须反腐败作为逻辑起点，并把这一思想贯穿始终。打铁必须自身硬，中国共产党要团结带领人民进行伟大斗争、推进伟大事业、实现伟大梦想，必须毫不动摇把党建设得更加坚强有力，毫不动摇反对腐败。中国共产党坚持用这一思想武装全党，引领人民，使全党和全国人民认识到，反腐救亡是实现中华民族伟大复兴的必然要求，是一场输不起的斗争，必须决战决胜。面对腐败易发多发的严峻形势，中

国共产党和党的领袖的态度、决心、勇气，不仅是决定反腐败斗争胜负的关键，而且是克腐败而制胜的强大动力。

中国共产党对反腐败的统一领导，蕴含着中国共产党的领导权与执政权的有机统一。反腐败既是加强党内监督，确保中国共产党始终成为中国特色社会主义事业领导核心的需要，又是加强国家监察，确保国家政权的人民性、廉洁性的需要。中国共产党作为国家政权的创立者，必须加强国家监察，对国家政权的人民性、廉洁性负责，这是中国共产党的执政使命。在我国“只有党政分工，没有党政分开”①，指的是只有中国共产党的领导职能和政府管理职能分开，没有中国共产党的领导和国家政权分开。前者是中国共产党科学执政的重要体现，后者是指中国共产党的领导权和执政权不可分割。中国共产党的领导主要是政治、思想和组织的领导，而执政则是指“执掌政权”。比如，中国共产党的组织部门、政法委员会等，就是中国共产党执掌政权的载体。通过这些载体，中国共产党实施对立法、行政、司法等国家机器的领导与管理。也就是说，中国共产党的领导权主要表现为大政方针的制定及宏观上的调控与督导，执政权表现为通过职能部门确保大政方针的落地实施。从广义上说，所谓领导权，是中国共产党在政治层面上的领导地位的体现，而执政权则更多的是国家治理的法律行为，是领导国家行为化的具体表现。这种领导与执政之间的关系，在我国反腐领域表现为党的纪检与国家监察的关系，党的纪检职能是领导权的纪律保障，国家监察职能是党的执政权的法治保障。

中国共产党对反腐败斗争的领导必须落实在主体责任上。习近平总书记强调，在新的历史条件下，坚持党对反腐败斗争的领导，必须全党动手，细化责任、以上率下，层层传导压力、级级落实责任，但首要的是落实党委主体责任：主要是加强领导，选好用好干部，防止出现选人用人上的不正之风和腐败问题；坚决纠正损害群众利益的行为；强化对权力运行的制约和监督，从源头上防治腐败；领导和支持执纪执法机关查处违纪违法问题；党委主要负责同志要管好班子、带好队伍、管好自己，当好廉洁从政的表率。习近平总书记还提出，各级党委书记要尽到反腐败“第一责任”，对重要工作亲自部署，对重大问题亲自过问，对重要环节亲自协调，对重要案件亲自督办。这些重要论述表明，在这个事关党和国家生死存亡的重大问题上，必须说明白话、做明白事、做明白人，把主体责任记在心里、扛在肩头、抓在手上。落实党委主体责任和书记第一责任，既抓住了反腐败斗争的“牛鼻子”，又抓住了反腐败工作的整个链条，对于推进反腐败斗争具有重大意义。

二、民族特色：传统监察文化的创造性转化

习近平总书记指出：设计和发展国家政治制度，必须注重历史和现实、理论和实践、形式和内容的有机统一。要坚持从国情出发、从实际出发，既要把握长期形成的历史传承，又要把握走过的发展道路、积累的政治经验、形成的政治原则，还要把握现实要求、着眼解决现实问题，不能割断历史，不能想象突然就搬来一座政治制度上的“飞来峰”②。我国传统监察文化是中华民族五千年历史文化的重要组成部分。中国封建政治体制能够延续数千年，与监察制度以及由此奠基的国家治理体系和治理能力有着直接深刻的联系。维护中央权威，实行一统政治，强化权力监督，维护政治清明的监察传统文化，为中国特色社会主义监察制度的确立奠定了坚实的文化基础。

维护中央权威，是传统监察制度文化的政治要义。中国的监察御史制度与西方“三权分

① 王岐山参加北京代表团审议．[2017-03-05]．央广网．

② 习近平．在庆祝全国人民代表大会成立六十周年大会上的讲话．求是，2019 (18).

立”模式下监察隶属于立法机关或行政机关的制度完全不同，是中华民族独特的制度传统。它的产生和发展与中央权力结构的一元化密切联系。我国在封建时期是一个统一的多民族的君主专制国家。钱穆在比较我国与西方的历史发展历程后，得出的结论是：中国政治是一个“一统”的政治；西方政治则是“多统”的政治。维护中央权威是古代监察御史制度与生俱来的使命，是中国封建王朝统治延续几千年的生存机理。深化监察体制改革，是监察创制文化自信的集中体现。它以中华民族崇尚政治权威和主权的高度集中为基础，深刻把握在我国这样幅员辽阔、多民族国家，坚持人民代表大会制度，坚持中国共产党对一切工作的集体统一领导的政治体制的必然性。这既是深化国家监察体制改革、制定监察法的根本目的，又是对维护中央权威的传统监察文化的精髓的弘扬。① 因此，《监察法》确定的我国监察体制的重要特征，就是坚持中国共产党对反腐败的集中统一领导，维护党中央的权威，把党的意志和主张落实到反腐败斗争的职能活动中；强调向党委报告工作，对党委负责，接受党委的领导和监督，使反腐败斗争的领导权牢牢把握在党的手里。

强化监督、规制权力是传统监察制度的职能凸显。历代统治者从历史的经验教训中认识到，凡有公共权力存在，必有权力失控和权力腐败产生。监察体制对于维护国家纲纪、强化权力监督不可或缺。在我国古代的国家治理体系中，监察机关始终扮演权力制衡者的角色，以维护封建国家统治秩序的运行顺畅。监察官员往往将弹劾贪官污吏或官吏的不正之风作为其行使监察职权的重要方式，来确保封建国家官吏职权的正常行使。监察法所作出的制度设计的一个显著特点在于，将国家监察和党内监督融于一体，强化对权力的监督和制约。在《监察法》出台之前，我国的行政监察仅仅涵盖政府组成部门的公职人员，仍然存在大量的监督盲区。而《监察法》创造性地将六类公职人员纳入了监察的对象，实现了对所有公职人员的监督全覆盖，并通过整合党的纪律检查机关、司法机关和行政监察机关的反腐败力量，实现了党纪监督部门和国家监察机关合署办公，创设了集党内监督和国家监督于一体的监督体制。从某种意义上说，这种监督体制是对“强化监督、规制权力”的传统监察文化的传承、转化和创新。②

官民分野、重典治吏是传统监察制度文化的重要特色。监督察纠制度的建立，主要是基于公共权力的特殊地位，试图通过约束执掌权力的官吏，惩治滥用权力、贪腐渎职的贪官和庸官，来维护廉洁清明的吏制秩序，确保封建官僚制度和君主统治的长久不衰。“明君治吏不治民”实际上就是治官与治民的分野，以重典治官，达到治民的目的。因此，在我国古代的法律体系中惩治官吏的法律程序一直是单独设置的。就实体法而言，在历代的“刑典”之外还有一个庞大的法律分支，即关于行政管理和维护官僚制度的“官典”。就程序法而言，在我国古代针对官吏设有专门的刑事诉讼制度和民事诉讼制度。由此可见，我国古代刑事法律制度具有明显的官民异法特征。究其原因，是我国古代社会统治者对社会管理和控制的手段较为有限，为有效维护其统治而采取变通之策，通过治理官吏并在社会上形成相应的治理范式，来间接影响并达到治理民众的预期效果。因此历代统治者都将治吏作为维护其统治的根基。经过不断的丰富和完善，最终我国封建社会的治吏之法有别于治民之法。这种官民分野、重典治吏的法律文化，蕴含着把权力关进制度笼子的法治逻辑。深化国家监察体制改革，制定监察法，就是要密织法网，排除非制度因素的制约，通过对公职人员的监督全覆盖，强化权力规制，管住权力行使者，最大限度发挥党纪和国法的腐败治理效能。③

---

①②③ 吴建雄，张咏涛．论国家监察创制的文化自信．中央党校（国家行政学院）学报，2019（4）．

道德自律、德法结合，是监察文化的基本理念。它把促进官员的道德自律作为基本职责，把知行合一作为立德、立功、立言“三不朽”的重要途径，把“诚意正心、格物致知”作为“修齐治平”的前提，引导官员在“修身、齐家、治国”中发挥作用。剖析我国古代王朝治理之策，不难看出，我国古代君主社会治理的核心要素就是德政，从规制各级官员为官从政的行为到整个国家的治国理政处处闪现着伦理道德、德法结合的痕迹。监察法的一个重要的立法宗旨，就是开展廉政建设和反腐败工作，把“忠诚、干净、担当”的文化精髓融入监察活动之中。“忠诚”是为政之首，做到对党、对人民、对国家忠诚不二。“干净”是为政之要，时刻绷紧纪律法律弦，在行动上守好廉洁关。“担当”是为政之本，自觉地做中国特色社会主义道路的忠实信仰者、中国特色社会主义理论的积极践行者、中国特色社会主义制度的坚强捍卫者、中国特色社会主义文化的坚定传承者。①

三、规范特色：系统完备的监察体制与职权设置

监察法立足于中国实际，从我国腐败治理的客观要求出发，将组织机构、职权配置与程序规范结合起来，对领导体制、监察机关及其职责、监察范围和管辖、监察权限、监察程序、反腐败国际合作、对监察机关和监察人员的监督、法律责任等方面作出全面的规定，融实体（组织）法与程序法为一体，是具有中国特色的立法原创和体现反腐败客观规律的科学立法。

（1）监察主体及其职权设置的特色。监察法对监察主体的产生和监察对象的拓展作出规定，创新和丰富了我国监察制度的内涵。整合反腐败资源力量，由各级人大选举产生各级监察委员会，既是社会主义政治制度的内在要求，也是解决机构分散、打击不力等问题的对策选择。实行国家层面反腐败机构的集中统一，将使中国共产党的反腐败决策转化为国家意志，使权力机关的反腐败监督通过法定程序落到实处。监察机关对所有行使公权力的公职人员进行监察，具有权力监督的彻底性；其主要职能是调查职务违法和职务犯罪，开展廉政建设和反腐败工作，维护宪法和法律的尊严，具有至高的维宪性；其主要职责是监督、调查、处置，具有标本兼治、监察反腐的可期待性；其主要权限包括谈话、讯问、询问、查询、冻结、调取、查封、扣押、搜查、勘验检查、鉴定、留置等，具有反腐手段的严整性。监察法用留置代替“两规”，适应了腐败问题违规与违法交织的规律，破解了刑事强制措施难以突破职务犯罪的困局。

（2）监察权运行方式和程序的特色。监察法强调监察活动依宪依法、客观公正，坚持以事实为根据、以纪律法律为准绳的基本原则，追求法律事实与客观事实相统一。以事实为依据，就是监察执纪执法必须以案件的客观事实作为基础，严格按照法律的规定办事，处理监察案件，必须做到客观、公正、正确、合法；就是坚持实事求是，一切从具体案件的情况出发，使认定的事实完全符合案件的客观真相。以纪律法律为准绳，就是要求监察人员在办案过程中既要按实体纪律法律办事，又要按程序规范规则办事；要完善查办腐败违纪违法案件的程序措施和工作机制，树立正确的调查、审查和处置理念，遵循执法调查工作的规律，提高腐败调查工作的科技含量，实现线索统一管理、调查统一指挥、资源统一调配；要明晰腐败违法犯罪调查与司法反腐起诉审判的法律边界，健全监察执法与检察司法的衔接机制，并通过建立健全执法办案的评价标准，完善监察人员的行为规范，确保查办腐败案件工作始终在法治轨道上运行。

（3）党内监督与国家监察的内在一致和高度互补的监察特色。中国共产党的十八大以来，党中央坚持全面从严治党，在加大反腐败力度的同时完善党章党规，实现依规治党，取得历史

① 吴建雄，张咏涛．论国家监察创制的文化自信．中央党校（国家行政学院）学报，2019（4）．

性成就。完善我国监督体系，既要加强党内监督，又要加强国家监察。深化国家监察体制改革，成立监察委员会并与党的纪律检查机关合署办公，代表党和国家行使监督权、监察权，履行纪检、监察两项职责，加强对所有行使公权力的公职人员的监督，从而在党和国家形成巡视、派驻、监察三个全覆盖的统一的权力监督格局，形成发现问题、纠正偏差、惩治腐败的有效机制，为实现党和国家长治久安走出了一条中国特色监察道路。制定监察法，就是通过立法方式保证依规治党与依法治国、党内监督与国家监察有机统一，将党内监督同国家机关监督、民主监督、司法监督、群众监督、舆论监督贯通起来，不断提高党和国家的监督效能。①

四、实践特色：纪委与监察委的合署办公、一体运行

《监察法》将宪法规定的“中华人民共和国各级监察委员会是国家的监察机关”细化为“各级监察委员会是行使国家监察职能的专责机关”，履行“监督、调查、处置”三项职责。与中国共产党章程规定党的纪律检查机关履行“监督、执纪、问责”三项职责相对应。这就决定了“监督”是纪检与监察的共同任务，决定了既要加强对党员干部的监督，又要加强对非党员干部的监督，才能实现监督全覆盖，增强监督的严肃性、实效性。监察监督与党内监督、监察调查与党的执纪、监察处置与党纪问责的高度内在一致性，形成党纪与国法一体贯通的腐败治理格局。

党纪检查与国家监察合署办公，是“把党内监督同国家监察协调起来”“既完善党的自我监督，又加强对国家机器监督”的基本方式②；是在实现党内监督全覆盖的同时，实现对所有行使公权力的公职人员监察全覆盖的必然要求；体现了党内监督与国家监察的内在一致和高度互补。在我国，80％的公务员、95％以上的领导干部都是中国共产党党员，党内监督和国家监察既具有高度内在一致性，又具有高度互补性。合署办公一方面，强化党内监督，坚持纪严于法、纪在法前，用纪律管住党员干部，保持党的先进性、纯洁性；另一方面，构建国家监察体系，党内监督达不到的地方，或者对不适用、执行党的纪律的公职人员，依法实施监察，真正把公权力关进制度的笼子。③

党的纪律检查与行政监察合署办公肇始于1993年。为形成党政监督的整体合力，根据改革开放之后不正之风和腐败现象突出的形势，党中央、国务院决定中央和各级纪委、监察机构合署办公，实行“一套工作机构、履行党的纪律检察和行政监督两项职能”的体制。监察委员会和党的纪律检查机关实行一个机构、两块牌子，继续沿用的是以往的党政合一模式。这样的机构设置切合我国实际，体现了全面从严治党和全面依法治国的有机统一，体现了依规治党与依法治国的有机统一，体现了我国政治制度的鲜明特质。监察机关要受到宪法及监察法的限制，实际上也在一定意义上意味着党的纪律检查机关也必然要按照国家法律办事，受国家法律约束，从而更加丰富了全面依法治国的内涵。

党纪检查与国家监察合署办公，体现了对我国反腐败工作规律的准确把握。从失德违纪到违法，再到犯罪，符合从量变到质变的演变规律。多年来，为了应对反腐败斗争日益严峻、复杂的形势，党和国家探索、建立了党委统一领导、党政齐抓共管、纪委组织协调、部门各负其责、依靠群众支持和参与的反腐败领导体制和工作机制，实行党风廉政建设责任制，形成全党全社会反腐败的局面；不断加大反腐倡廉法规制度建设力度，努力建设涵盖规范领导干部从政

① 李建国．关于《中华人民共和国监察法（草案）的说明》．（2018－03－14）．中国人大网．

② 习近平．在第十八届中央纪律检查委员会第六次全体会议上的讲话．人民日报，2016－05－03（02）．

③ 完善和国家的自我监督．中国纪检监报，2017－07－10（01）．

行为、惩戒违纪违法行为、对党员领导干部进行监督制约、保障党员权利等方面内容的法规制度体系，初步实现了反腐倡廉工作有章可循、有法可依。这些理论成果、制度成果和实践成果为新时期深入开展党风廉政建设和反腐败斗争打下了坚实基础。监察法对腐败的治理有一个基本的脉络，那就是对腐败问题的治理，不能简单只强调打击，不能简单套用刑事诉讼的思维模式，而是要牢固树立“纪法共治”“综合治理”的反腐理念。

五、本质特色：监察工作人民性的价值追求

人民性是监察法的本质，也是监察工作的价值追求。从监察法的精神实质看，深化国家监察体制改革代表了最广大人民群众的根本利益和整体意志，恪守了一切权力来自人民、属于人民且为了人民的宪法原则，切实坚持并保证人民为中心的主体地位。它通过加强和改进国家政权建设，弥补了在国家权力结构中监察体系不够完善的短板，构筑起防止中国共产党在长期执政条件下权力异化和权力寻租的屏障，昭示了党和国家确保公共权力的人民性、确保人民赋予的权力永远为人民谋利益的价值追求和坚定决心。

监察法的人民性决定了监察法既是一部授权法也是一部控权法。为防范监察权的风险，监察法坚持权力分解、相互制约、防控关键原则，按照有权必有责、有责要担当、用权受监督、失责必追究的权力运行要求，针对监察权行使的不同环节，都提出了严格的控权要求。《监察法》专门在第七章用 9 个条文，就如何对监察机关和监察人员进行监督作出明确规定。首先是对关键环节的监督制约。《监察法》要求监察机关建立问题线索处置、调查、审理各部门相互协调、相互制约的工作机制，加强对调查、处置工作全过程的监督管理；对重要取证工作全过程录音录像，留存备查等。其次，加强内部监督机构建设。《监察法》规定：上级监察委员会领导下级监察委员会的工作。设立内部专门的监督机构进行专门监督，确保建立忠诚、干净、担当的监察队伍。《监察法》第 61 条规定，对调查工作结束后发现立案依据不充分或者失实，案件处置出现重大失误，监察人员严重违法的，应当追究负有责任的领导人员和直接责任人员的责任。第 65 条规定了 9 类违反规定的行为，追究负有责任的领导人员和直接责任人员的责任。

为确保监察权牢牢掌握在人民手中，监察法对监察权设置了多重严密的外部监督一是强调中国共产党的领导与监督。监察委员会与纪委合署办公，始终在中国共产党的领导下开展工作，自觉接受中国共产党的监督。通过党委书记定期主持研判问题线索、分析反腐败形势，听取重大案件情况报告，对初核、立案、采取留置措施、作出处置决定等审核把关，中国共产党对监察工作关键环节、重大问题的监督实现制度化和常态化。党委工作部门的相关职能也涵括了对监察委员会的监督与制约。二是强调人大、政协监督。《监察法》规定，监察委员会由同级人大产生，对其负责，受其监督。人大通过听取和审议专项工作报告、组织执法检查、提出询问或者质询等，对监察委员会开展监督。人民政协也可对监察委员会进行监督。三是加强司法监督。检察院、法院对监察委员会业务流程的监督，体现了司法机关对监察机关的监督。《监察法》规定人民检察院享有退回补充调查的权力及必要时可自行补充侦查。法院在审理案件时，通过对案件性质进行认定、对证据进行审查判断、对量刑建议进行考虑等，实现对监察委员会权力的监督。四是民主监督、社会监督、舆论监督。《监察法》规定，监察机关应当依法公开监察工作信息，接受民主监督、社会监督、舆论监督。五是相关协作、配合机关的监督，如公安机关、反腐败国际合作方等对监察权的行使也有相应的监督制约。六是监察对象的监督。监察对象及其家属等可通过提起申诉、复查及国家赔偿等进行监督。监察法通过设定强有力的内外监督，确保人民赋予的监察权永不蒙尘。

六、时代特色：统领性、基础性的监察立法

时代性是监察法的鲜明特色，也是深化监察体制改革的动力之源。《监察法》的制定、颁布和实施，标志着国家监察体制改革和反腐败工作站在了新的起点上：用法治思维和法治方式惩治腐败走向制度化、规范化、程序化；反腐败国家立法从无到有，腐败治理体系和治理能力现代化的基石已经奠定，“永远在路上”的反腐败斗争迈向全面法治反腐新征程。

作为一部把握时代趋势、回答实践要求的法律，《监察法》回应了人民期待。从《监察法》的出台背景看，《监察法》是中共中央着眼于新时代党的建设伟大工程，把党和人民在实践中取得的重大理论创新、实践创新、制度创新成果上升为法律规定，从而实现反腐败工作理念思路、体制机制、方式方法的与时俱进。从新时代全面依法治国方略看，《监察法》是通过反腐败国家立法，使中国共产党的主张通过法定程序成为国家意志，有效提升了反腐败工作的法理基础，解决了长期困扰反腐败的法治难题。从新时代全面从严治党方略看，制定《监察法》，就是要通过制度设计补上过去监督存在的短板，实现对所有行使公权力的公职人员监察全覆盖，探索出一条实现自我净化的有效路径。我们要坚定中国特色监督体系的“四个自信”，对表调校、紧跟赶趟，坚持以法治思维和法治方式反腐败，推动国家监察法在基层落地生根、开花结果。从新时代反腐败斗争实践看，在中共中央的坚强领导下，从果断打虎、高频灭蝇、强高压常震慑，到严纠“四风”、关口前移、构筑防控腐败坚实屏障；从巡视创新、“利剑”高举、威慑常在到国际合作、织密天网，直捣腐败分子的“避罪天堂”；等等，反腐败压倒性态势已经形成。《宪法修正案》和《监察法》的制定、颁行，就是要把党和国家自我监督的反腐败成果用根本大法和基本法的形式固定下来，使反腐败自我监督常态化、法治化。

《监察法》的制定，为新时代反腐败法律体系的构建奠定了基础。2018 年 3 月，十三届全国人大常委会第六次会议通过《关于修改〈中华人民共和国刑事诉讼法〉的决定》《中华人民共和国国际刑事司法协助法》，完善了刑事诉讼与监察的衔接机制，为深化国家监察体制改革顺利进行提供保障；建立刑事缺席审判制度，为加强境外追逃工作提供有力手段。同时，《人民检察院组织法》《检察官法》等法律中对关于检察机关侦查职务犯罪职责的有关规定也进行了修改。《监察法》是反腐败基本法，仍需要制定将原则性、概括性的规定具体化的配套法规，如推进“政务处分法”立法工作，明确政务处分的原则、情形、权限、程序以及处分的种类和措施等；制定“监察官法”，明确监察官的任职条件、任免、考评、晋升和行为规范等内容，促使纪检监察干部以更高标准和要求履职尽责。十三届全国人大常委会立法规划公布，“政务处分法”“监察官法”都被纳入。同时，还应制定一系列相关法律法规。如制订“公务人员财产申报法”，保证财产申报制度的实施；制定“公民举报保护法”，对公民行使举报权利的范围、方式、程序等作出明确规定；等等。还应将近几年党内行之有效的廉政法规上升为廉政立法，完善公职人员勤政、廉政的法律规范。通过立、改、废，形成科学有效、健全完备的反腐败法律法规体系和实施体系，为夺取反腐败斗争压倒性胜利提供有力法治保证。

第四章 监察原则与监察方针

第一节 监察法基本原则

“原则”一词的含义是“说话或行事所依据的法则或标准”①。在法学中，原则是能够给法律中的其他构成要素提供基础或本源的综合性原理。监察法基本原则，是指贯穿于监察活动全过程并对其具有普遍指导意义和规范作用，体现中国特色腐败治理内在要求，为监察主体和监察活动所必须遵循的基本行为准则。根据《监察法》第一章“总则”的具体规定，监察法的基本原则可以概括为：党领导监察原则、依宪依法原则、全面监督原则、客观公正原则、监察权独立行使原则、配合制约原则、惩教结合原则。这些原则体现了监察活动的目的和任务，决定了监察活动的框架和基本特征，充分反映了中国特色腐败治理的基本规律，为监察法律制度的健全完善和监察法的实施提供了基本遵循。

一、党领导监察原则

《监察法》第2条规定：“坚持中国共产党对国家监察工作的领导，以马克思列宁主义、毛泽东思想、邓小平理论、‘三个代表’重要思想、科学发展观、习近平新时代中国特色社会主义思想为指导，构建集中统一、权威高效的中国特色国家监察体制。”这是关于监察工作坚持中国共产党的领导和监察工作指导思想的规定，明确提出了坚持党领导监察原则，即在构建中国特色国家监察体制及腐败治理实践中，必须坚持中国共产党对国家监察工作的领导。

（一）基本内涵

中国共产党的领导是中国特色社会主义的本质特征。“党政军民学，东西南北中，党是领导一切的”②。中国共产党的十九大报告明确提出，中国特色社会主义最本质的特征是中国共产党领导，中国特色社会主义制度的最大优势是中国共产党领导，中国共产党是最高政治领导力量，必须要坚持和加强党的全面领导。第十三届全国人大第一次会议通过的《宪法修正案》将“中国共产党领导是中国社会主义最本质的特征”写入总纲，以国家根本法的形式确认了中国共产党的领导核心地位。监察体制改革是建设中国特色社会主义的重要实践和重大创新，改革的全过程都是在中国共产党的领导下进行的；监察法律制度的创立和实施，必须贯彻和体现中国共产党的领导核心地位。

---

① 现代汉语词典．6版．北京：商务印书馆，2012：1601.

② 习近平．在中国共产党第十九次全国代表大会上的报告．（2017-10-28）．人民网．

党的领导与国家监察具有内在一致性。党的领导和监察工作的价值追求都是实现人民最根本的利益。中国共产党是在密切联系人民群众、领导和团结人民群众共同奋斗中诞生、发展和壮大的马克思主义政党。中国共产党带领人民群众进行社会主义建设的根本目的，就是让国家政权和国家法治充分体现人民的意志，维护广大人民群众的根本利益。国家监察的本质是人民监督，通过对所有行使公权力的公职人员的监察全覆盖，维护国家公共权力依法规范运转，保障人民赋予的权力永远为人民谋利益。监察工作的基本要求就是坚持以人民为中心，凡是人民群众反应强烈的问题都要认真对待，凡是损害人民群众利益的行为都要坚决纠正查处，使人民群众切实感受到纪检监察就在身边、正风反腐就在身边。可以说，人民的利益是坚持党的领导和国家监察工作的共同价值取向，在本质内容上具有一致性。

坚持中国共产党的领导是构建集中统一、权威高效的监察体制的必然要求。改革开放以来，纪检、监察、检察机关都在党风廉政建设和反腐败斗争中发挥了重要作用，但同时也存在反腐败力量分散、职能交叉重叠等问题，难以形成稳定、高效的反腐败衔接机制。而深化国家监察体制改革，就是把分散的反腐败工作力量整合起来，解决党的监督和国家监督相协调的问题。通过改革，从组织形式、职能定位、决策程序上将党对反腐败工作的集中统一领导具体体现出来，实现全覆盖、全方位、全过程领导，使各级党委全面从严治党的政治责任进一步强化，党领导的反腐败工作体系更加科学、完备，把反腐败斗争的领导权牢牢掌握在党的手中。通过建立起党统一领导下的国家反腐败机构，构建领导下集中统一、权威高效的监察体制，为健全、完善新时代党和国家监督体系提供坚强的组织保障。

（二）基本要求

第一，坚持中国共产党对监察工作的领导，必须自觉增强政治意识，在监察工作中始终做到政治方向不偏、政治信仰不变、政治立场不移。要把对党的绝对忠诚作为最根本的方向，自觉把共产主义的远大理想和建设中国特色社会主义的具体任务结合起来、与监察工作结合起来，忠贞不渝地为党和国家履行监察职责。要坚定共产党人的理想信念，紧紧抓住思想理论建设这个根本、党性教育这个核心、道德建设这个基础，不断补精神之钙、固思想之元、培为政之基，不断提高党员干部的马克思主义理论深度、政治敏感程度、思维视野广度以及思想境界高度，从而牢固树立正确的世界观、权力观、事业观。要严格遵守政治纪律和政治规矩，始终不渝地尊崇党章和宪法，坚持党的基本理论、基本路线、基本纲领、基本经验、基本要求，自觉恪守党的政治纪律和政治规矩，永葆共产党人的政治本色。

第二，坚持中国共产党对监察工作的领导，必须落实党委主体责任。特别是各级党委书记要尽到反腐败“第一责任”。既要发挥党对监察工作的统领性、方向性、指引性功能，全面落实党和国家的反腐战略部署，又要发挥党的组织动员和决策执行功能，对重要工作亲自部署、对重大问题亲自过问、对重要环节亲自协调、对重要案件亲自督办。在反腐败这个事关党和国家生死存亡的重大问题上，党的领导干部必须说明白话、做明白事、做明白人，把主体责任记在心里、扛在肩头、抓在手上。落实党委主体责任和书记第一责任，既抓住了反腐败斗争的“牛鼻子”，又抓住了反腐败工作的整个链条，对于推进反腐败斗争具有重大意义。

第三，坚持中国共产党对监察工作的领导，必须健全和完善实现机制和协调机制。就实现机制来说，监察委员会与党的纪律检查委员会合署办公，地方各级党、纪委书记兼任监察委员会主任，是党对监察工作领导的实现机制的具体体现。监察委员会是党统一领导下的反腐败专职机关，与党的纪律检查委员会合署办公，实行“一套工作机构、两个机关名称”，履行纪检、监察两项职能，对党中央或地方党委全面负责，有利于形成监督合力，提高腐败治理效率。就协调机制而言，各级党委要旗帜鲜明支持纪委监委行使职权，党委书记要及时研究解决纪检监察体制改革中遇到的问题，使反腐败工作在决策部署指挥、资源力量整合、措施手段运用上更加协同高效。各级反腐败协调小组要发挥好统筹协调作用，探索构建党委统一领导，纪委监委、组织、政法、公检法司协作配合的工作平台，建立健全问题线索移送机制、缺席审判协调机制、技术调查配合机制，将党对反腐败工作的统一领导具体化、程序化、制度化。

二、依宪依法原则

《监察法》第 1 条明确规定，“根据宪法，制定本法”；第 3 条规定，“各级监察委员会是行使国家监察职能的专责机关，依照本法对所有行使公权力的公职人员……进行监察，调查职务违法和职务犯罪，开展廉政建设和反腐败工作，维护宪法和法律的尊严”。这不仅表明了监察法的立法依据，而且阐明了监察机关的性质和监察工作的宪定性与法定性。《监察法》第 5 条规定，“国家监察工作严格遵照宪法和法律”。《宪法》第 124 条第 3 款规定，“监察委员会的组织和职权由法律规定”。这构成了依法监察原则的宪法基础。

（一）基本内涵

依宪依法原则是指监察活动应当按照宪法与国家法律的规定进行，监察机关在行使监察职权时，必须严格遵守宪法、监察法以及其他法律的有关规定。这里的法律不仅指《监察法》，也包括了《刑事诉讼法》《刑法》等涉及监察活动的其他法律和《中国共产党党内监督条例》等党内法规。

依宪依法原则的首要内容是尊崇宪法和党章。宪法是“国家的根本大法”，党章是所有党内法规的母法。宪法上人的形象是国家之内的人（公民），党章上人的形象是党内的人（党员）。宪法从最低要求出发，规定了社会生活的基本条件，划定了社会有序运行成为可能或使整个社会运行能够达致设定目标的基本规则。党章的规定不仅是维护党员这个团体存在的必要义务，而且体现了对一定政治理想和道德理想的追求。宪法由国家强制力保证实施，党章依靠党员的政治认同、领导人的超凡魅力以及具有强制性的纪律手段来贯彻落实。反腐败斗争的政治性和法定性，决定了反腐败斗争法治化、规范化必须以宪法和党章作为最高尊崇，既要积极推进以宪法为基础的法律规范体系建设，又要大力加强以党章为根本内核的党内法规体系建设，实现依法治党和依规治党相结合。只有从维护宪法和党章尊严的高度，贯彻实施监察法及相关法律法规、党纪党规，实现对全体党员和所有行使公权力的公职人员之行为的监督、监察全覆盖，才能使反腐败斗争体现宪法和党章的价值追求。

依宪依法原则的基本要义是推进国家监察工作法治化、规范化。坚持这一原则，就要深刻认识反腐败斗争的长期性和复杂性，始终保持政治定力和战略定力，不为任何风险所惧，不为任何干扰所惑，持续巩固反腐败斗争的压倒性态势，推动全面从严治党向纵深发展；就要坚持党纪与国法相辅相成、相互促进、相互保障的法治方式，做到纪在法前、纪法贯通，有效衔接司法，充分发挥党纪国法惩治和预防腐败的法治效能；就要强调有腐必反、有贪必肃，坚持无禁区、全覆盖、零容忍，决不允许有腐败分子藏身党内。强调始终保持惩治腐败高压态势和惩治腐败定力，坚持力度不减、节奏不变、尺度不松，持续减存量、遏增量，让那些想搞腐败的人断了念头、搞了腐败的人付出代价；发现苗头及时谈话提醒、批评教育，切实做到挺纪在前，防止小问题变成大问题。

（二）基本要求

第一，坚持依宪依法原则就是要严格遵循党纪国法开展监察工作。中国共产党的十九大以来，我国《监察法》的制定，《刑事诉讼法》的修改，《中国共产党党内监督条例》《中国共产党问责条例》《中国共产党纪律处分条例》和即将出台的“政务处分法”等法律和党规的制定和修订，为监察工作提供了有力的法律规范资源。要深刻认识党纪是防腐的戒尺、国法是惩腐的利器，自觉地把党内执纪与国家执法有机贯通起来，形成党纪与国法相辅相成、相互促进、相互配合的格局。[①] 依托纪检、深化监察、衔接司法，最大限度地发挥党纪国法整合、衔接后的体系化腐败治理效能，形成党纪与国法有效贯通、强制性手段与非强制性手段并驾齐驱、依规治党和依法治权相得益彰的法治规范链条，确保把权力关进制度的笼子里。

第二，坚持依宪依法原则就是要坚持监察工作的程序正义。“正义不仅要实现，而且要以人们看得见的方式实现”，程序的不同，往往决定了事物在发展的方向和性质上的差异，表现在执纪执法活动中，也可能存在诸如指向正义和指向非正义的程序。而指向正义的程序，也就是正当程序，它的价值就是遏制用权者的恣意，防止权力的任性，确保监察权依法、规范行使，而且使监察对象感受客观、公平、公正的过程。从这个意义上说，只有通过监察程序正义的演绎，才能有效地实现惩治和预防腐败的实体公正。因此，《中国共产党问责条例》《中国共产党纪律处分条例》都对党内执纪问责作程序性安排。《监察法》专设“监察程序”一章，明确规定监察机关应严格依照程序开展工作；并对监察机关履行职责和权力行使的环节作出了一系列限定的程序性规范，充分保证了监察机关履职用权的正当性、合法性。

第三，坚持依宪依法原则就是要严格在法律规定的权限内履行职责。“无法定授权的执法就是越权，就是对法律权威和尊严的损害，这是现代法治原则的基本体现”[②]。从法理上说，首先，任何一项国家职权都来自法律具体而明确的授予。没有法律依据的职权从根本上说是一种非法的权力。也就是说，职权主体的职权必须由法律设定或被依法授予，否则其权力来源就没有法律依据。其次，一旦法律对职权作出规定，也就是对权力的范围作出了限定，权力主体必须在法律限定的范围内行使其职权。法律不仅为职权主体设定了权限范围，也为其规定了行使权力的方式和过程。职权主体不仅要依据法定的权限，也要依据法定的程序。这是对权力行使的要求，构成了职权法定的核心。最后，职权主体还不得越权，如果越权则越权行为不具有法律效力。依法监察原则是法治原则在监察活动中的具体化，对于明确监察权力的运行边界、防止权力滥用，具有重要意义。

三、全面监督原则

《监察法》第 1 条规定，“加强对所有行使公权力的公职人员的监督，实现国家监察全面覆盖”；第 3 条进一步规定，“依照本法对所有行使公权力的公职人员（以下称公职人员）进行监察，调查职务违法和职务犯罪，开展廉政建设和反腐败工作”。以上立法规定明确提出了全面监督原则，即监察范围包括公权力行使的全部过程以及行使公权力的所有公职人员。

（一）基本内涵

全面监督首先意味着纪检监督和监察监督的有机统一。以往行政监察的范围局限于行政领域，覆盖面过窄，与党内监督全覆盖的基本逻辑不相匹配。改革后，纪委与监委合署办公，反腐败决策、指挥体系更加集中，反腐败资源力量更加优化，反腐败手段、措施更加丰富，实现党内监督逻辑和国家监督逻辑有效融合和互补。基于全面监督原则，监察法将监察范围从行政领域扩张到全部公权领域，严密了监察法网，修正了监察范围过窄的缺陷，实现了国家监察与党内监督“双向”全覆盖的有效衔接，真正将所有公权力都关进制度的笼子。

---

① 邱学强．迈向法治反腐新征程．学习时报，2018-06-13（01）.

② 马怀德．监察法学．北京：人民出版社，2019：114.

全面监督就是实现对监督对象和履职行为的全覆盖。在党内监督实现对党组织和党员干部监督全覆盖的同时，国家监察实现了对所有行使公权力的公职人员全覆盖。判断一个人是不是公职人员，关键看他是不是行使公权力、履行公务，而不能仅看他是否是公职人员。这包含两层含义：一是公职人员不是一个静态不变的范畴，不能只看是否有公职身份；二是本没有公职身份的人，在行使公权力、履行公务时，也会成为“公职人员”。也就是说，行为人的身份可能不属于全面覆盖的范畴，但行为人可能随着实体权力的行使而变成监察对象，具体哪些人员属于管理人员，还需要随着实践的发展不断完善。《监察法》第15条规定的“公办的教育、科研、文化、医疗卫生、体育等单位中从事管理的人员”，与前三类人员相比，“身份”相对来说不是很固定，临时从事与职权相联系的管理事务的形式和种类很多。① 因此，判断一个人是否属于监察对象，必须坚持动态识别原则。

全面监督就是实现对监督领域的全覆盖。《监察法》规定了“最强阵容”的监察派驻监督制度。派驻或派出的范围不仅包括本级党的机关、国家机关、法律法规授权或者委托管理公共事务的组织和单位，而且包括街道、乡镇、不设置人民代表大会制度的地区、企业、高校等。监察机构、监察专员对派驻或者派出它的监督机关负责，不受驻在部门的领导，具有开展工作的独立地位，从而有效地保证了监督权威。当然，监督领域的全覆盖不是“什么都管”。监察派驻监督机构应当明确职责定位，理清各主责部门承担的“职能监督”和派驻监察机构承担的“专责监督”之间的关系。② 派驻监察机构不能去管主责部门的具体业务工作，也不能事事冲锋在前，代替主责部门去行使监督职责。其工作重点是监督督促主责部门履行好职责，及时发现其中的违纪违法行为并予以惩处，发挥好“监督的再监督、检查的再检查作用”，切不可越位、错位、缺位。

（二）基本要求

第一，坚持全面监督应当把握好“监督”这个基本职责。《监察法》规定，监察委员会履行监督、调查、处置职责，其中，监督是监察委员会的基本职责。原因有两个：一是监察机关的法律属性。监察机关是一个“监督机关”而不是“办案机关”。监察机关承担着对公职人员的日常监督职责，这与之前检察机关的反贪污、反失职渎职行为有着本质区别。二是监督是审查调查的前提。监督重在发现问题，没有监督，审查调查就是“盲人摸象”，无从下手。因此，这就要求纪检监察机关必须综合运用集中检查、重点抽查、明察暗访、巡视监督、信访受理等多种方式，自觉主动地深入被监督地区的一些重要工作环节，仔细地查找和发现党员干部与公职人员出现的或者可能出现的违纪、违法和犯罪行为。

第二，坚持全面监督应当健全、完善监督方式。具体包括：接受各类信访举报，关注社会和网络舆情，畅通发现问题渠道；分类处置反映领导干部和公职人员问题线索，抓早抓小，对苗头性、倾向性问题提醒谈话，对轻微违纪问题诫勉谈话；用好谈话函询这个日常监督手段，主动给有错误的领导干部和公职人员说清情况、交代问题的机会，加强思想政治教育，发挥教育警示作用；对轻微违纪问题一定范围内通告批评，对普遍性问题公开批评，对系统性问题进行问责；监督检查领导干部执行《新形势下党内政治生活若干准则》《中国共产党党内监督条例》《中国共产党纪律处分条例》等党内法规情况，定期检查领导干部报告个人有关事项情况；

---

① 比如单纯从事教学的教师不是监察对象，但一旦参与了招生、采购、基建等与公权力有关的事宜，他们就是监察对象；依法组建的评标委员会、竞争性谈判采购中谈判小组的组成人员，在招标、政府采购等事项的评标或者采购活动中，由于临时从事与职权相联系的管理事务，也属于监察对象的范围。

② 王希鹏．深化国家监察体制改革须重点把握好五个问题．中国党政干部论坛，2019（8）．

对违反党的纪律和国家法律的行为及时给予党纪和政务处分；向相关部门和单位提出监督、监察建议等。

第三，坚持全面监督应当突出重点，抓住“关键少数”。习近平总书记反复强调，全面从严治党既要用纪律管全党、治全党，又要抓住领导干部这个“关键少数”，形成“头雁效应”。强调对“关键少数”的监督，这是由领导干部所处的地位和所发挥的作用决定的。领导干部特别是主要领导干部手中掌握的权力，不是一般意义上的领导权力，本质上是一种政治责任。中国共产党推动形成全面建成小康社会、全面深化改革、全面依法治国、全面从严治党的重大战略布局，实现中华民族伟大复兴的中国梦，必须现实地转化为各级党员领导干部特别是主要领导干部正确、谨慎地运用权力，并积极有力地领导、掌控和推动工作的实际行动。抓住了“关键少数”就是把握了党内监督和监察监督的重点与关键。不抓住这个重点，眉毛胡子一把抓，监督就必然会失去应有的实效性。而“关键少数”如果失去制约和监督，就会引起连锁式反应，甚至发生系统性、塌方式腐败，恶化当地政治生态，带坏一个地区的党风政风。因此，要把纪检监察的专责监督与党组织的全面监督/党员的民主监督结合起来。健全、完善对“关键少数”监督的各项制度，最终要落到制度上，强化监督问责，以刚性的制度机制抓牢“关键少数”。

四、客观公正原则

《监察法》第5条规定，“国家监察工作严格遵照宪法和法律，以事实为根据，以法律为准绳，在适用法律上一律平等，保障当事人合法权益”。这一规定确立了国家监察工作的客观公正原则，表明监察机关在查办职务违法和职务犯罪过程中必须严格遵守宪法和法律，实事求是，客观公正地开展监察执法。

（一）基本内涵

客观公正原则，就是要求监察机关及其工作人员在监察工作中坚持实事求是的思想路线，以事实为依据，以法律为准绳，坚持公平公正，充分保障当事人的合法权益。

客观公正原则强调以事实为依据、以法律为准绳。以事实为依据，指的是监察执法必须以案件的客观事实作为基础，严格按照法律的规定办事。监察机关处理案件，都必须真正做到客观、公正、正确、合法，以保证准确地惩治腐败。坚持以事实为依据，就是坚持实事求是，一切从具体的案情出发，使认定的事实完全符合案件的客观真相。这就要求重证据、重调查研究。以法律为准绳，就是要求监察人员在办案中既要按实体法律办事，又要按程序规范办事。程序规范是监察法的重要组成部分，是指导监察活动的法律准则。程序合法是正确处理案件的重要保证。以事实为根据、以法律为准绳，二者是不可分割的整体。事实是正确运用法律的前提，依法处置是调查事实的继续和目的。只有把两者正确结合起来，才能保证公正合理地处理案件。为此，要强化依法履职的责任感，并通过建立健全执法办案的评价标准、完善监察执法人员的行为规范，确保查办腐败案件工作始终在法治轨道上进行；要完善查办腐败违纪违法案件的程序措施和工作机制，树立正确的调查、审查和处置理念，遵循执法调查工作的规律，提高对腐败调查工作的科技含量，实现线索统一管理、调查统一指挥、资源统一调配；要明晰腐败违法犯罪调查与司法反腐起诉审判的法律边界，健全监察执法与监察司法的衔接机制，实现监察机关与检察机关、审判机关的各司其职，相互配合、相互制约。

客观公正原则强调适用法律上一律平等。这是法律面前人人平等的宪法原则在监察执法中的具体体现，也是监察机关、公安机关、检察机关、审判机关等执法、司法机关共同遵守的法治原则。监察机关在适用法律上一律平等，意味着只要实施了职务违法和职务犯罪行为，不论其职务多高、权有多大，也不管他的家族、种族、性别、职业、社会出身、宗教信仰、教育程度、财产状况有何不同，都要毫无例外地受到法律追究，不允许有任何特权。绝不允许任何人有触犯法律而不受追究，或者把自己的意志凌驾于国家法律之上的特权。我们国家的法律集中体现了广大人民的意志，国家的法律绝不允许破坏。对一切违法犯罪行为的追究和惩罚，正是为了保护国家和人民的利益不受侵犯。这就是一切公民必须维护和遵守国家法律的道理。我国监察机关与司法机关和公安机关要真正贯彻执行这一原则，才能保证法律在全国范围内的统一实施，也才能使我国法律所代表的广大人民的意志得到充分的体现。

客观公正原则强调保障当事人的合法权益。这是尊重和保障人权的宪法原则在监察执法中的重要体现。它不仅直接关系到监察权的依法规范行使，而且是推进依法治国实践、建设法治中国的必然要求。《监察法》第5条规定，国家监察工作应保障当事人的合法权益。该规定明确指明了监察工作的开展应保护当事人的权利。监察执法中保障当事人的合法权益，与刑事诉讼中保障诉讼当事人的合法权益具有内在的一致性，是国家监察制度和刑事司法制度实现公平正义的基础。监察调查的措施具有一定的强制性，在事实上构成了对监察对象及相关人员的人身自由、财产等权利的限制。留置、查封、扣押等强制性措施一旦滥用，必然会对当事人的权利造成严重损害，因此，必须保障当事人的权利，保障反腐败公权力在行使过程中不产生侵害当事人权利的问题。包括我国政府在内的许多国家签署了联合国《公民权利和政治权利国际公约》等一系列国际人权公约，保障当事人的应当权益等基本人权，已经成为世界法治文明发展的潮流。

（二）基本要求

第一，坚持客观公正原则应当强化反腐败证据意识。纪检监察机关履行反腐败职责的首要任务，是查明问题或案件真相。真相即证据证明的事实，证据的客观性和真实性关乎每一个反腐个案的成败，因此，必须从严谨明晰、环环相扣的要求出发，构建证据收集、认定规则，比如，物证书证收集规则，在证据调取方式、证据辨认鉴定、影像证据要求、书证复制要求等方面作出明确规定。又如，证人证言的收集规则，对于询问证人应当个别进行，询问证人至少为两名以上的办案人员，首次询问时应当告知证人有关作证的权利义务和法律责任，不得以暴力、威胁以及非法限制人身自由等非法方法询问证人证言等作出明确规定。再如，被调查人陈述和辩解证据规则，就对收集被调查人陈述和辩解、调查的时间、调查人的身份等，询问证人、讯问被调查人的场所，对询问、讯问被调查人的过程录音录像，等等，作出规定。通过完善证据规则，充分体现监察执法的程序正义和实体公正。

第二，坚持客观公正原则应当认真研究和准确把握法律、政策的界限。明辨“为公”还是“为私”，分清“无心”还是“有意”，判定“无禁”还是“严禁”，严格划分“失误、错误”与“违纪、违法”的界线。① 严禁将改革过程中的试错行为视为违纪违法，依法依规容错纠错，宽容干部在改革创新中出现的失误错误，依法为遭受诬陷的干部正名。严格区分改革创新中的工作失误与渎职犯罪、经济纠纷与经济诈骗、正常合法的收入与贪污受贿违法所得、资金合理流转与徇私舞弊造成国有资产流失、企业依法融资与非法吸收公众存款等罪与非罪的界限；对于进入司法程序的案件要依法保障律师的会见权和知情权，在与律师的良性互动中提高案件的办理质量，增强办案的客观性和准确性，确保案件经得起历史检验。②

第三，坚持客观公正原则应当强化权责对等理念。权责对等，严格监督，是监察履职的基

① 陈垂培．让干事者放下包袱．领导科学，2018（21）．

② 吴建雄，廖永安．坚定不移走中国特色反腐败之路．求是，2015（3）．

本要求，也是实现监察活动客观公正的重要保障。中国共产党的十八届六中全会强调，有权必有责，用权必担责，滥权必追责。这是把权力关进制度笼子里的根本目的。权力是一把“双刃剑”：如果突破制度之笼，就会导致公权力私用、权力滥用和权力寻租，给经济社会发展带来极大破坏。如果被关进制度的笼子，则能确保权力规范透明、公正高效行使，更好地为人民尽职尽责。权责对等强调监察机关及其工作人员必须忠诚使命、敢于担当，坚持公正与效率并重。效率是实现法律公正的前提条件，公正是评价法律效率的基本制度。在监察执法中追求公正与效率的最佳结合，既要坚持监察活动的程序正义和实体公正，又要追求监察活动的高质量和高效率，以最低的成本在最大程度上实现监察监督和查办案件的客观公正，以有限的监察资源实现监察工作的高质量和监察效能的最大化。

五、监察权独立行使原则

《监察法》第 4 条第 1 款规定，“监察委员会依照法律规定独立行使监察权，不受行政机关、社会团体和个人的干涉”。该规定确立了监察权独立行使原则。2018 年 3 月 11 日，第十三届全国人大第一次会议通过的《宪法修正案》第 52 条在《宪法》中增设第 127 条第 1 款，规定：“监察委员会依照法律规定独立行使监察权，不受行政机关、社会团体和个人的干涉。”该规定不仅确立了监察委员会作为国家监察机关的法律地位，同时也为监察权独立行使提供了最直接的宪法依据。

（一）基本内涵

监察委员会依照法律规定独立行使监察权，不受行政机关、社会团体和个人的干涉。这既表明了监察权必须依法行使，又强调了监察权行使的独立性。这是监察权行使的权威性和高效性所决定的。监察委员会行使的监察权，是传统立法权、行政权、司法权之外一种新型的权力——监督执法权，包括监督、调查、处置三项基本职权。监察权必须具有独立性的特质，必须排除其他机关、团体和个人的非法干涉。

从监督权的行使看，监察委员会的监督职权主要包括在对公职人员依法履职、秉公用权、廉洁从政从业以及道德操守情况进行监督检查过程中，对可能发生职务违法或者有职务违法行为但情节较轻的公职人员，按照管理权限，直接或者委托有关机关、人员，进行谈话提醒、批评教育令其检查，或者予以诫勉等，实现监督的目的。此外，还包括针对发现的问题向发案单位提出监察建议，完善制度或加强管理，预防腐败问题发生。这些监督行为必须以法律为依据，只服从法律。必须保持监察机关及其监督活动的独立性，否则，就会为监督单位或其他干扰因素所左右，以至丧失监督的有效性与公正性。

从调查权的行使看，调查权是监察机关依法揭露和查证违规违法和犯罪，监督国家机关和公职人员是否依法公正履职的权力。调查分为一般性调查和留置性的调查。一般性调查就是针对监督发现的违规违法问题，收集信息，查证核实监督发现的问题是否存在的活动。这是监察机关履行监督职责的常规性手段。留置性的调查是对监督发现的涉嫌犯罪问题进行的强制性调查，具有限制或者剥夺被调查人的人身自由、财产自由、通信自由等特征。调查权的行使，可能影响特定地区甚至特定单位不同政治力量的对比关系。也就是说，这种行为既关系公务，又涉及私利，因此，可能引起一系列社会反应，某些社会力量甚至有权势者可能企图干预这种调查追究活动。在这种情况下，保障调查权依法行使的主要措施以及防止不当干预的主要屏障，是调查执法行为的独立性。

从处置权的行使看，处置权是依据相应的法律法规对调查的违法问题予以审查定性并决定给予何种处分和处理的职权。从监察委员会的处分手段看，根据违法问题严重性的不同，处理手段依次包括给予监察处分（如警告、记过、记大过、降级、免职、开除公职等）、移送司法机关追究刑事责任两大层次。一方面，要严格依据法律法规，对违规违法问题进行定性和给予处分；另一方面，对侦查终结移送监察机关起诉的案件进行审查，决定移送起诉还是不移送起诉。处置权的公正与适当运用，意味着监察机关必须排除非法干预，坚持以事实为根据、以法律为准绳，切实地贯彻法治原则，使人民群众从每一起监察处置案件中感受到公平正义。

（二）基本要求

第一，坚持监察权独立行使原则，应当强化日常监督，规范调查处置权能。日常监督应做到向前监督、主动监督，综合运用集中检查、重点抽查、明察暗访、巡视监督、信访受理等多种方式，自觉主动地深入被监督地区的一些重要工作环节，仔细地查找和发现党员干部与公职人员出现的或者可能出现的违纪、违法和犯罪行为，为依法履行调查、处置职能奠定坚实基础。在查证职务违法和职务犯罪的调查过程中，应依法采用谈话、讯问、询问、查询、冻结、搜查、调取、查封、扣押、勘验检查、鉴定等措施，严格遵循法定程序和期限，并保障被调查人的基本权利。对于需要采取留置、技术调查、限制出境等措施的，经过严格的审批手续，交有关机关执行。针对违法问题严重性的程度不同，依法行使处置职权，分别作出给予监察处分、提出监察建议、移送司法机关追究刑事责任等处置决定。

第二，坚持监察权独立行使原则，应当把纪检监督和监察监督结合起来。监督执纪“四种形态”是全面从严治党的重大理论和实践创新，中国共产党章程和党内监督条例都作出了规定。监察法明确规定，国家监察工作要“惩戒与教育相结合，宽严相济”。各级纪委监委要按照“惩前毖后、治病救人”的方针，坚持深化运用监督执纪“四种形态”，将其贯穿于监督检查、审查调查和案件审理工作全过程，以取得良好的政治效果、纪法效果和社会效果。纪检监察工作运用“四种形态”，就要坚持把纪律挺在前面，运用监督执纪“四种形态”，经常开展批评和自我批评、约谈函询，让“红红脸、出出汗”成为常态；让党纪轻处分、组织调整成为违纪处理的大多数，党纪重处分、重大职务调整的成为少数，严重违纪涉嫌违法立案审查的成为极少数。应当明确，党内监督的内容、方式和要求，都适用于国家监察监督。

第三，坚持监察权独立行使原则，应当健全确保国家监察权正确规范行使的各项规则。比如，在线索处置环节，明确信访举报部门归口受理信访举报，案件监督管理部门对问题线索实行集中管理、动态更新、定期汇总核对，确保对问题线索处置全程可控；在谈话函询环节，规定谈话函询之前要严格审批，对谈话内容应制作谈话笔录，必要时对谈话函询的说明情况进行抽查核实；在初步核实环节，规定经严格审批启动初步核实程序，对具有可查性的问题线索扎实开展初核，收集客观性证据，确保真实性和准确性；在审查调查环节，突出强调党委（党组）对审查调查处置工作的领导，严格报批程序，明确审批权限，严格管控措施的使用，强调重要取证工作必须全程录音录像，纪检监察机关相关负责人通过调取录音录像等方式加强对审查调查全过程的监督；在案件审理环节，规定纪律处理或处分必须坚持民主集中制原则、集体讨论决定，坚持审查调查与审理相分离、审查审理和复议复查相分离，做到事实清楚、证据确凿、定性准确、处理恰当、手续完备、程序合规，严格依规依纪依法审核把关，用规则提高整个纪检监察系统的履职质量。

六、配合制约原则

《监察法》第4条第2款规定：“监察机关办理职务违法和职务犯罪案件，应当与审判机关、检察机关、执法部门互相配合，互相制约。”《宪法》第127条第2款规定，“监察机关办理职务违法和职务犯罪案件，应当与审判机关、检察机关、执法部门互相配合，互相制约”。

这些规定为配合制约原则的确立提供了宪法依据。

（一）基本内涵

配合制约原则是指办理职务违法和职务犯罪案件时，应充分协调监察机关与司法机关、其他执法机关之间的关系，确保反腐败权力协同运行的基本规则。这一原则既是准确有力惩治腐败违法犯罪的必然要求，又是社会主义法治原则的重要体现。

相互配合、相互制约主要表现在：监察委员会查办涉嫌职务犯罪案件时，调查终结后要移送检察机关依法审查、提起公诉，由人民法院负责审判，接受人民检察院的法律监督和人民法院的审判监督。纪检监察机关提出采取技术调查、限制出境等措施的请求后，公安机关与相关执法机关要对适用对象、种类与期限、程序等进行严格审核批准。审计部门发现领导干部涉嫌违纪违法问题线索时，要按规定移送相关纪检监察机关调查处置。在对生产安全责任事故进行调查时，监察机关要与安监、质检、食药监等部门共同调查，确定责任追究的范围和形式等等。

互相配合、互相制约是一个问题的两个方面，不可偏废。互相配合是指对职务违法犯罪案件的依法查办和追诉审判，应当在分工负责的基础上，互相支持，互相补充，协调一致，通力合作，使案件的处理能够上下衔接，协同促进案件事实的查明，实现追究犯罪、惩罚罪犯的任务。互相制约是指从监察机关的执法调查，到进入刑事诉讼程序，要按照职责分工并进行相互的制约，及时发现工作中存在的问题或错误并加以纠正，以保证准确实施法律、准确惩罚罪犯，保障无辜公民不受刑事追究，做到不枉不纵、不错不漏。监察机关要主动对接以审判为中心的司法体制改革方向，按照《关于办理刑事案件排除非法证据若干问题的规定》的要求，以更高的标准、更严的要求，进一步规范监察人员调查职务犯罪的取证行为，对于以非法方法收集的证据应当予以排除，确保调查所取得的证据符合刑事诉讼证据标准。

（二）基本要求

第一，坚持配合制约原则，应当健全检察机关提前介入机制。监察调查与审查起诉作为职务犯罪案件审判前的事实查明机制，其有效性与规范性直接关系到此类案件最终审判结果的公正与否，更关系到依法治国理念在反腐败领域能否得到充分实现。因此，职务犯罪案件中监察机关与检察机关的有序衔接就成为监察法与刑事诉讼法“法法衔接”的重要体现。其中，检察机关在事实调查环节的提前介入，在提高调查工作的规范性和审查起诉的有效性方面的积极价值业已在普通刑事案件的司法实践中得到广泛认可。虽然职务犯罪案件调查在调查主体和程序属性等方面存在一定的特殊性，但是根据此前监察体制改革试点期间取得的实践经验和检察机关与监察机关职能衔接的现实需求，在对重大疑难职务犯罪案件的调查中，检察机关的提前介入依然可以发挥重要的积极作用。

第二，坚持配合制约原则，应当健全案件移送审查起诉机制。案件移送审查起诉是指监察机关经过调查认为犯罪事实清楚，证据确实、充分，应该追究刑事责任时，将案件移送人民检察院审查起诉的处置方式。《监察法》第 45 条第 1 款第 4 项规定，“对涉嫌职务犯罪的，监察机关经调查认为犯罪事实清楚，证据确实、充分的，制作起诉意见书，连同案卷材料、证据一并移送人民检察院依法审查、提起公诉”。移送审查起诉包括四个要件：一是移送的主体是有管辖权的监察机关，包括接受指定管辖的监察机关；二是移送的对象监察机关制作的起诉意见书、案卷材料、证据等；三是移送的条件是经调查认为犯罪事实清楚，证据确实、充分的；四是接受移送的主体是检察机关。对监察机关移送的案件应由检察机关作为公诉机关依法审查、提起公诉。

第三，坚持配合制约原则，应当健全监察与审判的衔接机制，主要包括法庭质证和证据运用的衔接机制。审判环节的庭审质证实际上是发现案件疑点、消除争议、查明事实的最佳场合和决定诉讼结果的中心环节。① 为了保证二者的顺利衔接，应当健全和完善监委主办案件的证人、调查人员出庭制度和其他举证制度。监察机关应当配合审判的需要，使“举证在法庭、事实形成于法庭”的庭审实质化得到落实。

证据运用衔接机制，包括确立证据裁判原则和疑罪从无原则。法官“不得因压力作出违反法律的裁判”②。在职务犯罪办理中，监察机关收集、固定证据必须符合法定程序；对于非法证据，法院应当严格遵守非法证据排除的规定予以排除。

第四，坚持配合制约原则，应当健全公安机关配合执行机制。公安机关对监察办案配合执行的职责，是指在监察机关办理案件的过程中，公安机关应当与之进行必要对接，并就特定事项提供配合与协助。公安机关对监察配合执行的职责，主要包括两种形式：一是公安机关与监察机关的相互配合。公安机关与监察机关在办理各自案件的过程中，难免会发现对方管辖案件的证据或线索。在遇到此类互涉案件时，根据相关规定，二者应协商解决管辖问题，但对于《监查法》第 34 条第 2 款的规定的情形，一般由监察机关为主管辖，公安机关协助。二是公安机关对监察机关的协助。根据《监察法》的规定，公安机关应当协助监察机关进行搜查、执行技术调查措施、发布通缉令、采取限制出境措施、适用留置措施等。为了保障上述配合和协助功能能够顺利充分地发挥，公安机关还应当明确特定内设部门专门负责与监察机关进行对接。由于客观条件的限制，监察机关在采用某些措施时难免会遇到现实障碍。此时，公安机关应当为其提供协助。

第五，坚持配合制约原则，应当健全司法行政机关配合执行机制。司法行政机关配合执行的职责依法包括：(1) 确保询问在押罪犯取证工作顺利进行。《监察法》第 21 条规定：“在调查过程中，监察机关可以询问证人等人员。”在查办职务犯罪案件的执法实践中，调查取证的询问常常涉及监管改造场所的在押人员，这就需要监狱管理部门做好配合协助调查的工作。(2) 确保鉴定工作顺利进行。《监察法》第 27 条规定：“监察机关在调查过程中，对于案件中的专门性问题，可以指派、聘请有专门知识的人进行鉴定。鉴定人进行鉴定后，应当出具鉴定意见，并且签名。”司法行政机关作为鉴定机构的管理部门，有责任有义务配合监察机关做好司法鉴定的服务保障工作。(3) 确保监察案件进入刑事诉讼环节后律师依法行使辩护权。《监察法》第 45 条第 1 款第 4 项规定，“对涉嫌职务犯罪的，监察机关经调查认为犯罪事实清楚，证据确实、充分的，制作起诉意见书，连同案卷材料、证据一并移送人民检察院依法审查、提起公诉”。对于这些工作，司法行政机关都应当建立健全相关制度，确保人民群众从每一起职务犯罪案件的处理中感受到公平正义。

七、惩教结合原则

《监察法》第 5 条规定，国家监察工作要“惩戒与教育相结合，宽严相济”，从而确立了惩教结合原则。惩教结合是中国共产党从丰富的实践经验和深刻的历史教训中总结出来的。历史证明，只有坚持这一原则，才能达到既严明法纪又团结同志的目的。惩戒与教育相结合、宽严相济原则是中国共产党惩前毖后、治病救人方针在监察工作中的具体体现。

（一）基本内涵

惩戒与教育相结合，宽严相济原则体现了中国共产党的十八大以来监督执纪“四种形态”

① 张社军，王玉明．庭审虚化的实证分析与防范．河南财经政法大学学报，2015 (5).

② 施鹏鹏．国家监察委员会的侦查权及其限制．中国法律评论，2017 (2).

的思想和理念，同时也是从当前反腐败斗争形势依然严峻、复杂的实际出发而作出的规定。惩戒与教育相结合、宽严相济是监察委员会开展工作的重要原则。监察委员会的首要职责是监督。监察委员会不是单纯的办案机构，监察委员会负有很重要的监督职能，体现在代表党和国家，依照宪法、监察法和有关法律法规，监督所有公职人员行使公权力的行为是否正确，确保党和国家的路线方针政策得到贯彻落实，确保权力不被滥用、权力在阳光下运行，把权力关进制度的笼子。监委的监督和纪委的监督在指导思想、基本原则上是高度一致的，咬耳扯袖、红脸出汗，做思想政治工作都是为了惩前毖后、治病救人，抓早抓小、动辄则咎，预防党员干部和公职人员要么是“好同志”要么是“阶下囚”的现象。

惩戒与教育相结合是监察履职的政策性要求。惩戒与教育相结合包括两个方面的含义：一是对监察对象实行教育与惩戒相结合。教育与惩戒均以违法行为的存在为前提，教育的方式主要是说服，向被惩戒人说明其违法行为的社会危害性以及应承担的法律责任，使被惩戒人认识到自己违法行为的社会危害，使其真心悔悟。二是教育社会公众与惩戒被惩戒人相结合。惩戒要讲究社会效益，对被惩戒的行为和惩戒的理由和结果，以一定的方式加以宣传，使人们了解哪些是职务违法犯罪行为及应承担的法律后果，从而发挥警示效应。教育与惩戒相结合原则有着深刻的理论基础。法律的作用分为规范作用和社会作用两大类，教育原则体现出法律的规范作用，处罚原则体现了法律的社会作用，教育与处罚相结合原则意味着把法律的两大作用都包了，因此，它具有高度的涵盖性和很强的现实性。

宽严相济既是惩教结合的重要体现，又是我国的基本刑事政策。它对于最大限度地预防和减少犯罪、化解社会矛盾、维护社会和谐稳定，具有特别重要的意义。宽严相济刑事政策中的从“严”，主要是指职务违法犯罪情节严重、社会危害性大的，或者具有法定、酌定从重处罚情节以及主观恶性深、人身危险性大的，如发生在社会保障、征地拆迁、灾后重建、企业改制、医疗、教育、就业等领域，严重损害群众利益、社会影响恶劣、群众反映强烈等，都要坚决依法追究法律和刑事责任。宽严相济刑事政策中的从“宽”，主要是指对于情节较轻、社会危害性较小的职务违法犯罪，或者罪行虽然严重，但具有法定、酌定从宽处罚情节，以及主观恶性相对较小的被调查人，可以依法从轻、减轻法律和刑事责任；对于具有一定社会危害性，但情节显著轻微，危害不大的行为，不作为职务违法或犯罪处理。宽严相济刑事政策中的“相济”，主要是指在对违法犯罪调查处置时，要善于综合运用宽和严两种手段，对情节不同、态度不同的职务违法犯罪分子区别对待，做到严中有宽、宽以济严，宽中有严、严以济宽。在对严重职务犯罪依法从严惩处的同时，对于被调查人具有自首、立功等法定或酌定从宽处罚情节的，还要注意宽以济严，根据犯罪的具体情况，依法应当或可以从宽的，都应当在处置上予以充分考虑。

（二）基本要求

第一，坚持惩教结合原则，就要筑牢“固本培元”的思想防线。[①] 在新的时代条件下，建设廉洁政治必须把固本培元的思想建设摆在首要位置，理想信念是党员干部和公职人员的精神之“钙”，从正风反腐的实践看，腐败案件的发生往往始于理想的迷失、信念的动摇。党员干部如果理想信念不坚定、思想防线出现松动，甚至降格以求、放任自流，就容易走上违纪违法之路。因此，必须把坚定理想信念作为思想防线的核心，把好世界观、人生观、价值观这个“总开关”，教育引导广大党员特别是领导干部牢固树立理想信念、始终站稳政治立场。只有稳住理想信念这个“压舱石”，才能在胜利和顺境面前不骄傲不急躁，在困难和逆境面前不消沉

① 吴建雄．构筑起拒腐防变的三条防线．人民日报，2016-12-21.

不动摇，经受住各种风险和困难考验，自觉抵御各种腐朽思想的侵蚀，永葆共产党人政治本色。

第二，坚持惩教结合原则，就要筑牢“令行禁止”的制度防线。制度问题更带有根本性、全局性、稳定性、长期性，从近年来查处的一些涉及领导干部的大案要案看，如何靠制度更有效地防治腐败，仍然是我们面临的一个重大课题。中国共产党的十八届六中全会从制度层面对全面从严治党提出了要求、作出了安排。当前，要以贯彻落实全会精神为契机，建立、完善相关配套制度，应紧密结合这些年发生的腐败案件，寻找漏洞、吸取教训，全面加强制度建设，例如，建立有利于干部敢抓敢管、有利于党委担负主体责任的体制机制，健全权力清单制度，规范自由裁量权，强化内部流程控制，等等；要坚持在实践中探索、完善，将制度之笼扎牢扎紧。

第三，坚持惩教结合原则，就要筑牢“严格执纪”的监督防线。监督是权力正确运行的根本保证，是加强和规范党内政治生活的重要举措。通过强化党内监督，确保党的各级组织、全体党员特别是高级干部都向党中央看齐，向党的理论和路线方针政策看齐，向党中央决策部署看齐。筑牢监督防线，应在党内监督全覆盖的基础上突出重点，抓住“关键少数”，特别是破解一把手监督难题。实行严格的党内监督，是对一把手爱护、保护、维护的体现。上级党组织要加强对下级一把手的监督，用刚性制度管住一把手，督促其正确用权、廉洁用权。要发扬党内民主，依靠全体党员的监督盯住“关键少数”，加大对一把手的监督力度。筑牢监督防线，必须强化监督责任。各级党组织应把信任、激励同严格监督结合起来，实现党员领导干部有权必有责、有责要担当、用权受监督、失责必追究。

第四，坚持惩教结合原则，就要筑牢“亡羊补牢”的惩治防线。[①] 始终保持惩治腐败的高压态势，坚持有案必查、有腐必惩，具有警示教育的特殊预防作用，应当不断强化惩治举措，充分发挥查办案件的震慑等特殊预防作用。一是加大查办案件力度。坚持把查处违纪违法案件，特别是查处重点人群、重点岗位、重点领域的大案要案，作为惩治腐败的重要手段。二是改进办案方式方法。把查办案件工作与提高工作效率结合起来，促进案件限时办结；把查办案件工作与纠风执法检查结合起来，促进案件线索排查扎实有效。三是结合办案加强警示预防工作。切实做到查办案件准确有力，查找“漏洞”秋毫不离，建章立制有的放矢，警示教育入情入理，调研分析实事求是，对策建言切实可行。[②] 通过每一起案件预防措施的有效落实，防止同一类案件在同一单位重复发生，以“不必腐”的震慑促进“不能腐”“不想腐”。

第二节　监察法基本方针

方针是指引事业前进的方向和目标。[③] 习近平总书记对监察体制改革的方针作了精辟的论述，指出：深化纪检监察体制改革是要实现标本兼治。要强化不敢腐的震慑，保持惩治腐败高压态势，强化监督和监察全覆盖的震慑效应，不断释放全面从严强烈信号。要扎牢不能腐的笼子，把“当下改”和“长久立”结合起来，形成靠制度管权、管事、管人的长效机制。要增强不想腐的自觉，引导党员干部坚定理想信念，强化宗旨意识，树立正确的世界观、人生观、价

①② 吴建雄．检察机关预防职务犯罪工作与经济社会创新发展．人民检察，2013（24）．

③ 百度百科。

值观，营造风清气正的从政环境和社会氛围。[1]《监察法》确立的监察工作方针是：坚持标本兼治、综合治理，强化监督问责，严厉惩治腐败；深化改革、健全法治，有效制约和监督权力；加强法治教育和道德教育，弘扬中华优秀传统文化，构建不敢腐、不能腐、不想腐的长效机制。这是将党的十八大以来反腐败工作的重要思想、目标、要求和实践经验总结，以法律的形式固定下来。

一、标本兼治、把握目标

标本兼治、综合治理是中国共产党惩治腐败的一贯方针。习近平总书记强调，“改革目标不能偏，深化纪检监察体制改革，是要实现标本兼治”[2]，“要坚持治标不松劲，不断以治标促进治本，既猛药去疴、重典治乱，也正心修身、涵养文化，守住为政之本。”[3] 治标与治本相辅相成，有机统一于反腐败工作实践。没有离开“标”的“本”，也没有离开“本”的“标”。反腐败既要靠治标，猛药去疴、重典治乱，也要靠治本，正心修身、涵养文化，守住为政之本。中国共产党的十八大以来的反腐败斗争，总体上就是从治标入手，治本工作也一直没有放松，有时治本就寓于治标之中。强调不敢腐，侧重于惩治和威慑，让意欲腐败者在带电的高压线面前不敢越雷池半步；强调不能腐，侧重于制约和监督，让胆敢腐败者在严格监督中无机可乘；强调不想腐，侧重于教育和引导，着眼于产生问题的深层原因，让人从思想源头上消除贪腐之念。深入推进反腐败斗争，关键就是坚持治标不松劲，不断以治标促进治本，在惩治腐败力度决不减弱、零容忍态度决不改变的同时，坚持思想建设和制度同向发力，不断开创反腐倡廉新境界。

标本兼治、综合治理，重在从源头上预防腐败，蕴含着全面从严治党的逻辑。全面从严治党，基础在全面，关键在严，要害在治。“全面”就是管全党、治全党，面向超过 9 000 万名的党员、超过 460 万个党组织，覆盖党的建设各个领域、各个方面、各个部门，重点是抓住领导干部这个“关键少数”。“严”就是真管真严、敢管敢严、长管长严。“治”就是从党中央到省、市、县党委，从中央部委、国家机关部门党组（党委）到基层党支部，都要肩负起主体责任，党委书记要把抓好党建当作分内之事、必须担当的责任；各级纪委要担负起监督责任，敢于瞪眼黑脸，敢于监督执纪问责。要完善全面从严治党制度，包括坚持以党的政治建设为统领，全面推进党的各方面建设的体制机制，用严明的制度推动党的政治领导、政治原则、政治纪律、政治主张落实落地；健全党管干部、选贤任能制度，树立正确用人导向，确保党和人民需要的好干部能够及时选拔出来、任用起来；完善和落实党内政治生活制度规定，把党内政治生活加强和规范起来，把政治纪律和政治规矩严明起来，全面净化党内政治生态；建立健全解决党自身问题的长效机制，完善和落实全面从严治党责任制度，不断增强党的创造力、凝聚力、战斗力，使党始终成为中国特色社会主义事业的坚强领导核心。

强化监督问责，是坚持标本兼治、综合治理的必然要求。强化监督问责就是要落实党委主体责任、纪检监察监督责任。坚持有责必问、问责必严，把监督检查、目标考核、责任追究有机结合起来，形成执行法规制度强大的推动力。强化监督就要坚持把纪律挺在前面，加强对纪律执行情况的审查，抓早抓小，使纪律体现在日常监督管理中，发现苗头性问题及时提醒，对

---

① 习近平．在中共中央政治局第十一次集体学习时的讲话．(2018－12－04)．新华网．

② 习近平．在新的起点上深化国家监察体制改革．求是，2019 (2).

③ 治标不松劲，以治标促治本——三论学习贯彻习近平总书记在十八届中央纪委七次全会重要讲话．[2017－01－08]．新华网，http：//www.xinhuanet.com/legal/2017－01/08/c_1120268270.htm.

触犯纪律者及时处理，实现监督执纪问责常态化。强化问责就要健全责任追究制度和纠错问责机制，既要对事问责，也要对人问责，问到具体人头上，使追究问责的内容、对象、事项、主体、程序、方式制度化、规范化，确保实现有权必有责、用权受监督、违法必追究。要把监督问责情况纳入党风廉政建设责任制检查考核和党政领导干部述职述廉范围，通过严肃追究主体责任、监督责任、领导责任，让法规、制度的力量得到充分释放。

坚持标本兼治、综合治理，必须严厉惩治腐败。以零容忍、高强度、无例外、全覆盖的决心和态度打赢反腐败正义之战；依纪依法查办腐败案件，着力解决群众身边的不正之风和腐败问题；切实贯彻习近平总书记关于“有案必办，有腐必反”的一系列重要指示，“既要用铁的纪律整治各种面上的顶风违纪行为，更要睁大火眼金睛，任凭不正之风‘七十二变’，也要把它们揪出来，有多少就处理多少”①；“加大国际追逃追赃力度，推动二十国集团、亚太经合组织、《联合国反腐败公约》等多边框架下的国际合作，实施重大专项行动，把惩治腐败的天罗地网撒向全球，让已经潜逃的无处藏身，让企图外逃的丢掉幻想”②。形成持续震慑，就是要做到严纠“四风”和“打虎拍蝇”的力度不减、节奏不变、尺度不松，不断取得党风廉政建设和反腐败斗争新成效。“坚持什么问题突出就重点解决什么问题，让意欲腐败者在带电的高压线面前不敢越雷池半步，坚决遏制蔓延势头。”③

二、深化改革，强化监督

深化改革、健全法治、有效制约和监督权力，是深化国家监察体制改革的初心所在。制定《监察法》，就是要把增强对公权力和公职人员的监督全覆盖、有效性作为着力点，推进公权力运行法治化，消除权力监督的真空地带，压缩权力行使的任性空间，建立完善的监督管理机制、有效的权力制约机制、严肃的责任追究机制。④ 中国共产党的十九大报告提出“要加强对权力运行的制约和监督，让人民监督权力，让权力在阳光下运行，把权力关进制度的笼子”。解决不能腐的问题，不仅仅是国家监察体制改革和《监察法》的任务，其他各项深化改革任务和法律制定、修订工作都或多或少与此相关。《监察法》之所以规定这个内容，不仅是因为反腐败是我们的重要任务，也是因为反腐败不是靠某一个机关就能完成的事，必须动员各方面广泛参与，群策群力，建立起规范权力运行的制度机制。因此，我们要按照党中央决策部署，全面深化各项改革举措，真正构筑起不能腐的堤坝，让权力得到约束。同时，及时通过立法把行之有效的改革举措以法律的形式固化下来，形成监督合力，增强监督实效，确保党和人民赋予的权力真正用来为人民谋利益。

深化改革、健全法治，是反腐败斗争的治本之策。中国共产党的十八大以来，随着全面深化改革和全面依法治国的推进，反腐败制度建设和法治化水平得到加强和提高。要通过制定和实施法律，限制和规范公权力行使的范围、方式、手段和程序，创设公正、透明的运作机制，使公权力执掌者不能腐败，从而达到减少和消除腐败的目的。深化改革、健全法治对反腐败具有根本性、全局性、稳定性和长期性的意义，是反腐败思想观念、体制机制、方式抓手的重大变革，是有效遏制腐败的必由之路。习近平总书记关于“把权力关进制度的笼子里，形成不敢腐的惩戒机制、不能腐的防范机制、不易腐的保障机制”的重要论述，阐明了我国社会转型时

① 习近平．习近平谈治国理政：第2卷．北京：外文出版社，2017：165.

② 同①166.

③ 解放军报评论员．标本兼治，步步深入．解放军报，2017-01-09（01）.

④ 习近平．在新起点上坚持深化监察体制改革．求是，2019（5）.

期有效制约和监督权力的重要性，揭示了反腐领域深化改革、健全法治的战略走向。

有效制约和监督权力，是《监察法》和国家监察的基本功能。习近平总书记指出，“权力不论大小，只要不受制约和监督，都可能被滥用”①。因此，必须把权力关进制度的笼子。监察机关监督、调查、处置职能的运行过程，是权力运行正当性的确立、维持和恢复的过程，也是被违纪违法破坏的管理监督机制得到修复的过程。国家监察对权力的监督制约功能，是以“防微杜渐”和“亡羊补牢”为基本特征的。监察监督活动是对监察对象是否勤政廉政的监视督促，主要表现为诫勉谈话等批评教育和岗位调整等组织处理，实现对权力“出轨”苗头的早抓早治，起到防微杜渐的“出笼”防范作用。调查处置是对监察对象违纪违法腐败行为的查处，不仅是对“出笼”腐败的法纪处罚，而且可以起到“亡羊补牢”的作用：通过在办案中查找制度漏洞，及时发现“补笼”目标；帮助发案单位建章立制、促进权力规范行使，体现“筑笼”的法治价值；在查办案件的过程中对发案的主、客观原因进行分析，形成反腐执法的警示效应，扩大“固笼”的法治效果，增强把权力装进制度的笼子里的法治效果。②

监察委员会作为反腐败的国家专责机关，承担监督、勤政廉政、维护国家权力、廉洁高效的重要职责，其自身素质更要过硬。信任不能代替监督，在腐蚀与反腐蚀的复杂环境下，纪检监察也非净土，少数纪检监察干部蜕变为执纪违纪、执法违法腐败分子的事实，更加说明了对国家监察权进行监督制约的必要性和重要性。从监督的途径看，一是建立健全党委对监察工作的管理监督机制，把纪检监察人员列为“关键少数”，强化党内监督和纪律的约束；二是强化人大及其常委会的权力监督机制，落实对国家监察工作的法律监督；三是建立健全检察、审判机关司法监督机制，监察机关认定的职务犯罪案件，须由检察机关审查决定起诉或不起诉，由法院审判决定是否构成犯罪并实现罪刑法定；四是建立健全人民政协民主监督、人民群众社会监督机制，完善相应的渠道和平台；五是建立健全严格统一的执纪执法程序规范，按照刑事诉讼的要求设计专门的采用立案、强制措施的呈报审批程序。同时，关于对国家监察人员的监督，除在《监察法》中按照法定职责必须为、法无授权不可为的基本原则，明确监察委员会的职责权限、运转程序和具体措施外，可考虑修订刑法，增加对国家监察人员滥用职权、刑讯逼供、徇私枉法、收受贿赂、徇私枉法等行为的定罪处罚，切实加强对监察委员会及其工作人员自身的监督。③

三、加强教育，涵养文化

中国共产党的十九大报告指出，要“提高全民族法治素养和道德素质”，“深入挖掘中华优秀传统文化蕴含的思想观念、人文精神、道德规范”。法律是准绳，任何时候都必须遵循；道德是基石，任何时候都不可忽视。习近平总书记强调，把法治中国建设好，必须坚持依法治国和以德治国相结合，使法治和德治在国家治理中相互补充、相互促进、相得益彰，推进国家治理体系和治理能力现代化。法律是成文的道德，道德是内心的法律。法律和道德都有规范社会行为、调节社会关系、维护社会秩序的作用，在国家治理中都有其地位和功能。2018 年 3 月 10 日，习近平总书记参加十三届全国人大一次会议重庆代表团审议时明确指出，要既讲法治又讲德治，重视发挥道德教化作用，把法律和道德的力量、法治和德治的功能紧密结合起来，

① 习近平在第十八届中央纪律检查委员会第三次全体会议上的讲话．[2015 - 10 - 20]．人民网，http：//politics. people. com. cn/BIG5/n/2014/0115/c70731-24130050. html.

② 吴建雄，等．“筑牢权力之笼”与预防职务犯罪司法研究报告．北京：中国方正出版社，2014：5 - 10.

③ 吴建雄．国家监察体制改革的法治逻辑与法治理念．中南大学学报（社会科学版），2017（4）.

把自律和他律紧密结合起来，引导全社会积极培育和践行社会主义核心价值观，树立良好道德风尚，防止封建腐朽道德文化沉渣泛起。习近平总书记强调：领导干部要讲政德。政德是整个社会道德建设的风向标。立政德就是要明大德、守公德、严私德。明大德，就是要铸牢理想信念、锤炼坚强党性，在大是大非面前旗帜鲜明，在风浪考验面前无所畏惧，在各种诱惑面前立场坚定。守公德，就是要强化宗旨意识，全心全意为人民服务，恪守立党为公、执政为民理念，自觉践行人民对美好生活的向往就是我们的奋斗目标的承诺，做到心底无私天地宽。严私德，就是要严格约束自己的操守和行为。《监察法》明确将加强法治教育和道德教育、弘扬中华优秀传统文化作为监察工作方针，就是落实党中央的决策部署，从中华民族历史文化中汲取智慧，从实际出发实现监察工作理念思路、体制机制、方式方法的与时俱进。

加强法治、道德教育是监察工作的重要任务之一。习近平说，规范人们的行为，规范社会秩序，不仅要确立与之相适应的法律体系，而且要形成与之相适应的思想道德体系。儒法并用，是我国历史上常用的社会治理方式，只有思想教育手段和法制手段并用才能相得益彰。这是因为，法是他律，德是自律，自律和他律结合才能达到最佳效果。正所谓"道之以政，齐之以刑，民免而无耻；道之以德，齐之以礼，有耻且格"。反腐倡廉是一个复杂的系统工程，需要多管齐下、综合施策，但从思想道德抓起具有基础性作用。① 习近平强调，各级领导干部都要树立和发扬好的作风，既严以修身、严以用权、严以律己，又谋事要实、创业要实、做人要实。严以修身，就是要加强党性修养，坚定理想信念，提升道德境界，追求高尚情操，自觉远离低级趣味，自觉抵制歪风邪气。严以用权，就是要坚持用权为民，按规则、按制度行使权力，把权力关进制度的笼子里，任何时候都不搞特权、不以权谋私。严以律己，就是要心存敬畏、手握戒尺，慎独慎微、勤于自省，遵守党纪国法，做到为政清廉。② 弘扬中华优秀传统文化是开展监察工作的应有之义。习近平同志强调从历史文化中吸取营养，他说，历朝历代的统治者为了维护自己的统治地位，高度重视道德建设，特别是为政者的道德建设。古人认为："才者，德之资也；德者，才之帅也。""为政以德，譬如北辰，居其所，而众星拱之。"所以要"格物、致知、诚意、正心、修身、齐家、治国、平天下"。中国历史上形成和留下了大量的这方面的思想遗产，虽然这里面有封建社会的糟粕，但很多观点至今仍然富有启发意义，比如，"政者，正也。子帅以正，孰敢不正"，"富贵不能淫，贫贱不能移，威武不能屈"，"克勤于邦，克俭于家"，"儆戒无虞，罔失法度。罔游于逸，罔淫于乐"，"直而温，简而廉"，"公生明，廉生威"，"无教逸欲有邦，兢兢业业"，等等。对此，我们要坚持古为今用、推陈出新，使之成为新形势下加强反腐倡廉教育和廉政文化建设的重要资源。③

四、构建机制，扎牢"笼子"

"构建不敢腐、不能腐、不想腐的长效机制"作为监察工作方针的重要内容，是中国共产党的十九大报告中关于"强化不敢腐的震慑，扎牢不能腐的笼子，增强不想腐的自觉"等重要论述的法制化、规范化。从不敢腐、不能腐到不想腐，既是把权力关进制度之笼子的机制构建，又是反腐败工作的基本战略，蕴含着对反腐败斗争形势依然严峻复杂的科学判断；蕴含着

① 习近平．在十八届中央政治局第五次集体学习时的讲话（2013 年 4 月 19 日）//中共中央纪律检查委员会，中共中央文献研究室．习近平关于党风廉政建设和反腐败斗争论述摘编．北京：中央文献出版社，中国方正出版社，2015：140.

② 同①143.

③ 同①139－140.

对现阶段以治标为主，为治本赢得时间、赢得主动的反腐败斗争策略；蕴含着巩固压倒性态势、夺取压倒性胜利的坚如磐石的决心。“不敢腐”就是强调惩治和威慑，让意欲腐败者在带电的高压线面前不敢越雷池半步，坚决遏制蔓延势头。“不能腐”就是强调制约和监督，扎紧制度笼子，让胆敢腐败者在严格监督中无机可乘。“不想腐”就是强调教育和引导，着眼于产生问题的深层原因，对症下药、综合施策，让人从思想源头上消除贪腐之念。[①]

从“反腐败斗争永远在路上”的战略判断看，“不敢”“不能”“不想”的长效机制在反腐败斗争中必须同时发力，以不同的功能实现筑牢权力之笼、防止腐败发生的价值。“不敢腐”是“不能腐”“不想腐”的前提和基础。“不能腐”是“不敢腐”的巩固和发展。“不想腐”是“不敢腐”和“不能腐”的结果和保障。三者相互联系，相互促进，缺一不可。应该看到，“不敢腐”的威慑虽然及于人的内心，但属于强制；“不能腐”以制度约束行为，不及于人的内心；“不想腐”则以文化浸润人的心灵，让人自愿、主动而非勉强、被动地远离腐败。如果说“高压反腐”所追求的“不敢腐”是“压服”，“建制反腐”所追求的“不能腐”是“制服”，那么“不想腐”所追求的则是“折服”。

把权力关进制度的笼子里，涉及“权力”和“制度”两个关键词。这些要被关进去的“权力”，指的是执政党及其政府以及各级官员手中拥有的公共权力，也就是人们所说的公权，而非私权。这个要关住权力的“制度”，也绝不是那些写在纸上、贴在墙上、说在嘴上的毫无执行力的制度，而是能够真正把权力关进“笼子”里的制度。把权力关进制度的笼子里，既是对权力与制度之关系的形象概括，也是回归权力本质的必然要求。权力是人民赋予的，行使权力必须为人民服务、对人民负责并自觉接受人民监督。为政清廉才能取信于民，秉公用权才能赢得人心。正如习近平在十九届中央政治局第十一次集体学习时指出的：国家之权乃是“神器”，是个神圣的东西。公权力姓公，也必须为公。只要公权力存在，就必须有制约和监督。不关进笼子，公权力就会被滥用。[②] 习近平关于权力进笼的重要命题，与“善于用法治思维和法治方式反对腐败，加强反腐败国家立法，加强反腐倡廉党内法规制度建设，让法律制度刚性运行”[③]、“坚持用制度管权管事管人，让人民监督权力，让权力在阳光下运行”[④]、“要坚持‘老虎’、‘苍蝇’一起打，有腐必反、有贪必肃”[⑤] 等重要论述一脉相承，蕴含依法治权的法治要义、权责对等的正义规则、令行禁止的铁律之威，彰显了反腐败的法治逻辑。

“本理则国固，本乱则国危。”把权力关进制度的笼子，确保党和国家的各项权力永远为人民谋利益，必须把加强思想政治建设放在首位，抓好思想教育这个根本。其中最重要的是，一要坚持共产党人的价值观，不断坚定和提高政治觉悟。从不敢、不能到不想，要靠铸牢理想信念这个共产党人的魂。补足精神之钙，筑牢思想之魂，提高政治觉悟，在公和私、义和利、是和非、正和邪、苦和乐等问题面前，我们就能心明眼亮，找到自己行为的准星。二要依靠文化自信坚定理想信念。没有中华优秀传统文化、革命文化、社会主义先进文化的底蕴和滋养，信仰信念就难以深沉而执着。领导干部要不忘初心、坚守正道，必须坚定文化自信，接受文化熏陶，不断提升人文素养和精神境界，以文化自信支撑政治定力，永葆人民公仆的政治本色。

① 邱学强．把握新时代战略导向，夺取反腐败斗争压倒性胜利．学习时报，2017-11-16 (01).

② 习近平．在新的起点上深化国家监察体制改革．求是，2019 (5).

③ 十八大以来重要文献选编：4. 北京：中央文献出版社，2014：136.

④ 中共中央关于全面深化改革若干重大问题的决定．

⑤ 习近平．在第十八届中央纪律检查委员会第二次全体会议上的讲话．(2013-01-22). 新华网．

第五章
监察体制与组织结构

第一节　监察机关的宪法地位

正确认识监察机关的宪法地位，找准其在我国监察体制与国家机关组织结构中的坐标，对于保障各级监察委员会依法切实地履行职责，促进我国监察工作的顺利开展，同时为我国监察体制改革的深化提供方向指引。

一、监察机关“入宪”的背景和意义

监察机关“入宪”是在我国腐败形势严峻的背景下展开的，回应了法治反腐的现实需求。2018 年修宪旨在确保监察体制改革于宪法有据，被誉为“监察机关的准生证”。

（一）契合我国法治反腐的现实需求

腐败既是全面从严治党的难题，也是法治中国建设的“毒瘤”。中国共产党十八大以来，党和国家以“零容忍”姿态重拳出击，实施高压反腐，取得显著成效。尽管如此，反腐败任重道远。当下，依旧不乏抱有侥幸心理的腐败分子，公职人员中依然存在形形色色的腐败行为，某些地方甚至不时出现“塌方式腐败”。

监察委员会设立之前，党和国家的反腐败职能分散由几个不同的主体承担：中国共产党纪律检查委员会承担执纪、监督和问责；行政监察机关负责对行政机关及其工作人员行使行政监察职能；检察机关内设的反贪局和反渎职局负责查处国家工作人员贪污贿赂和渎职刑事案件。自 1993 年 1 月开始，中央纪委、监察部合署办公。这种工作模式随后向地方延伸。纪检、监察联合履职逐渐成为我国反腐败工作的主力军。

长期以来，我国反腐败体制在运行实践中凸显出一些明显的短板：一是反腐败职能专责主体不明确，导致各个反腐败机关职能界限不清且留有空隙，使腐败分子得不到及时和有效的惩治；二是由于反腐败力量分散、配合缺失，单一的反腐败机构难以展现其应有的效能；三是各项反腐败职能衔接不畅，相互之间协同度不高，无法对违规和违法犯罪行为实现一体化治理。

我国近年来的监察体制改革，就是在整合多方反腐败工作力量的基础上成立专门的反腐败机构——各级监察委员会，以打击腐败违纪违法犯罪为主要目标，契合了我国当前法治反腐的现实需求，亟须通过修法和修宪加以巩固。

（二）为监察体制改革提供宪法保障

1. 确保监察体制改革于宪法有据

在 2016 年 1 月召开的十八届中共中央纪委第六次全会上，习近平发表重要讲话指出：“要

完善监督制度，做好监督体系顶层设计，既加强党的自我监督，又加强对国家机器的监督。要整合问责机制，坚持有责必问，问责必严。要健全国家监察组织架构，形成全面覆盖国家机关及其公务员的国家监察体系。”① 同年12月，中共中央办公厅印发《关于在北京市、山西省、浙江省开展国家监察体制改革试点方案》；12月25日召开的第十二届全国人大常委会第二十五次会议审议通过《关于在北京市、山西省、浙江省开展国家监察体制改革试点工作的决定》。

中国共产党十九大报告明确提出：“深化国家监察体制改革，将试点工作在全国推开，组建国家、省、市、县监察委员会，同党的纪律检查机关合署办公，实现对所有行使公权力的公职人员监察全覆盖……依法赋予监察委员会职责权限和调查手段，用留置取代‘两规’措施。”监察体制改革需要通过立法加以巩固，首要的就是需要修宪。② 凡属“……重大改革都要于法有据”③。完善我国反腐败体制的重大顶层设计，其根本保障就是通过宪法确立各级监察委员会的地位，确保反腐败工作在法治的轨道内进行。

2. 监察机关的宪法“准生证”

2018年3月11日，第十三届全国人大第一次会议对我国现行《宪法》进行了第五次修正。专门就国家监察委员会和地方各级监察委员会的性质、地位、名称、人员组成、任期任届、领导体制、工作机制等作了规定。该法第3条第3款将监察机关与行政机关、审判机关、检察机关并列，明确规定各级监察委员会由其同级人大产生，对其同级人大负责，受其同级人大监督，从而正式把监察委员会作为一个独立的国家机关纳入我国的国家机构体系内。本次修宪由此被誉为“监察机关的准生证”，成为我国监察基本法律制定的根本依据。

通过修宪赋予各级监察委员会独立的地位，是我国监察体制改革的标志性成果，也是国家从顶层设计上对政权架构所作的重大调整。《宪法》在“国家机构”一章第七节专门规定了“监察委员会”，并就这一新设立的国家机关的性质、构成、产生、组织与职权、领导体制、与国家权力机关及其他国家机关的履职关系等作了原则性的规定。2018年3月20日第十三届全国人大第一次会议审议通过《监察法》。该法就各级监察委员会的产生和职责、监察管辖、监察权限、监察程序以及反腐败国际合作、对监察机关和监察人员的监督等作了相应的规定，并专门规定了监察法律责任，从而成为我国监察领域的基本法律。

二、监察机关与监察权的性质

按照《宪法》的规定，新设立的国家监察机关是独立的国家机关，承担着独特的国家治理功能，其所行使的监察权是一项新型的国家权力形态。

（一）监察机关的性质

《宪法》第123条明确规定：中华人民共和国各级监察委员会是国家的监察机关。可见，新设立的监察机关是区别于行政机关和司法机关的国家机关。它承担着独特的国家治理功能，具有独立的宪法地位。

新设立的监察机关主要整合了行政监察、预防腐败和查处贪污贿赂、失职渎职以及预防职务犯罪等反腐败工作力量。通过依法赋予监察机关履行调查、处置和监督职责实现对所有行使

---

① 习近平．坚持全面从严治党依规治党创新体制机制强化党内监督．新华网，www.xinhuanet.com/politics/2016-01/12/C_1117753375.htm 2016年1月12日20：09：14.

② 韩大元．论国家监察体制改革中的若干宪法问题．法学评论．第35卷第3期（2017）：11-22.

③《中共中央关于全面推进依法治国若干重大问题的决定》（2014年10月23日中国共产党第十八届中央委员会第四次全体会议通过）。

公权力的公职人员全覆盖，以集中力量打击腐败违纪违法和犯罪行为。

（二）监察权的性质

关于监察权的属性，目前学界存在行政权说、司法权说、混合权力说等诸多不同的学说。从学理上看，单一的行政权和司法权属性定位显然难以契合现行监察权的属性，而广为推崇的混合权力说显然也难以解释监察权的基本属性，笼统地将监察权认定为混合权力，亦不能准确界定监察委员会的宪法地位。

确切地说，新成立的监察委员会虽然整合了此前行政监察职能，原属于检察职能的反贪污、反渎职职能和预防腐败等职能，但并不等于是此前相关职能的简单叠加。国家监察体制改革将此前几种不同属性的反腐败职能进行有机整合，然后重新统一分配给监察机关，其实质是对国家机构权力的再整合再分配的过程。严格地说，国家监察权是区别于原先任何一种权力的新型权力形态。

三、监察委员会的基本职责

职责是职权的基础和依据，职权是职责的保证。与《宪法》关于各级监察委员会及其权限的界定相匹配的是，《监察法》第 11 条明确规定，“监察委员会依照本法和有关法律规定履行监督、调查、处置职责”。即监督、调查、处置是监察委员会承担的三项基本职责。

（一）监督

根据《监察法》第 11 条第 1 项，监察委员会对公职人员开展廉政教育，对其依法履职、秉公用权、廉洁从政从业以及道德操守情况进行监督监察。监督是监察委员会的首要职责，它代表党和国家，依照宪法、监察法和有关法律法规，对所有公职人员行使公权力的情况进行监督，确保权力不被滥用，促进国家公务人员依法履职、秉公用权。这是对公权力最直接最有效的监督，实现了监察全覆盖和监督的严肃性、实效性。

监察机关履行监督职责的方式包括教育和检查。廉政教育是防止公职人员发生腐败的基础性工作，廉政教育的根本内容是加强理想信念教育，使公职人员牢固树立马克思主义的世界观、人生观、价值观和正确的权力观、地位观、利益观，使讲规矩、守法律成为公职人员的自觉行动，不断增强不想腐的自觉。监督检查的方法包括列席或者召集会议、听取工作汇报、实施检查或者调阅、审查文件和资料等，内容是公职人员依法履职、秉公用权、廉洁从政从业以及道德操守情况。

（二）调查

根据《监察法》第 11 条第 2 项，监察委员会对涉嫌贪污贿赂、滥用职权、玩忽职守、权力寻租、利益输送、徇私舞弊以及浪费国家资财等职务违法和职务犯罪进行调查。调查公职人员涉嫌职务违法和职务犯罪，是监察委员会的一项经常性工作。如果说，监督是《监察法》第 11 条第 1 项概括式规定的、内容上具有一定原则性的监察职责的话，那么，调查是《监察法》第 11 条第 2 项列举式规定的一种专项监察职责，该项职责的针对性和实效性被强调。可见，监察机关的调查职责集中体现了其作为国家反腐败工作机构的性质定位和工作特色。

从制度渊源来看，监察机关的调查职责跟之前检察机关的侦查职能①具有密切关系和高相似度。众所周知，监察体制改革的重要方面就是将原属于检察机关的反贪、反渎和预防职务犯

---

① 在监察体制改革之前，按照 2012 年《刑事诉讼法》第 106 条第 1 项的规定，“侦查”是指公安机关、人民检察院在办理案件过程中，依照法律规定进行的专门调查工作和有关的强制性措施。

罪等部分侦查职能转移至新成立的监察机关。在学者看来，“监察调查措施中的搜查、调取、勘验检查等均具有一定的侦查权性质”[①]。国家监察体制改革启动以来，仍有不少学者坚持认为监察机关对职务犯罪案件的调查权仍然具有侦查权的属性和功能：“这一点，与监察体制改革之前检察机关所享有的侦查权，几乎没有任何区别。”[②]

从制度规范来看，根据《监察法》第11条第2项，监察机关对职务违法和职务犯罪案件进行收集证据、查明案情的工作叫“调查”，而不叫“侦查”。2018年10月26日第十三届全国人大常委会第六次会议通过的《全国人民代表大会常务委员会关于修改〈中华人民共和国刑事诉讼法〉的决定》将第106条改为第108条，其中第1项明确规定，“‘侦查’是指公安机关、人民检察院对于刑事案件，依照法律进行的收集证据、查明案情的工作和有关的强制性措施”。可见，调查与侦查具有不同的法律属性，二者由不同的法律部门调整。

（三）处置

根据《监察法》第11条第3项，监察委员会对违法的公职人员依法作出政务处分决定；对履行职责不力、失职失责的领导人员进行问责；对涉嫌职务犯罪的，将调查结果移送人民检察院依法审查、提起公诉；向监察对象所在单位提出监察建议。其中，对违法的公职人员依法作出政务处分决定，是指监察委员会根据监督、调查结果，对违法的公职人员依照法定程序作出警告、记过、记大过、降级、撤职、开除等政务处分决定；对履行职责不力、失职失责的领导人员进行问责，是指监察委员会根据相关规定，对不履行或者不正确履行职责的，按照管理权限对负有管理责任的领导人员作出问责决定，或者向有权作出问责决定的机关提出问责建议，问责的对象限于公职人员中的领导人员[③]；对于涉嫌职务犯罪的，将调查结果移送人民检察院依法审查、提起公诉[④]；监察建议则是监察委员会依照法定职权，根据监督、调查结果，就监察对象所在单位廉政建设和履行职责存在的问题等提出来的。[⑤]

可以说，监督、调查、处置是监察委员会承担的三项基本职责，也是监察委员会承担的具体的、行动性的职责。从学理上看，监察委员会除了承担上述三项基本职责外，还理应承担制定监察法规、出台监察措施、发布监察决定和命令、制定监察规章等抽象行动性职责[⑥]，以及某些涉及监察事务的辅助性的管理职责。

四、监察机关与其他国家机关的关系

监察机关的宪法定位，离不开对监察机关与其他国家机关间之关系的界定。从《宪法》的文本结构来看，新设立的“监察委员会”被规定在第三章“国家机构”中的第七节“监察委员会”，位列“一府”与“两院”之间。“一府一委两院”均由本级人大及其常委会产生，须对其

---

① 韩大元．论国家监察体制改革中的若干宪法问题．法学评论，2017（3）：18-19.

② 陈瑞华．论国家监察权的性质．比较法研究，2019（1）.

③ 主要是指中国共产党机关、人大机关、行政机关、监察机关、审判机关、检察机关、政协机关、民主党派和工商联机关中担任各级领导职务和副调研员以上非领导职务的人员；参照公务员法管理的单位中担任各级领导职务和副调研员以上非领导职务的人员；大型、特大型国有和国有控股企业中中层以上领导人员，中型以下国有和国有控股企业领导班子成员，以及上述企业中其他相当于县处级以上层次的人员；事业单位领导班子成员及其他六级以上管理岗位人员。

④ 被调查人涉嫌职务犯罪，监察机关经调查认为犯罪事实清楚，证据确实、充分的，制作起诉意见书，连同案卷材料、证据一并移送检察机关依法审查、提起公诉。

⑤ 监察建议不同于一般的工作建议，它具有法律效力，被提出建议的有关单位无正当理由必须履行监察建议要求其履行的义务，否则，就要承担相应的法律责任。

⑥ 江国华．国家监察体制改革的逻辑与取向．学术论坛，2017（3）：41-49.

负责、受其监督；监察委员会依法独立行使监察权，不受行政机关、社会团体和个人的干涉。同时，各级监察委员会与人民法院、人民检察院及承担司法职能的其他国家机关之间存在着工作上的衔接和制约关系。其中，按照《监察法》第15条第1项，监察委员会有权对一切履行公职的人员进行监察。各级人大及其常委会和参照《公务员法》管理的其他国家机关工作人员，亦作为行使公权力的公职人员，属于监察委员会监察的范围。①

（一）监察机关与人大及其常委会的关系

《宪法》第3条第3款规定，“国家行政机关、监察机关、审判机关、检察机关都由人民代表大会产生”。这意味着，新设立的国家监察机关，与其他相关的国家机关（行政机关、审判机关和检察机关）既存于一个平面型的权力关系结构中，它们均由其同级人大产生。因此，“监察机关与权力机关是‘产生、负责和监督’的关系”②。《宪法》第65条第4款和第103第3款分别就全国和地方各级人大常委会组成人员“不得担任国家行政机关、监察机关、审判机关和检察机关的职务”作了明确的规定。《宪法》第67条第6项和第104条分别规定了全国人大常委会和地方各级人大常委会均有依法监督其同级监察委员会的职权，其中，人事任免权为重要内容。《宪法》专门就各级人大选举产生其同级监察委员会主任、副主任的任免权作了明确规定，如《宪法》中增设或修改的第62条第7项、第63条第4项和第101条第2款即分别涉及全国和地方各级人大对其同级监察委员会主任的人事任免权。该法第67条新增的第11项还规定全国人大常委会有权“根据国家监察委员会主任的提请，任免国家监察委员会副主任、委员”。这些规定充分体现了“谁任命，谁罢免”的国家机关人事监督原理。

《监察法》亦就各级国家监察委员会应当接受本级人大及其常委会的监督作了相应的规定，并专门规定了几种特殊的监督方式和监察法律责任。该法第8条第4款规定：“国家监察委员会对全国人民代表大会及其常务委员会负责，并接受其监督。”第9条第4款规定：“地方各级监察委员会对本级人民代表大会及其常务委员会和上一级监察委员会负责，并接受其监督。”第53条第1款规定：“各级监察委员会应当接受本级人民代表大会及其常务委员会的监督。”第53条第2款规定：“各级人民代表大会常务委员会听取和审议本级监察委员会的专项工作报告，组织执法检查。”第3款规定：“县级以上各级人民代表大会及其常务委员会举行会议时，人民代表大会代表或者常务委员会组成人员可以依照法律规定的程序，就监察工作中的有关问题提出询问或者质询。”

（二）监察机关与其他国家机关的关系

从我国宪法规范来看，一方面，监察委员会依照法律规定独立行使监察权，不受行政机关、社会团体和个人的干涉；另一方面，监察委员会与其同级人民法院、人民检察院及承担司法职能的国家机关在履行监察职能过程中存在着工作上的衔接和制约关系。

1. 监察机关与行政机关的关系

国家监察体制改革设置了具有独立地位的各级监察委员会，其独特之处就在于弥补了此前隶属于政府部门的行政监察机关难以独立行使职权的固有缺陷。在我国监察体制改革前，《行政监察法》③第2条规定：“监察机关是人民政府行使监察职能的机关，依照本法对国家行政机

① 中共中央纪律检查委员会法规室，中华人民共和国国家监察委员会法规室．《中华人民共和国监察法》释义．北京：中国方正出版社，2018：108-109.

② 秦前红．我国监察机关的宪法定位以国家机关相互间的关系为中心．中外法学，2018（3）：555.

③ 1997年5月9日第八届全国人大常委会第二十五次会议通过，2010年6月25日第十一届全国人大常委会第十五次会议修正。2018年3月20日第十三届全国人民代表大会第一次会议审议通过的《中华人民共和国监察法》第69条规定：“本法自公布之日起施行。《中华人民共和国行政监察法》同时废止。”

关及其公务员和国家行政机关任命的其他人员实施监察。”国家监察体制改革的推进，使各级监察委员会成为行使国家监察职能的专责机关。[①] 按照《宪法》第 127 条第 1 款的规定，“监察委员会依照法律规定独立行使监察权，不受行政机关、社会团体和个人的干涉”。

需要明确的是，监察机关依法独立行使监察权，不受行政机关的干涉，并不排斥监察机关在监察活动中与承担相应法律职能的某些行政机关（如公安机关等）之间存在配合制约关系。如《监察法》《刑事诉讼法》等相关法律就针对各级监察委员会在办理刑事案件中如何行使调查、监督和处置等各项职能作了相关规定，其中即涉及监察机关与公安机关、国家安全机关、审计机关等行政机关依法相互协助等事项。可以说，相互制约是任何国家机构之间无法规避的运作机理，这是保障公民合法权利的前提。

2. 监察机关与司法机关的关系

我国司法机关一般是指各级人民法院和人民检察院。《宪法》第三章第八节是将二者并列起来作出规定的，人们正是根据宪法文本中这样的“体例结构”推衍出“人民法院”和“人民检察院”同为我国的“司法机关”。而《宪法》关于“监察委员会”的系统规定则是独立成节的（第三章第七节）。这表明，新设立的“监察委员会”既不同于此前属于行政机关的监察机关，也不同于审判机关和检察机关。应该说，监察体制改革对以上国家机关的职能影响最大的非检察机关莫属。监察体制改革中的“转隶”工作，使检察机关原有的反贪、反渎与部分职务犯罪的侦查职能转由监察委员会行使，从而建构了一个集行政监察、预防腐败与职务犯罪的侦查权于一体的、新型的国家监察机关。可以说，这一新型的国家机关与人民法院和人民检察院在性质、权限、工作方式、手段和程序等很多方面均有所不同。

按照《宪法》第 127 条的规定，监察机关办理职务违法和职务犯罪案件，应当与审判机关、检察机关、执法部门互相配合、互相制约。《监察法》第 4 条第 2 款亦进一步确认了其间“互相配合，互相制约”的关系。[②] 同时。该条第 3 款还规定：“监察机关在工作中需要协助的，有关机关和单位应当根据监察机关的要求依法予以协助。”这其中，当然也包含着相关国家机关对监察机关的“工作协助”。此外，《监察法》的相关条文还就监察机关在刑事案件中如何履行调查、监督和处置职能作了相应的规定，其中亦涉及监察机关与审判机关、检察机关、执法部门之间在办理职务违法和职务犯罪案件时相互配合、相互制约的内容。

值得关注的是，《宪法》第 140 条规定的是“人民法院、人民检察院和公安机关办理刑事案件，应当分工负责，互相配合，互相制约，以保证准确有效地执行法律”。那么，2018 年修宪时为何不将前述的第 127 条第 2 款及《监察法》第 4 条第 2 款融合在《宪法》第 140 条中，统一作出规定呢？学界代表性观点认为，公安机关、检察院与法院的“分工配合、制约”是在刑事诉讼中实现的，其核心在于审判权、检察权与侦查权之间的“相互制约”，重在控制侦查权。虽然监察委员会作为行使监察权的反腐败工作机构在行使其监察职能时，公、检、法三机关有配合的义务，但是介入公、检、法三机关之间现有的制衡机制，并不符合监察委员会的宪法定位。而从我国目前的立法来看，监察委员会本身并不是司法机关，不行使司法权，不属于公、检、法三机关“分工配合、制约”机制界定的权力作用范围。

在上述机制运行中，值得特别关注的就是监察机关在刑事案件履职中不能僭越审判权这一问题。中国共产党十八届四中全会明确提出了“以审判为中心的诉讼制度改革”，即将刑事审

---

① 《监察法》第 3 条中规定，“各级监察委员会是行使国家监察职能的专责机关”。

② 《监察法》第 4 条第 2 款规定：“监察机关办理职务违法和职务犯罪案件，应当与审判机关、检察机关、执法部门互相配合，互相制约。”

判阶段作为整个刑事诉讼的中心。其实质性的要求就是：刑事案件只有通过法院审判才能完成对被告人刑事责任的认定。监察体制改革后，监察委员会成为一个位高权重的国家机关，特别是在调查阶段拥有重要的调查权，因此，要防止该机关在案件还没有进入审判阶段即对被调查人作出刑事责任认定问题的发生。就此而言，监察体制改革不能背离我国目前正在推进的“审判中心主义”诉讼制度改革。

可以说，监察机关“入宪”改变了我国现行国家机构体系的整体格局，体现了坚持中国共产党的领导、人民当家做主、依法治国的有机统一。随着我国监察体制改革的深化，如何在相关国家机构之间加强衔接，促进监察权、责、能的合理配置和建立权威高效的监察体系，实现国家治理体系和治理能力的现代化，尚待进一步研究探讨。

第二节　监察机关的组织体系

我国监察机关的组织体系包括国家监察委员会和地方各级监察委员会。它们形成了各自的组织结构体系，并依法产生，行使相应的职权，履行相应的职责。

一、监察机关的中央和地方组织

（一）国家监察委员会

《宪法》第125条第1款和《监察法》第7条第1款均规定“中华人民共和国国家监察委员会是最高监察机关”。在我国目前设置的四级监察机构中，国家监察委员会是中央一级的监察机关，是我国居于最高地位的监察机关。它负责全国的监察工作，领导地方各级监察委员会工作。国家监察委员会有权办理全国各级监察委员会管辖范围内的监察事项。

国家监察委员会由主任1人、副主任若干人、委员若干人组成。其组成人员由全国人大及其常委会选举或者任命产生，其中，国家监察委员会主任由全国人大选举产生，其他组成人员由主任提名、全国人大常委会任免。根据《宪法》第62条和《监察法》第8条第1款，国家监察委员会由全国人大产生；根据《宪法》第67条、第126条和《监察法》第8条第4款，国家监察委员会对全国人大及其常委会负责，并接受其监督。根据《监察法》第53条，国家监察委员会向全国人大常委会作专项工作报告，接受执法检查，接受全国人大代表和常委会组成人员就监察工作中的有关问题提出的询问和质询。

（二）地方各级监察委员会

我国监察体制改革试点是从地方开始的。2016年年底，北京市、山西省、浙江省最先开展了地方监察委员会试点，其后在全国范围内铺开。[①] 按照《监察法》第7条第2款，“省、自治区、直辖市、自治州、县、自治县、市、市辖区设立监察委员会”。目前，我国县（区）以上层级的行政区域单位均设置了监察委员会。这不仅有利于国家治理，而且便于监察委员会与其同级人大及其常委会、人民政府、人民法院、人民检察院、人民政治协商会议及其他党政机关和社会团体加强衔接和履职。

从我国目前监察机关设置的地域层级来看，虽然最基层的监察机关为县（区）一级监察委

① 2017年11月4日，第十二届全国人大常委会第三十次会议表决通过《全国人民代表大会常务委员会关于在全国各地推开国家监察体制改革试点工作的决定》，决定在全国各地推开国家监察体制改革试点工作。

员会，乡镇一级政权单位不设立监察委员会，但这并不意味着监察职能不能深入乡镇。根据《监察法》第12条，各级监察委员会可以派出监察机构。也即县（区）一级监察委员会可以通过在其下辖的乡镇设立监察派出机构的方式，使监察职能延伸到乡镇。这一机构设置模式跟我国在乡镇一级不设置人民法院而通常设置派出法庭的做法尤为相似。

地方各级监察委员会由本级人大及其常委会产生，对其负责、受其监督。《宪法》第101条第2款规定，县级以上的地方各级人民代表大会选举并且有权罢免本级监察委员会主任；第104条中规定，县级以上的地方各级人民代表大会常务委员会监督本级监察委员会的工作；第126条中规定，“地方各级监察委员会对产生它的国家权力机关和上一级监察委员会负责”。在此基础上，《监察法》第9条第1款中规定，地方各级监察委员会由本级人民代表大会产生；第9条第4款规定，地方各级监察委员会对本级人大及其常委会负责并接受其监督，同时规定其还需要向上一级监察委员会负责并接受其监督。正因为监察机关和纪检机关合署办公，《监察法》规定地方各级监察委员会对上一级监察委员会负责。这与上下级纪委之间的领导与被领导关系是相匹配的。

二、同级党委领导下的“两委”合署办公

《宪法》第1条第2款中规定：“中国共产党领导是中国特色社会主义最本质的特征。”坚持中国共产党对监察工作的组织领导，是确保监察机关依法行使监察权的政治保证。

（一）在同级党委领导下开展工作

保障监察机关在同级党委领导下开展工作，是中国特色社会主义监察体制的应有之义。国家监察体制改革的根本目的在于强化中国共产党对反腐工作的统一领导，所以党委应当承担反腐工作的大部头责任。也就是说，各级党委在领导监察机关进行监察工作时，应牢牢把握住从严治党的政治责任，使国家反腐败机构的领导权始终掌握在党委的手中。“党委书记要经常研判问题线索，分析反腐败形势，审核把握对本级管理干部的初核、立案、采取留置措施、作出处置决定，研究净化政治生态的有效措施，切实加强对监察工作的统一领导。”

各级监察机关内部组织架构中的党委、党总支、党支部、党小组和党员在深入群众中时也可以利用其特殊定位，更细致地深入组织监察工作，同时在工作中宣传党的政策和主张，使各级监察机关在执法活动中不偏离党的要求与目标，有利于将党的领导落到实处。监察机关作为党的领导下的国家机构之一，在同级党委领导下开展工作，这就决定了党委对监察委员会的工作可以进行监督。不论是党的机关、权力机关、行政机关还是司法机关等国家机构，都无一例外地处于中共中央的领导下行使公权力，为人民服务。

（二）与中国共产党的纪律检查委员会合署办公

监察机关与中国共产党的纪律检查委员会合署办公，是指在中国共产党的统一领导下，纪委同与监察委实行“一套工作机构，两个机关名称”的工作模式。溯源之，这种工作模式始自此前我国行政监察机关与其同级党委纪检部门的合署办公体制。早在1993年1月，根据中共中央、国务院的决定，中共中央纪委、监察部即开启合署办公体制。同年2月22日，中共中央、国务院批转了中央纪委、监察部《关于中央纪委、监察部机关合署办公和机构设置有关问题的请示》，明确指出：“中央纪委、监察部合署办公，实行一套工作机构、两个机关名称的体制。合署后的中央纪委履行党的纪律检查和政府行政监察两项职能，对党中央全面负责。”其后，这种“一套工作机构、履行党的纪律检查和行政监督两项职能”的工作模式逐渐向地方各级纪检和行政监察机关延伸。

2016年11月中共中央办公厅印发《关于在北京市、山西省、浙江省开展国家监察体制改革试点方案》，提出在北京市、山西省、浙江省开展国家监察体制改革试点工作。由省（市）人大产生省（市）监察委员会，作为行使国家监察职能的专责机关。党的纪律检查委员会、监察委员会合署办公，建立健全监察委员会组织架构。中国共产党十九大报告在“健全党和国家监督体系”部分中明确提出：“深化国家监察体制改革，将试点工作在全国推开，组建国家、省、市、县监察委员会，同党的纪律检查机关合署办公，实现对所有行使公权力的公职人员监察全覆盖。”

具体就“两委”来说，监察委员会对所有行使公权力的公职人员监督执法，党的纪律检查委员会负责对党员干部执纪，形成党纪与国法双管齐下的腐败治理格局。与纪委合署办公的模式，有利于党委对监察委员会在机构运行中的不法行为及时加以监督，确保党对反腐败工作的领导。

现阶段，合署办公有利于加强中国共产党对反腐败工作的统一领导，实现依法治国和依规治党的有机统一。监察机关对中国共产党中央和地方各级党委负责，有利于实现党的内部监督与国家监察的有效统一。同时，纪委与监察委员会合署办公的体制能够有效避免过去纪委和监察机关内部权责模糊的问题，可以实现纪检问责和监察追责对象范围的最大化覆盖。当然，合署不等于合并，有“合”亦应有“分”。2016年1月14日中国共产党十八届中央纪律检查委员会第六次全会通过的《会议公报》指出：“纪委决不能成为党内的‘公检法’，执纪审查决不能成为‘司法调查’。”① 这要求合署办公的纪委与监察委员会应划清权责边界，做到既分工合作又相互制约，避免系统内部职能不清而导致党政不分的局面。

第三节　监察机关的领导体制

现代国家任何国家机关组织系统内的领导活动都必须遵循一定的管理层次、等级序列、指挥链条、沟通渠道，由此铸就一整套特定的规范化、制度化和非人格化的运行模式与领导体制。科学的领导制度能够提高国家机关的效能，促进国家机构的良性运行与积极发展。监察机关的领导体制，是指监察机关内部上下级，以及各级部门间的领导权限、领导机构、领导关系及领导活动方式的制度总称。目前，我国监察机关实行双重领导体制。

一、我国监察机关双重领导体制的内容

国家机关的双重领导，是指一个国家机关通常既要接受其上级国家机关的领导，也要接受其同级国家权力机关的领导。例如，我国各级人民政府实行的就是双重领导体制：既要接受其同级人大及其常委会的领导，又接受其上级人民政府的领导。作为一个新设立的国家机关，我国监察机关也实行这样的双重领导体制：各级监察委员会既要对其同级人大及其常委会负责，接受其监督，又接受其上级监察委员会的领导。需要指出的是，与各级监察机关“合署办公”的党委纪检部门也实行“双重领导体制”，即各级纪检部门既要接受其同级党委的领导，又接受其上级纪检部门的领导。

前文已述及各级监察委员会须对其同级人大及其常委会负责，同时也论及党委纪检部门须

① 《中国共产党第十八届中央纪律检查委员会第六次全体会议公报》（2016年1月14日中国共产党第十八届中央纪律检查委员会第六次全体会议通过）。

对其同级党委负责等问题，此不赘述。《监察法》第10条规定，“国家监察委员会领导地方各级监察委员会的工作，上级监察委员会领导下级监察委员会的工作”。这意味着，在中央层面，国家监察委员会在全国监察体系中处于最高地位，主管全国的监察工作，率领并引导下属各内设机构及地方各级监察委员会的工作，一切监察机关都必须服从它的领导。领导意味着率领并引导，而在我国中央—地方的结构中，领导还包含了教育功能、监督功能和管理功能。至于地方层面，应秉持上级监察委员会领导下级监察委员会。中国共产党十八届三中全通过的《中共中央关于全面深化改革若干重大问题的决定》中指出，地方监察委员会查办腐败案件以上级纪委领导为主，线索处置和案件查办在向同级党委报告的同时必须向上级纪委报告。也就是说地方各级监察委员会除了要承担本行政区域内的监察工作，即依法进行自身的监督、调查以及处置等职责外，还有监督和领导本行政区域内下级监察委员会的工作情况。中国共产党十九届三中全会通过的《中共中央关于深化党和国家机构改革的决定》再次强调，深化党的纪律检查体制改革，推进纪检工作双重领导体制具体化、程序化、制度化，强化上级纪委对下级纪委的领导。简言之，上级监察机关的主导地位，首先，有利于破除地方保护主义，当下级监察委员会遇到阻力时，上级监察委员会可以支持其依法行使职权，帮助其排除各种干扰；其次，上级监察委员会可以通过领导下级监察委员会工作，及时发现下级监察委员会在工作中的缺漏与错误，以检查工作和受理复核申请等方式，使各级监察委员会的工作紧紧在法律的轨道中有序运行。

跟此前不同的是，由于监察委员会已与纪委合署办公，监察委员会就不用再单独设立党委了。从各地的实际情况来看，各级监察委员会主任、副主任分别由同级纪委书记、副书记兼任，所以监察委员会的成员任命以上级纪委以及组织部门提名为重。县级以上地方各级监察委员会主任由本级人大选举和罢免，副主任、委员由监察委员会主任提请本级人大常委会任免。其次，在调查审查方面，应注意纪委的主导与领导作用，各级监察委员会对本地区、本部门反映公职人员问题的重要线索处置和调查审查在向同级党委报告的同时必须向上级纪委、监察委员会报告；作出立案调查决定、给予政务处分等重要事项，在向同级党委报告的同时必须向上级纪委、监察委员会报告；对发生的涉及监察工作的重大突发事件、影响社会稳定的重要社会动态、重特大案件、重大办案安全事故等事件，在规定的时限内，必须如实向上级纪委、监察委员会报告，紧急事项要立即报告。再次，在案件管辖方面，监察委员会应当按权限管理并且实行分级负责，同时借鉴直接管辖和指定管辖制度。直接管辖即上级监察委员会针对下一级监察委员会管辖范围内的被监察事项可以进行领导管辖，同时上级监察委员会可以对下级监察委员会进行指定管辖，即上级监察委员会将其管辖范围内的监察事项指定给更适宜管辖该事项的下级监察委员会。除此之外，由于调查措施关乎对人身自由限制，因而调查措施的审批应被更加慎重地对待，以体现严肃、合法地实施留置措施的执法态度。根据《监察法》，设区的市级以下监察委员会采取留置措施，应当报上一级监察委员会批准。

二、监察机关与司法机关的内部层级关系比较

在我国，司法机关一般是指各级人民法院和人民检察院。我国人民法院系统上下级之间是工作上的监督关系，即最高人民法院监督地方各级人民法院和专门人民法院的审判工作，上级人民法院监督下级人民法院的审判工作。这种监督关系这意味着，上级人民法院只能通过审判程序对下级人民法院的审判活动是否合法和正确进行审查、监督，进而作出相应的决定、裁定或判决。我国检察机关系统上下级之间则是一种领导与被领导关系，即上级人民检察院领导下级人民检察院的工作，最高人民检察院领导地方各级人民检察院和专门人民检察院的工作。在

具体工作层面，上级人民检察院对下级人民检察院正确执行法律和政策提供指引，发现违法行为或其他错误时有权采取相应的措施予以纠正，当下级人民检察院在工作中遭到干扰、阻力或其他困难时给予必要的帮助和支持；在诉讼履职方面，地方各级人民检察院对同级人民法院一审判决、裁定的抗诉，应当通过原审人民法院提出抗诉书，并且将抗诉书抄送上一级人民检察院，上级人民检察院如果认为抗诉不当，可以向同级人民法院撤回抗诉，并且通知下级人民检察院；在人事任免方面，上级人民检察院对下级人民检察院的组成人员和其他工作人员有权进行管理和考核，全国和省、自治区、直辖市人民检察院检察长有权向本级人大常委会提请批准任免和建议撤换下一级人民检察院检察长、副检察长和检察委员会委员。这种领导关系的层级体制是符合我国检察机关履职的特点的，有利于保障各级检察机关顺利地开展工作和提高检察工作效率。

我国监察机关的上下层级关系既不同于人民法院上下级之间的监督关系，也不同于人民检察院上下级之间的领导关系。虽然说，我国检察机关与监察机关表面上都实行的是条块管辖的双重领导关系，但在实质内涵上两者仍然存在着较为显著的区异，而这种差异主要集中在中国共产党对机构的领导程度上：监察机关的设立就是为了加强中国共产党对反腐败工作的统一领导，实行的是在党委统一领导下的纪律检查委员会与监察委员会合署办公，从组织形式和职能定位上实现了中国共产党对监察机关的集中统一领导。案件从初步审核阶段到立案阶段，再到采取留置措施、提出处置意见和审查意见等事项，都必须报经党委同意，党委在监察工作中掌握重要的领导权；与之相对应，中国共产党对司法工作的领导，主要是通过各级党委政法委这个工作部门加以协调，并通过在司法机关内设立党组的形式予以实现。在司法工作中，党委一般不参与、不讨论、不干涉司法个案处理，不影响司法权的依法独立行使。质言之，党委在监察机关的工作中起主导作用，能够直接参与到案件的调查和处置环节当中，而在司法机关的工作中党委起的主要是协调作用，一般不能直接参与到对案件的处理当中。

我国监察机关根据历史经验沿用双重领导体制，即国家监察委员会领导地方各级监察委员会的工作，上级监察委员会领导下级监察委员会的工作。在目前的领导活动中，响应中国共产党的号召，结合现行实践，仍应该强调上级对下级的领导，以做到上下统一。也就是说要强化上级纪检、监察机关对下级纪检、监察机关的领导，做上命下从、步调一致，克服纪检、监察机关地方化、部门化的倾向。按照纪检、监察一体原则，全国纪检、监察机关作为一个有机的整体，上下级之间存在着领导与服从的关系，派出机关领导派驻或者派出纪检、监察机构的工作。在我国，中央纪委和国家监察委员会领导全国纪检、监察工作。上级纪检、监察机关的决定，下级纪检、监察机关必须执行；上级纪检、监察机关可以撤销或者变更下级纪检、监察机关的决定。按照纪检、监察一体的要求，要建立完善纪检、监察机关请示报告制度、指令纠正制度、案件管辖制度、检查指导制度、组织协调制度、备案制度、报批制度等。要按照党章和宪法的基本精神与原则，进一步明确规定上级纪检、监察机关对下级纪检、监察机关领导的范围、权限、程序、方法、后果，以保证纪检、监察权的统一正确行使。

第四节　监察机关的内部组织机构

监察机关的内部组织机构是保障监察机关依法履职的内部组织载体，其的设置情况直接关系到监察机关履职的状况和效果。本节拟根据宪法和法律的规定，并结合中国共产党和国家的政策原则要求、各级监察机关内部组织机构设置的实际状况及其改革导向作一专门分析。

一、监察机关内部组织机构设置的政策原则

确切地说，监察机关内部组织机构的设置属于公共政策学和管理学的研究范畴。《宪法》《监察法》等相关法律虽明确规定了监察机关的职责权限，但没有也不可能从规范层面对这一国家机关的内部组织机构作更为具体和明确的规定。而结构决定功能，从实质上看，监察机关内部组织机构设置得科学与否，事关监察机关的功能展现以及其履职的实际效果，且必然影响到《宪法》《监察法》等相关法律为监察职能设定的制度目标的实现。

随着我国监察体制改革的逐步深化，中国共产党和国家高度重视监察机关内部组织机构的设置与改革。中国共产党十九大报告提出："……组建国家、省、市、县监察委员会，同党的纪律检查机关合署办公，实现对所有行使公权力的公职人员监察全覆盖。"该报告在此基础上还进一步指出："深化机构和行政体制改革。统筹考虑各类机构设置，科学配置党政部门及内设机构权力、明确职责。统筹使用各类编制资源，形成科学合理的管理体制，完善国家机构组织法。"

2018年修正的《宪法》和出台的《监察法》明确界定了各级监察机关的职责权限。2018年3月22日，中共中央印发了《深化党和国家机构改革方案》。该方案明确提出了在新的历史起点上深化党和国家机构改革的系列原则要求，包括必须以推进党和国家机构职能优化协同高效为着力点，改革机构设置，优化职能配置，深化转职能、转方式、转作风，提高效率效能，积极构建系统完备、科学规范、运行高效的党和国家机构职能体系等内容。其中特别强调："深化党中央机构改革，要着眼于健全加强党的全面领导的制度，优化党的组织机构，建立健全党对重大工作的领导体制机制，更好发挥党的职能部门作用，推进职责相近的党政机关合并设立或合署办公，优化部门职责，提高党把方向、谋大局、定政策、促改革的能力和定力，确保党的领导全覆盖，确保党的领导更加坚强有力。"其中明确指出，各地区各部门各单位要"坚持正确改革方向，把思想和行动统一到党中央关于深化党和国家机构改革的重大决策部署上来，不折不扣落实党中央决策部署。……要加强组织领导，各级党委和政府要把抓改革举措落地作为政治责任……对党中央明确的改革任务要坚决落实到位，涉及机构变动、职责调整的部门，要服从大局，确保机构、职责、队伍等按要求及时调整到位，不允许搞变通、拖延改革。要加强对各地区各部门机构改革落实情况的督导检查。各地区各部门推进机构改革情况和遇到的重大问题及时向党中央报告请示。"①

二、监察机关内部组织机构的设置状况

中国共产党和国家历来重视监察机关内部组织机构的设置。早在1987年8月11日，国务院颁布了《国务院关于监察部机构设置和人员编制的通知》。该规范性文件规定："监察部机关下设办公厅、研究室、政法教科文卫局、工业局、财贸外事局、农林城建交通局、地方一局、地方二局、地方三局、干部局、信访局、行政管理局。这十二个局级单位所属处室暂定五十个。部机关行政编制六百二十人。干部配备一定要注意质量，一开始就要把基础打好。"1993年1月开始，中央纪委、监察部开始探索合署办公的机构工作模式且逐渐向地方延伸。行政监察部门与同级党委纪律检查委员会合署办公的工作机制，特别注重因履职需要而设置相应的内

① 新华社北京2018年3月21日电．中国机构编制网，http：//www.scopsr.gov.cn/zxdd/zdxw/201803/t20180321_305088_7.html.

部组织机构，便于纪检、监察机关联合履职或分别履职。

2016年12月，中共中央办公厅印发《关于在北京市、山西省、浙江省开展国家监察体制改革试点方案》[①]，决定“由省（市）人民代表大会产生省（市）监察委员会，作为行使国家监察职能的专责机关。党的纪律检查委员会、监察委员会合署办公，建立健全监察委员会组织架构……”[②]。2016年12月25日第十二届全国人大常委会第二十五次会议通过的《关于在北京市、山西省、浙江省开展国家监察体制改革试点工作的决定》确立了我国监察体制改革的目标，就是要通过建立独立的国家监察机关，使之成为“党统一领导下的国家反腐败工作机构……实现对行使公权力的公职人员监察全面覆盖，建立集中统一、权威高效的监察体系”[③]。这意味着，监察体制改革使原先的“行政监察机关”不复存在，一种全新的国家监察机制取而代之。新组建的国家监察机关与中国共产党同级纪律检查机构合署办公，对所有行使公权力的公职人员进行国家监察。

监察体制改革的重要方面就是将原属于检察机关的反贪、反渎和预防职务犯罪等部分侦查职能转移至新成立的国家监察机关。这就意味着，新设立的各级监察委员会必须因职能而设置其内部组织机构，明确其内部组织机构的具体工作职责，并配备相应的组织资源，以保障监察机关履职过程中人、财、物、事相配套。从实际情况来看，大致上是按照在“两委”合署办公这一特定工作模式的前提下，保障“两委”各自能够切实地履行调查、处置、监督职责与执纪、监督、问责等职能，同时又能落实其相应的监察管理职责的要求而设置的。

目前，中国共产党中央纪委和国家监察委的内部组织体系基本成型且具有一定的示范效应。其内部组织机构主要包括内设职能部门、直属单位和派驻纪检监察组三类机构和人员组成。其内设职能部门具体为办公厅、组织部、宣传部、研究室、法规室、党风政风监督室、信访室、中央巡视工作领导小组办公室、案件监督管理室、第一监督检查室至第十一监督检查室、第十二审查调查室至第十六审查调查室、案件审理室、纪检监察干部监督室、国际合作局、机关事务管理局、机关党委、离退休干部局，相关职能部门分工合作，各自承担相应的监察职能和各项管理辅助职能；同时，设有中国纪检监察杂志社、中国纪检监察报社、中国方正出版社、网络中心、网络技术中心、机关综合服务中心、信息中心、中国纪检监察学院、中国纪检监察学院北戴河校区等直属单位，各直属单位既有一定的独立性，又坚持纪委监察委的领导、配合内设机构的工作；此外，还设有中央纪委、国家监委派驻纪检监察组。

应该说，中国共产党中央纪委和国家监察委内部组织机构主要是根据国家这一级监察机关承担的各项具体职能而合理设置并逐步进行调整、改革和优化。例如，此前中国共产党中央纪委监察部共内设12个纪检监察室，机构改革之后设置了16个纪检监察室，第一至十一为监督监察室，主要履行依纪依法监督的职责；第十二至十六则为审查调查室，主要履行执纪审查和依法调查、处置的职责。而且这两类不同纪检监察内部组织机构的职责权限不同。这与机构改革之前相比有较大的变化。此前12个纪检监察室分别联系不同部门或省份。其中，第一至五纪检监察室负责监督检查联系单位领导班子及干部队伍相关情况，综合、协调、指导联系单位及其系统的纪检监察工作；第六至十二纪检监察室负责监督检查联系地区省级领导班子，综合、协调、指导联系地区的纪检监察工作。

监察体制改革以来，我国各地根据《宪法》《监察法》和相关法律规定的监察机关职责权限，遵照党和国家关于监察机关内部组织机构设置的政策原则，同时参照中央纪委和国家监察

①②③ 姜洁．中办印发《关于在北京市、山西省、浙江省开展国家监察体制改革试点方案》．人民日报，2016-11-08（03）.

委内部组织机构设置的基本架构逐层予以落实。尽管如此，鉴于我国各地各级纪检监察机关设置的实际需求不尽相同，各级各地监察机关内部组织机构设置的数量和具体情况呈现出一定的地方特色和层级差异。例如，浙江省纪委、省监察委共设了 23 个职能部门，山西省纪检、监察机关内部分设 21 个组织机构。可见，相关省份纪委、监察委的机构设置较中央纪委、监察委而言并非一一对应，而且在实践中还可能根据实际需要对其内部组织机构和人员配置进行一定的调整。从层级特征来看，省、市和区县纪检、监察机关履职的实际需求及能力建设状况不尽相同，各级纪检、监察机关内部组织机构的设置状况也存在较大的差异且呈动态变化的趋向。

三、监察机关内部组织机构设置的优化

从组织理论来看，监察委员会内部机构的设置与运行机制的实践探索过程，是一种流程导向的组织变革过程——按照组织的核心流程来划分组织内部的职能部门，将业务流程的各个环节上的职权赋予不同的职能部门，并按照核心业务流程完善相应的组织制度。有学者就将监察委员会的内部组织机构分为支持类机构和业务类机构。① 其中，支持类业务机构主要包括监察委员会内设的政策法规研究室、组织部、办公厅、宣传部、机关党委等；业务类机构主要包括监察委员会内设的信访室、巡视组办公室、党风政风监督室、执纪监督室、案件监督管理室、执纪审查调查室、纪检监察干部监督室、案件审理室以及派出机构等。

监察机关内部组织机构的设置与其承担的职能有关。在法律规定上，监察机关的监察程序法律规定，主要是《监察法》第五章，其中涉及问题线索的处置、初步核实、立案调查、采取调查等。该法第 35 条规定，监察机关对于报案或者举报，应当接受并按照有关规定处理。对于不属于本机关管辖的，应当移送主管机关处理。该法第 36 条还进一步规定：监察机关应当严格按照程序开展工作，建立问题线索处置、调查、审理各部门相互协调、相互制约的工作机制。监察机关应当加强对调查、处置工作全过程的监督管理，设立相应的工作部门履行线索管理、监督检查、督促办理、统计分析等管理协调职能。可见，监察机关内部组织机构的运行大致上包括线索发现与受理、谈话函询、初步核实、立案审查、案件审理、申诉复查等一些必要环节。② 这是监察机关内部组织机构设置和进一步优化必须考量的重要方面。监察机关内部组织机构主要是根据其运行机制设置服务类和支持类的内部组织机构。其中的设置细节可能不尽相同，有的将某些细微的职责交由一个机构负责，有的将其分开，以保证监察机关的监察高效运行。

监察机关内部组织机构设置的优化，亟须重点关注和认真考量纪检、监察合署办公体制下监察机关履职涉及的法法衔接、法纪衔接等一系列制度性问题。应该说，《宪法》和《监察法》均没有将党纪监察明确纳入国家监察体系之中。然而，“两委”合署办公这种工作模式决定了，各级监察机关履职既涵盖了对身为中国共产党党员的公职人员的党纪监察，也包括了对所有公职人员的政务监察，还包括对那些涉嫌构成职务犯罪的公职人员的刑事监察。这意味着，各级监察机关履行的日常监督、专门调查和最终处置这三项职责，其内容可能涵盖了党纪监察、政务监察和刑事监察等方面。③ 当然，“两委”合署办公并不意味着“两委”事事都必须联合履职。例如，涉及党内处分的事项，通常还是经由纪检机关按党纪处分程序完成，而且要适用党

① 杜倩博．监察委员会内部机构设置与运行机制：流程导向的组织变革．中共中央党校学报，2018（4）：58.
② 同①59.
③ 陈瑞华．论国家监察权的性质．比较法研究，2019（1）.

纪严于国法的规则适用标准。这些都是监察机关内部组织机构设置和进一步优化必须考量的关键问题和难点问题。

总之，结构决定功能，功能倒逼结构的完善。正如中共中央《深化党和国家机构改革方案》指出的那样："深化党和国家机构改革是推进国家治理体系和治理能力现代化的一场深刻变革，是关系党和国家事业全局的重大政治任务。"国家监察体制改革不仅要求通过机构整合的"物理反应"实现反腐败职能的有机统一，而且要求监察机关内部组织机构设置与运行机制的"化学反应"，以实现机构整合"1＋1＞2"的效果。为此，应着力调整监察机关内部组织机构设置，探索执纪监督与执纪审查调查部门分设，从而实现案管、监督、调查、审理各环节相互配合、相互制约的运行机制。[①]

第五节　监察委员会领导集体

《监察法》中多处提及"领导人员"[②]。《宪法》《监察法》亦规定了，国家监察委员会和地方各级监察委员会由主任、副主任以及委员组成。那么，监察委员会领导集体是否就是指这些人员？本节拟结合宪法和相关法律针对监察委员会领导集体的范畴及相关内容作一专门分析。

一、监察委员会领导集体概述

（一）国家机关领导集体的界定标准

领导集体不同于集体领导。集体领导属于领导责任制的范畴，其对应的概念是首长负责制，二者同属于国家机关的领导体制。例如，我国行政机关统一实行首长负责制，人大及其常委会则实行集体领导制。然而，"行政首长负责制并不是一切个人说了算，并不意味着什么问题都可以由行政首长决定，对政府工作中的重大问题必须经领导集体讨论决定"[③]。可见，行政首长当然属于领导集体的成员，但并不等于领导集体的全部。领导集体成员，除了包括首长，还包括参与集体决策的其他领导。事实上，由于我国国家机关统一实行民主集中制原则，所有国家机关都设有相应的领导集体，实行首长负责制的国家机关也不例外。

领导集体亦非国家机关的全体成员，而仅限于其中的"关键少数"。例如，国务院由总理、副总理若干人、国务委员若干人、各部部长、各委员会主任、审计长、秘书长组成[④]，那么，这些人员是否就是国务院的领导集体呢？答案是否定的。应该说，对于很多重要事项国务院需要通过常务会议或全体会议作出决定，参与常务会议或全体会议的领导成员才属于领导集体。同时，实行集体领导的国家机关并非其所有成员都属于该机关的领导集体，如地方各级人民法院院长、副院长、庭长、副庭长和审判员由地方各级人大及其常委会选举或任免，而这些由地方各级人大及其常委会任免的人员不一定都是法院的领导集体成员。

（二）监察委员会领导集体的组成

从中央纪委国家监察委员会以及各地纪委监察委员会的实际情况来看，其领导集体通常包

① 国家监察体制改革试点取得实效．人民日报，2017－11－06（01）．

② 《监察法》中有五个地方涉及"领导人员"这一提法。例如，《监察法》第31条规定："涉嫌职务犯罪的被调查人主动认罪认罚，有下列情形之一的，监察机关经领导人员集体研究，并报上一级监察机关批准，可以在移送人民检察院时提出从宽处罚的建议……"此外，《监察法》第32条、第43条、第61条和65条等条文也有类似的规定。

③ 田兆阳．行政首长负责制与集体领导．新视野，2001（6）：38－39．

④ 《宪法》第86条第1款、《中华人民共和国国务院组织法》第2条。

括主任、副主任和委员。根据《监察法》第 8 条第 2 款规定，国家监察委员会由主任、副主任若干人、委员若干人组成。与国家监察委的领导集体相适应，《监察法》第 9 条相应规定了地方各级监察委员会也由主任、副主任若干人、委员若干人组成。在《监察法》中，除明确主任为一人之外，对副主任和委员的职数，未作具体规定。这种做法可以为任职人数留下一定变通的空间，有利于人员及时调整，避免人手不够或人手过多的情形。从中央和各地实践来看，副主任一般为三至六人，委员为四至十人，各地的实际情况不尽相同。

同时，由于纪委和监察委员会合署办公，两个牌子下通常是一套人马。纪委书记一般兼任监察委员会主任，纪委副书记则对应监察委员会的副主任，监察委员会的委员中绝大部分也是纪委常委或委员。以国家监察委员会为例，同中央纪委合署办公的国家监察委员会首任领导团队中，主任、副主任均是中国共产党十九届中央纪委副书记。十九届中央纪委共有 19 位常委，其中除中央纪委书记、副书记以及身兼中央军委纪委专职副书记的骆源少将之外，其他 9 位中央纪委常委都担任了国家监察委员会职务，即国家监察委员会中，除卢希之外的委员都是中央纪委常委。而国家监察委员会委员卢希在国家监察委员会组建之前担任最高人民检察院检察委员会副部级专职委员兼反贪污贿赂总局局长，根据第十三届全国人大第一次会议通过的国务院机构改革方案，最高人民检察院查处贪污贿赂、失职渎职以及预防职务犯罪等反腐败相关职责已整合进新组建的国家监察委员会，因而他才成为国家监察委员会委员的。

这样的领导集体有利于避免纪委和监察委员会因多头管理而导致混乱，也更有利于集中力量预防腐败。同时，监察委员会主任（纪委书记）、监察委员会副主任（纪委副书记）以及监察委员会委员（大部分是纪委常委、委员）身兼数职、权力配置较重，所以各级监察委员会实行集体决策、集体行动和集体负责，以保障监察行为在民主集中制原则下依法按程序进行。

（三）监察委员会领导集体的特征

监察委员会承担着中国共产党和人民反腐败的崇高使命和政治功能，监察委员会将以往零散、交叉、不完备的监督权力进行整合。为了坚持中国共产党对反腐败工作的领导，加强反腐败力度，我国实行党的纪律检查委员会和监察委员会合署办公，而这也正是监察委员会领导集体的特殊性所在。其具有以下主要特征。

（1）纪检领导成员与监察委员会领导成员一致。实践中，纪检书记同时是监察委员会主任，纪检副书记是监察委员会副主任，监察委员多数是纪检常委，存在一至两个监察委员不属于纪检领导成员，就此来看，纪检和监察委员会的领导集体并非完全一致。

（2）监察委员会领导集体位高权重。从实践情况来看，监察委员会主任不仅是纪检书记，同时也是同级党委书记；监察委员会副主任不仅是纪检副书记，同时也是同级党委副书记。在我国，所有国家机关都要受党的领导，“一府两院”的工作同样离不开党的领导。

（3）监察委员会主任具有最高领导权。虽然《宪法》和《监察法》没有规定监察委员会像政府、检察院一样实行行政首长责任制、检察长责任制，但从监察委员会领导集体的党政地位来看，监察委员会内部实行的应是主任责任制，即其他领导成员、非领导成员服从主任的决定，但这并不意味着主任能够独断领导。《宪法》和《监察法》并未规定类似政府常务会议、全体会议的监察委员会集体领导制度，监察委员会领导集体的具体运行机制，有待日后予以完善。

二、监察委员会主任及其他领导成员的产生

我国实行人民代表大会制度，监察委员会主任及其他领导集体成员均由其同级人民代表大会及其常务委员会选举或任免。

（一）监察委员会主任由同级人民代表大会选举和罢免

《宪法》第62条第7项规定，全国人民代表大会选举国家监察委员会主任；第63条第4项规定，全国人民代表大会有权罢免国家监察委员会主任。《监察法》第8条第2款亦明确规定，国家监察委员会主任由全国人民代表大会选举。这一人事任免方式跟全国人民代表大会对最高人民法院院长、最高人民检察院检察长的产生方式相同，表明它们之间具有平行的法律地位。

《监察法》第9条第2款明确规定了地方各级监察委员会主任由本级人民代表大会选举，而没有明确规定地方各级监察委员会主任罢免的主体。按照由谁产生、对谁负责、接受谁的监督的人事任免原理，各级人民代表大会既然是其同级监察委员会的产生机关，自然有权罢免由其选举产生的监察委员会主任。

（二）其他领导成员由监察委员会主任提请同级人大常委会任免

《宪法》第67条第11项规定，全国人大常委会有权根据国家监察委员会主任的提请，任免国家监察委员会副主任、委员。《监察法》第8条第2款规定，国家监察委员会副主任、委员由国家监察委员会主任提请全国人大常委会任免。该法第9条第2款规定，地方各级监察委员会副主任、委员由监察委员会主任提请本级人大常委会任免。

三、监察委员会领导集体成员的任期及其限制

（一）任期

《宪法》第124条第6款和《监察法》第8条第3款均明确规定，国家监察委员会主任每届任期同全国人民代表大会每届任期相同。《监察法》第9条第3款规定，地方各级监察委员会主任每届任期同本级人民代表大会每届任期相同。《宪法》第60条和第98条规定，全国人民代表大会和地方各级人民代表大会每届任期均为5年。这也意味着各级监察委员会主任的每届任期均为5年；地方各级监察委员会主任随本级人大换届而换届。每届地方各级监察委员会主任行使职权至新的监察委员会主任产生为止。一般而言，在国家监察委员会每届任期内当选的监察委员会主任，其任期以本届人大剩余的任期为限。

值得关注的是，相关法律并没有对监察委员会副主任和委员的任期作出明确规定。上述规定与《宪法》关于最高人民法院院长、最高人民检察院检察长任期的规定相一致。同时，相关法律亦未对最高人民法院副院长、最高人民检察院副检察长和地方各级人民法院院长、副院长，地方各级人民检察院检察长、副检察长连续任职的期限作出规定。

值得关注的是，在监察委员会与党的纪律检查委员会合署办公的体制背景下，按照《党政领导干部职务任期暂行规定》第3条的规定——“党政领导职务每个任期为5年”，我国各级监察委员会主任的任期和同级党的纪律检查委员书记的任期相同，如此能保障合署办公的同级监察委员会主任与党的纪律检查委员会书记可在一套领导班子中的领导成员中统筹考虑。

（二）限任制

《宪法》第124条第3款和《监察法》第8条第3款在规定国家监察委员会主任任期的同时还明确规定了其连续任职不得超过两届。值得关注的是，相关法律并没有对监察委员会副主任和委员作出任何限任制的规定。因此，各级监察委员会副主任和委员的任免相较灵活，既没有任期5年的规定，也没有届数上的限制。

国家监察委员会主任的限任制有特殊的意义。对其任职届数进行必要限制，不仅有利于约束国家监察委员会主任的权力，而且可以基于监察工作的实际情况实现新老替换，为监察工作

注入活力。同时，相关法律没有规定国家监察委员会副主任、委员以及地方各级监察委员会领导集体成员的连续任职届数限制，是为了保证监察机关工作的连续性。

值得关注的是，《党政领导干部职务任期暂行规定》第6条在规定党政领导职务每个任期为5年的同时还明确规定："党政领导干部在同一职位上连续任职达到两个任期，不再推荐、提名或者任命担任同一职务。"可见，党的纪律检查委员书记作为党政领导受限任制的约束。在监察委员会与党的纪律检查委员会合署办公的体制背景下，相关规定可资借鉴。

四、监察委员会领导集体的领导方式

我国监察机关实行主任责任制，而这种主任负责制是和监察委员会集体领导相结合的。可以说，这与我国监察委员会和纪委领导班子合署办公的特点是直接相关的。基于中国共产党对监察工作的政治领导、思想领导和组织领导，各级监察委员会与同级党的纪律检查委员会合署办公，纪委和监察委员会领导班子一致。按照党管干部的原则，同时也按照中国共产党组织内部遵循的下级服从上级、地方服从中央的民主集中制领导原则，我国监察委员会与党的纪律检查委员会的领导体制是衔接一致的。

现代国家机关组织的领导体制按其决策方式可分为首长负责制和集体负责制。首长负责制，即把组织机构的决策权赋予个体的领导成员集中行使。集体负责制，则是把组织的决策权赋予给一个包括复数成员的领导集体通过合议的方式行使。实行首长负责制的代表性国家机关就是传统的行政机关和军事领导机关。这种制度具有高效率和执行力强的特点，但也容易导致行政首长的权力滥用；实行集体负责制的代表性国家机关就是国民代议机关，其工作方式就是会议决策。跟首长负责制相比较，集体负责制的优势在于能够集思广益，考虑和决策问题较为周详，能够充分兼顾各方面的利益。此外，通过集体决策可以减轻领导集体中主要领导者的决策压力，能够在一定程度上避免个人专制，但其不可避免地存在着决策行动迟缓、效率低下、权力分散等不足。

在现代民主条件下，国家机关通常采用民主议事与相对统一意见的方式进行领导和决策，并且不同的机关有所侧重。我国是人民民主专政的国家，民主集中制是国家机关的组织活动原则。例如，现代行政机关一般情况下实行首长负责制，在日常事务中行政首长通常具有一定的决定权，但对于重要事务须通过常务会议或全体会议作出决定。这种制度既能保障行政机关的高效率，也能防止权力滥用。我国检察院实行的也是检察长负责制和检察委员会集体领导相结合的内部领导体制。①

确切地说，《宪法》和《监察法》并没有规定监察委员会主任负责制。而我们之所以认为监察委员会事实上且有必要实行主任负责制，除了因为主任负责制更契合上述监察机关与党的纪检机关合署办公这一特点和要求，也因为主任负责制是我国各级监察委员会自身承担的反腐败职能的实际需求和机关运行规律所决定的。从监察委员会领导集体的外部关系来看，监察委员会上下级之间是领导与被领导关系；从该机关领导集体成员之间的内部关系来看，按照组织关系原理，监察委员会主任与其他成员之间也是一种领导与被领导关系，监察委员会主任对监察委员会全部负责。当然，这并不代表监察委员会所有的事务都是主任一人说了算，对于监察

① 《人民检察院组织法》第3条规定："各级人民检察院设检察长一人，副检察长和检察员若干人。检察长统一领导检察院的工作。各级人民检察院设立检察委员会。检察委员会实行民主集中制，在检察长的主持下，讨论决定重大案件和其他重大问题。如果检察长在重大问题上不同意多数人的决定，可以报请本级人民代表大会常务委员会决定。"

工作中的一些重大事项，还需要监察委员会主任、副主任和委员进行集体决策。

在我国实行与监察委员会集体领导相结合的主任负责制，也更符合《监察法》的立法精神。例如，《监察法》第31条、第32条规定，对符合条件的涉案人员是否提出从宽处罚的建议，经领导人员集体研究后，须报上一级监察委员会批准。该法第43条规定，设区的市级以下监察机关采取留置措施，经领导人员集体研究后，须报上一级监察委员会批准。该法第61条规定："对调查工作结束后发现立案依据不充分或者失实，案件处置出现重大失误，监察人员严重违法的，应当追究负有责任的领导人员和直接责任人员的责任。"此外，该法第65条也规定："监察机关及其工作人员有下列行为之一的，对负有责任的领导人员和直接责任人员依法给予处理……"其中多处出现了领导人员集体、领导人员等表述。可见，在我国实行与监察委员会集体领导相结合的主任负责制，才能从根本上保障监察委员会领导人员集体在监察事务决策方面权、责、能的匹配和对应。

第六节　监察委员会派驻（出）机构

《监察法》第12条第1款规定："各级监察委员会可以向本级中国共产党机关、国家机关、法律法规授权或者委托管理公共事务的组织和单位以及所管辖的行政区域、国有企业等派驻或者派出监察机构、监察专员。"该条第2款规定："监察机构、监察专员对派驻或者派出它的监察委员会负责。"该法第13条规定："派驻或者派出的监察机构、监察专员根据授权，按照管理权限依法对公职人员进行监督，提出监察建议，依法对公职人员进行调查、处置。"监察委员会设置派驻或者派出监察机构、监察专员，是为了满足监察工作需要，保证监察委员会能够经常、及时、准确地了解分散在不同机关、组织和单位等的监察对象的情况，使监察委员会对于所监察的公职人员真正实现"看得见、管得着"，卓有成效地实施监察。《监察法》第12条、第13条仅对监察委员会派驻（出）机构及专员的机构设置、领导关系及职责权限等作了原则性的规定，给各地机构设置的具体实践留下了较大的制度探索空间。

一、监察派驻（出）机构的历史沿革与改革趋向

（一）我国监察派驻机构的历史沿革

纪检、监察派驻机构是党和国家监督体系的重要组成部分。纪检、监察机关设置派驻机构这一做法发端于此前行政监察机关向其他党政机关设置派驻机构的实践。1962年9月中国共产党第八届十中全会通过的《关于加强党的监察机关的决定》就规定：中央监察委员会可以派出监察组常驻国务院各部门，由中央监察委员会直接领导。当时，党的中央监察委员会在国务院各部门先后建立四十多个常驻监察组。这一制度在"文化大革命"期间一度被废弛。改革开放以来，行政监察派驻机构得到了恢复和发展。2004年4月，中共中央纪委、中共中央组织部、中共中央编办、监察部出台《关于对中央纪委监察部派驻机构实施统一管理的实施意见》，规定中央纪委、监察部全面实行对派驻机构的统一管理，并将派驻机构由中央纪委、监察部与驻在部门双重领导改为由中央纪委、监察部直接领导。

中国共产党十八大以来，党中央对加强派驻机构建设作出统一部署，进行了重大改革。派驻机构按照中央纪委要求，不断寻求自身的定位，不断探索行使职权的最优方式。中国共产十八届三中全会决定要求，全面落实中央纪委向中央一级党和国家机关派驻纪检机构，实行统一名称、统一管理。2016年1月，中共中央办公厅印发了《关于全面落实中央纪委向中央一级党

和国家机关派驻纪检机构的方案》的通知，决定中央纪委共设置47家派驻机构，实现对139家中央一级党和国家机关派驻纪检机构全覆盖。中国共产党十九大修改的《党章》规定，党的中央和地方纪律检查委员会向同级党和国家机关全面派驻党的纪律检查组。《中国共产党党内监督条例》总结中国共产党十八大以来派驻纪检机构的改革实践经验，把派驻监督纳入党内监督的制度框架。

深化监察体制改革，成立监察委员会，并与本级党的纪律检查委员会合署办公，则监察委员会派驻或者派出的监察机构、监察专员，与本级纪委派驻或者派出到该单位以及行政区域、国有企业的纪检组，也应合署办公。二者代表中国共产党和国家行使监督权和监察权，履行纪检、监察两项职责，加强对所有行使公权力的公职人员的监督，从而在中国共产党和国家形成巡视、派驻、监察三个全覆盖的统一的权力监督格局，形成发现问题、纠正偏差、惩治腐败的有效机制。在《监察法》中规定监察委员会派驻或者派出监察机构、监察专员，正是从法律层面上将这一机制法治化、规范化。

目前，中共中央纪委、监察部派驻纪检监察机构达53个，并有《关于对中央纪委监察部派驻机构实行统一管理的实施意见》《中共中央纪委监察部派驻机构干部工作管理暂行办法》《中共中央纪委监察部派驻机构业务工作管理暂行办法》等一系列文件对其进行规范。在地方，派驻纪检、监察组面对海量工作和层出不穷的新情况，经常需要派出机关，特别是对口联系的执纪监督室的支持和帮助，因此，各地各级纪检、监察机关纷纷积极探索监督新路径，强化执纪监督部门和派驻机构的协作配合，通过制度创新增强监督合力，提升监督质效。

（二）我国监察派驻机构的改革趋向

中国共产党十九大对健全党和国家监督体系作出战略部署，提出构建党统一指挥、全面覆盖、权威高效的监督体系的目标任务。2018年10月30日，中共中央办公厅印发《关于深化中央纪委国家监委派驻机构改革的意见》，对中央纪委、国家监委派驻机构的领导体制、职责权限、工作机制、制度建设、干部队伍建设等进行改革，健全党和国家监督体系，推动全面从严治党向纵深发展。中共中央就全面加强对派驻机构的领导作出新的部署，主要体现在：一是明确领导体制。首次提出“中央纪委副书记（常委）、国家监委副主任（委员）分管”，这将加强中央纪委、国家监委对派驻机构的指导、管理、服务和保障。二是健全相关制度。要求中央纪委、国家监委分管领导定期主持召开派驻机构负责人会议、约谈派驻机构主要负责人；并提出完善派驻机构向中央纪委、国家监委报告工作制度、派驻机构主要负责人向中央纪委国家监委述职制度，这将进一步密切中央纪委、国家监委和派驻机构的联系。三是强化组织保障。中央纪委、国家监委组织部会同有关方面负责提名、考察派驻机构领导班子有关成员，组织和指导派驻机构干部教育培训等。四是理顺协调机制。建立中央纪委、国家监委监督检查室与派驻机构信息共享、共同研究驻在部门政治生态、办案协作等机制。

二、派驻（出）机构的组织形式与法律地位

（一）派驻（出）机构的组织形式

《监察法》第12条第1款规定了各级监察委员会派驻或者派出监察机构、监察专员的范围及其组织形式。那就是，各级监察委员会可以向本级中国共产党机关、国家机关、法律法规授权或委托管理公共事务的组织和单位以及所管辖的行政区域、国有企业等派驻或者派出监察机构、监察专员。其中的国家机关，主要是指行使国家权力、管理国家事务的机关，包括国家权力机关、国家行政机关、审判机关、检察机关等；其中的行政区域，主要是指街道、乡镇以及

不设置人民代表大会的地区、盟等区域。具体而言，县级监察委员会向所管辖的街道、乡镇派出监察机构、监察专员，可以每个街道、乡镇单独派出，也可以几个街道、乡镇归口派出，推动国家监察向基层延伸，就近解决群众身边的腐败问题。

派驻或者派出的组织形式，具体包括监察机构或者监察专员。监察委员会是设置派驻、派出监察机构还是派出监察专员，应遵循实际需要，根据监察对象的多少、任务轻重而定。一般来说，对于地区、盟等地方，可以采取派出监察机构的形式；对于街道、乡镇，可以采取派出监察专员的形式；而对于中国共产党机关、国家机关等，可以采取派驻监察机构的形式。

（二）派驻（出）机构的法律地位

按照《监察法》第12条第2款的规定，监察机构、监察专员对派驻或者派出它的监察委员会负责，不受驻在部门的领导，具有开展工作的独立地位。这样，可以在很大程度上保证监察机关能够通过派驻或者派出的监察机构、监察专员，经常、及时、准确地了解分散在不同机关、组织和单位等的监察对象的情况。

基于监察委员会与其同级纪委合署办公，派驻机构也包含其同级纪委的派驻组织。国家监察委员会派驻机构是中央纪委、国家监委的重要组成部分，由中央纪委、国家监委直接领导、统一管理，首要任务是监督驻在部门领导班子及其成员和司局干部；建立中央纪委常委会统一领导，中央纪委、国家监委统一管理，中央纪委副书记（常委）、国家监委副主任（委员）分管，相关职能部门分工负责、协调配合的派驻工作领导体制等。

监察机构、监察专员对派驻或者派出它的监察委员会负责，意味着派出、派驻的监察机构、监察专员相对于“驻地”部门而言，在人事、编制、经费、物资等方面具有独立性，即监察机关从行政机关中剥离，实现由“同体监督”转向“异体监督”。因此，派出的监察机构、监察专员不受驻地部门的领导及制约，仅对其派出机关负责，以保障其最大限度地独立行使监察权，经常、及时、准确地了解分散在不同机关、组织和单位等的监察对象的情况，如派驻、派出的监察机构及监察专员应当及时了解驻地机关的实际情况和具体问题，定期向派出机关汇报工作，以确保监察委员会时刻、准确地掌握派驻、派出监察机构及监察专员驻地的情况，整体提升监察的效率与质量。

三、派驻（出）监察机构的职责权限

《监察法》第13条既明确规定了监察委员会派驻或者派出监察机构、监察专员的职责，使其开展工作具有明确的法律依据；同时又规定了其应“根据授权”“按照管理权限”行使职权，从而对其权限作出明确界定。另外，对派驻（出）监察机构和监察专员来说，有权即有责，因此，该条实际上还明确了其义务和责任，以有效对不履行或者没有履行好法定职责的派驻或者派出监察机构、监察专员，依法追究失职责任。《监察法》第13条的立法目的在于明确界定派驻或者派出监察机构、监察专员的义务和责任，对于失职的人员追究相应的违法违纪责任，使驻地单位和区域的党风廉政建设与反腐败工作落到实处。正所谓“定位准才能责任清，责任清才能敢担当”。具体而言，派驻或者派出的监察机构、监察专员有两个方面的责任：一是根据授权进行监督，提出监察建议；二是根据授权依法进行调查、处置。

（一）根据授权进行监督，提出监察建议

监督是监察机关的重要职责。而就派驻或者派出监察机构、监察专员在行使监督方面的职责权限来看，《监察法》第13条明确规定了两点：一是要根据授权进行监督；二是可以根据监督结果，针对驻在单位廉政建设和履行职责方面存在的实际问题提出监察建议。

在实践中，由于监察对象数量庞大，监察机关大量的实际工作都需要通过派出机构完成，所以派出机构的数量也相应较大。正是在这个意义上看，监察机关的工作成效在很大程度上取决于派出机构的工作成效。从监察对象而言，派驻、派出的监察机构、监察专员行使监察权力的对象为《监察法》第 15 条规定的人员，具体而言包括：中国共产党机关、国家机关、法律法规授权或者委托管理公共事务的组织和单位以及行政区域、国有企业内的所有公职人员，其中重点监察对象为领导人员。中国共产党十八大以来，派驻或者派出的监察机构、监察专员的重点监督对象是其驻在的中国共产党机关、国家机关、法律法规授权或者委托管理公共事务的组织和单位以及行政区域、国有企业内的领导人员。比如，国家监察委员会派驻的监察机构，其监督的重点对象是驻在机关和部门领导班子、中管干部和司局级干部；监督的内容主要是公职人员依法履职、秉公执法、廉洁从政从业以及道德操守情况等。

当然，在派驻或者派出监察机构、监察专员监督的具体权责、对象范围和权责关系，尤其是其与监察机关的“授权”关系、监察建议的法律效力等方面，还有很多值得进一步探讨的理论和实践问题。随着我国监察体制改革的不断深化，派驻或者派出的监察机构、监察专员以后的监督重点到底是什么，还需要根据实践的发展不断总结提炼、规范完善。

（二）根据授权依法进行调查、处置

调查和处置同样是监察机关的重要职责。中国共产党十八大以来，各级纪检、监察派驻机构根据授权，对有关公职人员涉嫌贪污贿赂、滥用职权、玩忽职守、权力寻租、利益输送、徇私舞弊以及浪费国家资财等职务违法进行调查，并根据调查结果，对违法的公职人员依照法定程序作出相应的处置措施。而就派驻或者派出监察机构、监察专员在行使调查和处置方面的法定职责权限来看，《监察法》第 13 条特别规定了要根据“授权”进行调查和处置。考虑到对派驻或者派出它的监察机关负责这一关系，派驻（出）监察机构、监察专员之职权的行使要受到一定的限制，那就是它的调查、处置对象，不包括派驻或者派出它的监察机关直接负责调查、处置的公职人员。比如，国家监察委员会派驻的监察机构，可以依法调查、处置驻在机关、部门的司局级及以下干部，但是对于驻在机关、部门的中管干部，则要由国家监察委员会来进行调查、处置。

随着国家监察体制改革的不断深化，派驻或者派出的监察机构、监察专员到底还享有哪些调查、处置权，也需要根据实践的发展持续不断地进行总结提炼、规范完善。鉴于纪委与监委合署办公，应当在监察委员会相应的制度构建过程中参考中国共产党党内关于派驻、派出机构的相关规定，如《中国共产党工作机关条例（试行）》（2017 年）、《中国共产党党内监督条例》（2016 年）、《中共中央纪律检查委员会关于中央纪委派驻纪检组和各部门党组纪检组（纪委）若干问题的规定（试行）》（2014 年）等多部文件中的相关规定。同时，某些地方立法实践对派驻、派出监察机构、监察专员的职责权限规定也具有一定的参考借鉴价值。例如，2018 年 5 月，广东省深化监察体制改革试点工作小组办公室根据监察法有关规定，结合本地实际，制定出台《关于明确派驻纪检监察组监察权限和推动监察职能向基层延伸的意见（试行）》（以下简称《意见》），明确省、市、县（区）等地方监察机关，要采取派驻或派出监察机构的形式，推动监察职能向基层延伸，同时明确派驻、派出监察机构和监察专员的设置方式、具体职责和可以行使的权限。

四、派驻机构与派出机构的区分

从文本上看，《监察法》第 12 条、第 13 条对监察机关派驻机构、派出机构和监察专员作了笼统的规定。应该说，这些“派生”的监察机构都属于监察机关职能的必要延伸，都需要在派生它们的监察机关授权下履行相应的监察职能，因而具有一定的"同质性"，但同时，它们也在机构性质、设置范围、权限职责方面存在一定的区别。

监察机关向同级党组织和国家机关派出的监察机构一般叫派驻监察组（与纪检组合署办公）；监察机关向其所辖的某个行政区域派出的监察机构一般叫作派出监察组和派出监察专员办公室（与纪工委合署办公）；县级监察委员会向其所辖的乡镇（街道）派出的监察机构一般叫监察组（与乡镇、街道纪检组织合署办公）。例如，目前广东省监察委员会向省委办公厅、省政府办公厅等 34 个省直单位派驻 34 个监察组；该省县一级监察委员会目前向其所辖的乡镇（街道）已派出监察组共计 982 个，与镇街纪委（纪工委）合署办公；此外，其还向深汕特别合作区、深圳大鹏新区、珠海横琴新区等 32 个功能区派出了监察专员办公室（与功能区纪检组合署办公）。

在监察实践中，派驻机构和派出机构在职责权限上略有不同，一般而言，派出监察机构原则上既可以对公职人员涉嫌职务违法进行调查、处置，又可以对涉嫌职务犯罪进行调查、处置，需要采取其他措施的，报派出机关审批后，由派出机关相应内设机构组织实施，派出监察组予以配合；派驻监察机构则需要根据派出它的监察机关的授权来确定。如省监察委员会派驻监察机构负责调查非省管的处级及以下公职人员的职务违法案件，可采取谈话、询问、查询、调取、勘验检查、鉴定等 6 项调查措施；调查职务犯罪行为，需要采取讯问、冻结、查封、扣押、搜查、留置等调查措施的，由联合调查的检察机关按程序实施。经省监察委员会审批，按照"一事一授权"原则，派驻监察机构可以直接调查非本级管辖的、驻在部门管理的行业和系统内处级及以下公职人员职务犯罪案件。经调查对违法的公职人员需给予处分的，经审理后提出处分意见，由任免机关按照干部管理权限作出处分，或报省监察委员会审批后由派驻监察机构直接作出政务处分决定。其中，涉及处级干部的，需移送省直纪工委审理。监察专员办公室负责依法调查本级管辖公职人员的职务违法案件。拟立案调查的，由监察专员办公室直接作出立案决定，报派出机关备案。经监察专员办公室主要负责人批准，可以采取谈话、询问、查询、调取等调查措施。需要采取其他措施的，报派出机关审批后，以派出机关名义实施，或者配合派出机关相应内设机构、派出机关指定管辖的监察机关组织实施。对违法的公职人员，需给予处分的，经派出机关审理后，提出处分意见，由任免机关按照干部管理权限作出处分，或由派出机关直接作出政务处分决定。于功能区所辖镇街，由功能区派出监察机构向其派出监察专员，履行前述监督、调查、处置职责。

第七节　监察官

监察官是现代国家专门从事监察工作的职业人员。《监察法》第 14 条规定："国家实行监察官制度，依法确定监察官的等级设置、任免、考评和晋升等制度。"该条明确规定国家实行监察官制度。其关键是权责对等，为确定监察官的等级设置、任免、考评和晋升等具体制度提供了明确的法律依据。

一、我国监察官制度思想的溯源与借鉴

官制在中国由来已久。同时，而以治吏为归依的"监察"思想及相应的制度雏形在我国古代亦不鲜见。战国时期管仲即认为："名主者，有术数而不可欺也，审于法禁而不可犯也，察于分职不可乱也。故群臣不敢行其私，贵臣不得蔽贱……此之谓治国。"可见，先秦时期的诸

子百家就有主张用法来纠查官吏，保证官僚机构有效运行的“监察”思想。王符提出：“是故民之所以不乱者，上有吏；吏之所以无奸者，官有法……故政令必行，宪禁必从，而国不治者，未尝有也。”据唐朝《通典·职官六》记载，“大唐自贞观初以法理天下，尤重宪官，故御史复位雄要”。唐朝建立了比较成熟和定型的“一台三院”的监察体制，即：中央最高监察机关御史台，御史大夫为长官。台下设台院、殿院、察院，分掌“纠举百僚，推鞫狱讼”“殿庭供奉之仪式”“分察百僚，巡按郡县，纠视刑狱，肃整朝仪”；又设十道监察区，监察全国。宋的监察体制在中央仍为一台三院制，但提高侍御史的地位，侍御史不再是御史台的属官，从而使台实际上名存职废。宋的地方监察体制变化则相当大，由十道改为十五路，后分别改为十八路、二十三路、二十六路。路为地方最高行政区划，路设转运司、提点刑狱司、提举常平司等中央派出机构，负责某一方面政务，并具有监察地方官的职责，统称为“监司”。各监司互不统领，各自为政，环环相扣。明朝的地方监察是“御史巡按”，其性质是“代天巡狩”，直接对最高的皇帝负责，督察院长官不得过问。明朝时还颁布《出巡事宜》，规定相关的法律责任。

在中国古代，监察官虽为五、六品的官员，却能对大吏形成震慑，重要的原因是权力的独立性：监察官直接对最高的权力皇帝负责，其任选、晋升、外调等都由中央负责，以此来避免在行使监察权力时受到权贵官员的影响。

历史经验表明，监察官只对最高权力负责，不依附任何其他权力，是有效行使监察职能的重要保证。可以说，中国古代监察权来源于至高无上的皇权，故五、六品的官员能对地方大员形成震慑，正所谓“代天巡狩，如朕亲躬”。

在现代国家，人民是国家权力的掌控者，监察官的权力同样来自人民。在我国，由各级人民代表大会产生监察委员会，赋予监察权以宪法地位，同时亦赋予监察官以人民的名义。

二、新时代中国监察职业队伍建设的重要意义

人的因素是制度建设中最为关键的因素。当前，我国监察体制改革亟待进一步深化。在新的历史阶段，反腐败工作面临新情况、新问题和新任务，建设一支专业化、高水平的监察职业队伍，既是保障我国监察体制改革进一步深入推进的现实需要，也是落实《宪法》《监察法》关于监察官职业队伍建设的制度要求。

（一）深化监察体制改革的迫切需要

建立中国特色社会主义监察官制度，是构建新时代中国特色社会主义监督体系的重要举措。从目前的情况来看，监察体制改革试点取得了丰富的成果，宪法修正案和监察法都顺利通过，国家、省、市、县四级监察机构业已组建完成并与纪委进行合署办公，国家反腐工作面貌焕然一新。但新的问题总是随着新的情况出现而出现，虽然各级监察委员会完成了相关人员的转隶工作，但应当看到，这只是人员机构的平移，如果不能进行深度的融合发展，国家的监察体制改革就会止步不前，而要进入深度融合，免不了对监察队伍职权划分、层级管理、晋升待遇等问题的规定。目前而言我国对监察机关人员实行与普通公务员基本相同的管理模式，但这种模式不能充分体现监察工作的特点，不利于建立专业素质高的职业化、专业化的纪检监察队伍，不能充分地让优秀人才奋斗在第一线。更为重要的是，由于监察机关与纪检机关合署办公，这支队伍要开展政务处分、法律处置等多项业务，这对于工作人员的履职能力提出了更高的要求。监察官的工作不同于一般的工作，并不是具有单个专业知识技能就能胜任的，而是需要具备多个专业领域的知识和技能，可见，监察官的专业程度要求并不比任何一个公权力部门低。正是由于监察官队伍的专业化程度高，随着监察体制改革，积极探索构建符合中国国情的监察官制度显得尤为迫切。

（二）监察官职业队伍建设的制度要求

《监察法》第14条明确规定，国家实行监察官制度，依法确定监察官的等级设置、任免、考评和晋升等制度。也即《监察法》以法律的形式确认了要建立监察官制度。2018年9月8日，全国人大常委会公布《第十三届全国人大常委会立法规划》，正式将制定“监察官法”列为“第二类”即“需要抓紧工作、条件成熟时提请审议”的立法规划项目。其中还专门提及：“落实全面深化改革、全面依法治国的部署要求，对涉及国家机构改革、国家监察体制改革、国防和军队改革、国家安全法治保障、完善产权保护制度等需要制定、修改、废止法律的，或者需要由全国人大常委会作出有关决定的，适时安排审议。”

确切地说，我国监察职业队伍建设在制度建设层面还面临着诸多值得进一步深入探讨的理论和实践问题。“监察官法”的制定在立法上还面临如何因应中国特色和实践的许多技术挑战，如关于监察官准入范围及选任条件还面临着许多理论和实践方面的争论，在实践中，监察官是否适用员额制尚待进一步深入考证。因此，在“监察官法”的制度设计方面，没有现成立法模版可借鉴，对于国家现有的《法官法》“监察官法”不能照搬，照抄，必须要结合我国监察工作的实际与各个试点的反馈结果综合考量。

三、新时代中国特色社会主义监察官制度的构建

中国特色社会主义监察官制度的构建，要以宪法和法律为依据，对监察官的准入资格、任免、考评和晋升等的制度设计要做到科学合理，坚持权责对等原则，突出责任和担当，重点在于明确监察官的准入资格、培植监察官的法治素养，此外还有必要加强监察官的职级管理，完善监察官履职的社会保障机制和监察官履职的监督机制。

（一）监察官的准入资格

监察官的任职资格问题事关重大，关系到监察行为相对人的权益保护，因此要求其应当具备相等的专业技能，不仅要具备法律专业背景，还要熟悉党纪法规知识。从我国目前监察职业人员的现状来看，由于改革刚刚起步，监察委员会成员专业水平参差不齐，政治素质、道德品质、学历、工作经验和能力等方面更受重视，符合条件者均可以被任命为监察官，法律职业资格并不是任职条件。

从长远来看，应当完善监察职业资格考试和职业准入制度。具体而言，可参考《法官法》《检察官法》在学历、专业、年龄、职业经历等方面作出的相应规定，并可以考虑适时将其纳入法律职业。此外，根据《监察法》的规定，监察官是依法行使监察权的人员，是否纳入监察官序列应以其是否行使监察权为标准进行判断，不行使监察权的辅助人员不应该被纳入监察官序列。

（二）监察官的法治素养

监察官除了要把党的政治建设摆在首位，增强政治担当，提高政治觉悟，带头树立政治意识、大局意识、核心意识、看齐意识外，还得具备法治的素养和专业精神。监察官必须增强专业精神，锤炼高强本领，准确把握政策，精通纪检业务，以专业化态度增强学习本领，加强组织、制度和手段创新，发挥巡察、派驻等监督作用，借助大数据等科技手段，不断提升监督执纪水平。

监察官要掌握监察活动运行的科学规律，坚持党的领导、人民当家做主、依法治国的有机统一，敢于、善于用党的理想信念宗旨、党章党规党纪去教育挽救干部，真正把惩前毖后、治病救人的方针体现在监督执纪工作中；同时要适应新形势新任务的要求，学习掌握相关法律法

规，尤其是国家监察法；要善于用法治思维和法治方式反对腐败，同时提高运用法治思维和法治方式反对腐败的能力。

（三）监察官的等级与管理

在监察官的等级设置上，要创制具有中国特色的监察官等级制度。监察官等级的设置既要层次合理，又要力求扁平化，体现精简、高效的队伍建设方针。在监察官任免、考评和晋升等制度设计上，要科学设立上下进退机制。监察官进入门槛要高，退出机制要强，尤其是要细化规定对违法违规监察官降低衔级、处分等的条件，把重音落在从严建设队伍上。对于监察官的工资待遇，要坚持权责对等原则，突出责任和担当，参考有关专业干部队伍的待遇标准，综合考虑国家财政负担能力等因素研究解决方案。

监察官是否适用“员额制”的问题值得慎重考虑和认真对待。员额制是应对司法精英化和责任制的需要而建立的，司法机关采用员额制可以达到职业专精的目的，选取优秀的司法工作人员在工作的第一线而形成“入额”。相对而言，监察官负有履行监督执纪问责等多元职能，其工作更多地具有主动性，且监察机关工作偏向集体决策，故不宜完全照搬照抄司法员额制。此外，也不宜一揽子将纪检、监察干部全员纳入监察官序列加以管理和考核。

（四）监察官履职的社会保障

监察官的薪资待遇、社会地位、权力保障构成监察官履职的社会保障，只有将这些问题解决好了，才能让监察官专心搞工作。参照《法官法》《检察官法》和发达国家的法律、我国香港廉政公署的建设，对监察官的薪资考核应考虑工作的技术含量、强度，应不断加强监察机关履职所需要的各项硬件和软件建设。

在制度层面应建立监察官履职的特殊保护机制，使其在履职过程中不受非法威胁报复，敢于说真话、办实事。同时需要赋予其在履职过程中一定的言论免责权，避免其正常的履职状况受到监察责任追究。

（五）监察官履职的监督机制

《监察法》第七章“对监察机关和监察人员的监督”主要规定了人大监督、民主监督、社会监督、舆论监督等方式。2018 年 8 月 24 日，中央纪委、国家监察委员会印发《国家监察委员会特约监察员工作办法》。所谓的特约监察员，是从人大、全国政协、企事业单位、社会团体代表，以及专家学者、媒体和文艺工作者、一线代表和群众中聘请的相关人员。他们可对纪检监察机关及其工作人员履行职责的情况进行监督，对各级监察委员会开展监察工作、履职的情况提出意见、建议和批评。这些措施均体现出党和国家强化监察监督的决心。

此外，监察机关的内部监督也尤为重要。从北京、山西和浙江三地的改革试点经验来看，三地强调了“自身监督”，表现在严格执行集体决策、请示报告、涉案物品单独管理等规定。其内部监督具体可体现在：在行使监督、调查和处置权力时应当不少于两人协同办案，坚决杜绝单人办案，且办案的过程应全程录像；对每件案子要有专门的负责人，对案件终身负责，谁承办的案件出了问题就由谁负责；并且每一案件对社会公开。此举意在强化对监察机关履职的监督，提升监察官履职的责任意识。

第六章 监察职责

第一节　监察职责概述

一、监察职责的含义与特征

要全面理解监察职责的内涵，有必要先对“监察”和“职责”两个概念进行解析。本书第一章第一节中已经对监察的具体内涵进行了分析，此不赘述。本章从“职责”一词的含义开始。

在辞源意义上，《近现代辞源》将“职责”解释为职务和责任[1]，亦即“由职务引发的责任”。而在法律意义上理解“职责”时，则有必要从履行职责的主体、职责的具体内容等方面对其进行相应的限定。据此，可以将“职责”界定为国家机关及其公职人员依照法律规定在执行公务中必须履行的义务或责任，而不是任何单位、组织或个人在履职过程中所需要承担的相关责任或义务。《中华法学大辞典·法理学卷》将“职责”界定为“国家机关及其公职人员依照法律规定必须履行的义务或责任”，并认为，职责是职权的对称，一定的职责是以一定的法定职权为前提的，职责又是行使职权的体现。没有无职权的职责，也没有无职责的职权。未尽职责或者尽责不善者，要依法承担相应的责任或后果。[2]《北京大学法学百科全书》将“职责”限定为“公职系统内一定职务所要履行的责任”，认为职责与职权相伴而生，并随职权的变更而发生变化，随职权的消灭而消灭。职责作为一种义务不能抛弃，否则要承担相应的法律或纪律责任。[3]

结合“监察”这一概念，我们认为，监察职责是指国家监察机关为实现监察职能，根据法律、法规的规定，对监察对象履行的监督、调查、处置等基本义务和责任。在新的监察体制下，“监察职责”这一概念具有如下特征。

第一，履行监察职责的主体是监察委员会。《监察法》第二章“监察机关及其职责”（《监察法》第11条）中规定：“监察委员会依照本法和有关法律规定履行监督、调查、处置职责”。根据该规定，履行监察职责的主体是监察委员会，具体来说，是国家监察委员会和地方各级监察委员会。国家监察委员会领导地方各级监察委员会的工作，上级监察委员会领导下级监察委员会的工作。

---

① 黄河清．近现代辞源．上海：上海辞书出版社，2010.

② 孙国华．中华法学大辞典法理学卷．北京：中国检察出版社，1997：516.

③ 肖蔚云，姜明安．北京：北京大学法学百科全书宪法学行政法学．北京：北京大学出版社，1999：707.

第二，监察职责针对的是所有行使公权力的公职人员。《监察法》第3条规定："各级监察委员会是行使国家监察职能的专责机关，依照本法对所有行使公权力的公职人员（以下称公职人员）进行监察，调查职务违法和职务犯罪，开展廉政建设和反腐败工作，维护宪法和法律的尊严。"根据该规定，监察机关履行监察职责主要针对的是一个特殊群体——行使公权力的公职人员。这是监察监督与检察监督的重大不同之处。检察监督覆盖了一切实施不法行为的人，包括公职人员和非公职人员。但监察监督只针对行使公权力的公职人员。

第三，监察职责具体体现为监督、调查和处置三项职责。这三项职责囊括了监察委员会对公权力不端行为的事前预防、事中调查、事后处置的责任和义务。我国《监察法》第11条规定："监察委员会依照本法和有关法律规定履行监督、调查、处置职责：（一）对公职人员开展廉政教育，对其依法履职、秉公用权、廉洁从政从业以及道德操守情况进行监督检查；（二）对涉嫌贪污贿赂、滥用职权、玩忽职守、权力寻租、利益输送、徇私舞弊以及浪费国家资财等职务违法和职务犯罪进行调查；（三）对违法的公职人员依法作出政务处分决定；对履行职责不力、失职失责的领导人员进行问责；对涉嫌职务犯罪的，将调查结果移送人民检察院依法审查、提起公诉；向监察对象所在单位提出监察建议。"根据该规定，监督机关应当履行如下义务和责任。

（1）对公职人员行使公权力的行为进行全面监督。监察委员会代表国家对公职人员行使公权力的行为进行监督，以确保权力被依法、正确、有效地行使。监察委员会的监督是对公权力最直接、最有效的监督，一是因为这种监督范围广，对公职人员实行监察全覆盖；二是因为这种监督效力强，是党内监督和国家监督同时展开、一体两面，高效集中，从而克服了原行政监察体制下监督力量分散、效力不强的问题。

监察监督的形式包括教育和检查，一方面对对公职人员开展廉政教育，另一方面对其依法行使公权力的情况进行全方位监督。

（2）对职务违法和职务犯罪行为进行调查。对履行监督职责过程中发现的公职人员涉嫌职务违法和职务犯罪的行为依法展开调查，是监察机关的重要任务，是监察机关从事反腐败工作、开展廉政建设的重要手段。监察调查工作做得好，一方面能有效地预防腐败，塑造不敢腐、不能腐的社会环境，另一方面能为检察机关、法院打击腐败犯罪提供条件，提高刑事诉讼效率。

（3）对违法的公职人员及失职失责的领导人员、单位作出相应的处置。监察机关应当根据调查的结果，依照《监察法》及相关法律法规，对被认定职务违法和职务犯罪的公职人员及相关单位、失职失责领导进行处置，处置的方式包括政务处分、问责、决定移送人民检察院审查起诉以及提出监察建议。享有处置权是保持监察机关对腐败行为的威慑力的重要方式。没有处置权，监察机关反腐败工作的效率会受到严重影响。同时，由于监察处置手段的多样性，监察机关不仅能对严重的违法、犯罪行为进行相应处置，还能对轻微的违法违规行为及时进行纠正，以实现"惩前毖后，治病救人"的目的。

二、监察职责的理论和实践意义

从理论看，监察职责的内涵，是监察职责理论的起点，在监察职责理论中发挥基础性作用。同时，由于监察机关的职责和职权是监察制度的核心内容，"监察职责"这一概念也是监察理论体系中的重要概念之一，而这些重要概念是我国监察理论的基石。

《宪法》的修正和《监察法》的出台，标志着我国已用国家监察全面取代行政监察，中国特色国家监察体制初具雏形。然而，有关国家监察的理论仍处于初级阶段，许多重要概念的内涵的界定和划分没有受到应有的重视。理论滞后影响了监察实务健康发展，因此，有必要加强对监察基础理论的研究，这其中即包括对监察职责职权的界定。

从实践看，明确“监察职责”的内涵有利于监察机关及监察人员准确把握新时代的反腐败要求。中国共产党十九大之后，中国特色国家监察体制初步形成。针对当前反腐败工作的紧迫形势，党和国家对反腐败工作提出了更高的要求。明确监察职责的内涵有助于明确监察机关的义务和责任，督促监察人员忠于职守、勤勉工作，并以严肃执法和严格执纪塑造出一个不敢腐、不能腐、不想腐的良好的权力行使环境，以顺应反腐败工作的新发展。

明确监察职责的内涵有利于监察机关及监察人员正确行使监察职权。赋予监察机关与之相应的监察权是监察职责得到全面、正确履行的前提。根据权责对等和权责一致的原则，没有无职权的职责，也没有无职责的职权，职责明，则职权的界限清，职责不明，则职权的内容和边界不清。因此，明确监察职责的内涵，也是从另一层面明晰职权的界限，使监察机关及监察人员科学行使职权，有效打击腐败行为。

明确监察职责的内涵有助于监察职能的实现。监察机关的职能是依照法律法规对所有行使公权力的公职人员（以下简称公职人员）进行监察，调查职务违法和职务犯罪，开展廉政建设和反腐败工作，维护宪法和法律的尊严。监察职能的实现需要监察机关认真履行其法定职责，只有明确监察职责的内涵才有助于监察机关清楚地认识到自己所要承担的责任并且认真履行其职责，进而有助于反腐败工作开展的针对性、实效性和有效性。

第二节　监督职责

依照《监察法》第 11 条的规定，监察委员会有依法履行监督、调查和处置的职责。监督职责主要体现在《监察法》第 11 条的第 1 项中，即监察委员会履行对公职人员开展廉政教育，对其依法履职、秉公用权、廉洁从政从业以及道德操守情况进行监督检查的责任和义务。在监督、调查、处置职权中，监督权是基础性职权，调查、处置是主导性职权，是监察权运行的刚性支撑。[①]

一、监察监督职责的含义

监察监督是监察机关根据《监察法》及相关法律法规的规定，对所有公职人员进行廉政教育，并对其依法履职、秉公用权、廉洁从政从业、道德操守进行监督检查的责任和义务。

监察监督是监察委员会的首要职责。监察委员会代表党和国家，依照宪法、监察法和有关法律法规，监督所有公职人员行使公权力的行为是否正确，确保权力不被滥用，确保权力在阳光下运行。[②] 监督是预防腐败、防止权力滥用、纠正不依法履职、督促公职人员遵守道德操守的有效途径。建立完善、有效的权力制约和监督机制，有助于将腐败扼杀在萌芽之中，进而从源头上控制腐败的滋生与蔓延。在监察委员会的三项职责中，监督职责是基础性职责，调查职责和处置职责作为主导性职责为监督职责保驾护航。

监察本质上就是监督。在我国，有人民代表大会的权力监督、检察机关的法律监督、审计

① 吴建雄．监察委员会的职能定位与实现路径．中国党政干部论坛，2017（2）．

② 中共中央纪律检查委员会法规室，中华人民共和国国家监察委员会法规室．《中华人民共和国监察法》释义．北京：中国方正出版社，2018：88．

机关的财经监督等多种监督形式，将监察委员会的职责定位为国家监察，有助于与前述监督形式进行区分。从社会分工和职责的角度来说，监察机关履行的仍然是监督职能。监督职责是一种概括性的职责，从广义上看，调查、处置的职责是可以包含于广义的监督职责范围之内的。一般来说，监督可以分为事前监督、事中监督和事后监督[①]，但从《监察法》第11条第1项的规定来看，监督职责主要体现在监察机关对公职人员开展廉政教育，对其依法履职、秉公用权、廉洁从政从业以及道德操守情况进行监督检查，因此，监察机关的监督职责侧重于事前和事中的监督，而调查和处置职责属于事后监督的范围。

《监察法》关于监督职责的规定具有如下特点：一是将教育作为履行监督职责的一种方式。这是通过开展廉政教育对公职人员的思想进行正确、积极的引导，从而为公职人员指明方向，并提出相应的行为规范和行为准则，最终实现提升公职人员应对腐败的自制力和廉洁从政的自觉性。二是监察监督的范围比较宽泛。监察监督的范围将公职人员依法履职、秉公用权、廉洁从政从业以及道德操守情况都包括在内，监督范围涉及法律层面和道德层面，旨在最大限度全方位、无死角地防止腐败问题的出现，实现对所有公职人员的监察全覆盖。三是对监督检查的范围采取了概括式规定。《监察法》中关于监督检查范围的表述采取了概括式。采用概括的方式有助于从法律层面和道德层面进行全方位的监督检查，争取将腐败行为扼杀在萌芽当中，对不同层面的腐败行为都严格把关，最终让腐败行为无处滋生。

监察委员会的监督与纪律检查委员会的监督在指导思想、基本原则、基本任务上趋同。监督、调查、处置这六个字高度概括了监察委员会的职责，与纪律检查委员会的监督、执纪、问责职责既有区别又有一致性，特别是两者在指导思想、监督对象、基本原则、工作流程等方面的对应性，构成了监察委员会和纪律检查委员会合署办公体制的重要依据和基础。相关数据表明，我国80%的公务员、95%以上的领导干部是共产党员[②]，因而纪律检查委员会监督和监察委员会监督具有高度的内在一致性和互补性，其本质上都是党和国家的自我监督，是中国特色治理体系的重要组成部分。纪律检查委员会是党内监督专责机关，监察委员会是反腐败专责机关，两者都是党统一领导下的政治机关，其目标都是以习近平新时代中国特色社会主义思想为指导，构建党统一指挥、全面覆盖、权威高效的监督体系。[③] 因此，有必要准确把握、高度重视监察委员会的日常监督职责，把纪律检查委员会监督与监察委员会监督融会贯通起来。

二、监察监督的内容

根据《监察法》的规定，监察监督应当包括以下主要内容。

（1）开展廉政教育。开展廉政教育是监察机关十分重要的职责。首先，它是另一种形式的监督，即通过廉政教育，将公职人员的遵纪守法由外部监督转化为自我监督，让受教育者从思想深处拒绝不廉洁行为。其次，它是事先预防和监督，而不是事后惩治。这也是监察机关与检察机关的工作方式不同之处。检察机关的监督主要是事后监督，而监察机关的廉政教育具有事先性和预防性，是事前监督和预防，因而也更能体现出监察监督的优势，有利于将腐败消灭在萌芽状态。

（2）公职人员依法履职情况。监督公职人员依法履职情况，一是检查监督公职人员行使公权力的行为是否合法，二是检查监督公职人员是否履行职责。“把权力关进制度的笼子里”，是

---

① 周佑勇．监察委员会权力配置的模式选择与边界．政治与法律，2017（11）．

② 朱旭东．中国共产党自我监督的历史性探索．中国纪检监察报，2018-06-07（05）．

③ 钱唐．如何理解纪委与监委职责的对应性．中国纪检监察，2018（6）．

习近平总书记在中共中央纪委第十八届二次全会上提出的，是对权力与制度关系的生动概括。要做到“把权力关进制度的笼子”，首先是权力的制度化，即权力行使的依据、过程均以规则的方式固定下来。监察监督的首要内容即是检查公职人员行使公权力的行为是否有依据、是否符合既定法律规范的要求。除了监督公职人员积极行使权力的行为是否合法，同时还要监督其是否按法律法规的要求积极作为，积极运用权力的影响力、支配力实现服务公益、保护个人合法权益的目标。换言之，监督公职人员积极履行职责，防止其懒政怠政、为官不为，也是监察监督的重要内容。

（3）秉公用权情况。“权为民所赋”，故而也应当“为民所用”。监察机关作为专职的权力监督机关，应当对行使公权力的行为进行公益性、利民性审查，考量公职人员是否公平公正地利用权力的影响力、支配力和强制力为人民谋福、增利。

（4）廉洁从政从业情况。监察机关应当按照法律法规、纪律条例的要求，加强对领导干部廉洁自律情况进行监督检查，监督领导干部自觉遵守制度规范、按制度办事、正确行使权力情况，检查公职人员坚持办事公开公正、阳光透明的情况以及群众监督渠道是否畅通的情况。

（5）道德操守情况。监察监督的主要目的是惩前毖后、治病救人，因此，监察监督工作要抓早抓小、防微杜渐。对公职人员道德操守进行监督，就是要检查公职人员是否做到了“慎独笃行”、内外言行一致、坚守清廉本色；是否在工作和生活的小处做到了“防危于小”，不贪小利，不失小节；是否遏制住私欲，用权为公，明辨公仆职责；是否择友谨慎、交友有度，择善而交、择益而交。

三、监察监督的方式

监察机关履行监督职责的方式包括教育和检查。监督职责的教育主要是指对公职人员开展廉政教育。廉政教育是防止公职人员发生腐败的基础性和根本性的工作。通过加强对公职人员廉洁从政的思想和文化教育，从根本上让公职人员认识到“廉政而长久”的用权理念，在履行职责时不能以权谋私，而应当做到公正廉洁、大公无私。廉政教育使公职人员牢固树立马克思主义的世界观、人生观、价值观和正确的权力观、地位观、利益观，通过不断向其灌输廉洁从政的思想，增强其“不想腐”的自觉性，使公职人员从“不敢腐”“不能腐”最终转向“不想腐”。监督职责的检查主要是指对公职人员依法履职、秉公用权、廉洁从政从业以及道德操守情况进行监督检查。监督检查的方法包括列席或者召集会议、听取工作汇报、实施检查或者调阅、审查文件和资料等。经常性的监督检查工作，能够对公职人员起到相应的威慑作用。运用教育和检查相结合的监督方式，有助于建设一个内外双保险的公权力运行环境。

借鉴党内监督的工作方法，监察监督在方式上还可以进一步拓展，综合运用经常性监督、专项监督、及时监督、协同监督等监督方式，提升监察监督的实践应对能力，实现由“惩治极少数”向“管住大多数”转变。具体包括如参加会议、听取汇报、重点谈话、约谈函询、查阅资料、调查问题等，对监督中发现的有关问题，应当通过建立和完善廉政档案、提出党风廉政意见或回复建议等方式开展经常性监督，掌握所在单位、所在地区的整体情况；根据同级党委专项工作部署，针对重点领域开展专项检查，进行专项监督，解决存在的突出问题；围绕上级机关交办事项、突发事件、重大舆情等进行即时监督，将监督关口前移，把问题解决在萌芽状态；综合运用巡视巡察成果、审计等职能部门监督成果，突出协同监督，增强监督合力。[①]

① 钱唐．如何理解纪委与监委职责的对应性．中国纪检监察，2018（6）．

四、监察监督工作机制

《监察法》第36条第2款规定，监察机关应当加强对调查、处置工作全过程的监督管理，设立相应的工作部门履行如线索管理、监督检查、督促办理、统计分析等管理协调职能。

中国特色国家监察体制形成之后，监督部门与审查调查部门分设，监督部门专司监督职责，审查部门和调查部门则专司审查调查职责，各部门之间分工合作，使日常监督更加专注全面，监督效能得到有效提升。在改革实践中将监督部门与审查、调查部门分设，赋予执纪监督部门执纪监督、监察监督双重职责。监督部门要研究有关线索处置、谈话函询、日常监督的制度，明确监督内容，关键是要抓住领导干部这个“关键少数”，从严管理好领导干部，将领导干部依法履职、秉公用权、廉洁从政从业及道德操守情况作为监督检查的重点。①

第三节 调查职责

监察委员会的调查职责在《监察法》中体现于第11条第2项。该项规定：监察委员会履行对涉嫌贪污贿赂、滥用职权、玩忽职守、权力寻租、利益输送、徇私舞弊以及浪费国家资财等职务违法和职务犯罪进行调查的责任和义务。

一、监察调查职责的含义

监察调查是监察机关根据《监察法》及相关法律法规的规定，对涉嫌贪污贿赂、滥用职权、玩忽职守、权力寻租、利益输送、徇私舞弊以及浪费国家资财等职务违法和职务犯罪进行查证的执法活动。

监察调查是监察委员会的一项经常性和主导性的工作。对公职人员涉嫌职务违法和职务犯罪的调查，突出地体现了监察委员会作为国家反腐败工作机构的定位，体现了监察工作的特色。严格履行调查职责，一方面可以有效地强化“不敢腐”的威慑力，从“不敢腐”的层面有效地减少和遏制腐败违法犯罪行为的发生；另一方面在“不敢腐”的氛围中，保持和强化公职人员行使公权力的廉洁性和不可收买性，树立和维护公职人员良好的人民公仆形象，进而维护宪法和法律的权威和尊严。

监察委员会的调查职责以揭露和证实腐败违法犯罪为基本内容，是国家对公职人员的职务违法和职务犯罪保持威慑常在的重要手段。较之其他国家机关所享有的调查权（或其他功能类似的权力），监察委员会的调查权具有构成的复合性等特性。一方面，由于整合了行政调查权、司法侦查权的部分权能，监察调查权呈现性质复杂、内容多元等多极化特征。另一方面，监察委员会的调查对象既包括一般职务违法行为，也包括触犯刑法的职务犯罪行为，针对不同对象所设的调查手段各不相同，属性也不同，以适应性质各一、变化莫测的腐败违法犯罪实践。复合性调查权体现了决策者的反腐决心，也会为实践中监察委员会的职能发挥提供助力。②

尽管性质有部分相似之处，但监察调查与刑事侦查仍存在较大区别：

第一，监察调查具有复合性。监察调查集合了原党纪调查、行政调查和刑事侦查的多种调

---

① 钱唐．如何理解纪委与监委职责的对应性．中国纪检监察，2018（6）．

② 左卫民，安琪．监察委员会调查权：性质、行使与规制的审思．武汉大学学报（哲学社会科学版），2018（1）．

查措施，以便针对不同行为运用不同调查措施。[①] 以留置为例，根据《监察法》第22条的规定，对被调查人涉嫌贪污贿赂、失职渎职等严重职务违法或职务犯罪，在满足一定条件的情况下，经监察委员会依法审批，可以将其留置在特定场所。这里规定的留置事实上已具备刑事侦查的性质。但对一般的轻微违法，监察委员会决定采取谈话等方式，这时采取的措施具有纪律调查或行政调查的性质。

从监察试点实践看，各地监察委员会是由行政监察部门、腐败预防部门以及职务犯罪预防部门等转隶而来的，监察委员会拥有"行纪检一体化"之调查权，取代分散的纪委调查权、行政调查权以及刑事侦查权，是符合"全面打击腐败违法犯罪"之精神的。故监察调查具有国家性、行政性和司法性。

第二，监察调查所依据的法律法规也有多元性。刑事侦查的法律依据有严格限制，一般只包括《刑事诉讼法》、有解释权的机关所作的司法解释以及《刑事诉讼法》明文规定适用的行政规章[②]，但监察调查集党纪调查、行政调查和刑事侦查于一身，各种调查的性质不同，依据不同，有的隶属于法律体系，有些属于党规体系。

第三，监察调查的调查手段更丰富。为确保监察委员会有效履行监察职责，《监察法》设定了种类繁多的调查措施。监察调查权整合了原行政监察的调查权和职务犯罪的刑事侦查权，因而调查措施更丰富，以便应对实践中种类繁多的公职人员职务违法和职务犯罪。刑事侦查措施尽管也较丰富，但显然，原专属纪律调查的措施，如谈话，在刑事侦查措施体系中没有。

第四，监察机关行使职务犯罪调查权受到的限制较少。职务犯罪，特别是腐败犯罪，不仅对国家政权危害大，也是良好社会风尚形成的最大障碍。然而这类犯罪调查（侦破）难度大，如果设置过多的障碍，监察调查权难以有效发挥作用，不利于打击这类型犯罪。为及时有效打击这类犯罪，《监察法》虽然也对监察委员会行使调查权进行了约束，但严格程度远未及《刑事诉讼法》。以留置为例，与刑事诉讼中的逮捕相比，留置是实行内部监督，不适用第三机关批准，《监察法》也未对留置的决定程序、适用程序作出严格的规定。

第五，监察调查职责范围广。《监察法》列举了七类违反廉政法制的职务违法和职务犯罪行为，基本涵盖了公职人员的所有腐败行为。这其中有的能与刑法罪名及其他相应法律法规规定的具体行为直接对应，有的则不完全一一对应。这是因为监察立法旨在实现对腐败行为"全覆盖"，而刑事侦查只能针对有犯罪嫌疑的行为。

二、监察调查的内容

根据《监察法》的规定，监察委员会对涉嫌职务违法和职务犯罪进行调查，监察调查应当包括以下主要内容。

（1）贪污贿赂行为，主要是指贪污、挪用、私分公共财物以及行贿受贿等破坏公权力行使廉洁性的行为。

（2）滥用职权行为，主要是指超越职权，违法决定、处理其无权决定、处理的事项，或者违反规定处理公务，致使公共财产、国家和人民利益遭受损失的行为。

---

① 陈瑞华先生认为，我国《监察法》确立了集党纪调查权、政纪调查权与刑事调查权于一身的单轨调查体制。陈瑞华．论监察委员会的调查权．中国人民大学学报，2018（4）．

② 如《刑事诉讼法》第153条第2款规定："对涉及给付毒品等违禁品或者财物的犯罪活动，公安机关根据侦查犯罪的需要，可以依照规定实施控制下交付。"

(3) 玩忽职守行为，主要是指公职人员严重不负责任，不履行或者不认真、不正确履行职责，致使公共财产、国家和人民利益遭受损失的行为。

(4) 徇私舞弊行为，主要是指为了私利而用欺骗、包庇等方式从事违法的行为。

(5) 权力寻租行为，主要是指公职人员利用手中的公权力，违反或者规避法律法规，谋取或者维护私利的行为。

(6) 利益输送行为，主要是指公职人员利用职权或者职务影响，以违反或者规避法律法规的手段，将公共财产等利益不正当授受给有关组织、个人的行为。

(7) 浪费国家资财行为，主要是指公职人员违反规定，挥霍公款、铺张浪费的行为。[①]

以上这些腐败行为类型都是中国共产党十八大以来通过执纪审查、巡视等工作发现的比较突出的职务违法犯罪行为，在腐败行为类型中比较具有代表性和针对性，对其进行调查有利于突出反腐败工作开展的针对性和实效性。

三、监察调查的权限和措施

监察委员会对公职人员涉嫌职务违法和职务犯罪行为履行调查职责时被赋予了一般性调查权限和特殊性调查权限。一般性调查主要包括谈话、讯问和询问。尽管《监察法》中未予明确，但一般来说，一般性调查不涉及对重要的人身权利和财产权利的限制或剥夺，因而不需要严格的审批程序，立案后有调查权的监察人员有权决定实施。特殊性调查主要包括三类：第一类是针对人身的调查措施，包括检查、留置、通缉和限制出境等；第二类是针对财产和场所的调查措施，包括查询、冻结，搜查，调取、查封、扣押，勘验、鉴定；第三类是涉及隐私权的调查措施，包括监听、拦截电子邮件等技术调查措施。特殊性调查一般涉及被调查人的重要权利，如人身权、财产权、隐私权等，故对其适用，应当设置严格的审批制度。只有经过法定程序，才能实施。

赋予反腐败机构充分的调查手段是国际通行做法。腐败行为危害巨大，腐败分子警觉性高，作案手段隐蔽、复杂，涉案人员利益捆绑、关系密切，串供翻供、对抗调查行为屡见不鲜，反腐败调查取证难度大、风险高。从各国尤其是发达国家的经验看，一个共同规律就是在腐败犯罪情报获取、案件调查、追逃追赃等方面，除了允许一般的询问、查询等措施，法律还赋予反腐败机构一些特殊手段。有的规定可以跟踪、监听、监控；有的允许卧底侦查、“钓鱼”执法，甚至配备武器；还有的规定可以采取“一切必要手段”，保证惩治腐败的有效性和威慑力。[②] 对于需要采取技术调查、限制出境等措施的，依然沿用现行做法，经过严格审批后交有关机关执行，监察机关与司法机关、公安机关的职能不重复、不替代。

四、监察调查与检察机关的衔接

监察机关履行调查职责时与检察机关相衔接，主要体现在证据的转化和留置与强制措施的衔接。

关于证据的转化。由于不同机关或机构所采用的证据标准、适用的证据规范存在差异，凡是不符合法定程序、非经法定主体、非采用法定方法获得的证据，要想在刑事诉讼中被运用，

---

① 中共中央纪律检查委员会法规室，中华人民共和国国家监察委员会法规室．《中华人民共和国监察法》释义．北京：中国方正出版社，2018.

② 调查决策要严．中国纪检监察报，2017-07-24 (01).

都需要经过严格的转化程序。[①] 尽管 2012 年《刑事诉讼法》第 52 条第 2 款为行政机关在执法过程中收集的证据合法进入刑事诉讼程序打开了一扇门，但毕竟只针对行政执法机关。2018 年的《监察法》从法律上打破了以往纪检监察机关移送的材料与刑事诉讼侦查所得的证据转化难的困境，明确了纪检监察机关通过调查所获取的有关证据材料，在后续的刑事诉讼程序中可以直接作为证据使用。《监察法》第 33 条第 1、2 款规定："监察机关依照本法规定收集的物证、书证、证人证言、被调查人供述和辩解、视听资料、电子数据等证据材料，在刑事诉讼中可以作为证据使用。""监察机关在收集、固定、审查、运用证据时，应当与刑事审判关于证据的要求和标准相一致。"该条为监察机关与检察机关的工作衔接提供了依据。

关于留置与刑事强制措施的衔接。监察中的留置与刑事强制措施如何衔接，是《监察法》出台后人们经常探讨的问题。留置虽与逮捕性质不同，但执行的内容相近，均以高度限制被调查人或犯罪嫌疑人的自由为基本特征，两者如何衔接，才能实现公平公正，既维护被调查人的基本权利，又确保《监察法》的贯彻落实。2018 年修改后的《刑事诉讼法》第 170 条第 2 款中规定："对于监察机关移送起诉的已采取留置措施的案件，人民检察院应当对犯罪嫌疑人先行拘留，留置措施自动解除。人民检察院应当在拘留后的十日以内作出是否逮捕、取保候审或者监视居住的决定。在特殊情况下，决定的时间可以延长一日至四日。"根据该规定，对于监察机关采取留置措施的案件，人民检察院受理案件后应当对犯罪嫌疑人先行拘留，之后再作出是否逮捕、取保候审或者监视居住的决定。执行拘留之时留置措施自动解除。这一做法的优点是方便、快捷，自动完成两个程序的衔接；缺点是不够严谨。

第四节　处置职责

处置职责主要体现在《监察法》第 11 条第 3 项中，即监察机关履行对违法的公职人员依法作出政务处分决定；对履行职责不力、失职失责的领导人员进行问责；对涉嫌职务犯罪的，将调查结果移送人民检察院依法审查、提起公诉；向监察对象所在单位提出监察建议的责任和义务。另外，根据《监察法》第 45 条的规定[②]，监察机关根据监督、调查结果，还可以对有职务违法行为但情节较轻的公职人员，按照管理权限，直接或者委托有关机关、人员，进行谈话提醒、批评教育、责令检查，或者予以诫勉。这也是一种履行处置职责的具体方式。

一、监察处置职责的含义

监察处置是监察机关根据《监察法》及相关法律法规的规定，对调查的违法犯罪问题依据相应的法律法规予以审查定性，并决定给予作出这些违法行为的公职人员以何种处分和处理的执法活动。

① 刘艳红．监察委员会调查权运作的双重困境及其法治路径．法学论坛，2017 (6).

② 《监察法》第 45 条第 1 款规定，"监察机关根据监督、调查结果，依法作出如下处置：(一) 对有职务违法行为但情节较轻的公职人员，按照管理权限，直接或者委托有关机关、人员，进行谈话提醒、批评教育、责令检查，或者予以诫勉；(二) 对违法的公职人员依照法定程序作出警告、记过、记大过、降级、撤职、开除等政务处分决定；(三) 对不履行或者不正确履行职责负有责任的领导人员，按照管理权限对其直接作出问责决定，或者向有权作出问责决定的机关提出问责建议；(四) 对涉嫌职务犯罪的，监察机关经调查认为犯罪事实清楚，证据确实、充分的，制作起诉意见书，连同案卷材料、证据一并移送人民检察院依法审查、提起公诉；(五) 对监察对象所在单位廉政建设和履行职责存在的问题等提出监察建议"。

监察机关的处置职责主要由审查定性和作出处分两部分组成：一是根据监察机关监督、调查的结果，将行为审查认定为职务违法行为或职务犯罪行为，即明确行为的性质；二是根据审查定性的结果对该行为相应作出政务处分、问责、移送检察机关追究刑事责任或者向监察对象所在单位提出监察建议，此外，对于有职务违法行为但情节较轻的公职人员，还可以对其进行谈话提醒、批评教育、责令检查，或者予以诫勉。处置职责不仅是监察职责的重要环节，也是监察机关与司法机关相衔接的重要环节。

《监察法》关于监督处置的规定具有如下特点：

第一，监察处置的依据多元。监察处置是监察机关在职权范围内针对公职人员的违法违规行为所作的处理和处分，处置的依据、方法以及程序均应符合法律的要求。因为可能涉及被调查人重要的人身权、财产权和隐私权，所以，监察处置的依据应当与处置的方式相匹配，否则有滥用权力之嫌。由于监察机关职责范围宽泛，囊括了由轻微违法到严重犯罪的多种行为，故而进行处置的依据也从行政法规到刑事立法，处置方式多元化。原行政监察对公职人员违法行为处置所依据的法律法规位阶太低，《监察法》的出台部分地解决了对违法行为进行处置时法律位阶过低的问题。

第二，监察处置既包括最终处置，也包括暂时处理。根据《监察法》第 11 条第 3 项的规定，“对违法的公职人员依法作出政务处分决定”属于最终处置，因为“作出政务处分”的权力属于监察机关的职权。“对履行职责不力、失职失责的领导人员进行问责”的权力，并不完全属于监察机关。根据《中华人民共和国监察法释义》的解释，这里的问责，“是指监察委员会根据问责的有关规定，对不履行或者不正确履行职责的，按照管辖权限对负有管理责任的领导人员作出问责决定，或者向有权作出问责决定的机关提出问责建议”。这里的第二种情况，则不是最终处置，只是作出提出处置建议的决定。“对涉嫌职务犯罪的，将调查结果移送人民检察院依法处理”，这只是作出移送人民检察院处理的决定，而非对所涉嫌的职务犯罪行为的处置。人民检察院是否提起公诉、人民法院是否作出有罪判决，监察机关无权干预。“向监察对象所在单位提出监察建议”也只是一种建议权的行使，而非对该单位的处理或处分。

第三，监察处置手段多样。监察机关根据公职人员违法行为的情节严重程度对其进行相应的处理，处理手段依次包括政务处分（具体包括作出警告、记过、记大过、降级、撤职、开除等政务处分决定）、问责、移送检察机关追究刑事责任和向监察对象所在单位提出监察建议这四项主要处置手段。另外，还可以对有职务违法行为但情节较轻的公职人员，按照管理权限，直接或者委托有关机关、人员，进行谈话提醒、批评教育、责令检查，或者予以诫勉。

关于解除对原行政监察机关作出的政纪处分的处置决定，改革试点前，依据《中华人民共和国公务员法》《行政机关公务员处分条例》《事业单位工作人员处分暂行规定》等规定，开除之外的政纪处分有相应解除程序，对于符合解除条件的，应当经批准后解除处分。改革试点期间，在另有规定之前，这些规定仍得作为监察机关开展政务处分的依据，有关政纪处分解除的规定也并未废止。同时，结合《全国人民代表大会常务委员会关于在全国各地推开国家监察体制改革试点工作的决定》中关于“其他法律中规定由行政监察机关行使的监察职责，一并调整由监察委员会行使”的规定精神，原由行政监察机关办理的政纪处分解除事宜，应当由组建后的监察委员会办理。根据目前的实践，总体按照五步程序进行，分别是申请、受理、审核、决定和执行。①

① 王臻．浅析政务处分和原政纪处分的解除．中国纪检监察报，2018－02－14（08）．

二、监察处置的手段

监察机关根据监督、调查的结果，依照法定程序，对公职人员的不同情形违法问题进行相应的处理。

(1) 对有职务违法行为但情节较轻的公职人员，按照管理权限，直接或者委托有关机关、人员，进行谈话提醒、批评教育、责令检查，或者予以诫勉。

(2) 对违法的公职人员依法作出政务处分决定。监察机关根据监督、调查结果，对违法的公职人员依照法定程序作出警告、记过、记大过、降级、撤职、开除等政务处分决定。

(3) 对履行职责不力、失职失责的领导人员进行问责。问责的对象是公职人员中的领导人员，主要是指中国共产党机关、人大机关、行政机关、监察机关、审判机关、检察机关、政协机关、民主党派和工商联机关中担任各级领导职务和副调研员以上非领导职务的人员；参照《公务员法》管理的单位中担任各级领导职务和副调研员以上非领导职务的人员；大型、特大型国有和国有控股企业中层以上领导人员，中型以下国有和国有控股企业领导班子成员，以及上述企业中其他相当于县处级以上层次的人员；事业单位领导班子成员及其他六级以上管理岗位人员。

(4) 对涉嫌职务犯罪的，将调查结果移送人民检察院依法审查、提起公诉。被调查人涉嫌职务犯罪的，监察机关经调查认为犯罪事实清楚，证据确实、充分的，制作起诉意见书，连同案卷材料、证据一并移送检察机关依法审查、提起公诉。

(5) 向监察对象所在单位提出监察建议。监察建议是监察机关依照法定职权，根据监督、调查结果，就监察对象所在单位廉政建设和履行职责存在的问题等提出的。监察建议不同于一般的工作建议，它具有法律效力，被提出建议的有关单位无正当理由必须履行监察建议要求其履行的义务，否则，就要承担相应的法律责任。[①]

除了《监察法》中规定的五种手段，在监察处置实践中，要融入监督执纪“四种形态”的基本原理。第一种形态是指，党内关系要正常化，批评和自我批评要经常开展，让咬耳扯袖、红脸出汗成为常态。第二种形态是指，党纪轻处分和组织处理要成为大多数。第三种形态是指，对严重违纪的重处分、作出重大职务调整应当是少数。第四种形态是指，对严重违纪涉嫌违法、立案审查的只能是极少数。监督执纪“四种形态”是认识对待违纪违规问题不同发展阶段的方式，是当前开展监督执纪问责应遵循的一般性原则。其中，监察处置手段中的进行谈话提醒、批评教育、责令检查或者予以诫勉的处置，主要是来自当前监督执纪“四种形态”中的“第一种形态”，当发现问题的苗头时就应当及时对其进行批评教育。为了防止出现更严重的违法犯罪问题，监察机关的处置职责应当是将“第一种形态”作为常态，准确把握日常的监察工作，做到防微杜渐，让违法问题止于违法之初；并作出适当且正确的处置决定，实现对所有公职人员的全覆盖。

三、监察处置结果的法律效力

监察机关根据监督、调查的结果，依照法定程序，对公职人员的不同情形违法问题进行相应的处理，不同的处置结果具有相应的法律效力。一是作出政务处分的决定，以及谈话提醒、

① 中共中央纪律检查委员会法规室，中华人民共和国国家监察委员会法规室．《中华人民共和国监察法》释义．北京：中国方正出版社，2018.

批评教育、责令检查，或者予以诫勉等，均要受到《中华人民共和国公务员法》《行政机关公务员处分条例》《事业单位工作人员处分暂行规定》等有关规定的约束。二是被问责的，要受到《中国共产党问责条例》《关于实行党政领导干部问责的暂行规定》等有关规定的约束。三是移送检察机关追究刑事责任，要受到《中华人民共和国刑事诉讼法》以及相关司法解释等规定的约束。四是向监察对象所在单位提出监察建议，监察建议不同于一般的工作建议，与之前的行政监察建议一样是具有法律效力的，被提出建议的有关单位无正当理由就必须得履行监察建议要求其履行的义务，否则，就需要承担相应的法律责任。

第七章 监察范围和管辖

第一节　监察范围

我国监察法关于监察范围的确定包括监察对象和监察事项。《监察法》第 15 条明确规定了监察对象的范围，第 11 条规定了监察的事项。

一、监察对象

《监察法》第三章规定了监察的范围和管辖，即在法律层面上确定了监察对象的范围和监察机关的管辖原则。制定监察法，就是要通过法律规范和制度设计实现对所有行使公权力的公职人员监督全覆盖，因而《监察法》关于监察的对象范围的规定十分宽泛，其第 15 条规定："监察机关对下列公职人员和有关人员进行监察：（一）中国共产党机关、人民代表大会及其常务委员会机关、人民政府、监察委员会、人民法院、人民检察院、中国人民政治协商会议各级委员会机关、民主党派机关和工商业联合会机关的公务员，以及参照《中华人民共和国公务员法》管理的人员；（二）法律、法规授权或者受国家机关依法委托管理公共事务的组织中从事公务的人员；（三）国有企业管理人员；（四）公办的教育、科研、文化、医疗卫生、体育等单位中从事管理的人员；（五）基层群众性自治组织中从事管理的人员；（六）其他依法履行公职的人员。"从监察对象的种类和人员可以看出，该条旨在通过法律规范的形式对所有公职人员进行"全覆盖"。该范围的确定是在中央改革试点方案规定的监察对象基础上的进一步细化，比如明确了"国家机关、事业单位、国有企业委派到其他单位从事公务的人员"以及"其他按照法律从事公务的人员"也属于监察对象，将是否行使公权力作为判断是否为监察对象的标准，实现了由监督"狭义政府"到监督"广义政府"的转变，使国家监察全覆盖与党内监督全覆盖相协调、相得益彰。

（一）公职人员的含义、范围和特点

1. 公职人员的含义和范围

公职人员是指依法履行公共职务的国家立法机关、司法机关、行政机关、中国共产党和各个民主党派的党务机关、各人民团体以及国有企业、事业单位的工作人员。公职人员是具体行使公共权力的人员，与"公职"紧密相连，是与公权力机关发生法律关系的人员的统称。① 也就是说，所谓公职人员，就是指从事公共性事务、提供公共性服务、履行公共性职能的人员。

---

① 姜明安．行政法与行政诉讼法．北京：北京大学出版社，高等教育出版社，2011：129.

《全国法院审理经济犯罪案件工作座谈会纪要》中对“从事公务”进行了解释：“从事公务，是指代表国家机关、国有公司、企业事业单位、人民团体等履行组织、领导、监督、管理等职责。公务主要表现为与职权相联系的公共事务以及监督、管理国有财产的职务活动。如国家机关工作人员依法履行职责，国有公司的董事、经理、监事、会计、出纳人员等管理、监督国有财产等活动，属于从事公务。那些不具备职权内容的劳务活动、技术服务工作，如售货员、售票员等所从事的工作，一般不认为是公务。”根据这些解释，公职人员的具体范围是以下几类。

第一，公务员以及参照《公务员法》管理的人员。这也是《监察法》中规定的最主要的监察对象。《中华人民共和国公务员法》第 2 条第 1 款规定：“本法所称公务员，是指依法履行公职、纳入国家行政编制、由国家财政负担工资福利的工作人员。”按照上述规定，属于公务员，必须符合三个条件：一是依法履行公职，即依法从事公务活动，不是为自己工作，也不是为某个私人的企业或者组织工作或者服务。二是纳入国家行政编制。“编制”一词在实践中有多种用法，除行政编制外，还有政法编制、国家编制、机关编制等。这里的“编制”系指各种纳入国家编制管理机关管理的机构序列及人员，不仅限于行政机关编制。三是由国家财政负担工资福利。

根据《公务员法》和实施方案及《监察法》的有关规定，公务员的范围主要是以下八类机关的工作人员。

（1）中国共产党机关的公务人员。包括中央和地方各级党委、纪委的专职领导成员；中央和地方各级党委工作部门、办事机构和派出机构的工作人员；中央和地方各级纪检机关和派出机构的工作人员；街道、乡、镇党委机关的工作人员。

（2）人民代表大会及其常委会机关的公务人员。包括县级以上各级人大常委会领导人员，乡、镇人民代表大会主席、副主席；县级以上各级人大常委会工作机构和办事机构的工作人员；各级人民代表大会专门委员会办事机构的工作人员。

（3）人民政府。包括各级人民政府的组成人员，各级人民政府工作部门及派出机构的工作人员。

（4）监察委员会公务人员。包括各级监察委员会组成人员；各级监察委员会内设机构和派出监察机构的工作人员，派出的监察专员等。

（5）人民法院公务人员。包括最高人民法院、地方各级人民法院的法官、审判辅助人员和司法行政人员。

（6）人民检察院公务人员。包括最高人民检察院、地方各级人民检察院的检察官、检察辅助人员和司法行政人员。

（7）中国人民政治协商会议各级委员会公务人员。包括：中国人民政治协商会议各级委员会的领导人员和工作机构的工作人员，政协专门委员会办事机构的工作人员。

（8）民主党派机关和工商业联合会机关的公务人员。包括中国国民党革命委员会、中国民主同盟、中国民主促进会、中国农工民主党、中国致公党、九三学社、台湾民主自治同盟中央和地方各级委员会的公务员，以及中华全国工商业联合会和地方各级工商联的公务人员，以及这些机构的职能部门和办事机构的工作人员。

《公务员法》第 112 条还规定了“参照《公务员法》管理的人员”：“法律、法规授权的具有公共事务管理职能的事业单位中除工勤人员以外的工作人员，经批准参照本法进行管理。”显然，这一部分工作人员也属于行使公权力并履行公共职责的人员，所以应当将其纳入监察对象范围之内。比如，中国证券监督管理委员会，即是参照《公务员法》进行管理的事业单位。而对于参照《公务员法》进行管理的人员的范围应当在规范上进行严格的限定，此部分人员应当具备三个条件：一是经法律、法规授权，二是具有管理公共事务的职能，三是经有权机关批准。

第二，国有企业管理人员。根据《中华人民共和国刑法》第93条的规定，国有公司、企业中从事公务的人员应当以国家工作人员论。也就是说，此部分人员也属于履行公务的公职人员范畴。这部分人员主要是国有独资企业、国有控股企业（含国有独资金融企业和国有控股金融企业）及其分支机构的主要管理人员。此外，对国有资产负有经营管理责任的国有企业中层和基层管理人员，国有企业下属事业单位领导人员，国有资本参股企业和金融机构中对国有资产负有经营管理责任的人员，同样应当归入国有企业管理人员的范畴，这一类人员涉嫌职务违法犯罪的，监察机关可以依法展开调查。[①]

第三，公办的教育、科研、文化、医疗卫生、体育等单位中从事管理的人员。作为监察对象的科、教、文、卫、体单位的人员，主要是指该单位及其分支机构的领导班子成员，以及该单位及其分支机构中的国家工作人员，同时也包括此类单位及其分支机构的中层和基层管理人员，即管理岗六级以上职员，从事与职权相联系的管理实务的其他职员，涉及管理、监督国有财产的重要工作人员，主要是会计、出纳人员，采购、基建部门人员。这些人员因为其日常工作涉及国有财产的管理，容易出现利用职权的职务违法和职务犯罪行为，将其归入监察对象范围具有必要性。

《监察法》所确定的监察对象中提及的公职人员，是指所有行使公权力的公职人员，其应当是在国家的经济、政治和社会生活中行使公权力、履行公共职责的人，而判断一个人是不是公职人员，关键不是看他是否有公职，而看他是否行使公权力。

2. 公职人员的特点

作为一种职业和身份，公职人员具有以下特点。

首先，具有鲜明的政治性。公职人员是在特定的社会制度基础上产生的，而特定的社会制度代表的是特定群体的利益。我国是社会主义制度国家，代表全体老百姓的利益，因而，公职人员必须要有坚定的政治立场，懂得其自身的权力来源于人民群众，要在行使公权力的时候牢记以人民群众利益和国家利益为基本准则，拿捏好尺度，真正为人民群众服务。

其次，具有严格的权力约束性。在我国，公务员的权力来源于人民，权力的行使通过法律、政策、规章等形式予以规范。也就是说，公职人员在行使公权力时必须在各项法律法规的规定范围内展开，并且要受到相应的法律法规的约束，任何人都不能触犯法律，权力一定要在制度的笼子里运行。

最后，具有行为的社会示范性。公职人员在我国承担管理国家、服务人民的社会职责，其组成人员都是经过严格考核与筛选的，公职人员队伍是社会中整体素质最高的队伍，自然而然公职人员的个体行为会在社会中产生一种榜样示范作用：第一，要遵守国家法律行使公权，保持队伍的廉洁性。第二，成为道德素质榜样。以上这些特点决定了公职人员职业的特殊性，以及被列入监察对象范围的必要性。

（二）“有关人员”的含义和范围

除了公职人员，还有一些非公职人员行使公权力。为了实现监察范围的全覆盖，《监察法》首次在公职人员以外界定其他具有行使公务职能的人员，并将他们纳入监察范围。根据《监察法》以及相关规定，我们认为，“有关人员”是指，按照国家法律或者受国家机关委托在公共组织、集体事务组织中从事管理公共事务、集体事务的人员，或者具有执法权力的国家机关、

① 中共中央纪律检查委员会法规室，中华人民共和国国家监察委员会法规室．《中华人民共和国监察法》释义．北京：中国方正出版社，2018：111－112.

事业单位聘任从事公务的人员。虽然这些人员不具有国家公职人员身份，但根据其履行职责的情况，应当将他们纳入监察范围。

具体来说，这类人员包括以下几类。

第一，法律、法规授权或者受国家机关依法委托管理公共事务的组织中从事公务的人员。这主要是指涉及公职事务管理之外的其他管理公共事务的事业单位比如疾控中心等的工作人员。在我国，某些地方的事业单位人员众多，其数量甚至大于公务员的数量。由于这些人员也是我国行使公权力、履行公职的重要组成部分，所以为了实现国家监察的全方位覆盖，有必要将他们纳入监察对象的范围。

第二，基层群众性自治组织中从事管理的人员。根据《中华人民共和国监察法释义》的解释，作为监察对象的基层群众性自治组织中的从事管理的人员，包括村民委员会居民委员会的主任、副主任和委员以及受托从事管理的人员。作为监察对象的基层群众性自治组织中从事管理的人员，是协助人民政府从事行政管理工作的人员，属于"其他依照法律从事公务的人员"。也就是说，村民委员会成员、居民委员会成员、在受到政府委托从事公共事务时，就属于监察对象的范围。但是根据《村民委员会组织法》的规定，任何组织或者个人不得指定、委派或者撤换村民委员会成员，所以监察机关应根据具体情况作适当处理。根据有关法律和立法解释，这里的"从事管理"，主要是指：(1) 救灾、抢险、防汛、优抚、扶贫、移民、救济款物的管理；(2) 社会捐助公益事业款物的管理；(3) 国有土地的经营和管理；(4) 土地征用补偿费用的管理；(5) 代征、代缴税款；(6) 有关计划生育、户籍、征兵工作；(7) 协助人民政府等国家机关在基层群众性自治组织中从事的其他管理工作。[①]

第三，根据立法和司法解释以及司法实践，其他属于"有关人员"的情况。这些人员包括：(1) 正在履行代表职责的各级人民代表大会代表和各级政协委员；(2) 在人民法院依法履行审判职责的人民陪审员；公安机关委托履行监管职责的人员和委派承担监管职责的狱医；(3) 国家机关委托从事行政执法活动的事业编制人员，国家机关和企事业单位返聘从事公职或者管理的人员；(4) 依法履行职责的红十字会工作人员。

二、监察事项

根据《监察法》第 11 条等的规定，监察机关监察的事项主要包括以下两大类。

(一) 公职人员及其他有关人员涉嫌不依法履职、未秉公用权、不廉洁从政从业以及不遵守道德操守的行为

公职人员及其他有关人员涉嫌有未根据《公务员法》《监察法》《法官法》《检察官法》等法律法规合法履职，或存在不秉公用权、不廉洁从政从业、未遵守职业道德操守的行为的，应当由监察机关立案管辖，并在调查的基础上依法作出相应的处分。

(二) 公职人员及相关人员涉嫌贪污贿赂、滥用职权、玩忽职守、权力寻租、利益输送、徇私舞弊以及浪费国家资财等职务违法和职务犯罪行为

公职人员及相关人员涉嫌贪污贿赂、滥用职权、玩忽职守、权力寻租、利益输送、徇私舞弊以及浪费国家资财等职务违法或职务犯罪，原则上由监察机关立案管辖，并在调查的基础上进行相应的处置。对《监察法》的这一规定，2018 年修改的《刑事诉讼法》《人民检察院组织

① 中共中央纪律检查委员会法规室，中华人民共和国国家监察委员会法规室．《中华人民共和国监察法》释义．北京：中国方正出版社，2018：113-114.

法》以及根据这两部法制定的《最高人民检察院〈关于人民检察院立案侦查司法工作人员相关职务犯罪案件若干问题的规定〉》进行了补充。《刑事诉讼法》第19条第2款规定：人民检察院在对诉讼活动实行法律监督中发现司法工作人员利用职权实施的非法拘禁、刑讯逼供、非法搜查等侵犯公民权利、损害司法公正的犯罪，可以由人民检察院立案侦查。《人民检察院组织法》明确了人民检察院对有关刑事案件的侦查权。

《关于人民检察院立案侦查司法工作人员相关职务犯罪案件若干问题的规定》则明确了司法工作人员涉嫌实施的14类犯罪行为由人民检察院管辖：（1）非法拘禁罪（《刑法》第238条）（非司法工作人员除外）；（2）非法搜查罪（《刑法》第245条）（非司法工作人员除外）；（3）刑讯逼供罪（《刑法》第247条）；（4）暴力取证罪（《刑法》第247条）；（5）虐待被监管人罪（《刑法》第248条）；（6）滥用职权罪（《刑法》第397条）（非司法工作人员滥用职权侵犯公民权利、损害司法公正的情形除外）；（7）玩忽职守罪（《刑法》第397条）（非司法工作人员玩忽职守侵犯公民权利、损害司法公正的情形除外）；（8）徇私枉法罪（《刑法》第399条第1款）；（9）民事、行政枉法裁判罪（《刑法》第399条第2款）；（10）执行判决、裁定失职罪（《刑法》第399条第3款）；（11）执行判决、裁定滥用职权罪（《刑法》第399条第3款）；（12）私放在押人员罪（《刑法》第400条第1款）；（13）失职致使在押人员脱逃罪（《刑法》第400条第2款）；（14）徇私舞弊减刑、假释、暂予监外执行罪（《刑法》第401条）。

公职人员及相关人员涉嫌职务违法和职务犯罪的案件，一般由监察机关管辖，这体现了监察全覆盖原则。但上述14类犯罪案件是检察机关在对诉讼活动实行法律监督的过程中发现的，检察机关可以管辖，有利于弥补监察机关在司法领域进行职务犯罪调查专业性不足的“短板”。这对于强化监察机关对诉讼领域监察全覆盖这个“弱项”，实现“固根基、扬优势”具有重要意义。

第二节　监察管辖

一、监察管辖的含义和意义

监察管辖，是指各级监察机关之间以及各地区监察机关之间在办理监察事项上的职权分工。《监察法》第16条、第17条是关于监察机关行使监察权的管辖规定，它们明确了监察机关管辖的一般原则、各级监察机关的管辖范围和管辖的变通、管辖争议的解决。《监察法》关于监察机关的一般管辖、管辖移转以及管辖争议的规定，是监察机关的监督、调查以及处置权在管辖方面的具体化和规范化，其对于监察实践有以下几方面的意义。

第一，清晰明确的管辖规则是监察机关做好监察工作的前提。管辖原则一般是结合对象因素、地域因素以及案件的不同性质等综合确定监察机关管辖权的分配。科学的管辖制度能够很好地配置各级各地域监察机关的工作权责，充分调动监察机关及其人员的积极性，保证对监察案件及时、准确、合法地处理。

第二，监察管辖的确定，可以使各级监察机关切实履行监督、调查和处置责任，及时、准确地行使监察权力，防止推诿和争议。

第三，明确监察管辖，有利于其他国家机关、社会团体和社会大众向有管辖权的监察机关检举和举报职务违法、职务犯罪行为，完善相关监督机制，从而维护国家利益、公共利益和公民的合法权益。

第四，健全监察管辖制度，可以提高各级监察机关的办案质量和办案效率。要想提高监察机关办理案件的质量首先就要明确管辖权限，而监察案件管辖不明或管辖存在争议，会影响监察事项的立案查处，也会影响办案周期。此外，上级监察机关通过合理调配管辖权，可以合理控制和使用各级监察机关的监察资源，最大限度地发挥各级监察机关的效能，从而大大便利办案和提高办案效率。

划分监察管辖的基本原则主要有以下几项。

第一，有利于准确及时查明所监察的案件事实，保证被监察案件的处理质量，实现《监察法》的任务。

第二，合理分工，充分发挥各级监察机关的职能，促进监察机关之间及监察机关与其他机关之间的相互配合，最大限度地激发监察人员的积极性和主动性。

第三，最大限度地保障被监察人员的基本人权。

第四，原则性与灵活性相结合。

二、监察管辖的一般原则

《监察法》第 16 条第 1 款规定："各级监察机关按照管理权限管辖本辖区内本法第十五条规定的人员所涉监察事项"。这是监察管辖的一般原则。该原则包含了三个层面递进关系的内容。

（1）监察管辖一般由级别管辖与地域管辖相结合确定。依单个要素一般无法确定某一监察事项具体应当由哪个监察机关行使监察权。

（2）级别管辖是按照各级监察机关管理权限划分确定的。《监察法》第 16 条中的"管理权限"是指对监察对象的组织人事管理权限。"管理权限"确定级别管辖，监察对象的组织人事关系由哪一级组织人事部门管理，其所涉及的监察事项由相对应的监察机关管辖。各级监察机关对于组织人事关系不由本级组织人事部门管理的监察对象，不具有管辖权。

（3）地域管辖是按照行政辖区划分确定的。《监察法》第 16 条中的"本辖区"，是指本级监察机关所在的省（自治区）、盟市、旗县区的行政管辖区域。"本辖区"确定了地域管辖的范围，各级监察机关原则上只对本行政区域内，本级组织人事部门管理的监察对象及其所涉及的监察事项具有管辖权，如市级监察机关原则上只管辖本市区内市管干部所涉监察事项。

一般管辖的确定主要是考虑两个因素：一是监察范围因素，二是监察事项因素。监察范围因素，是监察对象因素，即各级监察机关可以实施监察的具体人员范围。监察事项因素，是指各级监察机关可以对哪些监察事项实施调查。根据《监察法》的规定，监察事项因素主要有三项：一是公职人员的依法履职、秉公用权、廉洁从政从业以及道德操守情况，二是公职人员的职务违法情况，三是公职人员的职务犯罪情况。

确立管辖的一般原则，明确各级各地域监察机关的管辖范围，是实现反腐防腐的制度前提。明确管辖，能有效开启监察工作，避免各个监察机关的管辖争执或推诿，同时又有利于搜集问题线索，从而提高监察工作的实效性和灵活性。确立管辖的一般原则，是实现程序正义不可缺少的环节。明确管辖，可以确保监察资源的均衡配置，使监察对象基于同样的情况获得同样对待，提高办案效率，实现监察程序的正义性。

三、移转管辖

移转管辖，又称管辖权的移转，是指有管辖权的监察机关把案件转移给原来无管辖权的监察机关，通过转移，使无管辖权的监察机关取得管辖权。移转管辖的意义在于，能很好地解决有管辖权的监察机关基于种种客观原因不能或不宜管辖产生的问题，如案件涉及关系复杂，办理和协调难度大，原有管辖权的监察机关级别过低，无法保证案件的顺利查办。移转管辖是对一般管辖原则的必要补充及细化，能够在面对复杂、特殊案件的管辖时做到有法可依，避免在管辖问题上的无序争执，使监察事项能够实事求是、高效地得到办理。

（一）提级管辖

提级管辖，也称管辖权向上的移转，是指上级监察机关办理下一级或下辖各级监察机关管辖范围内的监察事项。《监察法》第 16 条第 2 款规定："上级监察机关可以办理下一级监察机关管辖范围内的监察事项，必要时也可以办理所辖各级监察机关管辖范围内的监察事项。"第 17 条第 2 款规定："监察机关认为所管辖的监察事项重大、复杂，需要由上级监察机关管辖的，可以报请上级监察机关管辖。"由这两款规定可见，我国监察管辖权向上移转有两种情形：一种是上级监察机关自行决定提级管辖，另一种是下级监察机关报请上级监察机关提级管辖。

1. 自行提级管辖

管辖权向上移转主要是为了应对一些重大、疑难、复杂的监察事项，同时有利于上级监察机关对下级监察机关的监督指导。由于监察机关实行的是垂直领导的体制，所以上级监察机关具有对下级监察机关的直接指挥权，有权对下级监察机关调查案件的情况给予监督和指导，在特殊情形下，甚至可以直接办理下级监察机关管辖范围内的监察事项。上级监察机关对下级监察机关管辖的监察事项，可以不受一般管辖的限制与约束，具有选择管辖的权力，可以管辖下一级监察机关管辖的监察事项，也可以跨级管辖下辖数级监察机关管辖的监察事项。

从实践来看，自行提级管辖的情况主要包括以下几种：(1) 上级监察机关认为在其所辖地区有重大影响的监察事项；(2) 上级监察机关认为下级监察机关不便办理的重要、复杂的监察事项，以及下级监察机关办理可能会影响公正处理的监察事项；(3) 领导机关指定由上级监察机关直接办理的监察事项。①

决定是否提级管辖，上级监察机关需要考量的情形主要包括以下几种：(1) 下级监察机关对案件查办不力；(2) 下级监察机关不便管辖，遇到来自外部的严重压力和干扰，影响案件的公正管辖等情形；(3) 案情重大、复杂或者案件涉及面广、社会影响大；(4) 有权管辖的监察机关出现主要负责人回避等。

从提级管辖的程序方面考察，上级监察机关如果认为有必要管辖下级监察机关管辖的监察事项时，应当通过向下级监察机关下达改变管辖决定书的方式进行，并说明提级管辖之理由。

2. 报请提级管辖

报请提级管辖，是指监察机关因法定事由可以报请上级监察机关管辖原本由自己管辖的监察事项。监察法规定的报请提级管辖主要发生情形是下级监察机关认为管辖的监察事项重大、复杂，已不适合由自己管辖，需要将该监察事项移送上级监察机关进行管辖。

从实践来看，报请提级管辖主要包括以下几种情况：(1) 下级监察机关认为有重大影响、由上级监察机关办理更为适宜的监察事项；(2) 下级监察机关不便办理的重大、复杂监察事项，以及自己办理可能会影响公正处理的监察事项；(3) 因其他原因需要由上级监察机关管辖的重大、复杂监察事项。②

下级监察机关在决定将其监察事项报请上一级监察机关管辖时，应当要满足以下几个条

---

① 中共中央纪律检查委员会法规室，中华人民共和国国家监察委员会法规室．《中华人民共和国监察法》释义．北京：中国方正出版社，2018：117.

② 同①120.

件：首先，报请提级管辖的监察机关只能是下级监察机关。下级监察机关可以将自己所管辖的重大、复杂的事项请求移送上级监察机关管辖。其次，接受报请的上级监察机关不限于直接的上级监察机关，也包括跨级的上级监察机关。不过，这样越级的提级管辖原则上只能接受，也就是说已接受报请之监察事项的上级监察机关，不能再以同样的理由报请上级监察机关予以管辖。最后，报请提级管辖的监察事项只限于重大、复杂的情形。重大、复杂，一般是指监察事项的性质难以判断认定或监察事项在一定范围内具有重大影响，或者监察事项涉及的监察对象的具体情况只有上级监察机关才能有效实施调查工作。

报请提级管辖的程序为：

（1）书面申请。下级监察机关在认为监察事项属于案情重大、复杂的情形时，应当在案件立案后的一定时间内以书面请求的方式，报请上级监察机关管辖。

（2）受理。上级监察机关在接到报请提级管辖申请之后应当迅速作出决定，以保证案件的及时调查和处理。

（3）下达同意提级管辖决定书。上级监察机关如果同意下级监察机关的报请请求的，应下达同意提级决定书。下级监察机关接到上级监察机关同意移送决定书后，应当将已有的案件材料移送上级监察机关。

（4）继续调查、处理监察事项。上级监察机关如果不同意下级监察机关的报请请求的，应当要求该下级监察机关继续行使监察权，下级监察机关应当认真履行职责。

（二）指定管辖（管辖权向下移转）

《监察法》第17条第1款规定，“上级监察机关可以将其所管辖的监察事项指定下级监察机关管辖，也可以将下级监察机关有管辖权的监察事项指定给其他监察机关管辖”。这是《监察法》确立的指定管辖制度。

监察法中规定的指定管辖，是指根据上级监察机关的指定而对特定监察事项进行管辖。指定管辖包含两种情形：一是上级监察机关决定将本由其管辖的监察事项指定给某一下级监察机关管辖；二是上级监察机关将某一下级监察机关管辖的监察事项指定给自己辖区的其他监察机关管辖。这种由上级机关根据监察对象和监察事项的具体情况决定管辖机关的制度安排，是对监察管辖一般原则的必要补充，能够在复杂的个案处理时选择“最优管辖”途径，寻求最便利和最有可能办结案件的方案来确定个案的具体管辖，从而确保各级监察机关能够及时、准确应对各类型案件，实现监察机制的高效运行。

指定管辖的实质是赋予上级监察机关在一定情况下变更或者确定案件管辖的机动权，这种变更管辖权是基于上、下级监察机关的垂直领导关系——上级监察机关领导下级监察机关，下级监察机关对上级监察机关负责。

（1）上级监察机关将属于自己管辖的监察事项指定给下级监察机关管辖。一般管辖原则对管辖权的配置，是根据各级监察机关的管理权限。其基本原理是，不同级别的监察机关的工作重心和主要任务不同，因而监管的监察事项不同。但实践往往复杂多变，有些监察事项虽应属上级监察机关管辖，但具体个案的案情简单，调查难度不大，由下级监察机关管辖更为方便，或者下级监察机关在收集证据等方面更有优势，指定下级监察机关管辖更合理，则该上级监察机关就有权将此监察事项指定由下一级监察机关管辖。同时这也是上级监察机关合理调整监察资源配置，履行监察机关内部监督职责的体现。

（2）上级监察机关将某一下级监察机关管辖的监察事项指定给其辖区内的其他监察机关管辖。这种指定管辖，在实践中也被称为异地管辖，其发生主要是为了确保程序公正和保障监察对象的合法权益。

发生异地管辖的情形主要包括：监察事项在当地或者一定区域内有重大社会影响；监察对象属于当地党政主要负责人，或者有管辖权的下级监察机关不宜或者不便行使管辖权，如下级监察机关主要负责人需要回避，下级监察机关管辖的监察事项受到地方严重干扰等。为了保证监察机关及时、有效地履行监察职责，上级监察机关将下级监察机关管辖的监察事项指定其他监察机关管辖。上级监察机关包括：直接的上级监察机关和跨级的上级监察机关，乃至国家监察委员会。指定的其他监察机关一般是下辖的下级监察机关，国家监察委员会可以跨地区、跨省指定到全省乃至全国其他监察机关。

四、管辖争议的解决

《监察法》第 16 条第 3 款规定："监察机关之间对监察事项的管辖有争议的，由其共同的上级监察机关确定。"这是关于两个或两个以上的监察机关之间对某一项监察事项的管辖存在争议，该如何处理并最终确定管辖主体的问题。

由于监察所涉及的对象以及事项本身具有一定程度的复杂性，监察管辖交叉、重叠或者管辖不清的情况可能时有发生。为了避免因为管辖争议而引发的各种监察机关的争执和推诿，保证各级监察机关能够正确履行自己的职责和协调合作，《监察法》明文规定了管辖争议的处理原则：两个或者两个以上监察机关发生管辖争议之后，应当就争议的监察事项提交共同的上级监察机关确定，由该上级监察机关确定由哪一个监察机关管辖；如果管辖争议发生在不同省份的监察机关之间，则应提交国家监察委员会确定。根据法条的文义进行解释，"共同的上级监察机关"，是指与发生管辖争议的两个或者两个以上的监察机关都有领导关系的上级监察机关，比如，同一省的两个地市监察委员会的共同上级监察机关，是该省监察委员会；两个县级监察委员会，如分属同一省内的两个不同地市，则其共同的上级监察机关还是该省监察委员会。①

① 中共中央纪律检查委员会法规室，中华人民共和国国家监察委员会法规室．《中华人民共和国监察法》释义．北京：中国方正出版社，2018：117.

第八章 监察权限

第一节 监察权限概述

权限是指为了保证职责的有效履行，任职者必须具备的、对某事项进行决策的范围和程度。监察权限，是指为保障监察机关有效履行监督、调查职能，深入推进反腐败工作的规范展开，通过立法程序赋予监察机关相应权力及其行使的范围和限度。监察权限主要包括：调查权、从宽处罚建议权、非法证据排除权。监察法对监察权限的行使主体、适用对象、适用条件、适用审批权限和程序等作了明确规定。

1. 调查权

调查权是指监察机关对公职人员涉嫌职务违法和职务犯罪的行为进行查明的权力。调查权是监察机关最重要同时也是最基本的权力，是查明职务违法以及职务犯罪的重要手段。监察机关的调查权具有以下特征。

首先，从性质上看监察机关的调查权从属于监察权，是监察权的具化。调查权的内容、适用程序、行使主体都由法律明文规定。监察机关调查权的行使具有强制性，任何机关和个人不得阻碍调查工作的顺利进行。

其次，从适用范围而言，监察机关的调查权适用于所有公职人员的职务违法和职务犯罪行为。就调查措施而言，监察法赋权监察机关各项调查措施，包括谈话、讯问、询问三项一般调查措施，以及留置、查询、冻结、搜查、调取、查封、扣押、勘验检查、鉴定、技术调查、限制出境、通缉等特殊措施。

2. 从宽处罚建议权

建议权是指监察机关对符合特定条件的被调查人，在案件移送人民检察院时提出从宽处罚的建议的权力。监察机关的建议权具有以下特征：第一，从性质上看监察机关的从宽处罚建议权属于监察权的一种具体权能。第二，从适用范围来看，其适用具有严格要求。只有在被调查人主动认罪认罚并符合特定条件的情况下，监察机关才能为被调查人提出从宽处罚建议。第三，从适用效果来看，监察机关的从宽处罚建议不具有强制性，不具有约束人民检察院及人民法院的法律效力。

3. 非法证据排除权

非法证据排除权是指监察机关依法排除以非法方法收集的证据的权力。非法证据排除权衍生自调查权，监察机关通过行使调查权收集、固定被调查人的职务违法或职务犯罪的证据材料，并据此作出处置决定。若处置决定以以非法方法收集的证据材料为基础，将严重危害监察处置的质量。非法证据排除权具有以下特点：第一，从行使主体来看，非法证据排除权的行使主体是监察机关。对监察机关而言这既是一种权力，也是一种义务。第二，从适用范围来看，非法证据排除权适用于监察工作始终。监察法规定了严密的证据规则，对监察机关取证以及证据的采用作了详细规定。

第二节　一般性调查措施

一、监察谈话

监察谈话，是指监察机关按照管理权限对可能发生职务违法的公职人员，直接或者委托有关机关、人员与其进行面对面的交流，要求被谈话人说明有关情况的一种调查措施。它是一种线索处理方式。通过立法程序将谈话明确规定为监察机关的调查措施之一，目的在于使监察工作与党内监督执纪“四种形态”的第一种形态相匹配，让“红红脸、出出汗”成为常态，改变要么是“好同志”要么是“阶下囚”的状况，真正体现对监察对象的严格要求和关心爱护。

根据《监察法》及有关规定，监察谈话必须遵守下列程序：

第一，监察谈话的启动条件。监察谈话，本质上是监察机关对反映问题线索的一种处理方式。监察机关对以下线索可以采取谈话措施：(1) 反映的问题具有苗头性、倾向性；(2) 反映的问题过于笼统、多为道听途说或主观臆测，难以查证核实的；(3) 虽有违法行为，但查清了只能给予轻处分或批评教育的。这类线索反映的问题，要么难以查证属实，要么虽有违纪行为，但情节显著轻微危害极小，免予或者不需要给予纪律处分。

第二，监察谈话的主体。监察谈话应当由本行政区域内具有管理权限的监察机关或者由该监察机关委托的有关机关、人员进行。实践中存在两种情形：一种是由监察机关主要负责人或者承办部门主要负责人进行，被谈话人所在党委（党组）或者纪委（纪检组）主要负责人陪同；第二种是委托被谈话人所在党委（党组）主要负责人进行。

第三，监察谈话的法律效果。监察谈话作为一种线索处理方式，在组织被调查人谈话后应当根据不同情形作出相应处理，具体地说分为以下几种情况：(1) 反映不实，或者没有证据证明存在问题的，应予以了结澄清。对反映问题严重失实、造成一定负面影响的，在将了结情况向本人反馈的同时，向谈话对象所在党委或上级主管领导反馈，并由谈话对象所在单位在一定范围内予以澄清；(2) 问题轻微，不需要追究党纪责任的，采取谈话提醒、批评教育、责令检查、诫勉谈话处理；(3) 反映问题比较具体，但被谈话人予以否认，或者说明存在明显问题，目前未发现具体违纪事实，但尚不能完全排除问题存在可能性的，应当再次谈话或者进行初步核实；第四，通过谈话发现被谈话人存在职务违法和犯罪嫌疑的，应当启动相应的调查处置程序，针对相关线索深入查证，推进后续的调查与处置活动。

二、监察讯问

讯问，意为严厉的发问，常常用以强调发问人态度严肃，含有受问人如实供述的义务。监察讯问，是指监察机关通过言词方式向被调查人提问、被调查人回答，取得印证被调查人有关违法犯罪事实的口供及其他证据的过程。

监察讯问权的内涵包括：(1) 监察讯问是我国监察机关为了查明被调查人有无职务犯罪行为的一种调查措施，是监察机关在对被调查人立案后的必经程序。监察讯问在性质上而言是国家监察体系下的一种调查措施。(2) 监察讯问的主体是各级监察机关，对于涉嫌职务犯罪的被调查人，在调查程序内由监察机关决定对其展开讯问，具体的实施机关由监察机关按照各自管理权限决定。(3) 监察讯问的对象是被监察机关立案调查的公职人员。(4) 监察讯问的目的是通过对被调查人的讯问，收集、核实证据，查明犯罪事实，并发现新的犯罪线索和其他违法违纪人员。(5) 监察讯问必须依法进行，不得违反相关法律的规定。

《监察法》明确将讯问规定为法定调查措施之一，其价值主要有实体和程序两方面：监察讯问的实体价值，主要在于证据收集的便利性。首先，监察讯问有利于获取被调查人供述，呈现案件原貌。在追寻案件事实、证明案件过程中，被调查人对于自己是否违法犯罪以及行为的动机、目的、具体过程和细节比其他人都知道得更清楚，因此，其自愿、真实的口供，比其他证据有更直接、更充分的说服力。尤其是在职务犯罪这一类案件中，物证、书证等实物证据具有高度隐蔽性，被调查人以外的人往往很难找。被调查人的供述，能让办案人员更全面地了解案件的全貌。其次，被调查人供述能为收集其他证据、及时发现同案人提供依据。监察讯问的程序价值，体现在法律对被调查人话语权的重视。被调查人在监察机关履职过程中，处于被动的一方。若不通过法定程序对监察机关的工作流程加以控制，极易使被调查人的合法权利遭受侵犯，造成监察主体之间的紧张关系，不利于社会和谐稳定。因此，以法律的形式规范监察讯问程序，有利于被调查人发表其供述、辩解，提高监察质量，防止冤假错案的发生。

监察讯问的任务，在于：(1) 查明案件的全部事实，收集犯罪证据。收集到充分、确凿的证据是监察机关行使处置权的基础。(2) 深挖余罪，追查同案犯，发现其他犯罪线索。这是由职务犯罪的性质决定的。职务犯罪往往是系列案、团伙案，当事人之间可能了解彼此之间的犯罪活动。(3) 核实证据，保障无罪的人不受追究。

根据《监察法》及有关规定，讯问被调查人必须遵守下列规定。

第一，监察讯问的启动条件。监察讯问的启动条件在于被调查人涉嫌贪污贿赂、失职渎职等职务犯罪行为。对于涉嫌职务违法但尚不构成犯罪的公职人员，监察机关不能对其进行讯问，但可以要求其就涉嫌违法行为作出陈述。若被调查人拒不配合，监察机关在必要时可以出具具有法律效力的书面通知，要求其作出陈述。在监察机关出具书面通知后，被调查人仍不配合的，可以追究其法律责任。

第二，监察讯问的工作原则。监察机关调查人员在进行讯问工作时，应当遵循以下三个原则：(1) 未经人民法院依法判决，不得确定有罪原则。在调查阶段，被监察讯问的被调查人不应被视为罪犯。监察机关调查人员在讯问过程中应保持中立的态度，听取被调查人的供述和辩解，以达到兼听则明的效果。(2) 禁止非法取供原则。监察机关调查人员不得以威胁、引诱、欺骗及其他非法方法获取口供，严禁侮辱、打骂、虐待、体罚或者变相体罚被调查人。监察工作环境具有相当的封闭性，同时监察机关肩负调查职务违法犯罪的天然使命，有获得被调查人口供的急切需求，极易倾向于采用非法方法，获取被调查人供述。因此，禁止非法取供原则必须贯彻监察讯问工作始终。(3) 依法讯问。监察关机调查人员在讯问被调查人的时候，必须遵守法律的规定，包括关于讯问的主体、讯问的对象、讯问的方式、讯问的内容和讯问笔录的制作等的规定。若监察机关的讯问工作违反了法律，应被视为违法，由此取得的被调查人供述无效。

第三，监察讯问的主体。讯问被调查人应当由监察机关调查人员进行，监察机关不得委托其他机关、人员讯问被调查人。讯问被调查人时，监察机关调查人员不得少于二人。采取这一做法，主要是因为：(1) 实现调查人员之间的相互监督，防止个人徇私舞弊或发生刑讯逼供、诱供等非法调查行为。(2) 防止被调查人逃脱或伤害调查人员。

第四，监察讯问的时间、地点。被调查人被采取留置措施以后，监察机关调查人员对其进行讯问，应在留置场所内进行。对于不需要采取留置措施的被调查人，可以通知被调查人到所在市、县内的指定地点或者在他的住处进行讯问，但是应当出具监察机关的证明文件。在讯问过程中，应当保证被调查人的饮食和必要的休息时间。

第五，讯问被调查人应当单独进行。对共同犯罪的被调查人进行讯问时应当分别单独进行，以防止串供或者相互影响，破坏案件进展。

第六，讯问的步骤。首先，监察机关调查人员应明确告知被调查人所享有的各种权利，例如，调查人员应告知被调查人享有"坦白从宽"的权利。其次，提问被调查人是否有犯罪行为，让他陈述犯罪的事实或者作无罪的辩解。最后，调查人员根据其陈述或者辩解，针对其中存疑的地方提出问题。被调查人对调查人员的提问，应当如实回答。这是由被调查人的如实供述义务决定的。职务犯罪尤其是贿赂犯罪，具有发现难、突破难、证据少等特点，在此类案件中，通过讯问被调查人获取有关违法犯罪的线索、证据，是突破案件的重要手段。但被调查人为监察机关的办案对象，案件查处和最终结果与其切身利益密切相关。基于趋利避害心理，被调查人一般不会主动供述。对于职务犯罪的调查对象，我国监察法规定了被调查人的如实供述义务。如实供述，是指被调查人在接受监察讯问时，对于自己的违法违纪行为，不论监察机关是否掌握，都必须如实地全部向监察机关供述，不能有所隐瞒。如实供述的要件是：必须是"违法违纪行为"；必须是被调查人自己的行为；没有故意隐瞒或虚假陈述。为鼓励被调查人在讯问时如实供述，监察机关应当在讯问开始前告知被讯问人如实供述可以从轻或者减轻处罚的规定。

第七，讯问笔录的制作。监察法明确规定讯问被调查人，应当形成讯问笔录这一书面材料，并由相关人员签名、盖章。讯问笔录是被调查人供述的重要载体，是收集、固定被调查人供述的重要手段。要求相关人员签名、盖章，是为了确保笔录内容的真实性，防止笔录内容歪曲被调查人的真实供述。

第八，讯问被调查人，必须全程录音录像。监察法明确规定，监察机关调查人员进行讯问等取证工作，应当对全过程进行录音录像，留存备查。这既是出于保护被调查人权利的考虑，以防调查人员采取刑讯逼供等非法方法取证，也是为了保护调查人员免于被调查人的污蔑、毁谤。录音、录像应当全程进行，保持完整性。需要注意的是，监察机关对调查过程的录音录像，不随案移送检察机关。检察机关认为需要调取与指控犯罪有关，并且需要对证据合法性进行审查的录音、录像，可以同监察机关沟通协商后予以调取。所有因案件需要接触录音、录像的人员，应当对录音、录像的内容严格保密。

三、监察询问

监察询问，是指监察机关调查人员依照法律规定，通过言词交流，向证人等了解案件有关情况的一种调查行为。监察机关对证人等人员的询问，是其发现、收集违法犯罪证据的重要来源。职务违法犯罪具有隐蔽性、长期性和后发性等特点，常常没有明显的犯罪现场，难以发现物理性证据，如实物证据、痕迹证据等。此时，知晓案情的证人所作的证人证言，是重要的线索来源。通过询问发现线索、收集证据是调查职务犯罪的重要调查措施，在世界各国（地区）的职务犯罪调查中发挥着不可替代的重要作用。

监察询问的任务有三：第一，获取证人证言，通过证人证言与其他证据的相互印证，推测案件全貌，查获犯罪嫌疑人。第二，开辟新的证据来源，收集更多证据。第三，审查已掌握的证据是否真实可靠，以及与案件事实的关系，从不同侧面、以不同方式与其他证据材料相互印证，以验证已收集到的证据材料的相关性和可靠性。

根据《监察法》及有关规定，监察询问应当遵守下列规定。

第一，监察询问的主体规范。首先，询问证人等只能由监察机关调查人员进行，非调查人员不得询问证人，询问时调查人员不得少于二人。其次，若调查人员与案件或者涉案人员有某种特殊联系，可能影响询问质量，扰乱监察方向的，此人应当回避，不得进行询问工作。最后，调查人员应当保守询问秘密，调查人员不得向询问对象泄露案情或者表示对案件的看法，包括当着被询问人的面谈论与案情有关的内容；调查人员询问证人时，应当对其个人隐私保守秘密；调查人员不能将询问的内容透露给其他的询问对象。

第二，监察询问的对象规范。在调查过程中，监察机关可以询问证人等人员。《监察法》明确规定：监察机关行使监察、调查职权，有权依法向有关单位和个人了解情况，收集、调取证据。有关单位和个人应当如实提供。也就是说，凡是知道案件情况的人，都有作证的义务。这一规定包含三层意思：(1) 证人必须了解案件事实。这里的“了解”是证人必须亲眼所见、亲耳所闻、亲身感知了犯罪行为的发生，或者亲耳听到被调查人及相关人员对案情的叙述。(2) 证人必须具有辨别是非、正确表达的能力。生理上、精神上有缺陷或者年幼，不能辨别是非、不能正确表达的人，不能作为证人。(3) 证人应为自然人且具有不可替代性，单位不具有作证资格。

第三，监察询问的场所。询问证人应当从提高证人提供证言的积极性出发，根据实际情况确定询问地点。监察机关可以在以下的场所进行询问：(1) 证人所在单位或住所。(2) 证人提出的特定地点。根据证人提出的要求，到证人提出的地点进行询问，有利于消除证人的顾虑，充分调动证人作证的积极性。(3) 必要的时候，可以通知证人到监察机关提供证言。例如在证人证言可能涉及国家秘密或者到监察机关提供证人证言更有利于证人保密的情况下，可以通知其到监察机关提供证言。

第四，询问证人应当分别进行。询问多名证人时，应当分别进行、个别询问。这是询问的基本原则。将多名证人聚集起来、一并询问，容易造成证人之间的相互影响，证人证言将有可能偏离事实。

第五，监察询问的步骤。首先，监察机关调查人员在正式开始询问前，应当向证人表明身份和说明理由，出示调查人员本人的工作证件，还应当出示由监察机关负责人批准的“询问通知书”。其次，调查人员应完整地告知证人所享有的权利和有意作伪证或隐匿罪证应负的责任。最后，调查人员应让证人就所了解的案件情况进行描述，并在此基础上，针对模糊不清、逻辑混乱的地方进行提问，由证人进行补充回答。调查人员在询问过程中，应当秉持中立、客观的立场，不得进行诱导性提问。

第六，严禁非法取证。监察机关不得采用威胁、引诱和其他非法方法询问证人。《监察法》第40条第2款明确规定：严禁以威胁、引诱、欺骗及其他非法方式收集证据。同时，该法第33条第3款明确规定：以非法方法收集的证据应当依法予以排除，不得作为案件处置的依据。

第七，监察询问证人保护制度。职务违法犯罪案件的证人，具有以下特点：(1) 与本身案件有一定牵连；(2) 可能与被调查人订立过攻守同盟；(3) 与被调查人有较深的感情或友谊；(4) 怕作证影响自己的声誉，或断掉已建立的政治、业务关系；(5) 害怕打击报复等。这些特点导致在对职务违法犯罪案件的调查过程中，证人的作证意愿很低。因此，在监察询问过程中，要着重激励证人作证。这包含两个方面的内容：其一，监察机关不得使用暴力、威胁等非法方法询问证人。其二，监察机关要保障证人及其近亲属免受报复伤害。

对于具有现实危险的证人及其近亲属，监察机关可以比照刑事诉讼证人特别保护措施，决定采取一项或者多项措施，交予有关机关执行，有关单位和个人应予以配合：（1）不公开真实姓名、住址和工作单位等个人信息。监察机关在获得证人证言后，应在其后续工作过程中对有关个人信息予以保密，包括将案件在移送人民检察院审查起诉以后，与司法机关做好证据衔接工作，在起诉书、判决书等法律文书上使用化名代替真实的个人信息。（2）禁止特定的人员接触证人及其近亲属。监察机关采取措施、发布禁令，禁止可能实施打击报复的特定人员在一定时间内接触证人及其近亲属。（3）对证人的人身和住宅采取专门性保护措施，包括委托公安机关派警力保护证人的人身和住宅安全，在极个别情况下，甚至可以根据办案需要为其更换住宅、姓名等。（4）其他必要的保护措施。这是指上述保护措施以外的，监察机关认为有必要采取的其他特别保护措施。

第八，询问笔录的制作。询问证人等有关人员，应当制作询问笔录，并经有关人员签字、盖章。询问笔录是证人证言的形式载体，其制作应遵循真实性要求，制作完毕后应当交给证人核对；对于没有阅读能力的证人，应当向他宣读。如有遗漏或者差错，证人可以提出补充或者纠正，证人确认没有错误后，应当签名或者盖章。调查人员也应当在询问笔录上签名。证人要求自行书写证词的，应当允许；必要的时候，调查人员也可以让证人亲笔书写证词。

第三节　特殊性调查措施

一、留置

（一）留置的概念、原则

留置，是指监察机关调查涉嫌贪污贿赂、失职渎职等严重职务违法或者职务犯罪时，已经掌握被调查人的部分违法犯罪事实及证据，仍有重要问题需要进一步调查，并且具备法定情形，经依法审批后，将被调查人带至并留在特定的场所，使其就案件所涉及的问题配合调查的一项案件调查措施。留置作为监察机关调查职权的重要组成部分，在属性界定上是一种针对被调查人强制限制其人身自由的保障性措施，属于未定罪羁押措施的范畴。

留置为《监察法》中唯一涉及剥夺被调查人的人身自由的调查措施，监察机关在决定采取该措施时，必须严格遵循人权保障原则与比例原则。

1. 坚持人权保障原则

（1）一般性保障。

尊重与保障人权自2004年被写入宪法，已经成为我国公权力行使的基本准则，留置所对应的留置权的行使自然也当遵循这一铁律。人身自由权是公民的基本人权的支柱性权能，按照人权保障理念，对于限制人身自由的权力行使应当设置严格的审查批准条件和程序，并且保障被限制人在此期间的知情权、抗辩权和救济权。对于违法行使留置权导致公民人身自由权受侵犯的，应当追究责任并给予国家赔偿。

（2）特别性保障。

对于留置这种判决前的人身自由限制措施，人权保障原则的指导价值还体现在对决定主体、适用期限以及执行场所等问题的特别规范。就决定主体而言，为发挥权力之间的制约和监督作用，留置的决定机关应当是启动机关的上级机关，不能自我启动、自行决定。为避免对公民人身自由权的过度限制，留置应当严格遵守法定最长适用期限，不得随意延长。相较于定罪后的刑罚执行，留置的执行场所和执行期间被留置人的待遇都应当予以区分，保障被留置人的人身权、财产权、申辩权等基本权利，不得强迫被留置人参加劳动，不得将被留置人与已决犯混合羁押等。

2. 恪守比例原则

（1）适当性原则。

适当性原则强调手段与目的之间的有效关联，对于留置而言，其具体适用必须满足其制度预设功能，服务于保障调查的顺利进行，而不能指向惩罚犯罪等目标。这决定了留置无论是适用的实体性要件确定，还是具体启动、决定和执行程序，都要满足保障调查顺利进行的目标。例如，在留置期限的设置上，应当在法定期限内，根据调查需要和被调查人实施干扰调查行为的可能性随时决定该措施是否需要解除。

（2）必要性原则。

必要性原则强调在具体程序适用中应当选择对公民的基本权利影响最轻微的方案。就留置的适用而言，必要性原则集中体现在对留置的启动条件、执行场所、留置期限等内容的判断应当严格限制在保障调查需要的限度之内。当采取其他非限制人身自由的调查措施可以满足调查需要时，不能因调查便利等原因采取留置这一严重限制公民基本权利的调查措施。留置的适用过程中，应当针对被留置人是否需要采取留置措施进行动态评估，对留置必要性消除的被留置人应当及时解除留置措施。

（3）均衡性原则。

均衡性原则强调的是权利限制措施所造成的损害应当轻于达成目的所获得利益，目的与手段之间存在比例性。就留置而言，均衡性原则主要体现在留置适用的限制性规范应当与这一措施对公民基本权利限制的程度相适应。留置是对公民基本权利中的人身自由的强制性限制，属于严厉的权利限制措施。与之相对应的是，在适用上，无论是启动还是审批都应当遵循严格审慎的指导方针，并且应当尊重被留置人的申诉救济权，以应对这一措施对其人身自由这一基础权利的限制。

（二）留置的具体适用规范

1. 留置的启动

（1）启动条件。

留置，是监察调查措施中最严厉的一种。为了防止留置的过度适用，《监察法》对留置的适用条件作了严格限定。根据《监察法》第 22 条的规定，适用留置必须符合以下三个条件：（1）涉案要件。留置的涉案要件，是被调查人涉嫌贪污贿赂、失职渎职等严重职务违法或职务犯罪。留置适用的违法犯罪行为主要是贪污贿赂、失职渎职等行为，而且是严重的。对其他的职务违法行为或者职务犯罪行为轻微的，一般不采取留置措施。（2）证据要件，即监察机关已经掌握被调查人部分违法犯罪事实和证据，且有重要问题需要进一步调查。（3）危险性要件，即不采取留置措施将导致监察程序难以顺利进行。这主要包括四种情况：涉及案情重大、复杂的；被调查人可能逃跑自杀的，即在调查程序开始后，有一定证据证明或者有迹象表明被调查人试图自杀或者逃跑的；被调查人可能串供或者伪造、销毁、转移、隐匿证据的；被调查人可能有其他妨碍调查的行为的。这三个要件层层递进，共同构成了留置适用的实体要件体系，分别规范了留置适用的罪名范围、证据基础和危险性判断指引。需要明确的是，在留置适用实践中，这三个要件均为必要性条件，只有同时具备才符合采取留置措施的前提。

（2）启动主体。

各级监察机关均有权启动留置措施。根据《监察法》的规定，国家监察机关的级别设置为从中央到地方包括国家、省、市和县四级监察机关。每一级监察机关在各自的管辖范围内行使国家监察权，对腐败行为进行调查处置。各级监察机关作为调查主体，在调查实践中必然都会面临适用留置的需求。而留置为一项对人的调查措施，要实现其预设功能，须遵守时效性要求很高，以防止被留置对象逃跑或隐匿。因此，为确保留置适用的效率性，监察法赋予各级监察机关针对所调查案件的留置启动权。

同时，为避免留置启动的随意性，《监察法》第43条规定，各级监察机关采取留置措施，都应当经本机关领导人员集体决定。这一模式可以有效地发挥集体领导的民主决策优势，最大限度地消除留置随意启动，从而侵犯公民人身自由的风险，体现慎重严肃适用留置的立法初衷。

（3）适用对象。

从办案实践看，对涉嫌职务犯罪的公职人员采取留置措施毋庸置疑。但是，职务犯罪案件中相关的非公职人员，如行贿人员以及涉嫌共同职务犯罪的涉案人员，符合留置的具体适用情形时，如不将其留置，将严重影响监察机关对违法犯罪事实的进一步调查，有可能导致证据灭失等严重不利后果，影响调查的客观性、公正性。基于留置保障监察调查顺利进行的基本价值定位，监察机关可以对涉嫌行贿犯罪或者共同职务犯罪的涉案非公职人员采取留置措施。

2. 留置的决定

（1）留置的决定机关。

《监察法》规定，市、县级监察机关采取留置措施，应当报上一级监察机关批准；省级监察机关采取留置措施，应当报国家监察委员会备案。这一模式可以有效地利用上级国家监察机关较高的监察业务能力避免下级监察机关在留置适用的事实认定和法律适用方面存在的错误。更重要的是，通过上级监察机关的审查实现留置适用的异体监督，提高留置适用的公信力和权威性。

（2）留置的期限与延长。

《监察法》第43条第2款将留置的期限设置为：留置时间不得超过3个月。在特殊情况下，可以延长一次，延长时间不得超过3个月。省级以下监察机关采取留置措施的，延长留置时间应当报上一级监察机关批准。在实践中，各级监察机关应当根据被留置人干扰调查顺利进行的危险性的变动实时调整留置的适用，恪守比例原则的要求，尽量降低留置对公民的人身自由限制和剥夺的持续时间，决不能“一留到底”，及时对不需要继续采取留置措施的被留置人解除留置。

3. 留置的执行

（1）留置的执行机关和场所。

《监察法》第22条第3条规定：留置场所的设置、管理和监督依照国家有关规定执行。根据当前实践，结合留置的适用需要，留置的场所主要包括两类：一是纪委原“两规”场所，二是公安机关管理的看守所等羁押场所。监察机关采取留置措施时，可以根据工作需要提请公安机关配合。对于公安机关管理的羁押场所，应当注意将留置区域与其他羁押监区物理隔离，并根据办案需要，设置单独留置设施。由公安机关负责留置专区的后勤、安保和设施维护，并负责提供被留置人的饮食、医疗保障，并且在留置期间全程录音录像，由监察机关调查组定期拷贝，封存保管。

为保障被留置人及其近亲属的知情权，采取留置措施后，除可能毁灭、伪造证据，干扰证人作证或者串供等有碍调查情形的之外，应当在24小时以内，通知被留置人所在单位和家属。

（2）留置期间被留置人的生活保障。

被留置人作为调查对象，同样受无罪推定原则的保护，因此在留置期间除必要的人身自由限制措施之外，对其基本权利的行使应当给予必要的保障，尤其是对其基本的生活待遇应当进行全面保障，如监察机关应当保障被留置人的饮食、休息，提供医疗服务。讯问被留置人应当合理安排讯问时间和时长，在此期间应当给予被留置人饮食和必要的休息时间。不得疲劳讯问，更不能采取刑讯逼供等非法讯问措施。

对被留置人随身携带的通信工具、货币等，应当在登记后，妥善加以保管。

二、查询、冻结

（一）查询、冻结的概念、意义

查询，是指监察机关对涉案单位和涉案人员的存款、汇款、债券、股票、基金份额等财产的情况向银行或者其他金融机构进行查阅、询问、核对的行为。冻结，是指监察机关通知银行或者其他金融机构，在一定期限内停止涉案单位或涉案人员提取其在银行或者其他金融机构的存款、汇款、债券、股票、基金份额等财产的行为。

查询、冻结针对涉案单位和个人的存款、汇款、债券、股票、基金份额等财产。立法者赋予监察机关此项职权是为了收集、保全财产性证据，防止证据流失或者被隐匿，确保在后续工作中对违法犯罪所得予以没收、追缴、返还、责令退赔。职务犯罪，尤其是贪污贿赂犯罪中的大部分案件涉及涉案单位和个人的存款、汇款、债券、股票、基金份额等财产，监察法赋予监察机关必要的查询、冻结权限，有利于发现、固定证据，及时查清违法犯罪事实。

（二）查询、冻结的适用条件

监察机关查询、冻结措施的适用对象是涉嫌贪污贿赂、失职渎职等严重职务违法或者职务犯罪的有关单位和个人。

根据《监察法》第 23 条的规定，查询、冻结的行使必须符合以下两个要件：一是涉案要件。查询、冻结的涉案要件，是监察机关正在调查的涉嫌贪污贿赂、失职渎职等严重职务违法或者职务犯罪案件。二是必要性要件。监察机关采取查询、冻结措施，必须“根据工作需要”。这主要是指涉案单位和个人为达到伪造、隐匿、毁灭证据的目的，有可能提取、转移其存款、汇款、债券、股票、基金份额等财产，以及其他情形，不采取查询、冻结措施不足以防止这些情形的发生。

（三）有关单位和个人的配合义务

监察法在赋予监察机关查询、冻结权限的同时，也规定了有关单位和个人应当配合这一法定义务。监察查询、冻结涉案单位和个人的存款、汇款、债券、股票、基金份额等财产是调查犯罪的重要措施，是打击犯罪，特别是打击职务违法或职务犯罪的有效手段，因此，当有权限的监察机关依照规定采取查询、冻结措施时，有关单位和个人应当予以配合。这里的“配合”是指有关单位和个人应当为查询、冻结工作提供方便，提供协助，履行冻结手续，不得以保密为由进行阻碍。掌握相关信息的机关和单位，如拒不配合监察机关的查询、冻结行为的，监察机关可以依法追究其相应责任。

（四）查询、冻结的解除

《监察法》规定，冻结的财产经查明与案件无关的，应当在 3 日内解除冻结，予以退还。调查人员对冻结的存款、汇款、债券、股票、基金份额等财产，应当及时进行认真审查。经审查后，凡是与案件无关的，应当在查明情况后 3 日以内解除冻结，予以退回。其中的“经查明确实与案件无关”是指冻结的财产并非违法所得，也不具有证明犯罪嫌疑人有罪、无罪、罪轻、罪重的作用，不能作为证据使用，与犯罪行为没有任何牵连。

三、搜查

（一）搜查的概念、功能

搜查，是指监察机关对涉嫌职务犯罪的被调查人以及可能隐藏被调查人或者犯罪证据的人的身体、物品、住处和其他有关的场所进行搜索检查的一种调查措施。

为了更好地理解搜查的概念，必须明确以下三点。

第一，搜查主体。搜查的主体是监察机关的调查人员，监察机关不得委托其他机关或者个人进行搜查，且执行搜查的调查人员不得少于2人。

第二，搜查对象。《监察法》第24条明确规定，监察机关的搜查对象限于涉嫌职务犯罪的被调查人以及可能隐藏被调查人或者犯罪证据的人的身体、物品、住处和其他有关场所。监察机关在搜查过程中不得随意扩大搜查范围，对于与案件无关的场所和物品不得进行搜查。

第三，搜查目的。搜查的目的是发现和收集犯罪证据、查获被调查人。由于案件情况和调查对象的不同，搜查所要完成的具体任务也不尽相同。搜查具有强制性，监察机关的调查人员在执行搜查任务时，必须严格依法进行，不得滥用搜查权，以确保公民的合法权利不受侵犯。

搜查是监察机关查处职务犯罪案件的重要手段，搜查在查处职务犯罪案件过程中具有如下作用：（1）收集证据、信息，推动调查进度。查处职务犯罪案件时，搜查是获取被调查人犯罪信息与证据的重要手段。（2）查证被调查人供述的真实性。在调查中，被调查人的供述往往真假难辨，通过搜查、收集实物证据与被调查人供述相印证，可以考究被调查人供述的真实性。（3）发现线索，扩大战果。目前，大多数举报职务犯罪案件的线索价值往往有限，通过搜查极有可能发现新的犯罪线索，扩大战果。搜查，是监察机关发现新的犯罪线索的重要手段。（4）查获、追缴违法所得。

（二）搜查的具体适用规范

（1）搜查证的规范使用。监察机关执行搜查时，应当出具搜查证。监察机关签发搜查证，应当经过严格的审批程序。搜查证上应当写明被搜查人的有关信息、搜查的目的、搜查机关、执行人员以及搜查日期等内容。遇到紧急情况时，比如被搜查人可能携带、隐藏危险物品，可能隐匿、毁弃、转移犯罪证据或隐匿其他涉嫌犯罪的人员等，可以先实施搜查，再及时补办相关审批手续。

（2）搜查女性身体的特别规定。《监察法》第24条第2款明确规定，搜查女性身体，应当由女性工作人员进行。这既是为了保障被搜查女性的人格尊严和人身安全不受侵犯，也是对调查人员的职业保护，防止被搜查人诬告陷害搜查人员，保障搜查活动的顺利进行。

（3）搜查见证制度。监察机关进行搜查时，应当有被搜查人或者其亲属等见证人在场，并对全过程进行录音录像，留存备查。同时，被搜查人或者其亲属等其他人担任见证人时，应在搜查笔录上签名或者盖章。被搜查人在逃，其亲属拒不到场，或者拒绝签名、盖章的，应当在搜查笔录中予以注明，以确保搜查笔录的真实性、合法性。

（4）公安机关的配合义务。《监察法》第24条第3款中明确规定，监察机关根据搜查工作需要，可以提请公安机关配合。对于以暴力、威胁等方法阻碍搜查的，公安干警应当予以制止，或者将其带离现场；阻碍搜查涉嫌犯罪的，应当依法追究刑事责任。

四、调取、查封、扣押

（一）调取、查封、扣押的概念、意义

调取、查封、扣押，是指监察机关在调查过程中，为了发现、固定证据，依法对被调查人

涉嫌职务违法或职务犯罪的财物、文件和电子数据等信息进行强制提取、扣留和封存的一种调查行为。

调取、查封、扣押是监察机关调查职务违法犯罪时发现、固定证据的一项重要措施。监察机关适时采取调取、查封、扣押措施，可以防止与案件有关的财物、文件和电子数据被毁弃、丢失或被隐匿等情况的出现，从而使调取、查封、扣押的财物、文件和电子数据发挥应有的证据作用，实现揭露、证实职务违法、犯罪的监察目的。其中，调取针对的是有关单位和个人所持有的能够证实被调查人涉嫌违法犯罪的财物、文件和电子数据等信息，而查封、扣押的对象多为被调查人，查封针对被调查人的不动产，扣押针对被调查人的动产。

调取、查封、扣押的启动要同时具备以下两个条件：第一，需要调取、查封、扣押的财物、文件、电子数据必须是监察机关在调查过程中发现的；第二，上述财物、文件、电子数据必须与监察机关调查的职务违法犯罪行为有关联，能够或者有可能证明该违法犯罪行为的真实情况，对其他任何与案件无关的财物、文件、电子数据都不得调取、查封、扣押。其中，"用以证明被调查人涉嫌违法犯罪的财物、文件和电子数据"，是指能够证明被调查人有或者无违法犯罪行为、违法犯罪行为重或者轻的物证、书证、视听资料以及电子数据信息等证据；"财物"，是指可作为证据使用的财产和物品。

调取、查封、扣押经常与勘验、搜查一并进行，即在勘验、搜查过程中，监察机关调查人员应对发现的被调查人涉嫌职务违法或职务犯罪的财物、文件和电子数据等信息进行调取、查封、扣押。同时，作为一项独立的调查措施，调取、查封、扣押可以单独进行。

（二）调取、查封、扣押的适用规范

第一，采取调取、查封、扣押措施的，必须经监察机关相关负责人审批，并开具文书。

第二，采取调取、查封、扣押措施应由两名以上调查人员持工作证件和文书进行，并有持有人或者保管人、见证人在场。

第三，应当收集原物原件。查封、扣押不动产、车辆、船舶等财物，可以扣押其权利证书，经拍照或者录像后原地封存；对书证、视听资料、电子数据应当调取原件。取得原件确有困难的，可以调取副本或者复制件，但对原件也要采用一定方式加以固定。

第四，调查人员在仔细查点的基础上，当面逐一拍照、登记、编号，开列清单，由在场人员当场核对、签字。在清单上写明调取、查封、扣押财物和文件的名称、规格、特征、质量、数量，文件和电子数据的编号，以及发现的地点和时间等。清单不得涂改，凡是必须更正的，必须共同签名或盖章，或者重新开列清单。清单副本交财物、文件的持有人或者占有人。

（三）调取、查封、扣押财物、文件的保管与退还

对于调取、查封、扣押的财物、文件，监察机关应当设立专用账户、专门场所，确定专门人员妥善保管，严格履行交接、调取手续，定期对账核实，不得毁损或者用于其他目的。妥善保管主要是指将调取、查封、扣押的财物、文件放置于安全设施比较完备的地方保管，以防止证据遗失、毁损或被用于其他目的。对价值不明的物品应当及时鉴定，专门封存保管。这主要是针对文物、字画等物品，由于不能判断真伪，价值不明，应当及时鉴定然后封存。封存主要是指被调取、查封、扣押的财物属于大型物品或者数量较多或者不便于移动，在拍照并登记后就地封存或者异地封存。封存应当盖有监察机关的封条，以备查核。任何单位、个人都不得以任何借口使用、调换被查封、扣押的财物、文件，也不将其毁损或用于其他目的，要保障财物、文件的完好无损。

查封、扣押的财物、文件经查明与案件无关的，应当在 3 日内解除查封、扣押，予以退还。查封、扣押是为了保护证据，查明、证实违法犯罪行为，但同时也要切实保障公民、组织

的合法权利，所以，监察机关对查封、扣押的财物、文件，应当及时进行认真审查。经过调查核实，认定该查封、扣押的财物并非违法所得，也不具有证明被调查人违法犯罪情况的作用，不能作为证据使用，或者与违法犯罪行为无任何牵连的，应当在3日内解除查封、扣押，并退还原持有人或者保管人。

五、勘验、检查

（一）勘验、检查的概念、意义

勘验、检查，是指监察机关调查人员为了发现、收集、固定职务违法犯罪活动所遗留下来的各种痕迹与物品，而对有关的场所、物品、人身进行的实地勘查和检验。其中，勘验所适用的对象包括现场、物品，而检查的对象仅限于人身。

通过勘验、检查，可以发现和取得犯罪活动留下的痕迹和物品。所以勘验、检查是监察机关在调查活动中常用的一种调查措施，是发现和获取第一手证据的重要途径，是发现和获取证据、查明案情的重要手段，对调查活动的顺利推进有着特别重要的作用。

（二）勘验、检查的种类及适用规范

根据监察法及相关规定，勘验、检查的种类具体包括：现场勘验、物证检验、人身检查等。

1. 现场勘验

现场勘验，是监察机关调查人员对违法犯罪场所及发现违法犯罪痕迹的特定场所进行实地勘验和检查的一种调查活动。现场勘验经常与搜查同步进行。现场勘查的工作主要包括以下几个方面：在现场周围进行走访调查，寻找目击证人；实地勘验，发现和收集涉案证据；制作勘验笔录。

现场勘验，要遵循及时性与客观性要求。及时性，是指监察机关调查人员应在获得相关线索后，立即申请现场勘查令并第一时间赶赴现场，以防止现场被破坏，证据被转移、隐匿或毁灭。客观性，是指调查人员在现场勘查过程中，应当保持中立，不得歪曲和捏造事实。

通常情况下，现场勘查应由监察机关调查人员持相关证件进行。但在必要的时候，监察机关可以指派、聘请具有专门知识的人，在调查人员主持下进行现场勘查，以保证现场勘查结果的准确性。同时，为了保证现场勘验的真实性，调查人员应当邀请两名与案件无关的见证人在场。

根据《监察法》第41条的规定，现场勘验情况应制作成笔录，调查人员、参加勘验的其他人员和见证人都应当在笔录上签名或者盖章。对重大、复杂案件进行现场勘验，应当进行全程录音录像。

2. 物证检验

物证检验，是监察机关调查人员对犯罪现场及相关场所收集到的物品和痕迹进行鉴别与判断，以验证相关案件事实的一种调查行为。

物证检验中的“物证”主要来源于现场勘验、搜查所取得的物品、痕迹、文书和被调查人提供的相关物证。调查人员通过对上述物证的检验，提取与案件相关的物品与痕迹作为证据，用来指控被调查人的违法犯罪事实。

物证检验，一般由调查人员进行。如果调查人员无法准确鉴别，应当指派或聘请鉴定人进行鉴定，并要求鉴定人出具“鉴定意见”。

物证检验应当形成笔录，参加检验的调查人员及其他检验人员、见证人均应当签名或者盖

章，并注明时间。

3. 人身检查

人身检查，是指监察机关为了确定被调查人及相关涉案人员的某些特征、伤害情况或者生理状态，而依法对其人身进行检查的一种调查活动。

人身检查是针对活人的身体进行的一种特殊检验。进行人身检查必须由监察机关调查人员，或者在调查人员的主持下由聘请的法医或者医师严格依法进行，期间不得有任何侮辱人格或者其他损害公民合法权益的行为。检查妇女的身体，应当由女工作人员或者医师进行。

六、鉴定

（一）鉴定的概念、意义

鉴定，是指监察机关在调查过程中，指派、聘请具有专门知识的人就案件中的专门性问题进行技术上的鉴别、认定，并出具鉴定意见的一种调查行为。

监察权的行使必须遵循法治性和规范性，对事实的认知和判断都必须以相应的证据材料为支撑。由于职务违法犯罪具有隐蔽性，被调查人具有相当的反调查伪装能力，而鉴定人员的专业知识能弥补监察机关调查人员在相关领域专业知识的不足，从而为监察机关准确认定案件事实提供技术支撑和专业保障。可见，引入鉴定对于查明案件事实、查获犯罪分子、及时高效反腐有着极大的意义。

（二）鉴定的适用规范

监察机关指派或者聘请的鉴定人必须适格，其必须同时满足以下四个条件：一是鉴定人必须为自然人，法人或其他组织不得为鉴定人。二是鉴定人必须是具有专门知识或技能的人。专门知识是指某一专门领域的理论和实践经验。三是必须受监察机关指派或聘请。监察机关的鉴定是一种调查行为，只有受监察机关指派或聘请之人，才能进行鉴定活动。监察机关在指派或聘请鉴定人时，应当告知鉴定人故意作虚假鉴定应当承担的法律责任。四是鉴定人必须与本案无利害关系。为保证鉴定意见的客观、公正，鉴定人本人或近亲属与鉴定事项、鉴定事项涉及的案件有利害关系，可能影响其独立、客观、公正进行鉴定的，应当回避。在满足以上四个条件的同时也需要注意，因故意犯罪或职务过失犯罪受过刑事处罚或者开除公职处分以及被撤销鉴定人资格的自然人，不得从事鉴定业务。

鉴定人在进行鉴定的过程中应当遵守法律、法规、规章，遵守职业道德和职业纪律，尊重科学，遵守技术操作规范，依法独立、客观、公正地进行鉴定，并对自己作出的鉴定意见负责。此外，鉴定人也不得向他人泄露其在执业过程中知悉的国家秘密、商业秘密、他人隐私，但法律、法规另有规定的除外。鉴定人进行鉴定活动应当依法接受监督，有违规违法行为的，主管机关应作出相应的行政处分；情节严重的，应追究其刑事责任。同时，根据鉴定需要，鉴定人有权：（1）了解与鉴定有关的情况，要求相关单位提供鉴定所需的材料；（2）进行必要的勘验、检查；（3）查阅与鉴定有关的案件材料，询问与鉴定事项有关的人员；（4）对于与鉴定无关问题的询问，拒绝回答；（5）与其他鉴定人意见不一致时，保留意见。

（三）鉴定的内容

鉴定人仅对案件中的专门性问题进行鉴定，其中“专门性问题”是指众所周知的事实、自然规律及定律、根据日常生活经验法则推定的事实以外的运用一般调查方法难以解决的科学技术方面的问题。这种专门性的鉴定包括：（1）法医类鉴定，包括法医病理鉴定、法医临床鉴定、精神病鉴定以及法医物证鉴定。其中精神病鉴定主要是对人的精神状态、责任能力进行鉴别判断。(2) 物证类鉴定，包括文书鉴定、痕迹鉴定以及微量鉴定。痕迹鉴定即对指纹、脚印、字迹、弹痕等进行的鉴别判断活动。此外还包括扣押物品的价格鉴定、文物鉴定、违禁品和危险品鉴定等等。(3) 声像资料鉴定，包括对录像带、录音带、磁盘、光盘以及图片等载体上记录的声音、图像信息的真实性、完整性以及其所反映的情况过程进行的鉴定，对记录的声音、图像中的语言、人体、物体作出种类或者同一认定。此外，在实践中，有的案件中还需要针对账本、发票等材料进行会计鉴定以及其他技术方面的鉴定。

(四) 补充鉴定、重新鉴定

鉴定意见，是监察机关作出处置的证据之一，因此，监察机关应当将用作证据的鉴定意见告知被调查人，被调查人可以申请补充鉴定或者重新鉴定。同时，调查人员认为鉴定意见有重大遗漏或明显错误，应当报请监察机关负责人批准，进行重新鉴定或者补充鉴定。

出现下列情形之一，应当重新鉴定：(1) 有证据证明鉴定程序违法或者违反相关专业要求的；(2) 鉴定机构、鉴定人不适格的；(3) 有证据证明鉴定人故意做虚假鉴定或者违反回避规定的；(4) 鉴定意见明显不足的；(5) 鉴定的材料虚假或者被污染的；(6) 其他导致鉴定意见有失客观性的情形。

七、技术调查措施

(一) 技术调查措施的概念、意义

技术调查措施，是指监察机关根据调查需要，依法运用现代科技设备秘密地收集被调查人违法犯罪证据的一种特殊调查措施。立法者并未在《监察法》中明确列举技术调查措施的具体种类和手段，根据以往的法律实践，技术调查措施包括电子监听监控、技术追踪、网络通信监控等秘密的专门技术手段。电子监听监控是应用电子设备秘密听取、拍摄被调查人的通讯往来、行为动态，用以发现和获取相关证据。技术追踪，主要指定位技术，是监察机关用以追踪、查获被调查人的重要手段。网络通信监控，是指通过技术手段对被调查人的互联网活动、手机通讯进行动态监控，用以发现和收集相关证据。当然为了查明案情，在必要的时候，经监察机关负责人决定，调查人员可以隐匿身份调查。

职务犯罪具有发现难、查明难的特点，现代科学技术的发展更是加深了其隐蔽性、智能性。《联合国反腐败公约》第 50 条第 1 款规定：为有效地打击腐败，各缔约国均应当在其本国法律制度基本原则许可的范围内并根据本国法律规定的条件在其力所能及的情况下采取必要措施，允许其主管机关在其领域内酌情使用控制下交付和在其认为适当时使用诸如电子或者其他监视形式和特工行动等其他特殊侦查手段，并允许法庭采信由这些手段产生的证据。为了顺应打击职务犯罪的国际趋势以及我国的内在需求，《监察法》赋予监察机关技术调查的决定权，用以收集犯罪证据、查明犯罪事实、查获被调查人以及发现新的犯罪线索。

(二) 技术调查措施的适用规范

技术调查措施，在职务犯罪的查明上具有重大功用，但在操作过程中将不可避免地探寻国家秘密、公民隐私等信息，为保证监察调查程序的顺利进行以及被调查人的合法权利不受非法侵害，应当严格规范其适用。

1. 技术调查的启动条件

监察机关决定启动技术调查措施，必须同时满足以下三个条件：一是被调查人涉嫌重大贪污贿赂等职务犯罪案件。“重大的贪污贿赂”犯罪案件，一般是指数额巨大、造成的损失严重、社会影响恶劣的案件。此外，对于其他重大职务犯罪案件，如确有必要，监察机关也可以采取技术调查措施。二是监察机关对上述案件采取技术调查措施必须“根据需要”，监察机关只有在采取常规调查手段无法查明上述重大贪污贿赂等职务犯罪时，方可启动技术调查措施。三是启动技术调查措施要经过严格的批准手续。这要求监察机关内部制定严格的审批程序，监察机关负责人严格遵照前述两个条件作出批准与否的决定，并明确技术调查措施的种类、适用对象和执行期限，不得作出概括性批准。

2. 技术调查措施的时限、延长及解除规范

《监察法》第28条第2款中规定：技术调查措施的时限为3个月，自签发之日起算。对于复杂、疑难案件，期限届满仍有必要继续采取技术调查措施的，经过批准，有效期可以延长，但每次延长不得超过3个月。此处的“经过批准”是指重新履行原来的审批程序。

对于不需要继续采取技术调查措施的，应当及时解除。执行机关应尽可能缩短采取技术调查措施的期间，监察法规定的3个月时限为最长时限，在3个月有效期内，如果不需要继续采取技术调查措施的，监察机关应当及时予以解除。

（三）技术调查措施的执行机关

依据监察法及相关规定，监察机关享有技术调查措施决定权，但应当交有关机关执行。在实践中，有关机关通常指公安机关以及国家安全机关。这一立法规定考虑因素有二：一是权力分离的需要，技术调查措施具有秘密性与强制性，极易侵害个人合法权益，将技术调查措施的审批权与执行权分别赋予监察机关与公安机关、国家安全机关，有利于规范技术调查措施的运行，防止权力滥用。二是技术设备的需求，公安机关、国家安全机关是我国传统的犯罪侦查机关，其人力、物力的积累，监察机关在短时期内很难与之匹敌，也容易造成资源的闲置。

（四）有关单位、个人的配合

打击贪污贿赂等职务犯罪关乎人民切身利益，需要全社会的共同参与，监察机关作为专门的腐败行为监督、调查和处置机关在开展监察活动时，需要来自社会公众和其他机关的配合与支持。每一个社会成员都是政治清明、权力廉洁的享受者，同时也应当自觉成为贡献者。技术调查措施的顺利进行，离不开有关单位与个人的配合、支持。监察机关在进行电子监控监听、技术追送、网络通信监控等工作时，有关单位和个人应当积极配合，不可进行阻碍或者刁难。

八、通缉

（一）通缉的概念、意义

通缉，是指经监察机关决定，由公安机关发布通缉令，将应当留置而在逃的被调查人追捕归案的一种调查措施，是监察机关追捕应当被留置而在逃的被调查人的重要手段。其中，“通缉令”，是指公安机关依照法定权限发布的追捕在逃人员的命令。通缉令应当写明被通缉人的姓名（绰号）、性别、年龄、民族、籍贯以及职业、身份证号码、衣着和体貌特征并附上照片。除了必须保密的事项以外，通缉令中应当写明简要案情。

监察机关作为集中统一、权威高效的反腐机构，有权对符合特定条件的被调查人采取留置措施。被调查人出于逃脱惩治的目的，往往躲避调查，严重扰乱监察秩序。应当留置的被调查人在逃，容易引发社会舆论的质疑，影响监察的威慑力，监察机关通过通缉及时将在逃人员追捕归案，体现监察机关坚决查处职务犯罪的决心，从而达到预防犯罪、维护社会安定的效果。

（二）通缉的适用规范

通缉是一种强制性调查措施，通过公安机关发布通缉令的方式将在逃的被调查人信息广而告之，进而收集其行踪线索，将通缉对象捉拿归案。将通缉对象的个人信息通过通缉令的方式

广而告之，极易侵害其隐私权与名誉权，因此，必须规范监察机关对通缉的适用。

1. 通缉的适用条件

监察机关决定采取通缉措施，必须满足以下三个条件：一是通缉对象必须是涉嫌贪污贿赂犯罪等职务犯罪的被调查人，监察机关不得对其他相关人员采取通缉措施。二是被调查人必须符合留置条件。三是被调查人确实因逃避法律责任而下落不明。具体来说，通缉对象既包括符合监察法规定的留置条件应当依法留置但下落不明的涉嫌职务犯罪的被调查人，也包括已经依法留置但又逃跑的被调查人。

2. 通缉的决定与执行

《监察法》第29条明确规定：通缉措施由监察机关决定实施，并交由公安机关执行。监察机关在本行政区域内可以直接决定发布通缉令，如果通缉范围超出本行政区域的，应当报请有决定权的上级监察机关决定。公安机关接到监察机关采取通缉的决定后，应当及时部署力量，积极进行查缉工作。监察法的这一规定，既体现了权力之间的制约、配合，也贴合办案的实际需要。

3. 通缉的撤销

对于被调查人已经自动投案或者被抓获，以及有其他不需要继续通缉的情形的，公安机关应当及时撤销已发布的通缉令。

九、限制出境

（一）限制出境的概念、意义

出境，是指一国的公民为进入另一个国家而离开所在国的活动。一般来说，出境的概念包括两个方面的含义：一是指本国公民出于某种需要，经本国政府批准，持用合法证件离开本国国境；二是指外国人出于某种事由，经停留所在国许可，持用合法证件离开停留所在国。监察法中的限制出境，是指监察机关在调查过程中，对于可能逃往境外的被调查人以及出境可能影响调查程序顺利进行的涉案相关人员，采取的限制其出境的调查措施。

监察机关对于可能出逃境外的被调查人及相关涉案人员采取限制出境措施，主要是为了防止被调查人及相关涉案人员逃往境外，阻碍调查工作的顺利进行。具体来说，首先，涉嫌贪污贿赂等职务犯罪的被调查人及相关人员往往具有一定的社会地位并掌握大量钱财，极易凭借其职务便利携款出逃境外，以“人走事了”。限制上述人员出境是预防腐败分子逃避打击和加强廉政建设的有力措施。其次，涉嫌职务犯罪的相关人员很可能掌握着国家机密，放任其潜逃可能导致国家秘密泄露，因此，出于国家安全的考虑，应当限制其出境。最后，对被调查人及相关涉案人员采取限制出境措施，也是维护社会秩序的需要。社会秩序是指在一定规则体系的基础上社会系统运行所体现出来的有规律、可预见、和谐稳定的状态。理所当然，所有破坏社会秩序的成员都要承担由此带来的不利后果，接受相应的惩罚或者履行法定的义务。被调查人及相关涉案人员企图通过出逃境外来逃避惩罚和逃脱义务是对社会秩序的破坏，限制其出境有利于维护我国法律的尊严，保障规范的社会秩序。

（二）限制出境的适用规范

1. 限制出境的决定

《监察法》第30条规定，限制出境措施的启动需经省级以上监察机关批准。出境是公民享有的合法权利，为防止限制出境措施的滥用而造成对公民合法权利的侵害，对其适用应遵循严格审批程序。省级以上监察机关在作出批准与否的决定时，应遵循必要性原则，即只有在涉嫌职务违法犯罪的被调查人以及与案件相关的其他人员可能出逃境外，阻碍调查工作顺利开展的情形下，才能作出准许限制出境的决定。

2. 限制出境的执行

限制出境措施由公安机关依法执行。公安机关是唯一的限制出境执行机关，因为公民想要出境，其需要向公安出入境管理机关申请出境证件，在依法取得出境证件后，其出境行为亦要接受公安机关下设的边防检查机关的核查。公安出入境管理机关和边防检查机关是我国目前行使出境管理权的执行主体，前者负责证件签发，后者负责证件查验，两者相互协作、密切配合，在接受监察机关作出的限制出境决定后，对未获得离境证件的有关人员不予签发护照或其他出境证件，对持有出境证件的有关人员在离境口岸阻止其出境。因此，赋予公安机关限制出境执行权，符合我国办案实际。

3. 限制出境的时限、延长、解除

根据监察法以及其他相关法律的规定，限制出境最长不超过一年，实践中，一般限定在一个月以上、三个月以下。限制出境措施期限届满后可以延长，但仍是由省级以上监察机关审批。

同时，对于期限尚未届满但不需要继续采取限制出境措施的，监察机关应当及时作出解除决定，并通知公安机关予以解除。这是为防止对公民合法权利的侵害。

第四节　从宽处理建议

为鼓励被调查人积极悔过自新，主动配合监察机关的调查工作，保障监察工作的顺利进行，监察法赋予了监察机关提出从宽处罚建议的权力。这一做法彰显了监察法对刑事诉讼中认罪认罚从宽制度的肯定，体现了法律体系内部的逻辑自洽。监察机关的从宽建议包括自首、退赃、揭发立功从宽建议三种。

一、自首从宽建议

1. 自首从宽建议的概念、意义

自首从宽建议，是指涉嫌职务犯罪的被调查人自动投案，真诚悔罪悔过，或者积极配合调查工作，如实供述监察机关还未掌握的违法犯罪行为的，经监察机关领导人员集体研究，并报上一级监察机关批准，可以在移送人民检察院时提出从宽处罚的建议。根据《刑法》第 67 条的规定，犯罪以后自动投案，如实供述自己的罪行的，是自首；被采取强制措施的犯罪嫌疑人、被告人和正在服刑的罪犯，如实供述司法机关还未掌握的本人其他罪行的，以自首论。在刑事司法实践中，自首制度也称为自首从宽制度，是立法者对自首行为的一种肯定性评价，体现了惩办与宽大相结合的刑事政策，是我国刑法中一项重要的刑罚裁量制度。其设置的初衷是对惩罚与预防犯罪、司法机关的利益衡量及教育犯罪人重新做人的双重考虑。职务犯罪在本质上而言也是一种犯罪，《监察法》在第 31 条规定，被调查人有自首行为的，监察机关经过内部审批程序，可以在将案件移送人民检察院时提出从宽处罚的建议。这既是打击职务犯罪的需要，又能通过较小的成本支出来最大限度地遏制犯罪，实现惩罚犯罪、预防犯罪的效果。

为了更好地理解自首从宽建议制度的概念，需要明确：第一，自首从宽处罚是自首制度赖以存在的关键。世界各国、各地区刑法对于自首制度，都无一例外地规定了自首从宽处罚的原则。其主要原因是对自首者从宽处罚，才使犯罪人在犯罪以后具有自动投案、如实供述所犯罪行的动力。第二，我国法律规定，监察机关对于存在自首行为的被调查人“可以”提出从宽处罚建议而不是“应当”提出从宽处罚建议，这就要求监察机关根据具体的情况予以选择。在作出是否提出从宽处罚建议的决定时，监察机关不仅要注意到犯罪行为本身所体现的被调查人主观恶性的大小，同时也要考虑到自首的动机、时间、地点以及方式等自首本身的情节所体现出来的被调查人犯罪时的主观恶性的大小。第三，监察机关的自首从宽建议只是一种建议，并不具有约束力，不影响法院、检察院独立行使职权。

在职务犯罪案件中，职务犯罪人员往往具有较高的学历、较高的智商、较丰富的社会阅历，掌握着经济、法律、金融、证券等专业的运行规律，这导致其作案过程相当隐蔽、智能。此外，职务犯罪人员反调查能力比较强，深知办案人员的思路和做法。这对于查处职务犯罪十分不利。监察机关在调查职务犯罪过程中，经常面临实物证据稀缺的难题，对腐败行为的调查和处置都必须建立在确实充分的证据的基础之上，绝不能仅凭主观臆测和风闻传言就作出处理决定。因此，言词证据的获取对于监察机关查获案件有着重要的作用。基于此，建立自首从宽建议制度，使被调查人的自首有了法律上的保障，鼓励被调查人自首悔过，对于监察机关及时查获贪污贿赂等职务犯罪具有重大意义。

2. 自首从宽建议权的构成要件

根据《监察法》第 31 条的规定，自首从宽制度共有两种情形，一种是自动投案型自首从宽，另一种是如实供述型自首从宽。

自动投案型自首从宽的构成要件有二：其一，自动投案。所谓自动投案，是指公职人员在其行为触犯相关职务犯罪以后被监察机关归案以前，出于自己的意志，主动向监察机关投案的行为。自动投案包括以下几个要素：(1) 投案对象。自动投案对象具有多样性，有关人员可向监察机关以及有关国家机关表述自己违法犯罪的事实。(2) 投案方式。有关人员自动投案的方式具有灵活性，一般由有关人员直接向监察机关以及有关国家机关投案，但其因伤病或其他特殊情况，委托他人代为投案，或者先以电信等方式投案的，视为自动投案。(3) 投案时间。自动投案的时间应该是该项犯罪事实被监察机关掌握以前。基于法律体系内部统一的需要，结合《监察法》与《刑事诉讼法》的衔接，应当留置而在逃的被调查人，在通缉、追捕的过程中归案的，视为投案。(4) 投案意愿。自动投案要求投案行为必须出于自愿，但被调查人经亲友规劝，陪同投案的，也视为自动投案；或者亲友主动报案后，将被调查人交付监察机关接受调查的，同样视为自动投案。同时，监察机关在收到群众举报的基础上以电话、口头或者书面要求被调查人到案进行调查询问，被调查人在此期间主动供述违法犯罪事实的，应认定为自动投案。其二，悔罪悔过。这是指有关人员在自动投案的基础上，积极陈述自己的违法犯罪行为，并悔恨自己的罪过。悔罪悔过心态的出现，表明违法犯罪行为人主观恶性的减弱。在我国刑事司法实践中，犯罪嫌疑人、被告人真实的悔罪悔过情形，是对其量刑时的重要考量情节。根据《监察法》第 31 条第 1 项规定，涉嫌职务犯罪的被调查人主动认罪认罚，并有自动投案、真诚悔罪悔过情节的，监察机关经领导人员集体研究，并报上一级监察机关批准，可以在移送人民检察院时提出从宽处罚的建议。因此，在实践中必须区分认罪认罚与悔罪悔过的不同情形，严格行使自首从宽建议权。

如实供述型自首从宽，其构成要件是被调查人积极配合调查工作，如实供述监察机关还未掌握的违法犯罪行为。如实供述型自首从宽不要求被调查人有自动投案情节，被调查人在被调查期间，如实供述监察机关尚未掌握的违法犯罪行为的，节约了监察办案资源，表明了被调查人主动认罪的态度，符合自首从宽的立法原意。

二、退赃从宽建议

退赃从宽建议，是指被调查人在被立案调查期间，主动配合监察机关工作，将自己犯罪所得的赃款赃物，直接退还或者上交监察机关处置的，经监察机关领导人员集体研究，并报上一级监察机关批准，可以在移送人民检察院时提出从宽处罚的建议。退赃从宽建议不同于自首从宽建议，它不要求被调查人有自动投案的情节，也不要求被调查人如实供述监察机关还未掌握的违法犯罪行为。它可以是被调查人在被监察机关立案调查并掌握其完全犯罪事实的情形下，通过退还赃款赃物来获取监察机关提出的从宽建议。如被调查人既有自首情形，也有积极退赃行为，监察机关应当如实记录在案，并根据具体情形提出适当的从宽建议。当然，监察法所规定的退赃从宽制度，要求被调查人将犯罪所得的全部款物依数退还。

退赃是刑事犯罪的题中之意，要求犯罪分子将犯罪获得的赃款赃物退还或者上交国家机关是维护社会秩序、维护公民合法权益的正当需要。职务犯罪，作为刑事犯罪的一种，通常表现为权钱交易或者职务贪腐。监察法将退赃从宽制度予以明文规定，既是对被调查人通过积极退赃所表现的认罪认罚态度的鼓励，亦是打击职务犯罪办案的需要。近年来，我国反腐败形势严峻，“人在钱失”情形多发，同时职务犯罪腐败程度日益严重，千万元以及亿元级案件常态化以及钱物转移海外化，追缴赃款赃物难度很大。通过退赃从宽制度，激励被调查人退款退物，有利于资产的追缴，节约办案资源。

三、揭发立功从宽建议

揭发立功从宽建议，是指在监察机关调查过程中，被调查人具有检举、揭发他人犯罪等重大立功表现，或者所涉案件涉及国家重大利益等情节，经监察机关领导人员集体研究，并报上一级监察机关批准，可以在将案件移送人民检察院时提出从宽处罚的建议。被调查人成立揭发立功从宽有两种情形。其一，被调查人具有“重大立功”表现。被调查人有下列行为之一的，将被视为有重大立功表现：一是被调查人到案后检举、揭发他人重大犯罪行为，包括供述其同案犯共同犯罪以外的其他犯罪，经查证属实的；二是阻止他人重大犯罪活动；三是协助国家监察、司法机关抓获其他重大犯罪分子；四是对国家和社会有其他重大贡献等。这里所指的犯罪行为，既包括重大职务犯罪行为，也包括其他犯罪行为。其二，案件涉及“重大国家利益”，是指被调查人所承担的职责或者个人身份以及掌握的特殊技术等对国家国防、外交等重大事项具有重大影响，如果不从宽处理，可能对国家重大利益造成不利影响。

国家设立揭发立功从宽制度，鼓励被调查人揭发、阻止犯罪以及协助国家监察机关、司法机关抓获违法犯罪分子，体现了惩办与宽大相结合、宽严相济的刑事政策。

第五节 非法证据排除

按照现代法治理念，无论是认定事实还是适用法律，都必须以证据为基础。监察机关会作为反腐败专责机关，承担着依法揭露和查证职务违法犯罪的法定职责与廉洁政治的重要使命。因此，监察机关无论是行使监督、调查权还是行使处置职权，都必须以证据为基础。监察法对证据的种类、取证要求作了详细规定，并在此基础上确立了监察法中的非法证据排除规则。

一、监察证据的种类

证据的种类，即证据的法定形式，是法律对证据的不同表现形式进行的分类。《监察法》第 33 条第 1 款对证据的种类进行了规定，具体包括：（1）物证，是指与被调查案件相关联、可以用于证明案件情况和被调查人情况的实物，如赃款赃物。（2）书证，是指能够以其内容证明案件事实的文字、图案等资料，如行贿人转账凭证、攻守同盟间的书信往来。（3）证人证言，是指监察机关询问了解案件情况的人，要求其就了解的案件情况所作的陈述。（4）被调查人供述和辩解，是指被调查人就案件情况向监察机关所作的陈述，既包括承认自己有罪所作出的有罪供述，也包括声称自己无罪或者罪轻的辩解。（5）视听资料，是指载有与案件相关的内容的录像、录音材料等，如通过技术侦查所获取的录音、录像资料。（6）电子数据，是指与案件事实有关的电子邮件、网上聊天记录、电子签名、访问记录等电子形式的证据。（7）其他。

二、监察机关收集、固定、审查、运用证据的要求和标准

根据《监察法》第 33 条第 2 款以及第 1 款，监察机关在收集、固定、审查、运用证据时，应当与刑事诉讼关于证据的要求和标准一致，且监察机关在调查程序中依法收集的证据，在刑事诉讼中可以作为证据使用。基于此，参照《刑事诉讼法》及相关司法解释对证据的要求和标准，监察机关在收集、固定证据时必须做到以下几点：一是必须依照法定程序收集证据。如讯问被调查人，应由监察机关工作人员两人以上进行；搜查时出示搜查证；证人笔录必须交本人核对。二是收集证据必须客观、全面，不能只收集一方面的证据。三是严禁以非法方法收集证据。这主要是指严禁刑讯逼供，严禁以威胁、引诱、欺骗方式来获取证据。四是要保证一切与案件有关或者了解案件情况的人，有客观、充分提供证据的条件。五是除特殊情况外，可以吸收与案件有关或者了解案情的公民协助调查。这是指收集证据工作要依靠人民群众。其中，“特殊情况”主要是指与案件有关的人参与调查可能会泄露案情，导致被调查人逃跑，或者与被调查人串通，毁灭、隐匿证据。此外，对涉及国家秘密的案件，不应知悉该国家秘密的人也不得参与调查。

其次，对比、参照《刑事诉讼法》及相关司法解释关于司法机关审查、运用证据的规定，监察机关在审查、运用证据作出处置决定时，需恪守五大证据规则：一是相关性规则，也称关联性规则，在监察法中是指只有与案件待证事实具有相关性的证据才能作为监察机关处置决定的依据，主要表现为对品格证据和类似行为证据予以排除。二是非法证据排除规则，是指以非法方法取得的证据不得作为证明被调查人有违法犯罪行为的根据。三是最佳证据规则，也称原始文书规则，是指在以书证来证明案件主要事实时，除非有法定例外情形，必须提供书证材料的原始件。四是意见证据规则，是指证人只能就其所亲身感知的案件事实作出陈述，而不得对案件事实作出推断性意见。五是补强证据规则，是指在认定事实时，法律规定在采纳某些证明力薄弱的证据时须有其他证据予以补强。

坚持监察证据与刑事证据的同质性要求，其首要目的在于保障监察质量。刑事诉讼法是体系相对成熟的一门法律，其证据规则经受了历史的考验，具有相对科学性。监察机关作为有权对涉及职务违法犯罪的公职人员直接作出处置决定的国家机关，其行为会严重影响被处分人的实体权利。为力求监察机关处置决定的公正、合理，保障执纪监察的质量，必须借鉴《刑事诉讼法》及相关司法解释关于证据的规定。此外，坚持监察证据与刑事证据的同质性要求也是程序衔接的需要。《监察法》第 45 条第 1 款第 4 项规定，“对涉嫌职务犯罪的，监察机关经调查

认为犯罪事实清楚，证据确实、充分的，制作起诉意见书，连同案卷材料、证据一并移送人民检察院依法审查、提起公诉”。这表明在打击职务犯罪过程中，监察机关负责案件调查，调查终结后移送检察机关审查起诉，最终由人民法院定罪量刑。这其中涉及案件在监察程序与诉讼程序中的流转。长期的司法实践证明，经由纪检机关以及行政机关移送至刑事诉讼的案件，如果要求刑事侦查机关重新对案件展开侦查、收集证据，会加大司法机关的工作难度。同理，如果监察证据在刑事诉讼中不能作为证据使用，司法机关查明案件事实就会存在严重困难，不利于打击职务犯罪。

三、监察调查非法证据排除规则

（一）监察调查非法证据排除规则的概念、意义

非法证据排除规则，是现代法治发展的标志性成果。我国最早确立非法证据排除规则始于2010年制定的《关于办理刑事案件排除非法证据若干问题的规定》。在监察法语境下，非法证据排除规则是指监察机关对于以非法方法收集的证据应当依法予以排除，不得作为案件处置的依据。此举重在强调证据必须经查证属实，才能作为案件处置的根据。这是正确查处案件，防止错案，保障无辜的人不受追究的有效措施。

证据是监察机关作出处置决定的唯一依据，对于保障监察工作的质量具有决定性作用。以非法方法收集的证据极易侵害被调查人的合法权益，同时也影响处置决定的正确性。

（二）监察调查非法证据排除规则的适用

基于《监察法》第33条第2款有关监察机关收集、固定、审查、运用证据，应与刑事审判关于证据的要求标准相一致的要求，参照《刑事诉讼法》第56条的规定，以非法方法收集的证据主要包括两大类：第一类是采用刑讯逼供等非法方法收集的被调查人供述和采用暴力、威胁等非法方法收集的证人证言。“等非法方法”，是指违法程度和对当事人的强迫程度达到与刑讯逼供或者暴力、威胁相当，使其不得不违背自己意愿陈述的方法。采用以上非法方法收集言词证据，严重侵犯了当事人的人身权利，破坏了监察机关的形象，极易造成冤假错案，故对此类证据应当严格地予以排除。第二类是收集证据时不符合法定程序的实物证据。不符合法定程序包括不符合法律关于取证主体、取证手续、取证方法的规定。此类如由不具备办案资格的人提取的物证，未出示搜查证搜查取得的书证等。对于非法实物证据，并非一概地进行排除，而是存在严重影响公正的情形，并且允许调查人员进行补正或作出合理解释仍不能补正或作出合理解释时，才予以排除。

第六节　调查管辖

一、调查管辖及相关概念

各级监察机关是行使国家监察职能的专责机关，依法对公职人员进行监察，调查职务违法和职务犯罪。调查管辖，是监察法对于监察机关调查职务违法和职务犯罪的进一步规定，是指监察法对于各级监察机关之间、同级监察机关之间对职务违法犯罪立案并进行调查活动的权限划分。根据《监察法》第7条、第8条第1款及第9条第1款的规定，国家监察委员会是全国最高监察机关，由全国人民代表大会产生并负责全国监察工作；地方各级监察委员会由本级人民代表大会产生，负责本行政区域内的监察工作。

职务违法犯罪调查管辖权，是与调查管辖密切相关的概念，是指特定监察机关对具体职务违法和职务犯罪进行调查活动的权限划分。职务违法犯罪调查管辖权内含对职务违法犯罪的界定和对职务违法犯罪的调查两个部分。其中职务违法犯罪是指公职人员利用职务便利实施的有悖于其职责的行为，包括职务违法行为和职务犯罪行为。对职务违法犯罪的调查，是指监察机关通过对被调查人采取各种调查措施，收集被调查人违法犯罪证据材料的行为。职务违法犯罪调查包括职务违法行为调查和职务犯罪行为调查。

科学合理的管辖制度，有利于监察工作的高效运行，有利于打击职务违法犯罪行为。对于专职监察工作的监察机关，监察法规定的以行政区域划分的调查管辖制度，结合监察机关上命下从的垂直领导体系，在破除权力干扰的同时，结合职务违法犯罪发生规律，积极统筹调配职务违法犯罪调查资源，收集、固定相关证据材料，有利于及时查明职务违法犯罪活动，监督公权力的廉洁运行。

二、职务违法犯罪线索移送制度

根据《监察法》第 34 条第 1 款规定，人民法院、人民检察院、公安机关、审计机关等国家机关在工作中发现公职人员涉嫌贪污贿赂、失职渎职等职务违法或者职务犯罪的问题线索，应当移送监察机关，由监察机关依法调查处置。这一有关职务违法犯罪问题线索移送制度的规定，是基于监察机关调查职务违法与职务犯罪的需要，体现了监察机关依照法律规定独立行使监察权的监察原则，以及监察机关与各职能部门互相配合、互相制约的工作方法。

监察法对于问题线索的移送机关是一种不完全的列举。公安机关的刑事侦查、人民检察院的审查起诉、人民法院的刑事审判和审计机关的审计活动中都有可能发现公职人员的职务违法和职务犯罪线索。除此之外的其他国家机关发现有关职务违法和职务犯罪问题线索的，都应当移交监察机关进行查明。

三、管辖的交叉及处理

现行《刑事诉讼法》第 19 条第 1 款规定：刑事案件的侦查，由公安机关进行，法律另有规定的除外。对刑事案件进行侦查是公安机关的重要职责。据此，除法律另有规定的以外，所有刑事案件的侦查工作，都应由公安机关负责。职务违法或职务犯罪，其本质是刑事案件，但立法者通过立法程序，将该类刑事案件的调查权赋予监察机关。由此在实践中将不可避免地出现调查管辖与立案管辖的交叉。

《监察法》第 34 条第 2 款，被调查人既涉嫌严重职务违法或者职务犯罪，又涉嫌其他犯罪的，一般应当由监察机关为主调查，其他机关予以协助。这一法律规定，明确了调查管辖与立案管辖交叉情形下的职务犯罪调查优先原则。职务犯罪调查优先原则，是指一旦监察机关对涉嫌严重职务违法或职务犯罪的被调查人实施调查，其他主体的权力不得在法律上替代或损害监察机关的相对优势地位，监察机关享有依法排他的管辖和处理权力。职务犯罪调查优先原则在实务中适用于两种情形：一是监察机关在调查公职人员职务违法或职务犯罪案件时，发现被调查人还实施了应由公安、司法机关管辖的案件。此时，由监察机关为主调查，需要检察机关、公安机关等其他机关协助的，它们应当给予协助；二是公安、司法机关在侦查普通刑事案件时，发现犯罪嫌疑人、自诉案件被告人可能涉及严重职务违法或者职务犯罪。此时，它们应当将案件及有关线索移送监察机关，由监察机关为主调查，需要检察机关、公安机关等其他机关协助的，它们应当给予协助。

确立职务犯罪调查优先原则的直接目的是更好地打击职务违法犯罪。腐败渎职犯罪严重侵犯了国家和公共利益以及职务的廉洁性，影响中国共产党和国家的形象。如果任由其横行，最终影响整个经济社会和中国共产党的执政根基，严厉打击职务犯罪势在必行。同时职务犯罪案件不同于普通刑事案件，对其查处具有很大难度，相关证据往往难以收集、固定。在我国以往的司法实践中，公安机关侦查刑事案件时涉及人民检察院管辖的贪污贿赂案件的，或者人民检察院侦查职务犯罪时涉及公安机关管辖的刑事案件的，采用的是各管各的主罪主侦模式，即公安机关和人民检察院按照法定分工进行侦查活动。但这种侦查模式下，在侦查阶段很难区分侦查对象的主、从罪，容易引发侦查管辖争议，同时，也容易造成人力的重复投入，重复取证，降低侦查效率。强调职务犯罪调查优先，由监察机关为主，其他机关配合，有利于资源的及时共享，避免重复取证，浪费公共资源，及时综合所得证据从整体高度出发对案件进行突破。此种模式，不仅有利于对职务犯罪的调查，也有利于对被调查人涉嫌的其他刑事案件的查处。

第九章

监察程序

程序是有关时、空、步骤要素的汇聚。没有程序安排，实体要求便无法落实；缺乏程序规则，实体规范无法自然实现。与此同时，程序规范本身体现出的参与、民主、文明、高效等特点，还具有超越实体的独立价值。重视程序规则建设，已经成为现代政治建设和法治建设的重要内容。完善的程序规则，特别是对公权力运行的程序设置，对于保障权力正当行使、防止权力滥用侵害权利，具有十分重大的现实意义。长期以来，我国纪检、监察机关一直高度重视程序规范建设，《行政监察法》《中国共产党纪律检查机关案件检查工作条例》《中国共产党纪律检查机关监督执纪工作规则》等法律法规、党规党纪中，都有较为明确的执纪执法程序规定；司法机关办理职务犯罪案件所依据的《刑事诉讼法》更有着严密的程序规则。《监察法》吸收了这一经验，专设“监察程序”一章，在第 36 条明确规定，“监察机关严格按照程序开展工作，建立问题线索处置、调查、审理各部门相互协调、相互制约的工作机制”；“监察机关应当加强对调查、处置工作全过程的监督管理，设立相应的工作部门履行线索管理、监督检查、督促办理、统计分析等管理协调职能”；并对监察机关履行职责作出了一系列程序性规定，充分保障了监察机关履职用权的正当性，彰显了以法治思维和法治方式惩治腐败的法治理念。

第一节　案件受理与问题线索处置

一、案件受理

《监察法》第 35 条规定：“监察机关对于报案或者举报，应当接受并按照有关规定处理。对于不属于本机关管辖的，应当移送主管机关处理。”“报案”，是指有关单位和个人（包括案件当事人）向监察机关报告其知道的公职人员涉嫌职务违法犯罪事实或者线索的行为；“举报”，是指当事人以外的其他知情人向监察机关检举、揭发公职人员涉嫌的职务违法犯罪事实或者线索的行为。

我国是人民民主专政的社会主义国家，国家的一切权力属于人民，人民是国家的主人。同违法犯罪行为作斗争，既是公民的权利，也是公民的义务。我国《宪法》第 41 条第 1、2 款规定，“中华人民共和国公民对于任何国家机关和国家工作人员，有提出批评和建议的权利；对于任何国家机关和国家工作人员的违法失职行为，有向有关国家机关提出申诉、控告或者检举的权利，但是不得捏造或者歪曲事实进行诬告陷害”；“对于公民的申诉、控告或者检举，有关国家机关必须查清事实，负责处理。任何人不得压制和打击报复”。另外，《党章》也规定了党员检举揭发违法乱纪的权利和义务。[①] 对于公职人员的违法犯罪行为，既要依靠监察机关依职权主动发现，也要依靠人民法院、人民检察院、公安机关、审计机关等国家机关在工作中发现并移送监察机关依法调查处置。与此同时，更不能忽视广大人民群众的力量，这是监察机关对报案或者举报都应当接受的法理基础。无论报案或者举报的对象、事项、性质如何，监察机关都不得拒绝、推诿，而应当接受。

由于报案人或者举报人本身并不熟知法律法规，报案或举报的对象、事项并不一定由接受报案或者举报的监察机关管辖，或者虽属于监察机关的管辖范围，但并非接受报案或举报的监察机关的管辖范围。对于不属于监察机关管辖范围的，应当移送主管机关处理。如果属于监察机关管辖，但是并非属于本机关管辖的，则应当移送给有管辖权的监察机关处理。《监察法》第二章“监察机关及其职责”对监察机关的设置与职权职责进行了相关规定，其他法律法规、党规党纪也对相关主体、案件等的管辖问题进行了规定。监察机关对于报案或者举报，应当在接受之后严格按照相关规定进行甄别，准确判断案件或相关线索的性质，既不僭越职权，也不推诿履职。监察法规定监察机关接受报案、举报的法定义务和职责，体现了监察机关设立的宗旨，对于保护人民群众同腐败行为作斗争具有重要意义；同时也遵循了职权法定和程序法定原则，对于保证监察机关依法公正高效行使监察权，维护宪法法律权威，确保法律秩序稳定，具有重要意义。

二、问题线索处置

（一）问题线索

“问题线索”，在过去的执纪实践中，通常也叫案件线索。线索管理是监督执纪工作的源头，关乎反腐败成效。中国共产党十八大以来，中央纪委首先对反映领导干部的问题线索进行“大起底”，规范线索管理和处置。在总结实践经验基础上，《中国共产党纪律检查机关监督执纪工作规则》明确要求信访举报部门归口受理同级党委管理的党组织和党员、干部以及监察对象涉嫌违纪或者职务违法、职务犯罪问题的信访举报，统一接收有关纪检监察机关、派驻或者派出机构以及其他单位移交的相关信访举报，移送本机关有关部门。案件监督管理部门对问题线索实行集中管理、动态更新、定期汇总核对，提出分办意见，报纪检监察机关主要负责人批准，按程序移送承办部门。承办部门应当指定专人负责管理问题线索，逐件编号登记，建立管理台账。线索管理处置各环节应当由经手人员签名，全程登记备查。

《中国共产党纪律检查机关监督执纪工作规则》明确了问题线索来源的四个主要渠道：一是信访举报，主要指群众来信、来访、电话举报、网络举报等。二是纪检机关在监督执纪过程中发现的问题线索，如被审查人和其他涉案人员检举、揭发的问题线索。三是巡视组移交的违纪问题线索。四是其他单位移交的问题线索，主要包括审计部门审计要情反映，以及其他行

---

① 《中国共产党章程》第 3 条规定：“党员必须履行下列义务：……（六）切实开展批评和自我批评，勇于揭露和纠正违反党的原则的言行和工作中的缺点、错误，坚决同消极腐败现象作斗争。……”第 4 条规定：“党员享有下列权利：……（四）在党的会议上有根据地批评党的任何组织和任何党员，向党负责地揭发、检举党的任何组织和任何党员违法乱纪的事实，要求处分违法乱纪的党员，要求罢免或撤换不称职的干部。……”

政、司法机关移交的问题线索等。[①]

（二）问题线索处置情形

对反映的问题线索，承办部门应当按照谈话函询、初步核实、暂存待查、予以了结四类方式处置。暂存待查是指线索反映的问题虽具有一定的可查性，但由于时机、现有条件、涉案人一时难以找到等种种原因，暂不具备核查的条件而存放备查。予以了结是指线索反映的问题失实或不可能开展核查工作而采取的线索处置方式，包括虽有职务违法事实但情节轻微不需追究法律责任，已建议有关单位作出恰当处理，或者被反映人已去世等情况。

（三）问题线索处置要求

问题线索处置具有较为重要的程序分流和处置功能，因此监察机关在处置问题线索工作中，应当注意既研究分析被反映问题的公职人员的个人情况，又结合问题线索所涉及地区、部门、单位的总体情况，在综合分析的基础上，对个体问题线索提出实事求是的处置意见。监察机关应当根据工作需要，定期召开专题会议，听取问题线索综合情况汇报，进行分析研判。承办部门要指定专人负责管理问题线索，定期汇总、通报，定期检查、抽查。对问题线索逐件编号登记，建立管理台账。线索管理处置各环节均须由经手人员签名，全程登记备查。纪检监察机关应当根据工作需要，定期召开专题会议，听取问题线索综合情况汇报，进行分析研判，对重要检举事项和反映问题集中的领域深入研究，提出处置要求。承办部门应当结合问题线索所涉及地区、部门、单位的总体情况，综合分析，按照谈话函询、初步核实、暂存待查、予以了结四类方式进行处置。线索处置不得拖延和积压，处置意见应当在收到问题线索之日起 1 个月内提出，并制订处置方案，履行审批手续。承办部门应当定期汇总线索处置情况，及时向案件监督管理部门通报。案件监督管理部门定期汇总、核对问题线索及处置情况，向纪检、监察机关主要负责人报告。另外，各部门应当做好线索处置归档工作，归档材料应当齐全完整，载明领导批示和处置过程。

---

① 《中国共产党党内监督条例》第 29 条规定，党的各级纪律检查委员会应当“认真处理信访举报，做好问题线索分类处置，早发现早报告，对社会反映突出、群众评价较差的领导干部情况及时报告，对重要检举事项应当集体研究。定期分析研判信访举报情况，对信访反映的典型性、普遍性问题提出有针对性的处置意见，督促信访举报比较集中的地方和部门查找分析原因并认真整改”。《中国共产党纪律检查机关监督执纪工作规则》第 20 条至第 23 条规定：“纪检监察机关应当加强对问题线索的集中管理、分类处置、定期清理。信访举报部门归口受理同级党委管理的党组织和党员、干部以及监察对象涉嫌违纪或者职务违法、职务犯罪问题的信访举报，统一接收有关纪检监察机关、派驻或者派出机构以及其他单位移交的相关信访举报，移送本机关有关部门，深入分析信访形势，及时反映损害群众最关心、最直接、最现实的利益问题。”“巡视巡察工作机构和审计机关、行政执法机关、司法机关等单位发现涉嫌违纪或者职务违法、职务犯罪问题线索，应当及时移交纪检监察机关案件监督管理部门统一办理。”“监督检查部门、审查调查部门、干部监督部门发现的相关问题线索，属于本部门受理范围的，应当送案件监督管理部门备案；不属于本部门受理范围的，经审批后移送案件监督管理部门，由其按程序转交相关监督执纪部门办理。”（第 20 条）“纪检监察机关应当结合问题线索所涉及地区、部门、单位总体情况，综合分析，按照谈话函询、初步核实、暂存待查、予以了结 4 类方式进行处置。”“线索处置不得拖延和积压，处置意见应当在收到问题线索之日起 1 个月内提出，并制定处置方案，履行审批手续。”（第 21 条）“纪检监察机关对反映同级党委委员、候补委员，纪委常委、监委委员，以及所辖地区、部门、单位主要负责人的问题线索和线索处置情况，应当及时向上级纪检监察机关报告。”（第 22 条）“案件监督管理部门对问题线索实行集中管理、动态更新、定期汇总核对，提出分办意见，报纪检监察机关主要负责人批准，按程序移送承办部门。承办部门应当指定专人负责管理问题线索，逐件编号登记、建立管理台账。线索管理处置各环节应当由经手人员签名，全程登记备查。”

第二节　初步核实与立案调查

一、初步核实

（一）初步核实的内涵

初步核实，也称“初核”，是监察机关对问题线索的处置方式之一，是指监察机关对受理和发现的反映监察对象涉嫌职务违法犯罪的问题线索，进行初步了解、核实的活动。初步核实阶段的主要任务是，了解核实所反映的主要问题是否存在，以及是否需要给予所涉及的监察对象政务处分。《监察法》第 38 条规定：“需要采取初步核实方式处置问题线索的，监察机关应当依法履行审批程序，成立核查组。初步核实工作结束后，核查组应当撰写初步核实情况报告，提出处理建议。承办部门应当提出分类处理意见。初步核实情况报告和分类处理意见报监察机关主要负责人审批。”

在过去的执纪监察实践中，初步核实是查办违纪违法案件的一项重要程序。《中国共产党纪律检查机关案件检查工作条例》及其实施细则、《监察机关调查处理政纪案件办法》、《中共中央纪委关于进一步加强和规范办案工作的意见》（中纪发〔2008〕33 号）、《中国共产党纪律检查机关监督执纪工作规则》等规定中，对初步核实进行了规定。

（二）初步核实的程序

1. 初步核实的审批

监察机关采取初步核实方式处置问题线索，履行审批程序，一般应当报监察机关相关负责人审批。经批准后，承办部门应当制订工作方案，成立核查组。核查组是指针对要采取初步核实方式处置的问题线索，由监察机关承办部门成立的承担初步核查和核实工作的小组。其主要任务是采取必要措施收集证据，了解问题线索是否存在，并如实撰写初核情况报告，提出处理建议。初步核实方案一般包括初步核实的依据，核查组人员组成，需要核实的问题，初步核实的方法、步骤、时间、范围和程序等，以及应当注意的事项。核查组的人数可根据所反映主要问题的范围和性质来确定，最少不少于 2 人；对于案情复杂、性质严重、工作量大的，可以适当增配人员。初步核实方案应当报承办部门主要负责人和监察机关分管负责人审批。①

2. 初步核实工作

初核审批程序完成后，要完成初核的任务，就必须用证据说话，进行收集证据和核实工作的程序。核查组经批准可采取必要措施收集证据。总体而言，分为“面对面”和“背对背”两种方式：一是与被核查人本人谈话，了解情况，也就是“面对面”直接收集言词证据的方式。二是与其他相关人员谈话、要求相关组织作出说明、调取个人有关事项报告、查阅复印文件账目档案等资料，查核资产情况和有关信息，进行鉴定勘验，或者采取技术调查、限制出境等措施。这在被核查人未知情的情况下收集言词、实物证据或者控制被调查人的方式，也即“背对背”的方式。需要注意的是，这些初核措施在“经批准”和“严格履行审批手续”的前提下进

① 《中国共产党纪律检查机关监督执纪工作规则》规定，采取初步核实方式处置问题线索“应当制定工作方案”“履行审批程序”。据此，监察机关案件承办部门应当起草问题线索初核请示，报监察机关主要负责人批准。制订初核方案，列明核查组成员组成、核查的主要问题、主要工作思路和步骤、主要核查措施、相关纪律要求、需要注意的问题等。成立核查组，填写“初步核实呈批表”报监察机关主要负责人批准，并送案件监督管理部门备案。

行，意在防止擅自扩大权限，避免初核措施“滥用”“乱用”，保障被核查人的权利，降低因措施采用不当而带来的负面影响和风险。另外，初核工作由于是对反映的主要问题开展核查，不同于立案后的全面审查，故应当对核查的问题有所侧重，围绕主要问题收集关键证据。

3. 初步核实结果处理

核查组完成初步核实工作后，应当撰写初核情况报告，列明被核查人基本情况、反映的主要问题、办理依据及初核结果、存在疑点、处理建议①，由核查组全体人员签名后，报承办部门。承办部门应当综合分析初核情况，提出处置建议。对于谈话提醒、暂存待查、移送有关单位处理的，交承办部门办理；对于予以了结的，经批准移送案件监督管理部门进行程序性审核并形成审查报告；对于拟立案审查、查清给予党纪政务处分的，按照立案审查程序办理。

对于初核程序中的审批，《中国共产党纪律检查机关监督执纪工作规则》改变了《中国共产党纪律检查机关案件检查工作条例实施细则》中初步核实情况报告“由室主任（室主任不在时由副主任）签名后呈报分管纪检室领导审批”的规定，明确报“纪检机关主要负责人审批”，并增加了“必要时向同级党委（党组）主要负责人报告”。《监察法》予以借鉴，规定初核情况报告和分类处理意见由监察机关主要负责人审判。此举旨在形成环环相扣、相互制约的制度设计，是“信任不能代替监督”理念在初核环节的体现，避免在操作上掺杂一些个人的意见或者人为干预影响等，防止以案谋私、权力滥用。

二、立案调查

（一）立案

监察立案，是指监察机关经过初步核实，按照法定权限和程序进行审查，以判明是否存在职务违法犯罪事实并需要追究法律责任，依法决定是否作为监察案件进行调查处置的活动。

根据《监察法》的规定，立案的条件主要包括三个方面：第一，前置程序条件，即经过初步核实。第二，事实条件，即存在职务违法或者职务犯罪的事实。需要说明的是，由于案件尚未正式调查，此处所谓的职务违法或者职务犯罪的事实，并非全部职务违法或者职务犯罪的事实，而是仅指初步确认的部分职务违法或者职务犯罪的事实。第三，追责条件，即需要追究法律责任。有职务违法或者职务犯罪的事实，只是立案的必要条件，但并非充分条件，是否需要立案查处，还要看相关法律规定是否需要追究违法、犯罪责任。如果情节显著轻微，不需要追究法律责任的，那么依据法律规定就不需要立案。第四，符合管辖规定，即受理案件的监察机关享有对本案的管辖权。对于符合上述条件的案件，监察机关应当按照规定的权限和程序办理手续。根据有关解释，“规定的权限和程序”，主要是指《中国共产党纪律检查机关监督执纪工作规则（试行）》第38条的规定，即对于符合立案条件的，承办部门应当起草立案审查呈批报告，经纪检机关主要负责人审批，报同级党委（党组）主要负责人批准，予以立案审查。立案审查决定应当向被审查人所在党委（党组）主要负责人通报。

（二）立案后的处理

根据监察法的规定，批准立案后，需要进行下列三项活动：第一，监察机关主要负责人依法批准立案后，应当主持召开专题会议，研究确定调查方案，决定需要采取的调查措施。根据

① 《中国共产党纪律检查机关监督执纪工作规则（试行）》第35条第1、2款规定，初步核实工作结束后，承办部门应当综合分析初核情况，按照拟立案审查、予以了结、谈话提醒、暂存待查、移送有关单位处理等方式提出处置建议。

《中国共产党纪律检查机关监督执纪工作规则（试行）》第 27 条的规定，纪检机关相关负责人批准成立审查组，确定审查谈话方案、外查方案，审批重要信息查询、涉案款物处置等事项。监督检查、审查调查部门主要负责人组织研究提出审查调查谈话方案、外查方案和处置意见建议，审批一般信息查询，对调查取证审核把关。第二，立案调查决定应当向被调查人宣布，并通报相关组织。由于立案条件和程序的严格设置，对被调查人而言，立案调查决定的正式作出，将意味着其正式进入被调查环节，其人身、自由、财产权益往往将面临各种调查措施的限制乃至剥夺。与此同时，被调查人所在单位等相关组织也会受到影响，后续往往会成为调查取证等措施的根据。因此，基于对被调查人知情权等权利的保障，并为后续调查工作进行相关准备，体现监察机关办案的正式性和严肃性，应当将立案调查决定向被调查人本人宣布，并通报相关组织。第三，涉嫌严重职务违法或者职务犯罪的，应当通知被调查人家属，并向社会公开发布。案件进入决定立案调查后，不仅对被调查人和相关组织产生现实影响，而且如果被调查人涉嫌严重职务违法或者职务犯罪，往往可能会被采取限制或剥夺人身自由的留置措施及其他调查取证措施，这也将对被调查人的家属产生现实影响，因此，对于涉嫌严重职务违法或者职务犯罪的，应当通知被调查人家属，保障家属的知情权。另外，对于涉嫌严重职务违法或者职务犯罪的案件，立案决定作出后向社会公开发布，既是满足社会公众知情权的需要，同时也是监察机关办案公开、接受社会监督的要求，更能起到震慑违法犯罪活动、严厉惩处职务腐败行为的效果。①

在监察实践中，监察机关必须牢牢把好案件查办“入口关”，切实发挥立案环节对于查办职务违法犯罪的“启动”作用，并严格按照相关规定开展立案调查布置工作，依法保障被调查人及其家属和有关单位的知情权，为将来的案件查办和处置工作奠定坚实的基础。

（三）立案后的调查

《监察法》第 33 条对监察机关收集证据作出了原则性要求，即监察机关依照该法的规定收集的物证、书证、证人证言、被调查人供述和辩解、视听资料、电子数据等证据材料，在刑事诉讼中可以作为证据使用。监察机关在收集、固定、审查、运用证据时，应当与刑事审判关于证据的要求和标准相一致，对以非法方法收集的证据应当依法予以排除，不得作为案件处置的依据。具体而言，这主要包括以下几个方面的内容。

第一，监察机关对职务违法和职务犯罪案件，应当进行调查，收集被调查人有无违法犯罪以及情节轻重的证据，查明违法犯罪事实，形成相互印证、完整、稳定的证据链。对于职务违法和职务犯罪案件，监察机关都应当进行调查。这是监察机关发挥职能、行使职权的基本要求。调查取证必须客观、全面，既要收集被调查人有违法犯罪行为以及情节重的证据，也要收集被调查人没有违法犯罪行为或违法犯罪情节轻的证据，即不能只收集不利于被调查人的证据，而不收集有利于被调查人的证据。此外，监察机关调查取证，应当查明违法犯罪事实，形成相互印证、完整、稳定的证据链。这是对监察机关查明违法犯罪事实应当达到的证据要求的规定。在我国刑事司法实践中，证据互相印证是侦控机关审查起诉、法官据以断案的司法传

① 《中国共产党纪律检查机关监督执纪工作规则》第 41、43 条规定：需要对被审查调查人采取留置措施的，应当依据监察法进行，在 24 小时内通知其所在单位和家属，并及时向社会公开发布。因可能毁灭、伪造证据，干扰证人作证或者串供等有碍调查情形而不宜通知或者公开的，应当按程序报批并记录在案。有碍调查的情形消失后，应当立即通知被留置人员所在单位和家属。立案审查调查方案批准后，应当由纪检监察机关相关负责人或者部门负责人与被审查调查人谈话，宣布立案决定，讲明党的政策和纪律，要求被审查调查人端正态度、配合审查调查。审查调查应当充分听取被审查调查人陈述，保障其饮食、休息，提供医疗服务，确保安全。严格禁止使用违反党章党规党纪和国家法律的手段，严禁逼供、诱供、侮辱、打骂、虐待、体罚或者变相体罚。

统。证据相互印证规则主要在三个领域发挥作用：一是用来确定自相矛盾的言词证据的证明力，二是用来审查案件是否达到法定证明标准，三是用来判断被告人供述是否得到补强。作为一项旨在对证明力加以限制的证据规则，证据相互印证规则强调无论是证据事实还是案件事实，都要根据两个以上具有独立信息源的证据加以认定。注重证据信息的相互验证，避免仅凭孤证定案，这有利于防止伪证，避免冤假错案的发生。印证最基本的含义，是指两个以上具有独立信息来源的证据，对各自的真实性和可靠性作出的验证。由于在所包含的事实信息方面出现了重合或者交叉，印证通常发生在两个以上证据之间，使这些事实信息的真实性得到证明。因此，一方面，证据之间相互印证的规则主要用于验证单个证据的真实性；另一方面，证据之间相互印证还可以成为证明被告人犯罪事实的重要标准。这主要体现在，通过对直接证据的印证，其他证据足以与直接证据一起发挥直接证明案件主要事实的作用。而在只有间接证据的案件中，通过各项间接证据相互间的印证，全案证据能够建立起紧密联系而非孤立存在的状态，使证据之间产生相互验证关系，最终形成了完整的证据链条并证明案件事实。可以说，在某种意义上，全案证据相互印证成为"事实清楚、证据确实充分"要求中的最低限度标准。至于"完整稳定"，其中的"完整"指向的是证据数量和涵盖面，即用于查明违法犯罪事实的证据需要具备全面性，用于证明违法犯罪构成要件的证据不可缺失、遗漏或者片面；"稳定"指向的是证据状态的一致性和平稳性，即用于证明违法犯罪事实的证据，在证明指向和效果上应当保持一致。我国司法实践中所遵循的形成"证据相互印证 "或者"完整、稳定的证据链"，在此前的相关司法解释中被确立为一项证据规则。如 2010 年最高人民法院、最高人民检察院、公安部、国家安全部、司法部《关于办理死刑案件审查判断证据若干问题的规定》第 5 条，即对"事实清楚、证据确实充分"的证明标准作出了明确的解释，对于只依据间接证据定案的证明标准也给出了说明。"证据之间相互印证""证据之间合理排除矛盾""形成完整的证明体系"等印证规则已经成为我国成文法律的有机组成部分。形成相互印证、完整、稳定的证据链，意味着监察机关调查取证后，能够形成确定性结论，进而能够实现证实违法犯罪行为的证明效果，即全案证据之间必须形成一个不相矛盾、能够相互印证且能够证明违法犯罪案件事实的证据链条。这样的规定，对监察机关调查取证提出了高标准、严要求，同时也有助于监察机关提高办案质量，保证案件在随后的其他处置，特别是进入刑事诉讼审查起诉、审判环节能够产生预期效果，使监察机关查办案件能够经得起法律和历史的检验，实现"让人民群众在每一个案件中感受到公平正义"的目标。

第二，严禁以威胁、引诱、欺骗及其他非法方式收集证据，严禁侮辱、打骂、虐待、体罚或者变相体罚被调查人。在西方文明演进和法律发展历程中，中世纪制度化、常规化的刑讯，导致犯罪嫌疑人、被告人沦为诉讼的客体，并使诉讼程序野蛮而缺失正当性，因而在进入近现代之后被抛弃。在我国，基于打击犯罪、维护社会稳定的价值导向，以及重实体、轻程序的价值理念，在过去的司法实践中，刑讯逼供、暴力取证现象时有发生。近些年来所发现、平反的冤假错案中，几乎都可以找到刑讯逼供、违法取证的问题。为此，自 2010 年最高人民法院、最高人民检察院、公安部、国家安全部和司法部联合发布的《关于办理刑事案件排除非法证据若干问题的规定》，到 2012 年修订的《刑事诉讼法》，再到中国共产党十八届三中全会审议通过的《中共中央关于全面深化改革若干重大问题的决定》、十八届四中全会审议通过的《中共中央关于全面推进依法治国若干重大问题的决定》，均明确要求，严格实行非法证据排除规则，健全落实非法证据排除等法律原则的法律制度，加强对刑讯逼供和非法取证的源头预防。2017 年 4 月，中共中央全面深化改革领导小组第 34 次会议审议通过《关于办理刑事案件严格排除非法证据若干问题的规定》。2017 年 6 月 27 日，最高人民法院、最高人民检察院、公安部、国家安全部和司法部联合发布《关于办理刑事案件严格排除非法证据若干问题的规定》。至此，我国已建立起一套比较完善的非法证据排除规则。《刑事诉讼法》第52条中明确规定，“严禁刑讯逼供和以威胁、引诱、欺骗以及其他非法方法收集证据，不得强迫任何人证实自己有罪”，即确立了不强迫自证其罪规则。综合来看，上述规则的演变历程，体现出我国对刑讯逼供、野蛮执法的直接否定，宣告着对不择手段、不计代价发现真相模式的反对，明示着对注重人权保障、防范冤假错案的目标指引，彰显着建立正当法律程序的价值追求。对于监察机关执法办案而言，同样需要秉持惩罚职务违法犯罪与被调查人权利并重、实体正义与程序正义并重的基本价值理念，并自觉承担起“维护宪法和法律的尊严”的历史使命和责任担当，绝不能出现违法取证、不文明办案。为此，《监察法》第33条第3款规定，“以非法方法收集的证据应当依法予以排除，不得作为案件处置的依据”。

第三，调查人员采取讯问、询问、留置、搜查、调取、查封、扣押、勘验、检查等调查措施，均应当依照规定出示证件，出具书面通知，由两人以上进行，形成笔录、报告等书面材料，并由相关人员签名、盖章。调查人员进行讯问以及搜查、查封、扣押等重要取证工作，应当对全过程进行录音录像，留存备查。这些程序要求，在刑事诉讼法律规范中也都有相关规定。证件是身份的证明，出示证件是为了证实身份的合法性，以避免出现冒充调查人员侵犯相关人员权利的情况或调查对象以不了解或质疑调查人员的身份为由拒绝履行义务，抗拒调查人员的调查行为，从而引起双方的冲突，甚至造成严重后果。书面通知是通过文字或书面材料作出意思表示的法律行为形式，具有意思表示准确、有据可查、便于预防纠纷的优点。根据现代各国的法律，书面形式是法律行为成立的基本形式，重要的法律行为依法必须以书面形式进行。出具书面通知是为了证实行为的合法性，告知相关人员需履行的法律义务，同时也是为了充分保障相关人员的知情权和保护其合法权益。“两人以上进行”是因为调查人员需要相互配合、相互监督。签名、盖章是相关人员对调查材料内容的确认，也是调查材料发生法律效力、能够作为证据的前提。录音录像是视听资料最常见的形式，不仅可以用来证明案件的真实情况，也是办案程序的重要“见证”。最高人民法院、最高人民检察院、公安部、国家安全部和司法部联合发布的《关于办理刑事案件严格排除非法证据若干问题的规定》第10条规定：“侦查人员在讯问犯罪嫌疑人的时候，可以对讯问过程进行录音录像；对于可能判处无期徒刑、死刑的案件或者其他重大犯罪案件，应当对讯问过程进行录音录像。”“侦查人员应当告知犯罪嫌疑人对讯问过程录音录像，并在讯问笔录中写明。”第11条规定：“对讯问过程录音录像，应当不间断进行，保持完整性，不得选择性地录制，不得剪接、删改。”监察法规定重要取证工作应当全程录音录像，对于规范调查，防止违规违法办案，保障被调查人权利，具有重要意义。

第四，监察人员应当严格执行调查方案，不得随意扩大调查范围、变更调查对象和事项；对调查过程中的重要事项，应当集体研究后按程序请示报告。监察调查方案是民主决策、科学设计的结果，是开展调查工作的直接依据。调查工作必须严格按照调查方案确定的目标、内容、范围、对象、方法等开展，不得随意扩大调查范围、变更调查对象和事项。这体现了监察工作的严肃性，也是程序法定原则在监察执法办案中的重要体现。另外，请示报告制度是中国共产党的重要规矩与纪律，是党内组织正常运行的重要制度保证。对于监察办案而言，调查方案具有相对确定性，其执行是一个变化的、复杂的过程，在调查过程中出现的各种情况，特别是查明重大事项可能导致调查中止、终止、终结或改变调查方向等有关内容时，应当集体研究，仔细甄别，按程序请示报告。

第三节 留置程序

留置是监察机关的一项法定权限，对于监察机关调查案件、保障调查工作顺利进行具有重要意义。与此同时，留置对被调查人的人身自由具有较强的限制性。因此，留置条件必须严格设置，留置程序更应当严密设立、执行。

一、留置的审批

《监察法》第43条第1款规定：监察机关采取留置措施，应当由监察机关领导人员集体研究决定。设区的市级以下监察机关采取留置措施，应当报上一级监察机关批准。省级监察机关采取留置措施，应当报国家监察委员会备案。由此可见，监察机关采取留置措施，应当由监察机关领导人员集体研究决定。相对于检察机关的审查批准逮捕，由检察长决定和重大案件提交检察委员会讨论决定而言，监察机关采取的“监察机关领导人员集体研究决定”模式，提高了留置适用的门槛，有助于发挥集体领导的民主决策优势，最大限度地消除留置的随意启动和适用，防范留置滥用，进而侵犯公民人身自由风险的发生，体现出以留置代替“双规”并严肃慎重适用的改革初衷，对于提高留置的规范化和法治化，树立监察机关运用法治思维和法治方式反对腐败的良好形象，具有重要的意义。

另外，设区的市级以下监察机关采取留置措施，应当报上一级监察机关批准；省级监察机关采取留置措施，应当报国家监察委员会备案。这类似于过去检察机关办理自侦案件时审查决定逮捕的模式，可以避免下级监察机关错误适用留置措施，同时能够避免同体监督弊端，提高留置措施适用的公信力和权威性。这既体现出严格慎重适用留置措施的立法目的，也是与“中华人民共和国监察委员会领导地方各级监察委员会的工作，上级监察委员会领导下级监察委员会的工作”这一监察领导体制的契合。

二、留置的期限

根据《监察法》的规定，留置时间不得超过3个月。在特殊情况下，可以延长一次，延长时间不得超过3个月。省级以下监察机关采取留置措施的，延长留置时间应当报上一级监察机关批准。监察机关发现采取留置措施不当的，应当及时解除。一方面，留置属于预防性、保障性措施，不具有惩罚性，因此，在期限设定模式上应当采取最长期限限制下根据调查需要调整的模式，即立法中仅规定留置可以持续的最长期限，被留置对象具体被留置的时间，由监察机关根据调查需要和被留置对象情况的变更适时调整。另一方面，对腐败行为的调查需要强有力的措施为保障，针对腐败行为调查取证难度大、被调查人反调查能力强的现实情况，对留置期限的设置应当以满足调查需要为限。不能过长，否则可能对公民的基本权利限制过重，但也不能过短，否则无法发挥留置的制度预设功能。监察法设置不超过3个月的常规留置期，并针对特殊情形，允许延长一次不超过3个月的期限，能够发挥留置的立法功能。在监察实践中，监察机关必须严格遵守留置时限规定，并注意以下几点：一是3个月是一次留置的最长时限，而非确定时限。确定时限应当结合具体案件及查办情况来定，并非每次决定留置措施都“顶格用满”3个月，避免“不超过”形同虚设；二是严格把握延长，并非所有案件不加区别一概适用延长：首先应当符合“特殊情况”条件，对此，可根据留置的适用条件和具体案情，把握被调查人涉嫌贪污贿赂等职务违法犯罪的程度，涉及案情的重大复杂程度，自杀、逃跑、串供或者伪造、隐匿、毁灭证据等妨碍调查的可能性等。其次，省级以下监察机关采取留置措施的，延长留置时间应当报上一级监察机关批准。留置时间可以延长以一次为限，且延长时间不得超过三个月。最后，监察机关发现采取留置措施不当的，应当及时解除。留置措施对公民的人身自由产生较大影响，因此如果出现留置不当，监察机关应当主动纠错，及时解除该项措施。这意味着监察机关在采取了留置措施后，并非一劳永逸，而是仍应当对留置的合法性负责，决不能将错就错、一错到底，否则既不利于对被调查人的权益保障，也有损留置的正当性，进而影响监察机关依法开展监察工作的公信力和权威。

三、留置的执行

（一）公安机关配合

《监察法》第4条第3款规定，“监察机关在工作中需要协助的，有关机关和单位应当根据监察机关的要求依法予以协助”。作为一项具有强制性的措施，留置直接指向被调查人的人身自由。为确保及时、有效实施该项措施，并防止发生意外发生，监察机关采取留置措施时，可以根据工作需要提请公安机关配合。公安机关是人民民主专政的重要工具，人民警察是武装性质的国家治安力量，且是最常规、最有力的刑事案件侦查力量。长期以来，在纪检、监察机关查办案件过程中，公安机关协助开展相关工作是常态。监察机关决定采取留置措施时，可以根据工作需要提请公安机关配合，公安机关应当依法予以协助。

（二）通知所在单位和家属

在刑事诉讼中，对人身自由带来限制的强制措施，多有通知家属或所在单位的规定。如，《刑事诉讼法》第75条第2款规定，“指定居所监视居住的，除无法通知的以外，应当在执行监视居住后二十四小时以内，通知被监视居住人的家属”。第85条第2款规定，“拘留后，应当立即将被拘留人送看守所羁押，至迟不得超过二十四小时。除无法通知或者涉嫌危害国家安全犯罪、恐怖活动犯罪通知可能有碍侦查的情形以外，应当在拘留后二十四小时以内，通知被拘留人的家属。有碍侦查的情形消失以后，应当立即通知被拘留人的家属”。第93条第2款规定，“逮捕后，应当立即将被逮捕人送看守所羁押。除无法通知的以外，应当在逮捕后二十四小时以内，通知被逮捕人的家属”。监察机关采取的留置措施，也限制了被留置人员的人身自由，对被留置人员的工作和生活造成影响。因此，通常情况下，为保证被留置人员家属的知情权，监察机关在采取留置措施后，应当及时通知其家属。另外，由于监察机关查办的案件为职务违法犯罪，因此也应当及时通知被留置人所在单位。通知时间限定为采取留置措施后24小时内。当然，在可能有碍侦查的情形，如果通知或过早通知，将对案件查办工作带来严重损害，不利于惩罚犯罪，因此，“有可能毁灭、伪造证据，干扰证人作证或者串供等有碍调查”则属于“24小时以内通知”的例外情形。不过，一旦上述有碍调查的情形消失，就应当立即通知被留置人员所在单位和家属。

（三）留置中的人道保障和讯问要求

2012年修改的《刑事诉讼法》对与传唤、拘传相关的内容进行了修订，其中特别增加规定：“传唤、拘传犯罪嫌疑人，应当保证犯罪嫌疑人的饮食和必要的休息时间。”这主要是针对在过去的司法实践中，有的侦查机关及其办案人员，往往因时间紧迫而采取连续传唤、拘传的形式变相拘禁犯罪嫌疑人，进而采取疲劳审讯，甚至不保证犯罪嫌疑人的必要饮食、休息和日常生活需求的办法进行办案。这样的做法既严重侵害了犯罪嫌疑人的合法权益，也滋生或伴随刑讯逼供等而造成冤假错案问题，并在根本意义上违背刑事诉讼无罪推定原则和给予嫌疑人人道处遇的刑事司法准则。对于监察机关查办案件而言，被留置人员作为调查对象，同样受无罪推定原则的保护，也应当享有公民最基本的人道待遇和权益。因此在留置期间，除必要的人身自由限制之外，对其基本权利应当给予必要保障，尤其是对其基本的生活待遇应当进行全面保障。监察机关应当保障被留置人员的饮食、休息，提供医疗服务。另外，人身安全也是最基本的权利，因此留置还要保障被留置人员的人身安全，监察机关应当承担安全保障的义务和责任。《监察法》第 65 条还特别将“违反规定发生办案安全事故，或者发生安全事故后隐瞒不报、报告失实、处置不当”规定为法律责任的情形之一，即监察机关及其工作人员有该行为的，对负有责任的领导人员和直接责任人员依法给予处理。

讯问笔录是言词证据的重要载体，为保证讯问笔录的真实、可靠，一方面，需要对讯问方式等进行明确规定，特别是明确禁止以刑讯逼供等非法方法获取证据，以及对非法获取的证据予以排除，不得作为定案处置的依据；另一方面，还需要对讯问笔录的形成制作过程进行规范，以保证讯问工作的规范化，保证笔录的客观真实性，进而有助于查明案件的真实情况，获得可靠的证据，同时也保障被调查人员的权利。我国《刑事诉讼法》第 122 条对此进行了相关规定，即“讯问笔录应当交犯罪嫌疑人核对，对于没有阅读能力的，应当向他宣读。如果记载有遗漏或者差错，犯罪嫌疑人可以提出补充或者改正。犯罪嫌疑人承认笔录没有错误后，应当签名或者盖章。侦查人员也应当在笔录上签名。犯罪嫌疑人请求自行书写供述的，应当准许。必要的时候，侦查人员也可以要犯罪嫌疑人亲笔书写供词”。《监察法》规定“讯问笔录由被讯问人阅看后签名”。此举有利于保障被讯问人的知情权，防止监察机关调查人员进行错误、虚假记录。

四、留置期限与刑期折抵

我国《刑法》第 41 条、第 44 条、第 47 条对拘留、逮捕的期限折抵管制、拘役、有期徒刑的刑期作了规定，即：“管制的刑期，从判决执行之日起计算；判决执行以前先行羁押的，羁押一日折抵刑期二日。”“拘役的刑期，从判决执行之日起计算；判决执行以前先行羁押的，羁押一日折抵刑期一日。”“有期徒刑的刑期，从判决执行之日起计算；判决执行以前先行羁押的，羁押一日折抵刑期一日”。这主要是考虑到拘留、逮捕等羁押措施本身不属于刑罚处罚，只是为了保障诉讼顺利进行而采取的对人身自由的限制或者剥夺措施。因此，在判处刑罚之前，对罪犯的人身自由的先期限制或剥夺，应当在承担的刑罚中予以折抵。2012 年《刑事诉讼法》修订时新增第 74 条，对指定居所监视居住折抵期限及具体标准进行了规定，即“指定居所监视居住的期限应当折抵刑期。被判处管制的，监视居住一日折抵刑期一日；被判处拘役、有期徒刑的，监视居住二日折抵刑期一日”。这主要是考虑到，指定居所监视居住有别于羁押措施，其对公民的人身自由的限制和剥夺方式、程度以及在执行中的处遇不同，但是，比一般的监视居住和取保候审强度更强。相比刑罚而言，指定居所监视居住与管制的强度相似，但低于拘役、有期徒刑的强度。

对于监察机关采取的留置措施，首先，留置和刑事诉讼强制措施一样，只是为了保障案件查办工作的顺利进行，本身没有惩罚性；其次，被留置人员在被依法最终处理之前，都还只是处于被调查状态，即使是涉嫌职务犯罪，刑事诉讼无罪推定原则也适用；最后，留置措施对人身自由同样构成限制，对工作、生活同样造成影响，并且留置对人身自由造成影响的方式、程度和执行中的处遇，要比指定居所监视居住更加严重，而与拘留、逮捕比较类似。因此，被留置人员涉嫌犯罪被移送司法机关后，被依法判处管制、拘役和有期徒刑的，留置期限应当与刑期相折抵，具体的折抵标准应为留置一日折抵管制二日，折抵拘役、有期徒刑一日。根据刑法规定的计算方法，管制、拘役、有期徒刑的刑期，从判决执行之日起计算，即判决开始执行的当日起计算，当日包括在刑期之内。判决执行之日，是指罪犯被送交监狱或者其他执行机关执行刑罚之日，而不是判决生效的日期。对于虽然已经作出有罪判决，但是犯罪分子尚未交付监狱或者其他执行机关执行的，还不能算作判决执行之日，不能开始计算刑期。

第四节　监察处置

一、处置结果

《监察法》第45条规定了监察机关根据监督、调查后进行处置的几种情形，具体包括以下六种情形。

（一）轻处理

这是指对于有职务违法行为但情节较轻的公职人员，按照管理权限，直接或者委托有关机关、人员，进行谈话提醒、批评教育、责令检查，或者予以诫勉。此种情形针对“有职务违法行为但情节较轻的公职人员”，可以免予处分，而是代之以谈话提醒、批评教育、责令检查，或者予以诫勉等相对更轻的处理。对这种方式，有管辖权的监察机关可以直接作出上述处理，也可以委托公职人员所在单位、上级主管部门或者上述单位负责人代为作出。对谈话提醒、批评教育、责令检查、予以诫勉这四种处理方式，监察机关应当结合公职人员的一贯表现、职务违法行为的性质和情节轻重，经综合判断后作出决定。

（二）政务处分

这是指对于违法的公职人员依照法定程序作出警告、记过、记大过、降级、撤职、开除等政务处分决定。相比上一情形，本情形针对的是违法情节相对较重，需要给予政务处分的人员；措施包括警告、记过、记大过、降级、撤职和开除等，具体措施要根据被调查人员违法性质和情节严重来定。①

（三）问责

这是指对不履行或者不正确履行职责的，按照管理权限对负有责任的领导人员直接作出问责决定，或者向有权作出问责决定的机关提出问责建议。问责措施针对不履行或者不正确履责的情形，方式包括两种：一是按照管理权限，对负有责任的领导人员作出直接问责决定；二是向有权作出问责决定的机关提出问责建议。问责即追究政府官员的责任。在全面深化改革的关键时期，大力推进党政问责，努力建设责任政府，让政府及其官员为其权力负起责任来，全面提升公共治理的绩效，提高公共服务和决策管理水平，是现代民主政治的基本要求，是推进全面从严治党的关键内容，也是全面建设法治国家的应有之义，更是推进国家治理体系现代化的

---

① 依《公务员法》之规定，(1) 警告，即对违反行政纪律的行为主体提出告诫，使之认识应负的行政责任，以便加以警惕，使其注意并改正错误，不再犯此类错误。这种处分适用于违反行政纪律行为轻微的人员。(2) 记过，即记载或者登记过错，以示惩处之意。这种处分，适用于违反行政纪律行为比较轻微的人员。(3) 记大过，即记载或登记较大或较严重的过错，以示严重惩处的意思。这种处分，适用于违反行政纪律行为比较严重，给国家和人民造成一定损失的人员。(4) 降级，即降低其工资等级。这种处分，适用于违反行政纪律，使国家和人民的利益受一定损失，但仍然可以继续担任现任职务的人员。(5) 撤职。撤销现任职务。这种处分适用于违反行政纪律行为严重，已不适宜担任现任职务的人员。(6) 开除。取消其公职。这种处分适用于犯有严重错误已丧失国家工作人员基本条件的人员。

重要途径。

（四）移送起诉

这是指对于被调查人涉嫌职务犯罪，监察机关经调查认为犯罪事实清楚，证据确实、充分的，制作起诉意见书，连同案卷材料、证据一并移送人民检察院，依法提起公诉。这是监察机关在监督、调查后认定的最为严重的情形，即被调查人涉嫌职务犯罪而将其移送人民检察院依法提起公诉。具体而言，这主要有以下内容：(1) 被调查人的行为涉嫌了职务犯罪，且监察机关认为犯罪事实清楚，证据确实、充分。按照刑事诉讼法的规定，公诉案件中被告人有罪的举证责任由人民检察院承担。侦查终结、提起公诉以及判处被告人有罪的证明标准为“案件（犯罪）事实清楚，证据确实、充分”。《监察法》第 47 条第 2 款规定，对监察机关移送的案件，人民检察院经审查认为犯罪事实已经查清，证据确实、充分，依法应当追究刑事责任的，应当作出起诉决定。由此可见，监察机关经过监督、调查，如果认为被调查人的行为构成职务犯罪且符合起诉条件，则应当移送人民检察院依法提起公诉。(2) 移送起诉的具体要求还包括制作起诉意见书，并连同案卷材料、证据一并移送。其中，起诉意见书，是指监察机关调查终结后认为被调查人构成犯罪，而依法向人民检察院提出的追究被调查人刑事责任的法律文书；案卷材料、证据包括监察机关查办案件所用的各种手续、文书和调查获取的证据，这些都是在案件移送后，人民检察院进行审查起诉的对象和内容，因而需要一并移送。

（五）监察建议

这是指就监察对象所在单位廉政建设和履行职责存在的问题等提出监察建议。这是监察机关在监督、调查案件过程中，发现监察对象所在单位廉政建设和履行职责存在问题而作出的处置。监察机关在查办案件的过程中，往往不仅能够查出被调查人的违法犯罪问题，而且能发现相关单位廉政建设和履行职责中存在的直接或根本性的弊端，因此，充分发挥并广泛应用监察建议，是监察机关履行“开展廉政建设和反腐败工作”职能的一项重要手段，对于推动建立反腐败长效机制，具有重大的现实意义。

（六）撤销案件

在案件查办过程中，随着调查的不断深入，可能发现并没有违法犯罪行为，那么此时，监察机关应当及时撤销案件。从实体上看，撤销案件的根据是没有证据证明存在违法犯罪行为。此时因缺乏继续调查、处置的事实依据，本着实事求是的原则和客观公允的态度，监察机关应当撤销案件。从程序设计看，在监察法规定的一系列监督、调查追究责任的程序中，加上使案件终止的撤销程序，形成了“有进有出”的完备程序体系。而且，及时撤销案件对于被调查人及相关单位、人员而言，也意味着尽早摆脱被调查的不利处境，尽快获得客观、公允的法律评价，使自由、尊严获得恢复。

二、审查起诉

根据《监察法》第 47 条的规定，对监察机关移送起诉的案件，人民检察院主要进行以下工作。

（一）作出起诉决定

人民检察院经审查，认为犯罪事实已经查清，证据确实、充分，依法应当追究刑事责任的，应当作出起诉决定。根据《刑事诉讼法》第 169 条的规定，凡需要提起公诉的案件，一律由人民检察院审查决定。因此，对于监察机关移送的案件，人民检察院也应当对案卷材料和据以定罪量刑的证据进行全面审查。人民检察院经过全面审查，认为犯罪嫌疑人的犯罪事实已经查清，证据确实、充分，依法应当追究刑事责任的，应当作出起诉决定，根据《刑事诉讼法》第176条第1款，按照审判管辖的规定，向人民法院提起公诉，并将案卷材料、证据移送人民法院。所谓“犯罪事实已经查清”，是指对犯罪的主要事实已经查清，一些个别细节无法查清或者没有必要查清但不影响定罪量刑的，也应当视为犯罪事实已经查清。所谓“证据确实、充分”，根据《刑事诉讼法》第55条第2款规定，应当符合以下条件：(1) 定罪量刑的事实都有证据证明；(2) 据以定案的证据均经法定程序查证属实；(3) 综合全案证据，对所认定事实已排除合理怀疑。所谓“依法应当追究刑事责任”，是指根据刑法的规定，犯罪嫌疑人有刑事责任能力，应当对犯罪嫌疑人判处刑罚，且不存在《刑事诉讼法》第16条规定的情形。对于同时符合上述条件的，人民检察院应当作出起诉决定。

（二）补充调查或侦查

人民检察院经审查，认为需要补充核实的，应当退回监察机关补充调查，必要时可以自行补充侦查。对于补充调查的案件，应当在一个月补充调查完毕。补充调查以两次为限。这与《刑事诉讼法》第175条的规定保持了一致。对于监察机关办案而言，仍然存在人民检察院认为需要补充核实的情形，作进一步调查或者侦查，将有助于审查和未来的提起公诉活动，巩固监察机关办案的成果，提高人民检察院办理监察机关移送的案件的质量。

（三）不起诉

人民检察院对于有《刑事诉讼法》规定的不起诉的情形的，经上一级人民检察院批准，依法作出不起诉的决定。不起诉，是指人民检察院对侦查终结的案件进行审查后，认为犯罪嫌疑人没有犯罪事实，或者依法不应当追究刑事责任，或者提起刑事公诉在刑事政策上没有必要性，或者起诉证据不足，从而作出不将犯罪嫌疑人提交人民法院审判、追究刑事责任的一种处理决定。根据现代刑事诉讼的控审分离原则，不起诉将意味着不启动审判程序，从而在审查起诉阶段终止刑事诉讼。对于犯罪嫌疑人而言，不起诉决定意味着其行为在法律上是无罪的。不起诉制度通过及时终结错误或不必要的刑事追究活动，强化了对犯罪嫌疑人的权益保障，节约了诉讼资源，同时通过检察机关对不起诉裁量权的行使，合理地分流案件，更好地实现刑罚目的。对于监察机关调查的涉嫌职务犯罪案件，仍然由人民检察院承担审查起诉和起诉职能，因此，同样对接和适用刑事诉讼法关于不起诉的相关规定。具体而言，有以下几个方面内容。

第一，出现了刑事诉讼法规定的不起诉情形。根据《刑事诉讼法》的规定，不起诉的种类和情形包括：(1) 法定不起诉，是指对于具备法定情形的案件，人民检察院没有或者丧失了追诉权，或者缺乏追诉条件而不能进行追诉，必须作出不起诉的决定。《刑事诉讼法》第177条第1款规定，“犯罪嫌疑人没有犯罪事实，或者有本法第十六条规定的情形之一的，人民检察院应当作出不起诉决定”。(2) 酌定不起诉，又称相对不起诉，是指对于具备特定情形的案件，法律赋予检察机关根据刑事政策和公共利益裁量决定如何处理的权力，检察机关既可以选择提起公诉，也可以选择不起诉。《刑事诉讼法》第177条第2款规定：“对于犯罪情节轻微，依照刑法规定不需要判处刑罚或者免除刑罚的，人民检察院可以作出不起诉决定。”(3) 证据不足不起诉，又称存疑不起诉。《刑事诉讼法》第175条第4款规定，“对于二次补充侦查的案件，人民检察院仍然认为证据不足，不符合起诉条件的，应当作出不起诉的决定”。需要注意的是，于此种情形的不起诉，人民检察院没有进行裁量的余地。这也是2012年《刑事诉讼法》修订时新增的内容，立法目的在于保障公民的权利，防止利用退回补充侦查来延长办案期限，导致反复补充侦查不放人，使案件久挂不决问题。对于监察机关查办案件来说，也应当严格遵守该条规定。当然，刑事诉讼法限定的是两次补充侦查之后的法律效果，即“应当作出不起诉决定”，其前提是经过了两次补充调查或侦查。那么对于未经补充调查或侦查的案件，不能直接作出这种不起诉决定；对于经过一次补充调查或侦查的案件，人民检察院仍然认为证据不足，不符合起诉条件且没有必要退回补充调查或侦查的，则可以作出不起诉决定。

第二，人民检察院作出不起诉决定，应当经过上一级人民检察院批准。这是关于人民检察院对监察机关移送的案件作出不起诉决定的批准程序的规定。在刑事诉讼中，对于普通刑事案件，人民检察院作出不起诉决定的报批程序，通常是“经检察长或者检察委员会决定”即可。但是，为了加强上级人民检察院对下级人民检察院办理直接受理侦查的案件的工作的领导和监督制约，2005 年 12 月最高人民检察院发布了《关于省级以下人民检察院对直接受理侦查案件作撤销案件、不起诉决定报上一级人民检察院批准的规定（试行）》（已失效），要求省级以下（含省级）人民检察院办理直接受理侦查的案件，拟作撤销案件、不起诉决定的，应当报请上一级人民检察院批准。在此基础上，通过实践经验总结，《人民检察院刑事诉讼规则（试行）》第 407 条对此予以吸收并作出规定。这是上级检察机关对自侦案件进行侦查监督的重要体现，也是最高人民检察院建立自侦案件侦查监督体系的内容之一，对于增强检察机关的内部监督制约、提高执法的公正性和公信力具有重要的意义。对于监察机关查办的涉嫌职务犯罪案件，规定人民检察院作出不起诉决定应当经过上一级人民检察院批准，一方面，体现出检察机关内部监督制约机制的延续，而且在案件类型上，原来由检察机关直接受理侦查的案件也“移交”给了监察机关，延续报请上级人民检察院批准的模式并没有扩大适用的案件类型；另一方面，由上一级人民检察院批准不起诉决定，也体现出对监察机关查办的案件进行处理的慎重和严谨。

第三，监察机关认为不起诉的决定有错误的，可以要求复议。在刑事诉讼中，为防范不起诉权力被滥用，保障相关主体的合法权益，《刑事诉讼法》等相关法律规范为公安机关、被害人和被不起诉人规定了针对不起诉决定的不同制约措施。《刑事诉讼法》第 179 条规定：对于公安机关移送起诉的案件，人民检察院决定不起诉的，应当将不起诉决定书送达公安机关。公安机关认为不起诉的决定有错误的时候，可以要求复议，如果意见不被接受，可以向上一级人民检察院提请复核。对于监察机关查办的职务犯罪案件而言，也应当设置相应的监督制约机制，即监察机关认为不起诉决定有错误的，可以要求复议。

三、违法所得处置

监察机关查办腐败案件，不仅要依法追究相关人员的法律责任，而且不能放松对涉案财物的处理。挽回腐败分子给国家造成的损失，其实是一场“协同作战”。在查办案件的过程中，监察机关如果发现被调查人通过实施腐败行为，在收受钱款的同时给国家造成了经济损失，那么就应在办案的同时责成相关部门或者地区挽回这样的经济损失。根据《监察法》第 46 条的规定，监察机关经调查，对违法取得的财物，依法予以没收、追缴或者责令退赔。对涉嫌犯罪取得的财物，应当在移送人民检察院依法提起公诉时随案移送。

将涉嫌犯罪取得的财物随案移送，规范刑事诉讼涉案财物处置工作，对于保障刑事诉讼顺利进行、保障当事人合法权益、确保司法公正具有重要意义。虽然我国刑法、刑事诉讼法对涉案财物处置都有规定，有关部门也出台了一些司法解释和规范性文件，但执法司法实践中涉案财物处置工作随意性大，保管不规范、移送不顺畅、信息不透明、处置不及时、救济不到位等问题突出，严重损害了当事人的合法权益，严重影响了司法的公信力。在 2012 年《刑事诉讼法》修订时，就针对该项问题进行了重点修订，如在第 234 条增加规定“人民法院作出的判决，应当对查封、扣押、冻结的财物及其孳息作出处理。”另外，还作了两处修订：一是根据实践需要增加了对“查封”财物及其孳息的处理；二是为了保证人民法院正确处理查封、扣押、冻结的财物及其孳息，增加应当制作清单、随案移送的规定。中共中央对规范刑事诉讼涉案财物处置工作高度重视，中共十八届三中、四中全会明确提出“规范查封、扣押、冻结、处理涉案财物的司法程序”。鉴于涉案财物处置涉及不同的诉讼领域、不同的执法司法环节，情况较为复杂，政策性、操作性要求都很高，难以用一个文件统一规范。2014 年 12 月 30 日，中共中央全面深化改革领导小组第八次会议审议通过了《关于进一步规范刑事诉讼涉案财物处置工作的意见》。随后，最高人民检察院、公安部等也发布了新的涉案财物管理的相关规定。

对于监察机关而言，《监察法》在监察权限部分对调查、查封、扣押等措施进行了相关规定。根据《监察法》第 11 条、第 45 条的规定，对被调查人涉嫌职务犯罪，监察机关经调查认为犯罪事实清楚，证据确实、充分的，制作起诉意见书，连同案卷材料、证据一并移送人民检察院，依法审查、提起公诉。综上，监察机关对于涉嫌犯罪取得的财物，应当在移送人民检察院依法提起公诉时，随案移送。如果监察机关不遵守该规定，存在“违反规定处置查封、扣押、冻结财物”情形的，将被追究《监察法》第 65 条规定的“法律责任”。

四、被调查人逃匿或者死亡案件的继续调查与违法所得没收

《监察法》第 48 条规定：监察机关在调查贪污贿赂、失职渎职等职务犯罪案件过程中，被调查人逃匿或者死亡，有必要继续调查的，经省级以上监察机关批准，应当继续调查并作出结论。被调查人逃匿，在通缉一年后不能到案，或者死亡的，由监察机关提请人民检察院依照法定程序，向人民法院提出没收违法所得的申请。具体而言这主要包括以下两个方面的内容。

（一）继续调查

具体而言，对继续调查可以从以下几个方面解读：一是从适用条件看，案件类型为“贪污贿赂、失职渎职等职务犯罪案件”。一方面，《监察法》第 48 条限定为“职务犯罪案件”，因此并不包括违法行为，即不构成犯罪的职务违法行为不适用《监察法》第 48 条。另一方面，从条文表述来看，贪污贿赂、失职渎职等职务犯罪案件，既包括了狭义上的贪污罪，以及挪用公款罪、私分国有资产罪、私分罚没财物罪、巨额财产来源不明罪、隐瞒境外存款罪等广义上的贪污犯罪，同时也包括受贿罪、行贿罪、介绍贿赂罪等贿赂犯罪，以及各种失职渎职犯罪。另外，《监察法》第 48 条采取的并非完全列举的方式，而是规定了具有兜底性质的“等职务犯罪案件”。二是从继续调查的必要性看，在刑事诉讼中，如果被追诉人逃匿，那么相关机关应当采取有关措施保证犯罪嫌疑人、被告人到案。如果被追诉人在诉讼过程中死亡，则根据《刑事诉讼法》第 16 条，不追究刑事责任，已经追究的，应当撤销案件，或者不起诉，或者终止审理，或者宣告无罪。刑事诉讼法规定的违法所得没收程序，也包括对案件事实、违法所得及其他涉案财产的调查事项内容。[①] 对此，在监察机关查办职务犯罪过程中，也有可能出现被调查人逃匿或者死亡，但这并不当然意味案件查办终结。如果根据案件性质或者涉案财产具体情况，有必要继续调查的，则需要经过法定程序继续调查。三是从继续调查程序看。在监察机关调查贪污贿赂、失职渎职等职务犯罪案件过程中，被调查人逃匿或者死亡，有必要继续调查的，根据《监察法》第 48 条规定，须经省级以上监察机关批准，继续调查并作出结论。“经省级以上监察机关批准”，提高了此种情形下继续调查的批准级别，主要考虑是限定和有效控制该项措施的适用。由于该项程序针对的是被调查人不到案情形下的处理，因此，为谨慎起见，

① 《公安机关办理刑事案件程序规定》第 328 条中规定，犯罪嫌疑人死亡，现有证据证明其存在违法所得及其他涉案财产应当予以没收的，公安机关可以进行调查。公安机关进行调查，可以依法进行查封、扣押、查询、冻结。《人民检察院刑事诉讼规则（试行）》第 533 条规定，人民检察院直接受理立案侦查的案件，犯罪嫌疑人逃匿或者犯罪嫌疑人死亡而撤销案件，符合《刑事诉讼法》第 280 条第 1 款规定条件的，侦查部门应当启动违法所得没收程序进行调查。

防范权力滥用，造成被调查人和其他利害关系人的合法权益受损，规定由省级以上监察机关进行批准较为适宜。省级以上监察机关批准之后，监察机关应当在原调查的基础上继续开展调查工作，并作出结论。结论中既应当包括被调查人涉案事实和证据认定的内容，也应当包括被调查人逃匿、被通缉或者死亡的情况，还应当包括违法犯罪所得及其他涉案财产的具体情况等。这也为案件后续走向违法所得没收程序奠定基础。

（二）违法所得没收

被调查人逃匿，在通缉一年后不能到案，或者死亡的，由监察机关提请人民检察院依照法定程序，向人民法院提出没收违法所得的申请。其中，除死亡情形外，如果被调查人逃匿，还必须符合“通缉一年后不能到案”的条件。监察机关采取通缉措施规定于《监察法》第 29 条：依法应当留置的被调查人如果在逃，监察机关可以决定在本行政区域内通缉，由公安机关发布通缉令，追捕归案。通缉范围超出本行政区域的，应当报请有权决定的上级监察机关决定。另外，由该规定可知，监察机关启动违法所得没收程序与刑事诉讼法相关规定相衔接，即并非由监察机关直接向人民法院提出违法所得没收申请，而是由监察机关提请人民检察院依照法定程序向人民法院提出没收违法所得的申请。于是，结合刑事诉讼法的相关规定，具体程序可以为：监察机关对于符合前述规定的案件，提出违法所得没收意见书，连同相关证据材料一并移送同级人民检察院。人民检察院在收到监察机关移送的没收违法所得意见书后，应当查明：（1）是否属于本院管辖；（2）是否符合《刑事诉讼法》第 298 条第 1 款规定的条件；（3）犯罪嫌疑人的身份状况，包括姓名、性别、国籍、出生年月日、职业和单位等；（4）犯罪嫌疑人涉嫌犯罪的情况；（5）犯罪嫌疑人逃匿、被通缉或者死亡的情况；（6）违法所得及其他涉案财产的种类、数量、所在地，以及查封、扣押、冻结的情况；（7）与犯罪事实、违法所得相关的证据材料是否随案移送，不宜移送的证据的清单、复制件、照片或者其他证明文件是否随案移送；（8）证据是否确实、充分；（9）相关利害关系人的情况。人民检察院在接到监察机关移送的没收违法所得意见书后 30 日以内，作出是否提出没收违法所得申请的决定。30 日以内不能作出决定的，经检察长批准，可以延长 15 日。对于监察机关移送的没收违法所得案件，经审查认为不符合条件的，应当作出不提出没收违法所得申请的决定，并向监察机关书面说明理由；认为需要补充证据的，应当书面要求监察机关补充证据，必要时也可以自行调查。其他具体程序可见刑事诉讼法及相关司法解释关于违法所得没收程序的规定。

五、不服处理决定的救济

为权利受到程序处理结果影响的人提供救济渠道，是正当程序必须具备的基本内容。对于监察机关办案而言，案件处理结果与监察对象具有直接的利益关系，因此也应当为其提供基本的救济渠道。这样，既能够保障监察对象的合法权益，也能够监督保障监察机关办案质量。根据《监察法》第 49 条的规定，具体包括以下几个方面的内容。

（一）申请复审

监察对象对监察机关作出的涉及本人的处理决定不服的，可以自收到处理决定之日起一个月内，向作出决定的监察机关申请复审，复审机关应当在一个月内作出复审决定。（1）适用的主体是监察对象，即监察对象对监察机关涉及本人的处理决定不服。监察对象是权益受到监察决定指向和结果影响的主体，因此，救济的对象也应当是监察对象本人。（2）救济程序的启动事由是监察对象“不服”监察机关对本人的处理决定。不服即不服从、不认可，既可以是对监察机关事实认定的不认可，包括认为没有违法犯罪事实，或者有违法犯罪事实但是并非监察机关认定的事实；也可以是对监察机关适用法律定性处理的不认可。当然，作为救济启动程序条件的“不服”，是监察对象本人的主观认识，无论其认识是否有理有据，都不影响其申请的权利。(3) 救济的渠道是，向作出决定的监察机关申请复审即再次审理。申请复审权为监察对象的一项程序性救济权利，监察机关应当予以充分保障，不能加以限制或剥夺。(4) 向监察机关提出复审申请的时间是收到处理决定之日起一个月内，也就是说，处理决定作出并送达监察对象当日监察对象即可提出复审申请，一个月为提出复审申请的有效时间；超过一个月不提出复审申请，视为对处理决定无异议。(5) 复审机关作出决定的期限是一个月。

（二）申请复核

监察对象对复审决定仍不服的，可以在收到复审决定之日起一个月内，向上一级监察机关申请复核，复核机关应当在两个月内作出复核决定。在监察对象向作出决定的监察机关申请复审后，对监察机关的复审结果监察对象可能信服，也可能仍然不服。监察对象如果对作出决定的监察机关的复审决定仍然不服，可以向上一级监察机关申请复核。这样规定，进一步保障了监察对象的权利，不仅提供了额外的救济渠道，而且也能避消除监察对象对作出决定的原监察机关因“自我复审”而产生的不信任感，有助于监察对象对监察结果产生信服感，增强监察工作的权威。此外，监察对象申请复核的期限有明确规定，这是关于监察对象遵守申请有限法定义务的规定。与此同时，规定复核机关应当在两个月内作出复核决定，是对复核机关依法履职的时限要求，体现了对监督对象合法权益的保障。作出决定的监察机关进行复审，与上一级监察机关复核，体现出监察机关自我纠错与上级领导、监督的运行机制。

另外，复审、复核期间，不停止原处理决定的执行。监察对象不服监察机关作出的处理决定而提出的复审、复核请求，为法律赋予监察对象的一项程序性救济权利，并不代表复审、复核请求一经提出，即改变原处理决定或停止原处理决定的执行。复核、复审本身是对原处理决定的再次审查，而再次审查的结果，可能是认定原处理决定有错误，也可能是认定原处理决定没有错误。因此，在最终审查结果作出前的复审、复核期间，原处理决定不能停止执行。

复审、复核本身，既是对监察对象权利保障的救济机制，也是监察机关自我纠错的程序机制。因此，原监察机关进行复审和上一级监察机关进行复核时必须秉持实事求是的基本理念。如果上一级监察机关复核后认为原处理决定确实有错误，那么原处理机关应当及时纠正，并按照纠正后的处理决定执行。这体现出上级监察机关对下级监察机关的监督以及对被调查人权利的及时、有效保障。

第十章

反腐败国际合作

第一节　反腐败国际合作概述

一、反腐败国际合作的概念及内容

（一）反腐败国际合作的概念

随着经济全球化的发展，各国（地区）间的交流日益频繁，腐败问题随之蔓延。腐败不再是一国或一个地区的内部事务，其已经演化成一个全球性的问题，并阻碍经济社会的进一步发展。正如《联合国反腐败公约》之序言所言，“确信腐败已经不再是局部问题，而是一种影响所有社会和经济的跨国现象，因此，开展国际合作预防和控制腐败是至关重要的；预防和根除腐败是所有各国的责任，而且各国应当相互合作，同时应当有公共部门以外的个人和团体的支持与参与”[1]。反腐败国际合作是指，世界各国、国际组织或地区间为预防和控制腐败而开展的合作。反腐败国际合作方式包括双边合作和多边合作两种：一是双边合作。“双边反腐败国际条约”，是指我国与某一个国家、地区、国际组织签署的反腐败国际条约，如《中泰引渡条约》。我国开展反腐败双边合作的形式主要有：建立反腐败交流合作关系、签署双边合作谅解备忘录、将反腐败合作纳入战略与经济对话、签署反腐败经验交流与互学互鉴的合作协议等。二是多边合作。“多边反腐败国际条约”，是指我国与两个以上的国家、地区、国际组织签署的反腐败国际条约，如《联合国反腐败公约》。迄今为止，我国参与了 15 个国际反腐败多边机制，如二十国集团反腐败工作组、亚太经合组织反腐败工作组、亚太经合组织反腐败执法合作网络、国际反腐败学院、金砖国家反腐败合作机制、亚洲监察专员协会理事会等。[2]

（二）反腐败国际合作的内容

具体而言，反腐败国际合作主要包括合作主体间在反腐败执法、引渡、司法协助、被判刑人移管、资产追回和信息交流等方面的合作。我国《监察法》第 51 条规定：“国家监察委员会组织协调有关方面加强与有关国家、地区、国际组织在反腐败执法、引渡、司法协助、被判刑人的移管、资产追回和信息交流等领域的合作。”[3]

---

① 赵秉志，王志祥，郭理蓉．《联合国反腐败公约》暨相关重要文献资料．北京：中国人民公安大学出版社，2004：3.

② 中共中央纪律检查委员会法规室，中华人民共和国国家监察委员会法规室．《中华人民共和国监察法》释义．北京：中国方正出版社，2018：228.

③ 同②20－21.

1. 执法合作

反腐败执法合作，是指我国公安机关、司法行政部门等，与有关国家、地区、国际组织在调查腐败案件、抓捕外逃涉案人等方面开展的合作。[①]

世界各国（地区）之间在反腐败问题上进行了各种形式的配合与协作。[②] 从广义上讲，只要是依法开展的合作，不论其依据是刑事法律、行政法律、民事法律还是其他法律，都可称为执法合作。[③]《联合国反腐败公约》第 48 条第 1 款将执法合作规定为："缔约国应当在符合本国法律制度和行政管理制度的情况下相互密切合作，以加强打击本公约所涵盖的犯罪的执法行动的有效性。……"[④] 并规定各缔约国应当就以下几个方面的犯罪信息展开执法交流合作：(1) 犯罪嫌疑人的身份、行踪和活动，或者其他有关人员的所在地点；(2) 腐败犯罪所得或财产的去向；(3) 用于或企图用于腐败犯罪的财产、设备或其他工具的去向；(4) 适当时提供必要数目的与犯罪所用物品相同的物品供分析或侦查用；(5) 交换腐败犯罪所采用的手段和方法的信息；(6) 加强反腐败人员和专家的交流；(7) 其他措施。因此，国家监察委员会在国际反腐败执法合作中，应该在包括但不限于上述几个方面的领域展开广泛的合作。

2. 引渡

引渡是指不同国家相互根据请求将在本国境内发现的、在对方国家受到刑事追诉或者已被判处刑罚的人移交给请求国，以便对其提起刑事诉讼或者执行刑罚的合作。[⑤] 国际引渡合作需遵循一定的原则，具体包括：互惠原则；条约前置主义原则[⑥]；双重犯罪原则；可引渡的犯罪规则[⑦]；特定性原则[⑧]；或引渡或起诉原则。[⑨]

《联合国反腐败公约》第 44 条为了加强各国间的反腐败合作[⑩]，对上述引渡中遵循的原则和条件进行了突破，如"将双重犯罪原则"上升至"双重可罚原则"；规定公约规定的腐败犯罪均是可以引渡的犯罪；双方无引渡条约时可以将公约作为引渡的法律依据；腐败犯罪不被视为政治犯；不得以财税犯罪为由拒绝引渡；被请求方在不违反本国法律的情况下，紧迫时可以对被引渡人采取强制措施，确保引渡时其在场。《联合国打击跨国有组织犯罪公约》第 16 条也进行了相类似的规定。

引渡国际合作中被请求方会因一定的理由拒绝引渡，这些理由包括：本国国民不引渡；政治犯不引渡；不正当的追诉目的；军事犯罪；财税犯罪；死刑不引渡；正当程序和特别法庭；时效与赦免；一事不再理；缺席审判；管辖权欠缺；人道主义考虑；豁免权。[⑪]

（三）司法协助

根据《〈中华人民共和国监察法〉释义》的解释，司法协助是指根据双边条约、多边条约

① 中共中央纪律检查委员会法规室，中华人民共和国国家监察委员会法规室．《中华人民共和国监察法》释义．北京：中国方正出版社，2018：227.

② 杨宇冠，吴高庆．《联合国反腐败公约》解读．北京：中国人民公安大学出版社，2004：393.

③ 樊崇义，王建明．《联合国反腐败公约》与我国职务犯罪侦查研究．北京：中国方正出版社，2011：371.

④ 赵秉志，王志祥，郭理蓉．《联合国反腐败公约》暨相关重要文献资料．北京：中国人民公安大学出版社，2004：27－28.

⑤ 黄风．国际刑事司法合作的规则与实践．北京：北京大学出版社，2008：19.

⑥ 即原则上不与没有缔结引渡条约的国家进行引渡合作。

⑦ 即犯罪需达到一定的严重程度。

⑧ 这是对引渡请求方的一项法律约束，即请求方只能按照引渡请求中所列并且得到被请求方准许的特定犯罪进行追诉和量刑，而且不得擅自将被引渡人再引渡给第三方。

⑨ 即对被请求引渡的人或者引渡给请求方，或者按照本国法律移交本国司法机关进行审判。

⑩ 同④21－22.

⑪ 同⑤45－73.

或以互惠为基础，我国与有关国家、地区之间，在对条约或协定等所涵盖的犯罪进行侦查、起诉和审判过程中，相互提供最广泛的司法方面的协助。[①] 司法协助有广义的司法协助和狭义的司法协助之分。广义的司法协助包括引渡、小司法协助、相互承认与执行刑事判决和刑事诉讼移管。[②] 狭义的司法协助也称“小司法协助”，它的范围包括刑事诉讼文书的送达、调查取证、解送被羁押者出庭作证、移交物证和书证、冻结或扣押财产、提交法律情报等。[③]

从反腐败国际司法协助和执法合作的内容看，两者是两个不同的合作领域，但是两者又有一定的交叉之处。相同之处是，均是以打击腐败犯罪为宗旨；同时在合作过程中采取的某些措施可能是相同的，如调查取证过程中追查用于腐败犯罪的财产、设备和犯罪工具的去向等。但是两者又具有明显的不同。第一，合作主体不同。司法协助的主体一般是广义的刑事司法机关，而执法合作的主体泛指一切拥有行政执法职能的机关，甚至可以是依据本国法律不享有刑事司法权的机关。第二，合作目的和对象不同。司法协助一般是为了办理具体的刑事案件或在立案后的刑事诉讼程序中进行，需适用双重犯罪的标准；而执法合作是为了预防、侦查犯罪或者行政违法行为而展开，不需适用双重犯罪的标准。第三，所采用的程序不同。司法协助需遵循专门的司法程序或相应的程序进行，而执法合作没有严格的程度限制，只以合法、有效、快捷为标准。第四，所依据的法律不同。司法协助所依据的法律须经一定立法审议和批准程序，而执法合作的法律依据一般仅需双方行政主管机关签批就可生效。[④]

《联合国反腐败公约》第46条第1款将司法协助合作的范围规定为“缔约国应当对本公约所涵盖的犯罪进行的侦查、起诉和审判程序中相互提供最广泛的司法协助”，即将司法协助限定为狭义的司法协助；并对司法协助的内容进行了详细的列举。而且《联合国反腐败公约》对传统的司法协助理念进行了一定的突破，如规定辨认、冻结、追查犯罪所得和追回资产，使腐败犯罪所得或腐败犯罪收益的追缴可以独立于刑事诉讼的进程而进行，允许不以腐败犯罪事实或刑事责任的判定为前提。同时，还规定被请求国在特定情形下，可以无须事先请求而向请求国提供腐败犯罪相关资料；并允许通过远程视频的方式作证。[⑤]

（四）被判刑人的移管

在《〈中华人民共和国监察法〉释义》中，被判刑人的移管是指外逃人员所在国依据本国法和我们提供的证据，对我国外逃人员进行定罪判刑后，将该外逃人员移交我国服刑。[⑥] 在国际公法上，被判刑人移管是指一国将在本国境内被判处自由刑的犯罪人移交给犯罪人国籍国或常住地国以便服刑，犯罪人的国籍国或常住地国接受移交并执行所判刑罚的活动。[⑦] 也可以将被判刑人移管理解为一种刑事合作机制，即被请求国根据请求国的请求，将在其境内被判处监禁或者因其他原因被剥夺人身自由的他国公民送还其国籍国或居住国，以进行服刑的国际刑事合作机制。[⑧]《联合国反腐败公约》第45条“被判刑人的移管”规定：“缔约国可以考虑缔结双边或多边协定或者安排，将因实施根据本公约确立的犯罪而被判监禁或者其他形式剥夺自由的人移交其本国服满刑期。”因而，被判刑人移管，实质上就是对移管请求国判决的变相承认与

---

①⑥ 中共中央纪律检查委员会法规室，中华人民共和国国家监察委员会法规室．《中华人民共和国监察法》释义．北京：中国方正出版社，2018：227.

② 黄风：国际刑事司法合作的规则与实践．北京：北京大学出版社，2008：103.

③ 同②104.

④ 同③112－113.

⑤ 黄风．中国境外追逃追赃经验与反思．北京：中国政法大学出版社，2016：143－150.

⑦ 张智辉．国际刑法通论：增补本．北京：中国政法大学出版社，1999：383.

⑧ 李翔．反腐败国际刑事合作机制研究．北京：北京大学出版社，2011：66.

执行。在未缔结相互承认与执行判决和裁定的国家间，它不失为一种有效的替代措施。

国家间被判刑人移管的目的，就是让被判刑人在熟悉的环境中服刑和接受教育改造，克服语言文化和生活习惯的障碍，使其在服刑结束后早日重新适应社会生活。同时，对于判刑国而言，将在本国判刑的外国囚犯送回其国籍国，有利于其服刑管理而且方便刑罚的执行；对于执行国而言有利于体现其保护本国国民的原则，提高国家的权威性和社会的稳定性，因此，被判刑人移管合作是一种互惠互利的反腐败国际合作方式。我国目前已经与乌克兰、俄罗斯、西班牙、葡萄牙等国家缔结了被判刑人移管的双边条约。

被判刑人移管国际合作中应遵循以下原则：(1) 有利于被判刑人原则；(2) 不加重刑罚原则；(3) 一罪不再罚原则；(4) 相互尊重主权和管辖权原则。同时，被判刑人移管合作还应符合以下条件：(1) 被判刑人是执行国的国民；(2) 被判刑人所犯之罪在执行国也构成犯罪；(3) 被判刑人仍须服一定期限的刑罚；(4) 在执行国不存在尚未完结的上诉或申诉程序；(5) 必须获得被判刑人的同意。①

(五) 资产追回

《监察法》中所说的资产追回，是指对于贪污贿赂等犯罪嫌疑人携款外逃的，通过与有关国家、地区、国际组织的合作，追回犯罪资产。② 在国际法上，它指资产流出国在资产流入国没有采取没收等处置措施的情况下，通过一定的途径对该资产主张所有权而将其追回，或者由资产流入国对腐败资产进行没收后，再将其返还给资产流出国的资产追回机制。③《联合国反腐败公约》将资产的追回手段分为两大类，分别是直接追回财产的措施和通过没收事宜的国际合作追回资产的机制，即资产的直接追回机制和资产的间接追回机制。《联合国反腐败公约》第 53 条规定，资产的直接追回措施可分为三种：(1) 资产流出国依据资产流入国的法律，在民事诉讼中依法提起确权之诉，主张对非法转移财产的所有权；(2) 资产流出国依据资产流入国法律，在民事诉讼中，依法提起侵权之诉，要求侵犯财产的被告人进行补偿或损害赔偿；(3) 资产流出国在资产流入国对腐败犯罪所涉财产进行没收或处理之时，直接向相应司法机关提供所有权证明，要求返回。④《联合国反腐败公约》第 54 条规定，资产间接追回措施可分为三种：(1) 执行请求国关于腐败犯罪资产的罚没判决或裁定；(2) 通过由腐败资产所在地主管机关进行刑事追诉而没收此涉案财产；(3) 在犯罪人死亡、潜逃或缺席而无法对其进行起诉或采取其他有关措施的情形下，不经刑事定罪而直接没收此类涉案财产。⑤ 简言之，直接追赃属于私法救济的途径；间接追赃属于公法救济的途径，需要国家（地区）间合作才能实现，是反腐败国际合作的重点。

进行没收事宜的国际合作应注意以下几个方面的事项：首先，合作的条件：(1) 合作双方具有执行腐败犯罪没收事宜的国际法律依据；(2) 没收此类犯罪所得的国际合作双方均具有国内法依据，且不能损害被请求国法律的基本原则、公共利益和其他基本利益。其次，合作的内容：(1) 没收的对象，《联合国反腐败公约》第 2 条第 5 款和第 31 条将没收对象规定为，通过实施腐败犯罪而直接或间接产生或者获得的任何财产，包括腐败犯罪所得或与腐败犯罪价值相

① 黄风．国际刑事司法合作的规则与实践．北京：北京大学出版社，2008：197－203.

② 中共中央纪律检查委员会法规室，中华人民共和国国家监察委员会法规室．《中华人民共和国监察法》释义．北京：中国方正出版社，2018：227.

③ 李翔．反腐败国际刑事合作机制研究．北京：北京大学出版社，2011：73.

④ 赵秉志，王志祥，郭理蓉．《联合国反腐败公约》暨相关重要文献资料．北京：中国人民公安大学出版社，2004：30.

⑤ 同④30－31.

当的财产，以及用于或者拟用于实施腐败犯罪的财产、设备或工具。具体转化为三种表现形态，这三种转换形态是：1）替代收益，即由犯罪所得全部或部分转变或转化的其他财产；2）混合收益，即犯罪所得已经与从合法来源获得的其他财产相互混合；3）利益收益，即由犯罪所得、犯罪所得转变或转化而成的财产或者已经与犯罪所得相混合的财产所产生的收入或其他利益。[①]（2）合作的义务。被请求国接到请求国的合作请求后，应在本国法律范围内尽最大可能配合请求国的请求，以便实现没收事宜的合作；请求国在提出没收事宜合作的请求时，应提供相应的请求文书和必要的证据材料。（3）请求的处理。被请求国接到请求后，依据国际条约和国内法的规定和程序采取行动，配合请求国的工作，并有权拒绝不符合国际条约、危害国家主权、证据不充分、价值极其轻微的合作请求。最后，采取没收事宜的合作还需确保善意第三人的合法利益。

被请求国没收腐败犯罪资产后，在不损害善意第三人的前提下，依据法律规定将追缴没收的资产返还原合法所有权人，并在返还前扣除被请求国在没收过程中支出的合理费用。同时，在资产追回国际合作过程中，一些国家将对被追缴资产进行分享视为进行合作的条件。资产分享原本是各国（地区）在共同打击某些跨国犯罪的实践中采用的做法，目的是提高各国（地区）参与相关打击合作的积极性，后来被一些国家（地区）扩展适用于不属于国际犯罪的刑事案件中。美国、加拿大等西方国家是善于运用这一措施的国家。根据美国的相关法律规定和司法实践，外国分享的比例主要取决于该国在国际司法协助/合作中的贡献大小，实践中具体分为三个层次：（1）重大协助，分享比例为50％～80％；（2）实质性帮助，分享比例为40％～50％；（3）提供便利，分享比例为40％以下。[②]

（六）信息交流

《监察法》中所称信息交流，是指我国与有关国家、地区、国际组织之间，发展和共享有关腐败的统计数字、分析性专门知识和资料，以及有关预防和打击腐败的最佳做法的资料等。[③] 犯罪情报信息十分重要，有学者指出：“犯罪情报信息是对犯罪情况的全方位记录，可以从中分析出各种犯罪的成因、特点，犯罪活动的规律以及发展趋势；可以掌握有关犯罪活动的情况，如跨境的策划、准备、实施过程，犯罪手段、工具和技能的运用，有组织犯罪的基本情况以及犯罪对象的有关资料等。警察机构如能将协同收集到的上述信息及时互相通报，将有助于警察机构针对具体情况拟定切实可行的防范措施并采取联合行动打击犯罪活动。”[④] 同理，在反腐败的国际合作中，加强信息的交流合作，互相熟知对方的反腐动态和国际最新反腐败相关法律制度方面的信息，对于提升反腐败国际合作效率、扩大反腐败国际合作成果至关重要。《联国反腐败公约》第62条对信息的交流作出如下规定：“一、各缔约国均应当考虑在同专家协商的情况下，分析其领域内腐败方面的趋势以及腐败犯罪实施的环境。二、缔约国应当考虑为尽可能拟订共同的定义、标准和方法而相互并通过国际和区域组织发展和共享统计数字、有关腐败的分析性专门知识和资料，以及有关预防和打击腐败的最佳做法的资料。三、各缔约国均应当考虑对其反腐败政策和措施进行监测，并评估其效力和效率。”[⑤]《联合国打击跨国有组

---

① 黄风．国际刑事司法合作的规则与实践．北京：北京大学出版社，2008：162.

② 张士金．资产追回国际法律合作问题研究．北京：中国人民公安大学出版社，2010：135－136.

③ 中共中央纪律检查委员会法规室，中华人民共和国国家监察委员会法规室．《中华人民共和国监察法》释义．北京：中国方正出版社，2018：227－228.

④ 高智华．区域刑事司法协助中警务合作的模式与途径．中国人民公安大学学报（社会科学版），2009（1）.

⑤ 赵秉志，王志祥，郭理蓉．《联合国反腐败公约》暨相关重要文献资料．北京：中国人民公安大学出版社，2004：34.

织犯罪公约》第 28 条[①]也对信息交流合作进行了相类似的规定。

古人云“知己知彼，百战不殆”，“他山之石，可以攻玉”，因此，我国在反腐败国际合作方面应强化信息交流工作，了解新的腐败犯罪行为方式，交流人员培训、公职人员监管等方面的经验，学习其他国家的腐败犯罪案件研究成果；同时，及时地将我国要追捕的犯罪嫌疑人和要追缴的腐败资产向世界公布，表明我国反腐败斗争的决心和态度。通过信息的交流，占据国际道义的制高点，倡导构建国际反腐新秩序，压缩外逃人员的生存空间，进一步扩大我国国际反腐的成效；而且，通过反腐信息的交流，有效提升我国国际反腐工作能力，提高反腐败国际合作的工作效率，推动我国国际反腐工作向纵深发展。

以上几个方面是当前反腐败国际合作的重点。随着反腐败国际合作工作的深入，会有更多、更新的国际合作理念涌现，进一步提升国际社会的反腐败国际合作水平和成效。

二、反腐败国际合作的途径

世界各国、地区或国际组织开展反腐败国际合作的方式有很多种，归纳起来主要是通过对逃往境外的犯罪分子的追捕、对转移至境外的腐败犯罪相关资产的追回以及对腐败犯罪国际化的预防和遏制这三种途径来实现的，此即追逃、追赃和防逃。

（一）追逃

“追逃”即“反腐败国际追逃”，是指对于逃匿到国（境）外的涉嫌重大贪污贿赂、失职渎职等职务犯罪的被调查人，在掌握证据比较确凿的情况下，通过开展境外追逃工作将其追捕归案。开展反腐败国际追逃，引渡是正式和理想方式，而遣返、劝返及异地起诉等则是引渡的替代方式。

遣返，又称移民法遣返，是指由我国向外逃所在地国提供外逃人员违法犯罪线索和伪造护照等虚假身份情况，让所在地国根据移民法规，剥夺其居留地位并强制遣返至我国或第三国。劝返，是指对外逃人员进行说服教育，使其主动回国，接受追诉、审判或执行刑罚。劝返是一项思想政治工作，主要手段是对犯罪嫌疑人说服教育，晓之以理，动之以情，明之以法，承诺从轻处理条件，促使其心理上发生根本转变。异地起诉，是指在我国无法行使管辖权时，让渡管辖权给外逃所在地国，支持外逃所在地国依据本地法律和我国提供的证据，对我国外逃人员进行定罪判刑。外逃人员被定罪判刑后，往往会被强制遣返，届时可将其递解回国接受法律制裁。

此外，比较常见的非常规措施有两种：（1）绑架，采用绑架的手段将在逃人员抓捕回国；（2）诱捕，将犯罪嫌疑人引诱到诱骗国境内、国际公海、国际空域或与我国签订了引渡条约的第三国，然后进行逮捕或引渡。由于未经主权国家的批准擅自开展调查活动会触犯所在地国家的刑事法律，构成非法拘禁罪或绑架罪，引发外交纠纷，因此，实践中，绑架或诱捕手段很少使用。

反腐败国际追逃，需满足以下几个条件：重大职务犯罪案件；被调查人已经逃匿到国（境）外；调查（侦查）机关已经掌握比较确凿的证据；应当通过开展境外追逃工作，将被调查人追捕归案。对此，应从以下几个方面加以理解。

1. 关于“重大职务犯罪案件”

根据我国相关法律的规定，职务犯罪案件包括贪污贿赂类、渎职类和公职人员利用职权侵

① 赵秉志，王志祥，郭理蓉．《联合国反腐败公约》暨相关重要文献资料．北京：中国人民公安大学出版社，2004：163.

犯公民人身权利和民主权利类犯罪案件，这三大类犯罪案件共涉及数十个罪名。根据《最高人民检察院关于人民检察院直接受理立案侦查案件立案标准的规定（试行）》（1999 年）、《最高人民检察院关于渎职侵权犯罪案件立案标准的规定》（2006 年）、《最高人民法院、最高人民检察院关于办理贪污贿赂刑事案件适用法律若干问题的解释》（2016 年）、《最高人民检察院关于印发〈人民检察院直接受理立案侦查的渎职侵权重特大案件标准（试行）〉的通知》（2001 年）等相关司法解释的规定，贪污贿赂类犯罪重大案件的立案标准是：依据犯罪的事实、情节，已经或者可能被判处 10 年有期徒刑以上刑罚的，或者案件在本省、自治区、直辖市或者全国范围内有较大影响的；失职渎职类犯罪案件中滥用职权罪重大案件的立案标准是致人死亡 2 人以上，或者重伤 5 人以上，或者轻伤 10 人以上，或造成直接经济损失 50 万元以上；玩忽职守罪重大案件的立案标准是致人死亡 3 人以上，或者重伤 10 人以上，或者轻伤 15 人以上，或造成直接经济损失 100 万元以上。从以上的法律规定能够看出，贪污受贿类和失职渎职类犯罪重大案件都是给国家和社会造成重大损失或具有重大社会影响的案件，成功办理此类案件能够取得良好的社会效应。

境外追逃工作涉及广泛而复杂的法律知识和高昂的追逃成本，需要相关工作人员不仅要了解并熟知国际法和合作对方国家的法律制度，还要熟练运用我国的法律法规，综合考量，最大限度地为我国在合作中争取有利条件，用最小的投入获得收益的最大化。当前，我国国际追逃成效显著，但是仍有大量的外逃人员未被抓捕归案。在现有追逃工作人员和经费有限的情况下，应首先抓住重点，将具有重大社会效应的外逃人员和转移的赃款追回，满足人民群众惩治腐败犯罪分子的需求，挽回国家财产的损失，以保持反腐败斗争的高压态势。

2. 关于“被调查人员逃匿到国（境）外”

反腐败国际追逃的前提条件之一，是被调查人员逃匿到国（境）外。首先，只有被调查人外逃，才需要相关职能机关进行国际追逃。国际追逃涉及国家间的合作，而国家间法律传统、文化差异等方面的不同，导致法律规定和适用上的差异，如在举证程序、证据规则、是否适用死刑等方面存在明显的不同。同时，尊重国家主权是国际合作的原则性条件。因此，在抓捕外逃被调查人员过程中，我国外交、司法行政部门等国家机关需要与相关国家做好协调衔接工作，在相互尊重国家主权和平等互惠的基础上，确保国际追逃工作的有效开展。其次，职务犯罪被调查人员通过外逃，逃避我国法律的制裁，损害我国法律的权威性，必须将其抓捕归案，使其接受法律的制裁，以维护法律的权威和社会的公平正义。目前，我国外逃腐败犯罪嫌疑人的数量较多，但是一直没有一个具体、准确的统计数字。据香港《文汇报》2004 年 1 月 29 日引述的资料显示：2003 年上半年，我国共有 8 371 名贪官外逃，其中县处级以上干部外逃 3 908 人，占外逃人员总数的近一半。广东、河南、福建三省的外逃人员分别是 1 204 人、804 人、586 人。① 大量的腐败犯罪分子外逃，没有受到应有法律惩罚，是对我国法治反腐的挑战，也会降低我国法律的权威，不利于对潜在的腐败犯罪分子形成震慑作用。因此，对外逃的腐败被调查人员要进行国际抓捕，将其绳之以法。

3. 关于“掌握比较确凿的证据”

反腐败国际追逃合作的基础是，调查机关已经掌握了比较确凿的证据。对被调查人员犯罪事实的认定完全依赖证据，而且国际追逃中向合作方提出配合请求的依据，最终也会归结到我国提供的证据上。在证据的证明标准上，我国《刑事诉讼法》将刑事案件的证据证明标准规定

---

① 陈雷．论健全防范腐败分子外逃工作机制//黄风，赵林娜．国际刑事司法合作：研究与文献．北京：中国政法大学出版社，2009：43.

为“事实清楚，证据确实、充分”①，而我国外逃人员集中的英美法系国家，在证据适用方面的总原则是“犯罪的性质越严重，必要的证据最低要求就越高”②。目前，对于追逃、引渡过程中提供的证据材料，国际上存在三种不同的标准。第一种是“表面证据”标准，即请求方所提供的犯罪证据，在未遇反驳的情况下，构成将有关人员提交法院审判的充足证据。这种标准在一些国家也被表述为“合理根据”或者“重大嫌疑”标准。第二种标准是要求说明存在足够证据，即虽然不要求提供证据，但要求提供“现有证据摘要以及一项根据请求国法律上述证据足以证明有理由起诉该人的说明”。第三种是“零证据标准”，即只要求请求方提供对被请求引渡人签发的逮捕令以及有关的案情摘要。③ 因而，我国监察机关在组织协调进行国际追逃的过程中，要严格审核相关的证据材料，使其不仅符合我国的证据标准，更符合追逃合作方的证据标准，并根据追逃工作的实际需要随时完善和补充相关的材料，确保追逃合作的顺利开展。

4. 开展境外追逃工作

当下，我国监察机关开展境外追逃主要是通过提请国际刑警组织发布通报等有效措施进行。目前，国际刑警组织有 184 个成员机构，这些机构中的庞大的警察网络、先进的通讯设施和数据处理系统，对于侦查、发现和追踪职务犯罪信息及外逃人员的行动轨迹等重要追逃信息，具有无可比拟的优势。尤其是国际刑警组织的“红色通缉令”，能够对外逃人员造成极大的心理和社会压力，迫使其主动投案自首，回国接受法律的惩罚。因此，与国际刑警组织合作，能够有效推动我国追逃工作的开展。

但是，在国际追逃的过程中对国际刑警组织的局限性也要有清醒的认识，不能过分地倚重这一方式。国际刑警组织是各国警察机关之间的一个松散的合作组织，它不是一个“超国家”的司法机构或执法机构，只能“在各国现行法律的限度之内”开展合作。④ 国际刑警组织的主要职责是成员间相互交换信息和情报；在引渡合作方面，其职责仅限于向各成员单位转发外逃人员的通缉令和拘捕令，并搜集和交换有关外逃人员所在地和踪迹方面的信息。该组织本身不具体负责外逃人员的引渡，而是采取联络、协调、斡旋的方式，促成相关国家的引渡合作。⑤ 因而，国际刑警组织的“红色通缉令”，只能起到信息情报交换的作用，对于大多数成员不具有强制的约束力。而且，在一些实行“三权分立”的西方国家，警察的权限受到严格制约，特别是在涉及人身自由和财产权利的问题上，没有法官或者检察官签发的命令或指示，警察是不能擅自行动的，如《加拿大刑事司法协助法》第 17 条规定“收到文件和信息的主管机关应向其相信犯罪的全部或部分证据所在的省的法院申请收集证据的命令”⑥。因此，我国监察机关在组织协调有关机关进行国际追逃时，应灵活运用国际刑警组织通报、引渡、遣返、劝返、异地追诉等多种有效追逃措施，成功地完成追逃工作。

5. 被调查人员追捕归案

加强反腐败国际追逃合作工作，最终目的就是将外逃的腐败分子抓捕归案。外逃的腐败犯

---

① 陈瑞华．刑事证据法学．2 版．北京：北京大学出版社，2014：305.

② 塞西尔·特纳．肯尼刑法原理．王国庆，等译．北京：华夏出版社，1989：548.

③ 黄风．国际刑事司法合作的规则与实践．北京：北京大学出版社，2008：86.

④ 国际刑警组织章程与规则章程//黄风，赵林娜．国际刑事司法合作：研究与文献．北京：中国政法大学出版社，2009：25.

⑤ 朱恩涛．国际刑警与红色通缉令．北京：中国人民公安大学出版社，2006：67.

⑥ 加拿大刑事司法协助法．王强军，译//黄风，赵林娜．国际刑事司法合作：研究与文献．北京：中国政法大学出版社，2009：391.

罪分子，大多是公职人员，而且其中的大部分是原工作部门的领导或负责人。在出逃前，其腐败行为已严重侵害了正常的工作秩序，并且其腐败行为往往涉及严重的经济问题，在当地造成了不良的社会影响。人民群众对这些腐败分子深恶痛绝，将其抓捕归案，使其受到应有的法律惩罚，能够满足人民群众的殷切希望，而且能够对潜在的犯罪分子起到震慑作用，实现惩治腐败犯罪一般预防和特殊预防的相结合。同时，近年来重点领域的腐败案件呈现出“窝案”“串案”现象上升的趋势，往往出逃的腐败犯罪分子一人涉嫌多罪、数罪缠身的案件很多，将出逃的犯罪分子抓捕归案，对于查清案件事实、查明涉案人员和涉案资金的流向与具体数额具有极其重要的意义。而且，将外逃人员抓捕归案，也能将陷于停滞的诉讼程序重新启动，使案件审查结案，使遭到破坏的法律秩序早日恢复，维护我国法律的权威性。

同时，将外逃人员早日抓捕归案，对其自首或立功情节进行认定，严格依法进行审判，符合从轻、减轻处罚的，在量刑时依法予以认定，使其接受法律的惩罚和再教育，并将审判结果及时进行通报，能够表明我国法治反腐的决心和行动，在国际上提升我国的法治形象，威慑其他未归案的外逃人员。国际追逃工作中，将一些比较典型的外逃人员抓捕归案，能够极大地震慑其他出逃人员或同案犯。如原中国银行哈尔滨河松街支行行长高山，于2012年8月回国自首并接受司法审判。而高山能够回国自首，一方面是迫于中加两国强大的追捕压力；另一方面是赖昌星、邓心志、崔自力等与其类似的外逃人员，在被抓捕归案后，受到依法公正的审判，这对高山的触动很大，强化了其回国自首的决心。

因此，将出逃人员追捕归案，有利于维护法律权威，体现我国全面依法治国的战略；而且通过案件的办理能够找出社会管理的漏洞，及时进行完善，提高对腐败犯罪的一般预防能力，推进国家治理体系和治理能力的现代化，增强国际竞争力，为我国经济和社会更好更快地发展，打下坚实的基础。此外，将腐败犯罪分子追捕归案并进行依法惩处，能够恢复人民群众对遭受严重破坏的金融体系、民主体制和法制的信心，从而避免人民群众对政府和官员的信任度下降、社会思想道德败坏以及法制观念虚无等现象。①

（二）追赃

“追赃”即“反腐败国际追赃”，是指对于贪污贿赂等犯罪嫌疑人携款外逃的，通过提请赃款赃物所在国查询、冻结、扣押、没收、追缴、返还涉案资产，追回犯罪资产。具体而言，开展追赃国际合作的手段主要有：一是在开展引渡、遣返等追逃合作的同时，附随请求移交赃款赃物。针对携款外逃的贪污贿赂等犯罪的嫌疑人，我国依据双边引渡条约或多含有引渡条款的国际公约或互惠原则，向嫌犯所在地国提出引渡请求时，一般情况下都会附随提出“移交赃款赃物”的请求，或在引渡的同时开展追赃国际合作。二是协助赃款赃物所在地国根据其国内法启动追缴程序，然后予以没收和返还。西方国家大多详细规定了犯罪所得没收制度和资产返还程序，如美国除规定刑事没收外，还设有不以刑事定罪为前提条件的民事没收制度。实践中，没收返还还可及于犯罪所得或价值相当的财产、犯罪资产、设备或其他工具。三是受害人或受害单位在赃款赃物所在地国，通过民事诉讼方式追回犯罪资产。根据《联合国反腐败公约》和大多数国家的法律，因贪污、挪用公款、侵占等犯罪遭受物质损害的受害人（或单位），针对其受到损失的财产部分，有权以民事原告的身份向法院对侵权人（以及刑事案件的犯罪嫌疑人等）提起财产侵权或确权的民事诉讼，要求民事被告返还侵权之物或赔偿损失。四是在我国国内启动违法所得没收特别程序，由法院作出没收判决后，请求赃款赃物所在地国予以承认与执行。我国刑事诉讼法设定了针对贪污贿赂犯罪、恐怖活动犯罪等重大犯罪案件的违法所得没收

① 张士金．资产追回国际法律合作问题研究．北京：中国人民公安大学出版社，2010：24-25.

特别程序，规定犯罪嫌疑人逃匿或死亡的，可由人民检察院提出申请，人民法院依法作出没收裁定，然后请求涉案资产所在地国予以承认和执行。

国（境）外追逃追赃是反腐败国际司法合作的两大主题，二者同等重要。追逃解决人的问题，通过国际合作把外逃的犯罪嫌疑人或被告人遣返回国，绳之以法；追赃解决物的问题，要把被非法转移到境外的违法所得及收益追回。①

相关职能机关进行反腐败国（境）外追赃过程中，应遵循相关工作的客观规律和赃款赃物所在国的法律，按照相应的法定程序办理，提请赃款赃物所在国予以协助，完成赃款赃物的追回。这些程序具体就是相关资产的查询、冻结、扣押、没收、追缴和返还工作。

反腐败国际追赃工作中，首先要做好的是相关腐败资产的查询、冻结和扣押工作，为开展进一步的追赃工作奠定基础。而这些工作的开展，以双边、多边国际条约和合作方的国内法为基础。如美国、加拿大等国要求，开展相应的司法协助要以缔结的条约为基础，按照双边协定的程序进行。同时，联合国和一些国际组织提倡在没有缔结双边条约时，以相关的多边国际条约或公约为依据，如以《联合国反腐败公约》《联合国打击跨国有组织犯罪公约》作为开展反腐败国际合作的法律依据。在反腐败国际合作的实践中，一些国家明确表示以多边国际公约作为开展合作的法律依据。如，欧洲的西班牙、瑞士、波兰、罗马尼亚、乌克兰，美洲的阿根廷、巴西、哥伦比亚，大洋洲的新西兰等国，均将《联合国打击跨国有组织犯罪公约》作为合作的法律依据。② 因此，在开展追赃国际查询、扣押、冻结合作时，应灵活运用相关条约或协定，确保查询工作的顺利开展。

反腐败国际追赃合作除应具备合作的法律基础之外，还存在一般性的合作条件、证据标准的要求以及合理的拒绝理由，在提出合作请求之时应予以注意。国际追赃合作中，一般要求追缴的资产需与刑事案件相关、转移腐败犯罪资产的行为符合双重犯罪原则，以及请求方需作出互惠、对等、支付必要费用的承诺。为了共同打击腐败犯罪，扩大反腐败国际追赃合作的范围，《联合国反腐败公约》《反洗钱金融行动特别工作组 40＋9 建议》③ 等多边条约对上述条件进行了突破，如《联合国反腐败公约》第 43 条第 1 款、第 54 条第 1 款第 3 项要求各缔约国在民事、行政案件中针对反腐败展开合作，并允许非定罪没收。④

反腐败国际追赃中的查询、冻结、扣押工作的证明的要求也不同。一般性措施的证明标准是“犯罪行为已经发生；追缴的资产与犯罪行为或犯罪人相关联或者在我国同等情形下资产也需被没收；证据需能表明追缴资产所在具体地点”。没收的证明标准则更高：民事没收需达到

---

① 黄风．资产追回问题比较研究．北京：北京师范大学出版社，2010：1.

② 王君祥．违法所得没收特别程序问题研究．北京：法律出版社，2015：238.

③ 严立新，张震．反洗钱基础教程．上海：复旦大学出版社，2008：244－266.

④ 《联合国反腐败公约》第 43 条第 1 款中规定：“在适当而且符合本国法律制度的情况下，缔约国应当考虑与腐败有关的民事和行政案件调查和诉讼中相互协助。”第 54 条第 1 款第 3 项规定：“考虑采取必要措施，以便在因为犯罪人死亡、潜逃或者缺席而无法对其起诉的情形或者其他有关情形下，能够不经过刑事定罪而没收这类财产。”《反洗钱金融行动特别工作组 40＋9 建议》第 37 条规定：“即使有关犯罪不属于双重犯罪，各国也应尽量互相提供司法协助。在规定有关犯罪必须属双重犯罪才可互相提供司法协助或引渡的情况下，如果两国都把构成有关犯罪的行为列作犯罪，则无论两国是否把该犯罪列入同一犯罪类别，或以同一罪名描述该犯罪，该犯罪都应视为双重犯罪。”

"优势证据"标准，刑事没收需达到"排除合理怀疑"或"确实充分"的证据标准。[①]

反腐败国际追赃工作中，国际上允许的拒绝理由包括：(1) 根本利益。采取国际合作，可能损害国家主权、公共秩序和导致资源的过度负担。(2) 资产的价值微不足道。在腐败犯罪资产国际追缴过程中，需要花费大量的金钱和时间，如果追缴的资产价值较小，甚至不足以支付追缴过程中的必要花费，则合作请求可能被拒绝。(3) 双重危险以及在被请求的国家进行诉讼或调查。当犯罪行为人已被定罪或被宣告无罪，或被追缴的资产正在诉讼过程中，则合作请求可能被拒绝。(4) 刑罚的性质和严苛程度。如涉及没收，被请求国不存在与我国相同的刑罚时，则合作请求可能被拒绝。(5) 豁免权。如果转移腐败资产的犯罪行为人享有豁免权，则合作请求有可能被拒绝。(6) 缺乏法定程序。如作出的追缴判决缺乏公平的听证、未给予第三方保护或存在种族、国籍、性别等歧视，则合作请求可能被拒绝。[②] 因而，在进行反腐败国际追赃工作，提出查询、冻结、扣押合作请求时，应充分考虑相关国家以往在国际合作中的习惯做法，做好相应的对策，有的放矢，避免被拒绝后措手不及。

反腐败国际追缴有关机关与合作方依据上述法律规定，开展有效的查询合作，以确定出逃赃款的数额、范围、地点，进而提请合作方采取相应的扣押、冻结措施。而在当今的互联网时代，腐败犯罪行为人在进行资产转移的过程中，并不是进行简单字面意义上的"携款潜逃"，而是在转移资产的过程中，进行精密的谋划，使资产的转移非常的隐秘和形式合法化，如通过离岸中心、虚假法人的交易、地下钱庄或境外赌场等秘密地转移资产。以上这些洗钱的方式，使腐败犯罪所得成为形式上"合法"的收入或者将资金转移的路径和线索模糊化，使追查人员难以甄别，以此来方便腐败分子在境外挥霍和使用。因此，在查询转移的腐败犯罪资产时，相关工作人员应系统分析银行报表、商业记录、金融文件和合同，询问相关人员，获取与腐败转移资产相关的信息，充分利用互联网"大数据"分析工具，通过个人和公司企业间的资金流确定洗钱的线索，通过个人财产权属信息和税收记录确定现金转移的线索，综合所有线索最后确定腐败转移资产最终的所在地及具体的规模和数量。

反腐败国际追赃工作人员，在完成查询工作的基础上，应及时地向合作方提出请求，对被追缴资产采取冻结、扣押的临时保全措施。同时，重视对相关腐败资产的管理工作，确保被采取相应保全措施的资产不因管理问题而出现不应有的贬值或损耗。在此基础之上就应提交更加充分的证据，向腐败资产所在国提出没收、追缴的合作请求，为最终将涉案腐败资产返还回国内做准备。被请求国接到没收请求后，将对相关请求进行审查，在符合本国法律的前提下移交有权机关进行处理。

世界各国对腐败犯罪资产的没收大致可分为三种，分别是刑事没收、非定罪没收和行政没收。刑事没收是指通过法院的庭审或者被告人认罪程序对转移腐败资产人的刑事定罪，相关的涉案腐败犯罪资产自然成为判决的一部分而予以没收。非定罪没收是指在不要求定罪的情况下

---

① 谢丽珍．违法所得没收特别程序研究．北京：法律出版社，2016：268. 美国证据法针对不同的待证事实，确立了多个等级的证明标准，分为理论上的"绝对确定性"（达到100%的确信度）、"排除合理怀疑的有罪"（达到95%以上的可信度）、"明晰可信的证据"（达到80%的可信度）、"优势证据"（达到50%以上的可信度）、"合理怀疑"（达到30%以上的可信度）、"单纯怀疑"（达到10%左右的可信度）、"合理怀疑点"（达到5%左右的可信度）、"无信息"（相当于0%的可信度）。其中，"单纯的怀疑"是用来启动侦查或者大陪审团调查程序的证明标准；"优势证据"是一般民事诉讼的证明标准，作为被告方证明积极抗辩事由的证明标准。以上分类参见戴尔卡门．美国刑事诉讼——法律和实践．6版．张鸿巍，等译．武汉：武汉大学出版社，2006：93//陈瑞华．刑事证据法学．2版．北京：北京大学出版社，2014：298-299.

② 让-皮埃尔·布鲁恩，拉里萨·格雷，等．追缴腐败犯罪资产从业者指南．王晓鑫，译．北京：中国政法大学出版社，2015：168-169.

没收相应的涉案资产，它通常适用于：犯罪人已经死亡、逃匿或被免予起诉；转移的腐败犯罪资产已经找到但是没有“所有权人”；刑事诉讼中因证据不足转移腐败犯罪资产者被无罪释放等情形。因此，非定罪没收是针对转移的腐败犯罪资产本身的诉讼，是对“物”的诉讼。行政没收是指不需要司法判决文书就能直接实行的没收。它通常由行政执法机关在工作中，直接依职权实施。如海关在执行检查工作中，发现直接进行的现金跨境转移，可依职权直接予以没收。这种方式是最便捷和经济的方式。没收转移的腐败犯罪资产包括基于财产的没收和基于价值的没收两种方式。基于财产的没收是指对犯罪收益、犯罪工具或经证据证实的犯罪收益或工具的没收。犯罪收益包括直接或间接取得的收益，以及混合收益所获得的资产。基于价值的没收是指对犯罪行为所产生的收益的价值，规定了与该价值相等的罚款，即使相关的犯罪收益已经灭失，在执行没收判决时，要求被执行人支付同等价值的资产。其理论根据是犯罪总收益的计算，不应因价值的损失或资产的损耗而减少，因为犯罪收益的价值在收益产生的那一刻是“具体化的”①。因而，在转移的腐败犯罪资产被没收之时，对腐败犯罪资产的计算应采取基于价值的没收和基于财产的没收相结合的方式，扩大追缴转移的腐败犯罪资产的范围，减少腐败行为所造成的损害。

反腐败国际追赃中腐败犯罪资产所在国在完成没收和追缴后，就需依相关的协定将涉及的资产返还我国，这是反腐败国际追赃合作的最终目的。反腐败国际追赃中，因为涉及的腐败犯罪所得在另一国家或司法管辖区，所以追缴的过程中需要采取国际合作的方式，而许多国家将“分享没收的犯罪所得”视为合作的基础。此外，请求返还的腐败犯罪资产在被请求国国内，按照国际法上的“缔约地支配原则”，腐败犯罪所得所在国完全可以依照本国国内法进行支配而不受腐败犯罪所得原所有权的约束。如德国《国际刑事事项司法协助法》第 56 条第 4 款规定：“如果是不受条约管辖的领域，德国在给予没收财产方面的协助后，被没收财产的所有权归德国所有。”② 随着腐败犯罪所得跨国转移案件的增多，为了扩大国家间反腐败国际追赃的合作，一些国际组织也提倡在扣除追赃过程中支出的合理费用后，合作双方在腐败犯罪所得的追缴和返还中就相关的涉案资产进行分享，以提高涉案资产所在国在腐败犯罪资产追缴和返还上的积极性，共同打击跨国腐败犯罪。美国是最善于运用资产分享制度的国家。根据美国司法部的资料统计，自 1989 年至 2001 年 6 月，美国司法部门已向 27 个国家采用资产分享的方式返还了 1.7 亿美元的资产，同时，美国也以相同的方式从加拿大、英国、瑞士等国家追回相关的涉案资产。③

根据相关国际的协议或协定，腐败犯罪所得/资产的返还包括直接返还和根据协议进行返还两种方式。直接返还就是依据相关的司法程序直接进行返还，被请求方需承认请求方对腐败犯罪所得的所有权，涉及合作双方对没收裁决或令状的承认，条件较为严格。根据协议返还，就是腐败犯罪资产国际追赃合作中的双方，依据双边或多边或资产分享协议，根据分享比例进行返还。如美国对追缴资产的分享按相关国家在追缴国际合作中的“贡献”确定相应的比例：(1) 重大协助，分享比例为 50%～80%；(2) 较大协助，分享比例为 40%～50%；(3) 提供便利，分享比例为 40%以下。④ 因此，我国应尽快地与相关国家达成协议，将大量转移至国（境）外的腐败犯罪资产追回国（境）内。目前，我国已经与加拿大签署了《中华人民共和国

① 让-皮埃尔·布鲁恩，拉里萨·格雷，等．追缴腐败犯罪资产从业者指南．王晓鑫，译．北京：中国政法大学出版社，2015：127.

② 谢丽珍．违法所得没收特别程序研究．北京：法律出版社，2016：280.

③ 黄风．资产追回问题比较研究．北京：北京师范大学出版社，2010：142.

④ 同③143.

和加拿大加关于分享和返还被追缴资产的协定》。同时，我国和美国同意在追赃领域，商谈相互承认与执行没收判决事宜。随着反腐败国际追赃工作的持续推进，我国会同越来越多的国家签订相应的分享返还腐败犯罪资产的协议，进一步地扩大我国反腐败国际追赃的成效。

（三）防逃

“防逃”是指通过加强组织管理和公职人员监督，查询、监控涉嫌职务犯罪的公职人员及其相关人员进出国（境）和跨境资金流动情况，完善防逃措施，防止涉嫌职务犯罪的公职人员外逃。“未雨绸缪”胜过“亡羊补牢”，要坚持追逃防逃两手抓，在加大追逃力度的同时，做好防逃工作，建立健全不敢逃、不能逃的有效机制，包括：加强对公职人员的日常教育、管理和监督。有关组织和单位要切实扛起主体责任，严格执行各项管理规定，把功夫下在平时，关口前移，做好预防工作。要及时掌握公职人员的思想、工作和生活状况，了解最新动态，对关键岗位的人员多警醒，对苗头性问题多过问，对有外逃倾向的要早发现、早报告、早处置；完善防逃措施，筑牢防逃堤坝。要严格执行公职人员护照管理、出入境审批报备制度，认真落实配偶子女移居国（境）外的国家工作人员相关管理规定，定期开展“裸官”清理，做好对党员领导干部个人有关事项报告情况的抽查核实。监察机关、执法和司法机关查办案件时要设置防逃程序，不能在立案前出现管控“真空”。对重点对象要及时采取监控措施，让企图外逃分子“触网”回头。要加强反洗钱工作，切断非法资金的外流渠道，冻结腐败分子在国内的动产、不动产，堵住赃款外流渠道；强化责任追究。对于被调查人外逃、赃款赃物转移，监察机关及相关部门都有责任。要强化责任意识，切实落实防逃各项任务部署。发现有严重职务违法犯罪情节的公职人员企图外逃时要立即报告、迅速处置，该采取措施的就要及时采取措施，该立案调查的就要尽快调查。如果能发现问题却没有发现，发现了问题不报告或采取措施不及时，都是失职失责，必须依法严肃追究责任。①

有关国家机关进行追逃追赃反腐败国际合作，是对腐败犯罪行为的事后惩治，是一种惩罚和补救机制，无法从根本上杜绝犯罪嫌疑人和腐败违法犯罪所得的出逃。但是，反腐败的防逃措施，是一种事前预防，能够从根本上防止腐败犯罪嫌疑人的出逃和将腐败犯罪所得向国外的转移。因而，无论是从反腐败的社会效益还是从经济成本上考虑，设置并执行好反腐败防逃措施，都是反腐败工作最优的选择。而为防止腐败犯罪嫌疑人和腐败犯罪所得出逃，相关职能部门应组织协调有关机关从法律、制度、机制、信息联络等方面做好工作，综合运用立法、司法、执法，形成多层次、网格化、立体式的防逃网络，长效化的工作机制，有效地防止腐败犯罪嫌疑人和财物的出逃、转移。具体而言，我国相关国家机关应该做好以下方面的工作。

第一，应该做好职能部门之间的协调工作，并形成防逃的长效合作机制。反腐败防逃工作涉及监察、公安、海关、边防、外交、民航、银行等多个部门的工作，应在国家监察委员会的组织下，成立反腐败防逃预警和工作交流的长效合作机制，具体的成员部门包括最高人民法院、最高人民检察院、公安部、国家安全部、外交部、司法部、财政部、审计署、中国人民银行、海关总署、人力资源和社会保障部等部门，具体工作应由国家监察委员会内部负责预防腐败工作的部门负责。国家监察委员会定期召集相关成员部门举行会议，通报防逃工作的最新进展。各成员部门就所掌握的涉及腐败犯罪嫌疑人和腐败犯罪所得的信息进行沟通，针对出现的最新动向，研究下一阶段的工作部署，并传达和学习国际上反腐败工作中的最新工作经验和技术。国家监察委员会在综合各成员部门所提供信息的基础上，制定相应的政策、措施，并在此

① 中共中央纪律检查委员会法规室，中华人民共和国国家监察委员会法规室．《中华人民共和国监察法》释义．北京：中国方正出版社，2018：229－235.

基础上监督已有和新实行措施的实施工作，按相应规定追责失职工作部门及其工作人员，确保各项防逃措施落实到位，防止犯罪嫌疑人利用防逃工作的漏洞趁机出逃。

第二，国家监察委员会应协调相关职能部门充分利用当前的网络信息优势，建立相应的网络信息共享平台，随时掌握犯罪嫌疑人和涉案资金的最新动态。当前各职能部门都有内部的信息统计平台，利用当前的互联网和大数据技术，能够做到内部信息的实时掌握。但是，横向上各职能部门相互之间信息的沟通较少，不同的反腐职能部门间不能及时地共享反腐信息。而且，由于现行信息传递机制的限制，向其他部门公开相应的信息需要一定的审批程序，这造成了信息的时效性和便利性不足，不利于防逃工作的开展。因此，国家监察委员会应组织协调有关部门建立一个信息网络平台，使相关职能部门及时将自己部门所掌握的信息上传至该平台，然后由国家监察委员会将这些信息进行整合，利用互联网大数据技术，分析腐败犯罪嫌疑人和腐败犯罪资产的动向，最终形成相应的预警信息，并将预警信息传达给各职能部门，为各职能部门采取防逃措施赢得准备时间。同时，国家监察委员会应组织各职能部门利用这一信息网络平台，强化与国际反腐败机构或同行间加强信息交流，交换犯罪嫌疑人及其境外代理人的相关信息，做好防逃预防措施，使犯罪嫌疑人的外逃企图难以实现。

第三，国家监察委员会应协调我国有关国家职能部门做好相关公职人员的信息采集工作，完善证照的管理和公职人员的出国审批制度。国家监察委员会应促进相关国家职能部门，加强公职人员的信息采集制度，掌握相关公职人员的个人基本信息和家庭信息。通过公职人员个人信息的采集能够将公职人员的指纹、面部识别等基本信息确定，并通过公安机关我国公民身份信息库的完善，确保公职人员只有一套唯一的身份识别信息，防止腐败犯罪嫌疑人用虚假的身份证明出逃。通过公职人员家庭信息的采集，确定公职人员是否在境外有亲属、子女亲属是否已经办理了移民、在境外是否拥有资产。并在此基础上进行信息对比分析，定期进行“裸官”清查，对有腐败犯罪嫌疑的公职人员进行重点监控，做好防逃工作。

与此同时，还应加强对公职人员护照的管理。禁止公职人员拥有多个护照，完善公职人员只能拥有一本因公出国护照和一本因私出国护照的制度，对公职人员申请因私出国护照进行严格的审批，在腐败犯罪信息共享的基础上，对防逃系统监控的公职人员的因私护照坚决不予批准。对于已经拥有因私出国护照的公职人员，要求将因私出国护照由相关部门进行统一管理，并做好相关信息备案、更新工作。对于不严格遵守护照管理制度的公职人员，严格依法依规进行追责。对于涉嫌腐败犯罪并重点监控的公职人员违反相关规定的，必要时可作废其因私出国护照。对于公职人员持有公务护照、外交护照需出国执行公务的，同样采取严格的审批制度，核实其公务内容，对无正当理由的，不予批准。公职人员出国执行公务回国后，同样需要将公务护照、外交护照交由相关职能部门统一管理。需要再次出国执行公务的，在办理了齐全的审批手续后，申请人可拿回使用。

第四，国家监察委员会应积极推动有关国家职能部门完善我国的反洗钱制度，严格监管资金的跨境流动，防止腐败犯罪嫌疑人通过洗钱的方式向境外转移犯罪所得。腐败犯罪嫌疑人转移犯罪资产的方式有很多种，大体上可以归纳为以下几种方式：(1) 通过地下钱庄、境外赌场等转款。如成克杰通过香港商人张某海将款项转移至香港，成克杰支付张某海费用人民币1 150 万元。(2) 通过代理人或者移民海外的子女直接将款项汇至境外的账户或在境外直接收受回扣。(3) 假借对外投资、合资、贸易以及其他非贸易渠道，将国有资产转移至目的国，然后通过一定的方式和途径，将转移的资产变为私有。(4) 直接携款潜逃。如中国银行南海支行丹灶办事处信贷员谢炳峰、麦容辉在贪污银行巨额资金案发后，携带巨额现金偷渡到香港，后持假护照逃往泰国。(5) 在境外直接侵吞国有资产。这种方式通常是由国有企业境外分支机构的管理者或者经营者在与境外企业进行交易合作时所采取。① 这些洗钱的方式，随着互联网技术和经济全球化的发展，出现了许多新的变种，变得更加隐秘和形式“合法化”。

对此，应依据《联合国反腐败公约》的规定，结合《中华人民共和国反洗钱法》、中国人民银行《金融机构反洗钱规定》、中国保险监督管理委员会《金融机构客户身份识别和客户身份资料及交易记录保存管理办法》以及相应的公职人员财产公示制度等金融监管制度，核实存入大额资金的账户和实际收益人身份，并对担任重要职位的腐败犯罪嫌疑人、其家庭成员、关系密切人员以及其代理人持有的账户强化审查和重点关注。依据中国人民银行《金融机构大额交易和可疑交易报告管理办法》实时地监控腐败犯罪嫌疑人资金变动的状况，并根据资金变动的情况做好相应的预警工作，严防腐败犯罪资产通过金融机构进行转移出逃。在加强金融机构内部反洗钱的基础上，还应强化对现金和网络虚拟货币的监管，通过限制每日支取现金数额和大额现金支取实名制、采集取款人图像等措施，防止腐败犯罪嫌疑人直接支取现金携款潜逃；通过对网络虚拟货币的监管，严控不受监管的虚拟交易，必要时可以通过法律法规的形式予以禁止，严防腐败犯罪嫌疑人通过网络虚拟交易向境外转移资产。与此同时，还应审核并禁止“空壳银行”的存在，防止腐败犯罪嫌疑人利用空壳银行转移犯罪资产。在完善我国现有反洗钱和资金转移监管制度的基础上，还需积极地同国际反腐败、反洗钱机构合作交流，不断完善我国的金融监管制度。

第五，国家监察委员会应督促有关国家职能部门强化边境公安、海关等有关机关的防控工作，打击走私和偷渡国境的行为，严防腐败犯罪嫌疑人出逃和转移犯罪资产。边境防控，作为我国防止腐败犯罪嫌疑人出逃和腐败犯罪所得向境外转移的最后一道防线，是反腐败防逃工作中重要的一环，也是最为关键的一个环节。腐败犯罪嫌疑人为了逃避法律的制裁，有可能会铤而走险，通过偷渡、走私、地下赌场等方式携款潜逃或转移犯罪所得。因此，公安、海关、交通、国家安全等部门需密切配合，守护好防逃的最后一道门。首先，国家监察委员会应督促相关的边境防控职能部门，充分利用防逃信息共享平台建立高效、便捷的联络机制，按照国家监察委员会的预警信息，对限制离境、立案通缉人员重点关注，对突发的腐败犯罪嫌疑人出逃线索及时地共享，并在最快的时间内完成防逃工作部署，防止因信息沟通不畅、工作衔接存在漏洞而致使腐败犯罪嫌疑人出逃。其次，国家监察委员会应督促相关边境防控部门，构建联合打击走私、偷渡等犯罪的长效合作机制，切断腐败犯罪嫌疑人非法出境的途径，将腐败犯罪嫌疑人围堵在我国境内。再次，边境防控机关在国家监察机关的监督和参与下，加强与相邻国家边境防控机关的反腐败执法合作，交流反腐败情报信息，对边境相邻地区的地下赌场、钱庄等非法经营机构，展开联合执法，摧毁腐败犯罪嫌疑人非法转移腐败犯罪资产的中介机构，使腐败犯罪嫌疑人没有渠道非法转移违法所得。最后，边境防控机构应做好我国边境地区人民群众的思想工作，并及时地将通缉和限制出境的腐败犯罪嫌疑人信息告知广大群众，采取精神和物质双重奖励的方式，鼓励人民群众及时举报发现可疑人员，通过人民群众中的监督，让腐败犯罪嫌疑人无处藏身，防止其非法出逃。

第六，国家监察委员会应及时向国家有关部门提出完善我国反腐败立法工作的建议，通过反腐国际合作的方式消灭国外的“避罪天堂”，使腐败犯罪没有法外之地，从根本上断绝腐败犯罪嫌疑人出逃的目标。目前，我国腐败犯罪嫌疑人出逃和转移腐败犯罪所得的目的地，大都是与我国没有签订引渡协议与资产返还和分享协议的国家，如美国、加拿大等国。反腐败犯罪

① 余泽．论公安机关境外追赃//赵秉志．国际刑事司法协助专题整理．北京：中国人民公安大学出版社，2007：388－389.

嫌疑人逃至这些国家后，因我国与这些国家没有双边的引渡协议等国际司法协助合作协议，追逃工作缺乏长效的合作机制，加上我国与这些国家的法治传统、司法理念不同，致使对腐败犯罪嫌疑人的追逃工作不能形成制度化、规范化的长效合作机制，只能针对个案进行协调，国际追逃效率较低。同时，相关国家没收、追缴腐败犯罪所得的程序与我国的相关程序存在差异，腐败犯罪所得追缴工作的开展也举步维艰。因此，为了从根本上预防腐败犯罪嫌疑人出逃，我国应尽快地同美国等腐败犯罪嫌疑人主要逃往目的国，签订相应的引渡协议和资产返还分享协议等反腐败国际合作条约，协调我国与这些国家间的反腐败防逃工作，使腐败犯罪嫌疑人无处可“逃”，腐败犯罪嫌疑人出逃后的生存物质基础丧失。同时，在没有签订相关司法协助协议的情况下，积极运用逃往目的国的国内法和多边国际协议，利用遣返、在被请求国国内提起刑事诉讼等多种反腐败国际合作方式追逃，协调配合多种防逃措施，震慑腐败犯罪嫌疑人，以达到反腐败防逃的目的。

三、反腐败国际合作的主体

在反腐败国际合作中，存在着多种合作主体。除了主权国家这一基本的国际行为主体外，国际组织、各国及国际性政党、政治团体等都是反腐败国际合作的主体。正如《联合国反腐败公约》序言所讲：“铭记预防和根除腐败是所有各国的责任，而且各国应当相互合作，同时应当有公共部门以外的个人和团体的支持与参与，例如民间社会、非政府组织和社区组织的支持与参与，只有这样，这方面的工作才能行之有效。”①

首先，主权国家是反腐败国际合作中最为重要的行为主体。主权国家能够最大限度地调动、运用其所控制的一切资源，故成为国际社会中强有力的行为主体，推动反腐败国际合作的发展，而且主权国家的反腐败合作意愿是促成反腐败国际合作的最基本的动力。② 当前，一些重要的反腐败国际公约，如《联合国反腐败公约》《联合国打击跨国有组织犯罪公约》等，其缔约主体都是主权国家。

其次，国际组织是当前反腐败国际合作中的重要主体。当前，国际组织在国际社会和国际事务中发挥着越来越重要的作用，一些国际合作的有效开展离不开国际组织的支持。国际组织按其参与者的身份可以分为国家间国际组织和非国家间国际组织，其中，国家间国际组织是国际法上的行为主体，非国家间组织不是国际法上的行为主体。如欧盟是欧洲国家间的国际组织，它在反腐败国际合作尤其是欧洲国家间反腐败合作中，发挥着不可替代的作用。同时，一些专注于反腐败研究的非国家间国际组织，在反腐败国际合作方面的影响力也与日俱增。如透明国际，其年度研究成果—清廉指数被一些权威国际反腐败机构反复引用。

再次，一些国家的政党或国际性政党，也是反腐败国际合作的主体。在一国范围内，无论是执政党还是非执政党，都是一国政治力量的重要组成部分，可能影响本国相关的反腐败国际合作行为及意愿，因为，政党一方面联系着社会，另一方面联系着政府，并且对两方面都能产生影响。政党的这一特性，使其能够在国际合作中发挥着有别于政府和社会组织的特殊作用。一方面，政党可以在国际交往中，与其他国家的政党以及其他类型的政党进行充分沟通，从而有利于国际交往中的共识形成，减少互动成本。另一方面，政党可以影响政府，通过政党之间的充分沟通与共识形成，可以避免社会组织或企业只能对局部或者微观起作用的弊端，有利于

① 赵秉志，王志祥，郭理蓉．《联合国反腐败公约》暨相关重要文献资料．北京：中国人民公安大学出版社，2004：3.

② 马海军，邹世亨．中国反腐败国际合作研究．北京：知识产权出版社，2011：45.

国与国之间整体互动。[①] 如中国共产党党内监督执纪机关中国共产党纪律检查委员会，在中国国内反腐败工作及反腐败国际合作中都发挥着重要的作用。

最后，一些政治团体也是反腐败国际合作的主体。政治团体是指在现代政治生活中，以特定利益为基础，将具有共同利益诉求的人们组织起来，参与、影响政府政策的制定与运行，并满足本团体群体利益目标的社会团体。[②] 政治团体一般具有明确的政治主张和政治纲领，具备从事相应国际活动的能力，对全球事务、地区事务以及重大政治问题具有相当的影响力。[③] 当前，一些政治、经济一体化组织，跨国公司，在反腐败国际合作中也具有相当重要的影响力。如一些跨国金融集团，依据相关国际公约的要求提供资金流动情况，对于反腐败国际合作的有效开展至关重要。

上述反腐败国际合作主体中，主权国家和国际组织是主要的力量，但是在一些主权国家、国际组织不方便、不适宜介入的反腐败国际合作中，政党、政治团体，甚至一些在国际上具有一定影响力的个人，都能够有效地促进反腐败国际合作的开展，在反腐败国际合作中具有特定作用，成为反腐败国际合作的主体。因此，反腐败国际合作应调动一切有利于合作开展的主体参与，以有效地推动腐败治理的全球化和一体化，压缩腐败分子的生存空间，遏制腐败犯罪国际化的发展。

第二节　我国反腐败国际合作立法框架

反腐败国际合作是一项全面性和系统性的复杂工作，涉及国内和国际两个层面。要确保反腐败国际合作的有效运行和良性发展，需要通过法律将一些切实可行的实践经验进行确认，建立完善的反腐败国际合作法律体系；并通过法律的权威性、程序性和强制性确保反腐败国际合作在法律的框架内运行，使每一个反腐败案件经得起历史的检验，提升我国在反腐败国际合作中的信任度。正如习近平总书记在答复英国路透社记者时所讲："中国是一个法治国家，无论是在国内惩治腐败，还是开展反腐败国际合作，都依法办事，坚持以事实为依据、以法律为准绳。"[④] 因而，在继续深入推进监察体制改革和完善《监察法》的基础上，构建我国反腐败国际合作立法框架，需要做好以下三个方面的工作。

一、我国反腐败国际合作法律体系的确立

开展反腐败国际合作需要依法进行，而反腐败国际合作依法进行的前提是具备完善的反腐败国际合作法律体系。当前，我国反腐败国际合作方面的法律包括《引渡法》、《国际刑事司法协助法》及《刑事诉讼法》中的部分规定等，与反腐败国际合作相关的具体制度包括反腐败执法合作、违法所得特别没收制度、相互承认与执行刑事判决制度、劝返、腐败犯罪资产的返还与分享、信息交流等。《引渡法》于 2000 年通过；《国际刑事司法协助法》于 2018 年 10 月议

① 郑长忠．习近平人类命运共同体思想与世界新型政党关系的构建．新疆师范大学学报（哲学社会科学版），2018（5）．

② 孙继虎．政治学原理．武汉：华中科技大学出版社，2013：95．

③ 马海军，邹世亨．中国反腐败国际合作研究．北京：知识产权出版社，2011：46．

④ 习近平接受路透社采访．[2018－10－04]．新华网，http：//www.xinhuanet.com/world/2015－10/18/c_1116859131.htm．

通过；《刑事诉讼法》（2012 年）对违法所得没收特别程序进行了专章规定，《刑事诉讼法》（2018 年）对刑事缺席审判制度进行了规定。但是，劝返这一我国创制的有效的反腐败国际追逃措施，并未在法律中得到确认，劝返的法律化问题未得到解决。在反腐败国际追逃过程中，引渡、移民遣返、异地起诉和劝返是主要措施，劝返是唯一不具有法律地位的反腐败国际追逃措施。而归国的外逃人员中大约七成是通过劝返方式被劝回国内的。[①] 因而，当前亟待通过法律明确劝返的效力。同时，劝返过程中追逃工作人员所作承诺是否有效，也需法律予以明确。我国《引渡法》第 50 条中规定，“对于限制追诉的承诺，由最高人民检察院决定；对于量刑的承诺，由最高人民法院决定”。

综上，为确保我国反腐败国际合作依法进行，应通过《国际刑事司法协助法》、刑事缺席审判制度以及劝返的法律化，搭建起我国的反腐败国际合作法律体系框架。同时，尽快将我国已经签署、批准的双边、多边条约中行之有效的反腐败国际合作措施，在国内法中予以确立和体现，如《联合国反腐败公约》中一些有效的预防和惩治腐败的措施，应通过国内立法予以确认，使其具备法律强制性。只有确立起完善的反腐败国际合作法律体系，才能为反腐败国际合作提供有力的法律支撑，实现反腐败国际合作的制度化和长效化。

二、完善我国反腐败国际合作的国内法

反腐败国际合作的基础是我国的国内法，国内法完善能促进反腐败国际合作的开展。反腐败国际合作是国家间、国家与国际组织间等不同合作主体间的协调、配合，而不同合作主体合作的基础是信任，因而，需要完善我国国内法，提高我国在国际社会的影响和司法信任度，为反腐败国际合作创造有利条件。

首先，完善《公务员法》《反洗钱法》《政府采购法》《招标投标法》等对国家公权力行使及公职人员的职务行为进行规范的法律。在贯彻执行《关于领导干部报告个人有关事项规定》的基础上，制定并通过“公务人员财产申报法”等更加严格的公职人员财产监管制度，完善相关金融监管制度，堵住腐败犯罪资产向境外转移的漏洞，多策并举，使对腐败行为的监督全覆盖、无死角，根除腐败犯罪滋生的土壤。

其次，履行相关反腐败国际条约或公约的“中国化”义务，将相关国际条约的规定国内化。如对于《联合国反腐败公约》中规定的跨国取证、涉案款物追缴等制度，需要以国内立法的方式予以确认，赋予其强制力。同时，通过立法的形式建立并完善具有中国特色的刑事缺席审判制度、腐败犯罪污点证人制度、腐败犯罪诉辩交易制度等，既履行了相应的国际条约义务，又与反腐败国际合作主流规定接轨，清除反腐败国际合作的国内法律制度障碍。

综上，完善我国国内法中的公职人员权力行使和财产监管制度，将国际公约规定国内法化等举措，能有效提升我国法治的整体水平和国际影响力，夯实反腐败国际合作的国内法律基础。

三、积极推进我国反腐败国际合作的国际法的完善和发展

反腐败国际合作中，更多的是依据合作主体间签署的双边或多边国际条约。截至 2019 年 1 月，我国已与 77 个国家缔结引渡条约、司法协助条约、资产返还和分享协定、打击“三股势

---

① 高检院：潜逃海外中国贪官劝返成功率达七成以上．［2018－10－04］．国际在线，http：//news. cri. cn/gb/42071/2015/01/19/8011s4845756. htm.

力”协定及移管被判刑人条约共161项（131项生效），其中，刑事司法协助条约45项（36项已生效），资产返还和分享协定1项（尚未生效），引渡条约55项（39项已生效）。[①] 已签署并生效的双边引渡条约、资产返还和分享协议等是我国反腐败国际合作中的重要依据，也是最为高效的追逃、追赃措施。但是也应该看到，腐败犯罪分子外逃的集中目的国如美国、加拿大、澳大利亚等西方国家，我国或是未与其签订引渡条约，或是签署后对方议会尚未通过、审批。而这些国家在引渡腐败犯罪嫌疑人时坚持“条约先置主义”。没有引渡条约，我国无法通过引渡这一高效的方式引渡相关外逃人员。致使我国在这些国家追捕外逃腐败犯罪分子时，只能进行个案协调，通过移民遣返或劝返等替代方式，经过漫长的时间才能将外逃腐败犯罪分子追捕归案，耗费大量人力物力。因此，尽快与上述西方国家进行磋商，签署并通过双边引渡条约是我国反腐败国际合作国际立法方面的当务之急。

在多边条约方面，我国积极签署了《联合国反腐败公约》《联合国打击跨国有组织犯罪公约》等多边国际公约。《联合国反腐败公约》是当前国际反腐败领域最权威、影响力最大的国际公约，签署的缔约国达170多个。我国腐败犯罪外逃人员和资金集中的几个西方国家也是该公约的签署国，这为我国开展反腐败国际合作奠定了良好的国际法基础。[②]《联合国反腐败公约》等国际公约的规定可以成为反腐败国际合作的法律依据，但是美国等一些西方国家拒绝以多边公约作为引渡的法律依据，因而在反腐败国际追逃方面多边公约的适用率不高。我国在今后的国际合作中，应积极地同相关的西方国家开展磋商与协调，从双边或多边两个方面强化反腐败国际合作的国际立法，扩展反腐败国际合作的法律依据，积极建立反腐败国际合作长效机制。

综上，在反腐败国际合作立法方面，我国应该立足国内法律体系，拓展国际双边和多边立法，通过建立完备的反腐败国际合作法律基础，确保反腐败国际合作依法依程序地有序开展，在国际社会扩大我国的国际司法影响力和信任度，为反腐败国际合作提供有力的法律支撑。

第三节　国家监察委员会在反腐败国际合作中的作用

《监察法》第50条规定：“国家监察委员会统筹协调与其他国家、地区、国际组织开展的反腐败国际交流、合作，组织反腐败国际条约实施工作。”因而，在反腐败国际合作中，国家监察委员会的职责主要包括两个方面的内容：一是统筹协调与其他国家、地区、国际组织开展的反腐败际交流、合作。在我国有关部门、组织等与其他国家、地区、国际组织开展反腐国际交流与合作时，无论是以官方为主的形式还是以民间为主的形式，国家监察委员会都要在中共中央的集中统一领导下，发挥统筹协调的作用，有关各方要发出同一个的声音，绝不允许自说自话，甚至各自为战。二是组织反腐败国际条约实施工作。对于我国签署的反腐败国际条约，国家监察委员会要组织国内有关部门研究如何开展实施工作，包括研究条约对我国反腐败工作的利弊、条约与我国法律制度如何衔接接、条约涉及的我国重要法律的起草和修改等；要组织国内有关部门接受履约审议，督促有关部门做好自评清单填写和提交工作，接受审议国对我国

① 司法协助类条约缔约情况一览表．[2019-04-10]．外交部网站，https://www.fmprc.gov.cn/web/ziliao_674904/tytj_674911/tyfg_674913/default_1.shtml.

② 张磊．境外追逃追赃良性循环理念的界定与论证．当代法学，2018（2）.

进行实地访问等。①

一、统筹协调反腐败国际交流、合作

腐败犯罪的国际化趋势，要求各国开展反腐败国际合作。联合国前秘书长安南曾说："腐败是全球公害，它破坏经济，削弱民主和法制，扰乱公共秩序，并使有组织犯罪和恐怖主义更加猖獗，给广大发展中国家的人民带来了巨大的灾难。"② 随着经济全球化的发展，腐败犯罪呈现出跨国化的发展趋势，危害整个国际社会的稳定和发展，任何一个国家都不能置身事外。目前，涉及腐败犯罪的资金跨国流动，在全球范围内急剧增长。世界银行专家丹尼尔·考夫曼在21世纪初曾估算过，腐败每年给各国经济造成的损失达1.5万亿美元，占世界GDP的5%；全世界每年约有2万亿美元涉及腐败的资金在跨国流动，相当于全球33万亿美元生产总值的6%。③ 而我国腐败犯罪的国际化趋势，同样不容忽视。据有关资料显示，近30年来，外逃官员数量约为四千人，携走资金五百多亿美元，人均约一亿美元。④

面对日益严峻的跨国反腐败形势，世界各国形成共同打击腐败的共识。在此背景下，我国也与世界各国一道积极签署《联合国打击跨国有组织犯罪公约》《联合国反腐败公约》⑤ 等具有重要影响的国际公约。同时，中国共产党十八大之后，党和国家领导人在重大外交活动中，不断就反腐败问题发表重要论述，呼吁世界各国共同打击跨国腐败犯罪，积极寻求同其他相关国家的合作。我国先后签署了《北京反腐败宣言》《二十国集团反腐败追逃追赃高级原则》《中华人民共和国政府和加拿大政府关于分享和返还被追缴资产的协定》等多项反腐败国际合作条约。截至2019年1月，我国已经与法国、意大利等50个国家签署了双边引渡条约，签订了多项民事、刑事司法协助条约等反腐败国际条约。⑥ 在反腐败多边合作机制方面，我国也积极参与。截至当前，我国已参与了15个国际反腐败多边机制，例如二十国集团反腐败工作组、亚太经合组织反腐败工作组、亚太经合组织反腐败执法合作网络、国际反腐败学院、金砖国家反腐败合作机制、亚洲监察专员协会理事会等。⑦

上述大量反腐败国际条约和多边合作机制，为我国开展反腐败国际合作提供了坚实的法律基础和有效的合作平台。但是，反腐败国际交流与合作是一个系统性、长期性的工作，需要一个宏观上能对腐败治理进行长远规划、微观上能对反腐败措施组织贯彻落实的国家机关进行统筹协调。在我国当前的国家机关中，只有而且必须是国家监察委员会才能胜任此项工作。

首先，在我国具有中国特色的社会主义制度中，中国共产党是我国腐败治理的领导机关，全面主导我国的腐败治理、国家治理的根本方向，根据国情发展的需要，确立腐败治理的指导

---

① 中共中央纪律检查委员会法规室，中华人民共和国国家监察委员会法规室．《中华人民共和国监察法》释义．北京：中国方正出版社，2018：224-226.

② 陈正云，李翔，陈鹏展．《联合国反腐败公约》全球反腐败的法律基石．北京：中国民主法制出版社，2006：1.

③ 陈立虎．《联合国反腐败公约》与国际反腐合作．检察风云，2004（22）.

④ 海外追逃大限日到期 近30年4 000人携走资金500多亿美元．[2017-11-19]．人民网，http://sc.people.com.cn/n/2014/1202/c345460-23084440.html.

⑤ 赵秉志，王志祥，郭理蓉．《联合国反腐败公约》暨相关重要文献资料．北京：中国人民公安大学出版社，2004. 下文有关《联合国反腐败公约》《联合国打击跨国有组织犯罪公约》的条文均引自此书。而《联合国反腐败公约》（以下简称《反腐败公约》）是迄今为止联合国历史上第一部指导国际反腐败斗争的法律文件，被称为"21世纪国际合作的里程碑"，是世界各国联合打击腐败的重要法律依据。

⑥ 司法协助类条约缔约情况一览表．[2019-04-10]．外交部网站，https://www.fmprc.gov.cn/web/ziliao_674904/tytj_674911/tyfg_674913/default_1.shtml.

⑦ 同①228.

思想，制定明确的腐败治理目标和发展战略，率先在党内推进的基础上，就如何推进与实现该目标与战略，向最高国家权力机关提出明确的行政、立法、执法与司法建议。监察机关与中国共产党的纪律检查机关合署办公，是中国共产党全面领导我国腐败治理的有力凭借。在监察机关内部实行国家监察委员会领导地方各级监察委员会、上级监察委员会领导下级监察委会的领导机制。因此，通过国家监察委员会统筹协调反腐败国际合作，能够统一代表监察机关与其他机关沟通协调，更加及时、高效地实现中国共产党的腐败治理目标和战略。

其次，国家监察委员会是在以反腐败为导向，提升我国国家治理体系和治理能力现代化的背景下创立的，是国家权力中具有中国特色的“第四权”。因此，在当前我国国腐败治理的攻坚克难阶段，国家监察委员会承担着取得腐败治理战略总攻与系统性监督体系建设的重大使命，需要清除既往腐败治理中的疑难问题，实现腐败治理能力全面提升。监察机关作为独立行使国家腐败治理权的主体，在国家腐败治理总系统中居于执法主体的地位，负有确保方案统一实施的首要责任，除全面实施《监察法》及国家其他反腐败法律，履行执法职责外，还必须定期向执政党、国家权力机关报告推进进展，发现推进中的问题，提出完善建议方案①，为党和国家完善腐败治理提供实践经验和参考范本。

因此，在当前国际腐败犯罪发展趋势下，基于国际国内腐败治理的现实需要，国家监察委员会行使反腐国际合作的统筹协调权，是最佳的选择。

二、组织落实协调反腐败国际条约的实施

国家监察委员会作为法定的国家反腐职能部门，履行统筹国内国际反腐的法定职责，由其组织落实协调反腐败国际条约的实施具有毋庸置疑的正当性。在反腐败国际合作的具体工作中，虽然我国已经同许多国家、地区或国际组织签订了大量的双边或多边条约，但是因种种原因还有很大的发展空间，需要由国家监察委员会统筹协调我国与其他国家、地区、国际组织的交流合作，推动我国国际反腐向纵深发展。

在国际合作层面，反腐国际条约的实施需要统筹协调，以取得更大的成效。当前，虽然反腐败国际合作总体上呈现出积极发展的态势，但是由于国家间法律理念、传统、政治制度的不同，在反腐败国际合作中还存在一些问题，阻碍着反腐败国际合作进一步发展。以腐败犯罪所得的国际追缴合作为例：因腐败犯罪所得追缴、返还本身的特殊性，在开展相关的国际合作过程中，还存在很多不确定性。由于当前腐败犯罪所得流入国大都是美国等西方发达国家，而赃款流出国一般是发展中国家，因此，在反腐国际合作中，大都是发展中国家向发达国家提出腐败犯罪所得追缴的请求，发达国家很少向发展中国家提出同类的请求。而在某些具体案件中，腐败犯罪所得的追缴活动有可能影响赃款流入国投资形势的稳定、金融机构的信誉或者其他经济利益。因此，这些腐败犯罪所得流入国囿于国家利益可能不愿配合腐败犯罪所得流出国的追缴和返还请求。在腐败犯罪所得追缴成本得不到合理的补偿或者预先垫付的情形下，被请求方可能不愿配合请求方的腐败犯罪所得追缴行动。因为，国家一般追求它们的国家利益，一旦涉及它们的国家利益，国家很少像道德高尚的圣徒一样行动。②

在以往的反腐国际合作实际工作中存在太多这样的案例：请求方与被请求方因没有就犯罪收益没收后的分享问题达成协议，使本已有效开展的调查和追缴犯罪所得与收益的国际司法合

① 魏昌东．《监察法》与中国特色腐败治理体制更新的理论逻辑．华东政法大学学报，2018（3）．

② 迈克尔·G. 罗斯金，等．政治学与生活：第12版．林震，等译．北京：中国人民大学出版社，2014.334－335.

作陷于停滞或以失败告终。[①] 如中国银行开平支行特大贪污案主犯余振东等人在外逃时将腐败犯罪所得 4.82 亿美元资产转移至境外，案发后三名主犯中的许超凡、许国俊在美国受审并被判处有期徒刑，余振东在国内受审并被判处有期徒刑。美国在办理此案时，将通过民事没收程序追缴的 355 万美元于 2003 年返还给我国。但是，美国、加拿大在办理此案时共扣押、冻结、没收 4 亿多美元的腐败犯罪资产，返还给我国的仅仅是其中的一小部分，仍有大量的腐败犯罪资产在犯罪人服法后需要追回。[②] 直至 2018 年 7 月 11 日，在中共中央反腐败协调小组国际追逃追赃工作办公室的统筹协调下，外逃美国 17 年的开平支行案主犯许超凡才被从美国强制遣返。截至 2018 年 7 月，在耗费大量人力、物力资源的条件下，开平案涉案赃款已追回二十多亿元人民币。[③] 可见，在国际层面上，反腐败国际合作工作需要国家监察委员会统筹协调、组织实施，积极与相关国家、地区开展谈判磋商，形成长效合作机制，扩大我国反腐国际成效，巩固和发展反腐败斗争的压倒性态势。

此外，一些反腐败国际合作条约明确要求，各缔约国设置专职机关负责开展相关的反腐合作。如《联合国反腐败公约》第 36 条规定："各缔约国均应当根据本国法律制度的基本原则采取必要的措施，确保设有一个或多个机构或者安排了人员专职负责通过执法打击腐败。这类机构或者人员应当拥有根据缔约国法律制度基本原则而给予的必要独立性，以便能够在不受任何不正当影响的情况下有效履行职能。这类人员或者这类机构的工作人员应当受到适当培训，并应当有适当的资源，以便执行任务。"[④] 根据该公约的要求和国家监察委员会的职责权限，国家监察委员会是履行这一国际合作职能的法定专职机关。这是因为，国家监察委员会成立后，国家监察委员会整合最高人民检察院、原监察部等相关部门的反腐败职能，成为我国反腐败中央机关，统一行使国家反腐职能。而且，在监察体制改革之后，只有国家监察委员会具有相应反腐职能的独立性并能够调动适当资源，确保反腐国际合作的专业性和专业化，并通过自身的职责履行形成高效权威的长效机制，保持国际反腐的高压态势。

反腐败国际条约实施的国内工作方面，同样要求国家监察委员会统筹协调。国内的反腐败工作，是国际反腐败合作工作的基础，为国际反腐提供制度支撑和证据材料。而反腐败国际合作是一个系统性的工作，不仅涉及国内监察、行政、司法、检察、外交等众多职能部门的工作衔接，而且涉及与众多国外相关国家的谈判磋商，需要统筹协调国内反腐和国际反腐两个方面的工作，以保证我国反腐败国际合作行为的统一性、合法性和权威性。国家监察委员会，因其依法设置的法治属性，能够保证反腐败国际合作行为具备相应的统一性、合法性和权威性。而且，由国家监察委员会统筹反腐败国际合作工作、国际条约实施，并形成长效合作机制，能够用制度化和法治化的措施，确保反腐败国际合作工作和国际条约的实施，不因部门领导人、合作对象、工作人员的变动而发生变化，保障我国国际行为及相关措施的稳定性和持续性，规避临时性反腐合作、运动性反腐合作起伏变化的不足，巩固和发展反腐败斗争的国际合作成果。

当前，我国通过"天网"系列专项行动，将大量的外逃人员抓捕归案，并将大量的外逃赃

---

① 黄风．资产追回问题比较研究．北京：北京师范大学出版社，2010：2.

② 黄风．国际刑事司法合作的规则与实践．北京：北京大学出版社，2008：251－258//谢丽珍．违法所得没收特别程序研究．北京：法律出版社，2016：1－2.

③ 中国银行开平支行案主犯许超凡被从美国强制遣返．[2018－10－04]．中央纪委国家监委网站，http://www.ccdi.gov.cn/toutiao/201807/t20180711_175442.html.

④ 赵秉志，王志祥，郭理蓉．《联合国反腐败公约》暨相关重要文献资料．北京：中国人民公安大学出版社，2004：18.

款追回，成效显著。[1] 但是与外逃境外的大量人员和巨额的赃款相比，追回的“人”和“物”都只是冰山一角[2]，反腐败国际合作仍然任重而道远。因此，必须加快反腐败国际条约的实施工作，以适应当前的反腐败工作需求。然而，反腐败国际条约的实施涉及多个部门，既包括行政机关，又包括司法机关，需要一个强有力的职能部门统筹组织，以保证部门间工作衔接的有序协调，以提高国际条约实施工作的效率。而且，国家监察委员会在组建的过程中，整合我国其他反腐职能部门为一体，将原来分散的反腐职权集中，从而省却了原来部门之间的协调、沟通、请示审批环节，提升了条约实施工作信息传递的速度，进而提高了反腐国际条约实施的效率，降低了相应的时间成本，在总体上提升了我国反腐败国际合作工作的效率。因而，由国家监察委员会组织反腐败国际条约的实施，是适应当前国内外反腐败斗争形势的需要，是我国依法治国基本方略下法治反腐的必然要求。

---

① 《法制日报》2016 年 9 月 12 日第 5 版报道：自 2014 年以来，我国开展“天网 2014”“天网 2015”行动，已从 70 多个国家和地区追回外逃人员 1 915 人，追赃金额 74.7 亿元，目前“百名红通人员”已有三分之一（33 人）落网。中央纪委监察部网站 2017 年 3 月 8 日《“天网 2017”行动启动》报道：2016 年已从 70 多个国家和地区追回外逃人员 1 032 人，其中国家工作人员 134 人，“百名红通人员”19 人，追回赃款 24 亿元。

② 张磊．腐败犯罪境外追逃追赃的反思与对策．当代法学，2015（3）.

第十一章 对监察机关和监察人员的监督

第一节　概　述

一、对监察机关和监察人员监督的含义

对监察机关和监察人员的监督，是监督主体对监察机关和监察人员进行监视、督促和管理，使其结果能达到预定目标的活动。对监察机关和监察人员的监督，是监察法的重要组成部分，也是确保监察权依法规范运行的制度保障。

国家监察体制改革以后，纪委与监察委员会合署办公、一体两面，监督的范围更加广泛了，监督的权限更加丰富了。此举确实加强了中国共产党对反腐败工作的统一领导，整合了反腐败工作力量，提升了反腐败工作效率，但也产生了谁来监督纪委、监察委员会，防止权力被滥用的问题，这也是一个社会广泛关注的问题。中共中央对此高度重视，习近平总书记在多次讲话中提出明确要求，反复强调信任不能代替监督、监督无禁区、任何权力都要受到监督，指出：纪检、监察队伍权力很大、责任很重，是监督别人的，更要受到严格的监督；监督是为了支撑信任；必须以更高的标准、更严的纪律要求自己，努力建设忠诚、干净、担当的纪检、监察队伍，防止出现"灯下黑"的问题。《监察法》为回应广大人民群众和社会的关切，坚决贯彻落实中共中央的安排部署，专门在第七章用九个条文，就如何对监察机关和监察人员进行监督作出明确规定。

二、对监察机关和监察人员监督的意义

《监察法》的制定和颁行，从根本上说，是社会主义国家"权力属于人民，人民监督权力"的宪法精神的重要体现。制定监察法，从立法上确认中国共产党对反腐败工作的集中统一领导，构建上下一体、高效权威的国家监察体系，赋予监察机关监督、调查、处置职权和采取相关强制性措施、手段的权力，是防止公共权力滥用、维护人民群众根本利益的创制之举。它通过加强和改进国家政权建设，弥补在国家权力结构中监察体系不够完善的短板，构筑起防止中国共产党在长期执政条件下权力异化和权力寻租的屏障，昭示了党和国家确保公共权力的人民性、确保人民赋予的权力永远为人民谋利益的价值追求和坚定决心。其重要意义体现在以下几个方面。

（一）有利于实现党委、人大的领导和监督

实践中，在国家监察机关与中国共产党的纪检机关合署办公的体制下，对纪委、监察委员会首要的监督，是纪委、监察委员会自觉接受党委的领导和监督。党的领导本身就包含着管理

和监督，纪委、监察委员会在党委的领导下开展工作，党委加强对纪委、监察委员会的管理和监督是题中应有之义。党委书记定期主持会议研判问题线索，分析本区域的反腐败形势，听取重大案件情况报告，对初核、立案、采取留置措施、作出处置决定等环节进行审核把关，随时听取重要事项汇报，能够实现党对纪检、监察工作的有效监督，确保纪检、监察工作始终沿着正确政治方向不断前进。在自觉接受党委领导、管理和监督的同时，监察法也对各级监察委员会自觉接受人大及其常委会监督的具体形式作出了明确规定。各级人大常委会可以选取若干关系改革发展稳定大局和人民群众切身利益、社会普遍关注的重大问题，有计划地安排听取审议本级监察委员会的专项工作报告，监察委员会也可以主动向本级人大常委会报告专项工作。人大常委会组成人员对专项工作报告的审议意见，依法交本级监察委员会研究处理，监察委员会应当将研究处理情况由其办事机构送交本级人大有关专门委员会或者常委会有关工作机构征求意见后，向本级人大常委会提出书面报告。除此之外，各级人大常委会还可以通过组织执法检查、询问、质询等方式，对监察委员会进行监督。

（二）有利于提高监察工作的反腐效能

任何一项公共权力的有效运行，都离不开对权力运行的监督、制约。监察权的运行也是一样：只有设置科学、严谨的监督、制约规范，监察权才能始终在法定轨道上正确运行，其反腐败的专责效能才能得到有效发挥。如果权力监督规范设置得不科学、不严谨，权力运行就可能“脱轨”，就会严重影响反腐效能的发挥。为此，监察法坚持权力分解、相互制约、防控关键原则，针对监察权行使的不同环节，提出了严格的控权要求，就如何对监察机关和监察人员进行监督作出明确规定。首先是对关键环节的监督制约。监察法要求监察机关建立问题线索处置、调查、审理各部门相互协调、相互制约机制，加强对调查、处置工作全过程的监督管理；对重要取证工作全过程录音录像，留存备查等。其次是接受上级监察委员会的监督。上级监察委员会通过落实“两个为主”进行监督，也就是监察工作以上级监察委员会领导为主，干部提名考察以上级监察委员会会同组织部门为主。三是加强内部监督机构建设。通过设立内部专门的监督机构进行专门监督，建立相关内部监督制度，对监察人员工作重大失误、严重违法与9类违反规定的行为，追究负有责任的领导人员和直接责任人员的责任。如此规定，为监察权的依法规范行使奠定了坚实的法律基础。

（三）有利于构建中国特色的监察体系

为确保人民赋予的监察权永不蒙尘，监察法对监察权的外部监督作出了周密的部署。这种监督，既是对监察工作正当性、合法性的监视、督察，也是对反腐败专门工作的支持、配合和保障，对于构建中国特色的监察体系具有重要的制度价值。从中国共产党的领导监督来看，通过党委书记定期主持研判问题线索、分析反腐败形势、听取重大案件情况报告，对初核、立案、采取留置措施、作出处置决定等审核把关，党对监察工作关键环节、重大问题的监督实现了制度化和常态化。从人大、政协监督看，监察法规定监察委员会由同级人大产生，对其负责，受其监督。人大通过听取和审议专项工作报告、组织执法检查、提出询问或者质询等对监察委员会开展监督；人民政协也可对监察委员会进行监督。这种监督从根本上说，是支持和督促监察机关依法依规履行反腐败专责。从司法监督看，人民检察院、人民法院对监察委员会业务流程的监督，体现了司法机关对监察机关的配合与制约。监察法规定人民检察院有退回补充调查的权力及必要时可自行补充侦查。法院在审理案件时，对案件性质进行认定、对证据进行审查判断、对量刑建议进行考虑等，是对监察质量的把关和对反腐罪案的法律评价、法律确认与法治彰显。从民主监督、社会监督、舆论监督看，监察法规定，监察机关应当依法公开监察工作信息，接受民主监督、社会监督、舆论监督。这是加强中国特色社会主义监督体系建设，构建上下一体、左右联动的全方位腐败治理体系的必然要求，是“把党内监督同国家机关监督、民主监督、司法监督、群众监督、舆论监督贯通起来，增强监督合力”[①] 的具体体现。

（四）有利于建设忠诚、干净、担当的监察队伍

习近平总书记强调，执纪者必先守纪，律人者必先律己；要求纪检、监察干部做到忠诚坚定、担当尽责、遵纪守法、清正廉洁。为此，监察法就对监察机关和监察人员的监督方式与内容作了明确规定。在监督方式上，通过设立干部监督室等内部专门的监督机构，市地级以上监察机关探索日常监督和案件调查部门分设，问题线索处置、调查、审理各部门建立相互协调、相互制约的工作机制等方式，不断强化自我监督。同时，监察法对强化监察委员会的自我监督作了一系列制度规定：在监督内容上，监察机关对监察人员进行内部监督的主要内容是监察人员执行职务和遵守法律情况。“执行职务”是指监察人员代表监察机关行使职权、履行法定义务，其行为产生的法律后果由监察机关负责。“遵守法律”是对监察人员的一般要求，不论是执行职务时还是在日常生活中，监察人员都应模范遵守国家法律法规。监察法对监察机关自身监督的相关规定，是监察机关和监察人员忠诚、干净、担当，做到打铁必须自身硬的具体化，是每一位监察人员的基本标准。

第二节　人大及其常委会的监督

《监察法》第53条规定：各级监察委员会应当接受本级人民代表大会及其常务委员会的监督。各级人民代表大会常务委员会听取和审议本级监察委员会的专项工作报告，组织执法检查。县级以上各级人民代表大会及其常务委员会举行会议时，人民代表大会代表或者常务委员会组成人员可以依照法律规定的程序，就监察工作中的有关问题提出询问或者质询。这是关于人大监督的规定，主要目的是明确各级人大及其常委会对监察委员会进行监督的具体形式，强化人大监督的实效。

一、人大及其常委会监督的含义

各级监察委员会接受本级人大及其常委会的监督，这是我国的政体的重要体现。作为我国政体的人民代表大会制度，既不是“三权分立”，也不是“五权宪法”，是在人民代表大会统一行使国家权力的前提下，行政机关、监察机关、审判机关、检察机关的职权有明确划分。人大与行政机关、监察机关、审判机关、检察机关都是中国共产党领导下的国家机关，虽然职责分工不同，但工作的出发点和目标是一致的，都是为了维护国家和人民的根本利益。这是我国政治制度的特点和优势。人大与行政机关、监察机关、审判机关、检察机关的关系，既有监督又有支持；人大既要依法监督，又不代替行使行政、监察、审判、检察职能。监察委员会由人大产生，理应对其负责、受其监督。

我国宪法规定：中华人民共和国的一切权力属于人民。人民行使国家权力的机关是全国人民代表大会和地方各级人民代表大会，县级以上的地方各级人民代表大会设立常务委员会。国家权力，又称公共权力，是以国家名义并由国家机构行使的处理国家对内对外事务的权力。监察委员会对公职人员进行监察、调查职务违法和职务犯罪的权力本身也是一种公权力即监察

① 党的十九大报告全文．[2017-10-28]．新华网，http：//news.hzu.edu.cn/2017/1028/c625a89023/page.htm.

权，来自人民并应受人民监督，因此，县级以上地方各级监察委员会由本级人大产生，对本级人大及其常委会负责并接受监督。简单来说就是：人民把主权让渡给选举的代表，由代表机关选举、监督或罢免国家机关及工作人员，由人民选举出来的国家机关工作人员对人民负责，并接受人民监督。各级监察委员会接受本级人大及其常委会的监督，实质上是权力属于人民、人民监督权力的必然要求。

二、人大及其常委会监督的实现

（一）听取和审议本级监察委员会的专项工作报告、组织执法检查

听取和审议专项工作报告、组织执法检查，是各级人大常委会对监察委员会工作的两种监督方式。

1. 听取和审议专项工作报告

各级人大常委会每年选择若干关系改革发展稳定大局和群众切身利益、社会普遍关注的重大问题，有计划地安排听取和审议本级监察委员会的专项工作报告，同时，监察委员会也可以向本级人大常委会主动报告专项工作。专项工作由监察委员会负责人报告。人大常委会组成人员对专项工作报告的审议意见交由本级监察委员会研究处理。监察委员会应当将研究处理情况由其办事机构送交本级人大有关专门委员会或者常委会有关工作机构征求意见后，向本级人大常委会提出书面报告。本级人大常委会认为必要时，可以对专项工作报告作出决议；监察委员会应当在决议规定的期限内，将执行决议的情况向本级人大常委会报告。

根据《中华人民共和国各级人民代表大会常务委员会监督法》（以下简称《监督法》）的有关精神，听取和审议专项工作报告的基本程序是：（1）专项报告启动和专题调研。《监督法》第 10 条第 1 款规定：常委会听取和审议专项工作报告前，委员长会议或主任会议可以组织本级人大常委会组成人员和本级人大代表，对有关工作进行视察或专题调查研究。监察委员会也可以就有关监察工作的重要事宜向本级人大常委会主动提出报告专项工作的申请。《监督法》第 11 条规定，常委会办事机构应当将各方面对该项工作的意见汇总，交由本级监察委员会研究并在专项工作报告中作出回应。（2）听取和审议专项工作报告。会议期间，由监察委员会负责人向常委会全体会议作报告。由常委会组成人员对报告进行审议。常委会认为必要时，可对专项报告作出决议。常委会组成人员的审议意见，交报告机关研究处理。（3）对报告机关整改情况的督办。参照监督法有关规定，报告机关应正式向常委会提出整改的书面报告。如常委会对专项报告作出决议的，报告机关应当将执行决议的情况，在规定的期限内向常委会报告。（4）通报和公布有关情况。参照监督法有关规定，常委会应将专项工作报告、审议意见、报告机关整改情况报告或执行决议情况报告，向本级人大代表通报并向社会公布。

2. 组织执法检查

各级人大常委会根据工作需要，可以选择若干关系改革发展稳定大局和群众切身利益、社会普遍关注的重大问题，有计划地对涉及监察工作的有关法律、法规实施情况组织执法检查。执法检查结束后，执法检查组应当及时提出执法检查报告，提请人大常委会审议。执法检查报告包括下列内容：（1）对所检查的法律、法规实施情况进行评价，提出执法中存在的问题和改进执法工作的建议；（2）对有关法律、法规提出修改、完善的建议。人大常委会组成人员对执法检查报告的审议意见连同执法检查报告，一并交由本级监察委员会研究处理。监察委员会应当将研究处理情况由其办事机构送交本级人大有关专门委员会或者常委会有关工作机构征求意见后，向本级人大常委会提出报告。

根据监督法的有关精神，组织执法检查的程序包括：（1）制订执法检查计划。（2）拟定执

法检查方案，包括检查的重点内容、检查组组成和分组情况、检查的时间和地点、检查的步骤和方式等内容。执法检查组的成员，从本级人大常委会组成人员以及人大有关专门委员会组成人员中确定，可以邀请本级人大代表参加。（3）组织和开展执法检查。全国人大常委会和省级人大常委会可以委托下一级人大常委会对被检查的法律法规在本辖区内的实施情况进行检查，受委托的人大常委会应将检查的情况书面报送上一级级人大常委会。（4）撰写执法检查报告。执法检查报告应包括三个方面的内容：1）对所检查的法律、法规实施情况进行评价；2）提出执法中存在的问题和改进执法工作的建议；3）对有关法律法规提出修改、完善的建议。（5）听取和审议报告及对审议意见的处理。执法检查组组长向人大常委会全体会议报告执法检查情况，人大常委会组成人员对执法检查报告进行审议。

（二）提出询问或者质询

询问、质询是人大代表或者人大常委会组成人员对监察工作的两种监督方式。询问，是指各级人大常委会会议审议议案和有关报告时，本级监察委员会应当派有关负责人员到会，听取意见，回答询问。质询，是指一定数量的县级以上人大常委会组成人员联名，可以向本级人大常委会书面提出对本级监察委员会的质询案，由委员长会议或者主任会议决定交由受质询的监察委员会答复。质询案应当写明质询的问题和内容。委员长会议或者主任会议可以决定由受质询的监察委员会在本级人大常委会会议上或者有关专门委员会会议上口头答复，或者由受质询的监察委员会书面答复。质询案以口头答复的，由受质询的监察委员会负责人到会答复；质询案以书面答复的，由受质询的监察委员会负责人签署。

根据监督法对询问的相关规定，询问是指人大常委会组成人员对本级监察工作中不清楚、不理解、不满意的方面提出问题，要求作出说明和解释的一种活动，即：凡是参加会议的常委会组成人员和经过常委会决定的列席会议的人员均可以提出询问。可以是口头询问或书面询问，可以是一个人或几个人联名提问。一般是由负责人到会当场答复，不能当场答复的，经说明原因，可以在下次会议上答复或者书面答复。答复不满意的，可跟进询问，再作回答。

参照《监督法》对质询的相关规定，质询包括几个方面的含义：第一，以质询案的形式提出，质询案应当写明质询对象、针对什么事项、基于什么理由提出质询。但需注意，一个质询案，只能对一个对象、一个问题提出，有多个对象、多个问题的应分别提出。第二，省、地级人大常委会由其组成人员五人以上联名，县级人大常委会由其组成人员 3 人以上联名，才能提出质询案，并且必须是书面提出，不能口头提出。第三，质询案提出后，由主任会议决定交受质询机关答复。是口头答复还是书面答复，是会议期间答复还是闭会期间答复，答复的具体时间，等等，均由主任会议决定。第四，由谁作答复？口头答复的，由受质询机关的负责人到会答复；书面答复的，由受质询机关的负责人签署。第五，提出质询案的常委会组成人员过半数对答复不满意的，可以提出要求，经主任会议决定，由受质询机关再作答复。再作答复仍不满意的，可向常委会提出就质询的事项作专项工作报告或组织执法检查的建议。

第三节　信息公开接受监督

《监察法》第 54 条规定：“监察机关应当依法公开监察工作信息，接受民主监督、社会监督、舆论监督。”这是关于监察机关接受外部监督的规定，主要目的是设定监察机关自觉接受各方面监督的义务。

一、信息公开接受监督的含义

《监察法》第54条规定是中国共产党十九大报告提出的“要加强对权力运行的制约和监督，让人民监督权力，让权力在阳光下运行，把权力关进制度的笼子。强化自上而下的组织监督，改进自下而上的民主监督”的具体体现。监察机关是监督所有党员和公职人员的专责机关，也是行使公权力的机关，同样需要确保权力在阳光下运行，需要把权力关进制度的笼子。因此，监察机关同样需要强化自上而下的组织监督，同样需要改进自下而上的民主监督。监察法规定的依法公开监察工作信息等要求，就是改进自下而上的民主监督的重要内容。同时，监察机关又是专门监督别人的监督机关，做的就是监督别人的工作，只有自觉接受别人的监督，才会有底气去监督别人。而依法公开工作信息，就是监察机关自身硬朗、胸怀坦荡、自觉接受监督的一种表现。

二、信息公开接受监督的实现

（一）依法公开监察工作信息

监察委员会作为反腐败专责机关，依法公开监察工作信息，既是保障人民群众对反腐败工作的知情权、参与权和监督权的必然要求，又是坚持反腐败专门工作与群众路线相结合的重要途径。让人民监督权力，以公开促公正，以公开促规范，以公开保证监察权依法独立、公正行使。通过监察信息公开，促进监察委员会依法办案、文明办案，促进监察人员素质的提高，推动监察工作和监察队伍建设健康发展。

依法公开监察工作信息要积极适应新媒体时代特征，开设互联网门户网站，设置监务公开专栏和网上举报、网上联络、网上咨询、网上接访等互动平台，开通微博和微信等公众平台，并实现各平台功能整合、数据同步。同时，可积极利用手机报、手机客户端等新媒体优势，主动发布监察工作动态、预防腐败知识、警示教育案例以及监察案件办理信息等，及时向社会各界传递“阳光监察”正能量。可考虑把举报接待、控告受理作为监察信息的重要窗口，建立“一站式”服务机制。不仅要设置群众申诉、控告举报、监务查询、监察咨询等服务窗口，还要设置电子触摸屏和显示屏自助服务区域。让群众通过专人服务窗口，可以详细了解办事程序、进行监察咨询或者完成举报、控告等工作；在自助服务区，可通过触摸屏或大屏幕滚动信息全面了解监察委员会的职能职责、机构设置和监察工作动态等信息，也可进行提交举报、控告线索等操作，最大限度地保障人民群众对监察工作的参与权、知情权和表达权。

公开监察信息应把握公开的尺度，处理好公开与保密的关系。在利益多元化的今天，监察公开并不是毫无限制地越公开越好。应制定统一的监察公开细则和规范，并允许监察公开原则例外情形的存在。通常情况下，涉及国家秘密、个人隐私的案件一律不公开；涉及商业秘密的案件，案件当事人申请不公开的，可以不公开。此外，对于监察委员会公开执法办案的内容也不应不加任何限制地规定一律“公开曝光”，除了依法不公开的案件之外，对依法应当公开的案件也不是全过程都要公开，如监察委员会业务部门讨论案件的过程就不能公开。这有利于给监察人员创造一个相对独立、自由的空间，让监察人员在没有外界干扰和心理压力的环境中，只依据事实、法律和自己所掌握的专业和实践经验办理案件并作出处断。

（二）接受民主监督

民主监督最早来源于“互相监督”，毛泽东在《论十大关系》一文中正式提出中国共产党与各民主党派互相监督的思想。互相监督的思想是老一辈无产阶级革命家在领导中国共产党和国家长期革命斗争中总结出的宝贵经验，是建立统一战线政权过程中不断实践得出的宝贵经验。毛泽东就提出党外人士对中国共产党的工作提出意见，结合党内监督“内外夹击”促使共产党积极办事，把事情办好。虽然当时没有使用“监督”二字，但是民主党派对中国共产党进行监督的思想早就已经存在。1948年2月，毛泽东指出，与党外人士合作，对于整掉党内的官僚主义、不民主、贪污现象有极大好处。① 1979年，互相监督被引申为民主监督，写入人民政协的第三部章程。人民政协的职能当时是“政治协商、民主监督”。人民政协的民主监督，作为我国监督体系的一个重要组成部分，在我国的政治生活中发挥着积极的作用。党和政府、广大人民群众也对民主监督有着很高的要求、抱有很大的期待，人民政协的民主监督职能受到高度重视。

民主监督主要是通过提出建议和批评协助党和国家机关改进工作，提高工作效率，克服官僚主义。民主监督的途径主要有：通过信访举报制度；通过人大代表、政协委员联系群众制度；通过舆论监督制度；监督听证会、民主评议会、网上评议政府等。人民政协民主监督的主要形式有：政协全体会议、常委会议、主席会议向党委和政府提出建议案；各专门委员会提出建议或有关报告；委员视察、委员提案、委员举报、大会发言、反映社情民意或以其他形式提出批评和建议；参加党委和政府有关部门组织的调查和检查活动；政协委员应邀担任司法机关和政府部门特约监督人员等。

在多党合作中，中国共产党与民主党派实行互相监督。中国共产党由于处在执政地位，更加需要自觉接受民主党派的监督。在多党合作中进一步发挥民主党派的民主监督作用，具有重大意义。发挥民主党派的民主监督作用，是中国共产党领导的多党合作和政治协商制度的必然要求。中国共产党与各民主党派在为实现共同目标而奋斗的过程中团结合作，同时又实行互相监督。1956年，中国共产党提出了与民主党派“长期合作、互相监督”的方针。中国共产党历来是把互相监督作为多党合作的一项重要内容。坚持和完善中国共产党领导的多党合作和政治协商制度，就必须进一步发挥民主党派的民主监督作用。

民主监督对于加强和改善中国共产党的领导，提高党的执政能力，有着重要作用。没有监督的权力必然导致腐败。早在1945年7月，黄炎培先生访问延安时，与毛泽东同志谈到历史上许多政权“其兴也勃焉”“其亡也忽焉”的现象，提出中国共产党能否摆脱这种周期律。毛泽东同志答：我们已经找到了新路，我们能跳出这周期律。这条新路，就是民主。只有让人民来监督政府，政府才不敢松懈。② 新中国成立后，中国共产党成为执政党，党制定的方针、政策正确与否，直接关系到社会主义事业的成败和国家的兴衰，非常需要听到来自各方面的意见和批评，接受监督。邓小平同志指出：一个党，一个国家，最怕鸦雀无声。在中国来说，谁有资格犯大错误？就是中国共产党。因此，我们要特别提高警惕。所谓监督来自三个方面：第一是党的监督。第二是群众监督。第三是民主党派和党外人士的监督。民主党派由各界知识分子和有一定影响的代表性人士组成，其监督一般具有较广泛的代表性；民主党派作为政治联盟，具有自身独特的视角，能够对中国共产党提供一种单靠党员不容易提供的监督。民主党派的民主监督具有层次高、范围广泛、形式灵活的特点，它与中国共产党的党内监督、法律监督、行政监督、舆论监督相辅相成，具有不可替代的重要作用。

《中国人民政治协商会议章程》（以下简称《政协章程》）第3条明确规定：中国人民政治

---

① 郑宪．再谈民主监督．中央社会主义学院学报，2004（2）.

② 杨津涛．黄炎培与毛泽东畅谈“历史周期率”．人民网-国家人文历史，history.people.com.cn/n/2013/1024/c198452-23311311.html.

协商会议全国委员会和地方委员会的主要职能是政治协商、民主监督、参政议政……民主监督是对国家宪法、法律和法规的实施，重大方针政策、重大改革举措、重要决策部署的贯彻执行情况，涉及人民群众切身利益的实际问题解决落实情况，国家机关及其工作人员的工作等，通过提出意见、批评和建议的方式进行的协商式监督。2006 年 2 月 8 日，中共中央颁发了《关于加强人民政协工作的意见》（中发〔2006〕5 号），明确了人民政协的民主监督是政治监督，要求各级党委和政府自觉接受民主监督，完善民主监督机制，在知情环节、沟通环节、反馈环节上建立健全制度，畅通民主监督的渠道，提高民主监督的质量和成效。人民政协的民主监督是我国社会主义监督体系的重要组成部分，是在坚持四项基本原则的基础上通过提出意见、批评、建议的方式进行的政治监督。它是参加人民政协的各党派团体和各族各界人士通过政协组织对国家机关及其工作人员的工作进行的监督，也是中国共产党在政协中与各民主党派和无党派人士之间进行的互相监督。对于中国共产党来说，更加需要接受来自各个方面的监督。民主监督有利于消除腐败现象、克服官僚主义和不正之风；有利于改进国家机关和国家工作人员的工作；有利于维护国家利益和公民的合法权益；有助于激发广大公民关心国家大事、为社会主义现代化建设出谋划策的主人翁精神。

正如习近平总书记指出的那样：人民政协是国家治理体系的重要组成部分，要适应全面深化改革的要求，以改革思维、创新理念、务实举措大力推进履职能力建设，努力在推进国家治理体系和治理能力现代化中发挥更大作用。[①] 监察委员会作为国家专门反腐败工作的职能部门和纪委合署办公，享有监督权，但是任何权力都有可能被滥用，如果没有人来监督监督者，那监督者很有可能利用权力侵犯他人权益、损害公共利益。权力如果不被关在制度的笼子里运行，那就会成为魔鬼。掌权者利用权力不断扩张，不断腐蚀、放纵自我，势必导致国家和社会产生动荡，不利于和谐社会稳定向前发展。因此监察委员会的工作必然要受民主监督。人民政协和民主党派可以针对监察委员会工作中存在的问题进行沟通协商、批评建议等监督活动。要充分调动民主党派的监督积极性，运用民主党派的监督权对监察委员会工作进行监督，在防止权力被滥用的同时又保证监察委员会的工作有序运行。

（三）如何接受社会监督

社会监督顾名思义是由人民群众（包括公民、法人或其他组织）作为监督的主体，对国家机关及其工作人员的职务行为进行的监督。人民群众对监察委员会的工作进行监督、批评和建议，防止监察委员会滥用权力不作为或者乱作为。社会监督主要是通过批评、建议、检举、揭发、申诉、控告等基本方式对国家机关及其工作人员行使权力行为的合法性与合理性进行监督。在监察权运行过程中，要不断扩大公众的参与范围，方便社会公众了解情况、参与监督。从转变理念、完善制度、创新方式等方面入手，持续用力，久久为功，促进监察内部监督和人民群众监督相辅相成。

一是增强自觉接受监督意识，养成在党组织和人民群众监督之下工作、生活的习惯。实践中，有的纪检、监察人员自觉接受监督的观念不强，对监督存在模糊甚至错误认识，把人民群众监督看作是同自己“过不去”，感到“丢面子”“失威信”。实际上，人民群众的批评监督可以帮助监察委员会和监察人员少犯甚至不犯错误，是对公职人员是最好的保护。能否自觉接受人民群众监督，是衡量监察干部的政治觉悟和思想境界高低的重要标尺。善待批评声音，才是真正的胸襟；欢迎他人监督，才是真正的自信；做到从谏如流，才是真正的智慧。纪检、监察

① 陈宏宇．民主监督：职能变迁与制度边界——以人民政协民主监督为例的研究．经济社会体制比较，2016（6）：145－154.

人员要以闻过则喜的雅量、见贤思齐的精神、择善而从的品格，主动接受人民群众批评监督，善于从人民群众中汲取智慧和力量，在保证个人健康成长的同时，促进党和国家事业健康发展。

二是创新监督方式与手段，促进党内监督和人民群众监督有机融合、精准高效。新一轮科技革命兴起，特别是移动互联网、物联网及云计算、大数据、人工智能在加速发展，人类生活所经历的一切都在转变。这样一个快速发展的时代，在人类历史上从未发生过。这不仅更新了我们认识世界的思维方法，也给监督工作提供了新途径、新手段。中共中央纪委监察部网站自开通以来，通过设置举报专区、开设廉政留言板和加强交流互动等形式，极大地方便了人民群众监督举报。新形势下，我们要站在时代的潮头，把科技革命与监督创新深度融合起来，通过理念的转变、科技的运用、机制的创新，实现党内监督和人民群众监督有机融合、精准高效。要借鉴一些地方、部门在人民群众身边设立微信公众平台、开通“随手拍”一键举报等做法，让人民群众监督更加方便快捷，让不正之风和腐败现象无处藏身。要大力推广信访微信公众号、手机客户端信访应用和远程视频接访，方便人民群众网上投诉、评价，进一步打造开放、动态、透明、便民的“阳光信访”新模式。建立健全网络舆情收集、研判、处置机制，对人民群众和媒体反映的重要信息和线索及时跟进，不断聚集和提升网络监督的正能量。大数据能够揭示人们以往难以认识到的事物内在关联性，是促进监督工作转型升级的重要抓手。要总结有的地方实施“数据铁笼”计划的经验，用大数据编织制约权力的笼子，使权力运行过程全程电子化、处处留痕迹，增强监督工作的预见性、精确性、高效性，提高监督结果的可信度、说服力。建立情况明、数据准、可监控的数据库，推动各类监督信息跨地区、跨部门互通共享，预防、减少举报线索重复受理现象，切实提高监督工作的效率。

三是广泛发动人民群众，推动形成人人要监督、人人愿监督、人人敢监督的良好氛围。习近平总书记明确指出：人民群众中蕴藏着治国理政、管党治党的智慧和力量，从严治党必须依靠人民。我们要充分发扬社会主义民主，贯彻党的群众路线，营造鼓励监督、保护监督的环境，激发人民群众的主人翁意识和监督热情。长期以来，受各种因素影响，有的群众监督主体意识不强，不愿监督、不敢监督、不会监督的问题较为突出，影响了监督实效。我们要采取媒体宣传、干部宣讲、专家解读等形式，深入开展对党和国家的监督政策、法规的宣传，帮助广大人民群众了解、掌握有关监督知识，增强监督意识和能力；要引导人民群众依法依规进行监督，提倡署真实姓名反映违纪违法事实，养成在法治轨道上表达诉求、开展监督的习惯。2016年3月，最高人民检察院、公安部、财政部联合印发《关于保护、奖励职务犯罪举报人的若干规定》，对于维护举报人合法权益、鼓励群众依法举报职务犯罪，具有重要意义。要健全落实监督保障制度，加强对监督者的保护，对监督有功的给予奖励，对监督保障不力的依法依规追究责任，以充分调动广大人民群众监督的积极性、主动性。

（四）如何接受舆论监督

舆论是社会公众对社会现象所表现出的一致的、强烈的、理智或非理智的、可持续性的看法，这种看法反过来又影响社会现象的发展。舆论的形成可以是自发的，即来源于群众，传播于群众；也可以是源于某种目的性的引导，即经过权力机关的组织和动员传播于群众。[①] 不论哪种方式，最后形成的舆论都反映了一定社会范围内多数人的看法和意见。舆论监督是以舆论为途径，由广大的社会公众对权力机关或人员，自由发表批评或表扬的意见，产生一种客观的、或正或反的效果。[②] 随着时代进步、科技不断发展，网络、媒体、手机、电脑、电视让信

① 陈力丹．论我国舆论监督的性质和存在的问题．新闻与传播，2003（9）．

② 陈力丹．舆论学——舆论导向研究．北京：中国广播电视出版社，2008：55．

息传递更加迅速，公民发现事实、发表意见的渠道更多更便捷，逐渐形成了一个完整的舆论监督体系。舆论监督具有监督主体隐秘性的特点，可以减少举报人的举报风险，消除举报人的内心忧虑；可极大地鼓舞公民对监察委员会存在的问题进行批评和指正。运用舆论监督，可以让权力运行在阳光之下。舆论监督是新闻媒体拥有的运用舆论的独特力量，帮助公众了解政府事务、社会事务和一切涉及公共利益的事务，并促使其沿着法制和社会生活公共准则的方向运作的权力。网络也有利于公民之间搭起舆论的桥梁，最终形成强大的舆论压力，促使监察委员会认真负责地履行职责，依法办事。

舆论监督是人民群众行使社会主义民主权利的有效形式，其主要监督方式有报道、评论、讨论、批评、发内参等，但其核心是公开报道和新闻批评。舆论监督的实现需要两个环节：一是提供足够的舆论信息，即可以形成舆论的事实和情况，使人们对经济生活、政治生活及社会生活有充分的了解；二是在拥有信息的情况下，对各种政治、经济和社会现象及有关人进行理性的、坦率的评论。在信息日益丰富的情况下，舆论批评显得越来越重要。通过人们对普遍关心的问题进行论辩、辩驳乃至争论，即众多个体意见的充分互动，最终达到某种为一般人所普遍赞同且能在心理上产生共鸣的一致性意见，从而推动人类社会的进步。舆论监督的过程就是发现问题、分析问题、解决问题的过程。

舆论监督是促进监察委员会依法监察、从严监察的重要保障。在构建社会主义和谐社会过程中，舆论监督的作用日益彰显。今天，社会结构的变化，不同利益群体和不同利益诉求的相继出现，人民内部矛盾的内容与表现形式的变化，给舆论监督带来了许多新问题。在这样的背景下，舆论监督在推进监察工作方面的作用，显得更加突出。作为党和人民的喉舌，媒体在进行舆论监督时要深刻认识协调社会利益关系的规律，准确把握新形势下人民内部矛盾的新变化新趋势，不熟视无睹，不主观武断，不推波助澜，在掌握新规律的基础上，力求舆论监督的方向更准确，把握更适度、更科学，为构建有效率的监察体系负起传媒应担的责任。

第四节　监察机关内部监督

《监察法》第 55 条规定："监察机关通过设立内部专门的监督机构等方式，加强对监察人员执行职务和遵守法律情况的监督，建设忠诚、干净、担当的监察队伍。"这是关于监察机关内部监督的规定，主要目的是加强监察机关自身建设，严明政治纪律，建设一支让党放心、人民满意的监察队伍。

中国共产党十八大以来，在全面从严治党、推动党风廉政建设和反腐败斗争向纵深发展的过程中，纪检、监察机关承担着重要的历史使命，不断以实际行动作出积极努力，取得了初步成效。同时，在全面从严治党的框架内，把自己摆进去。在国家监察体制改革开始之前，各级纪检、监察机关就在深化"三转"的过程中设立了干部监督部门，并相应严肃查处了一批纪检、监察队伍的"害群之马"。《监察法》第 55 条对此作出的相应规定，实际上是将此前实践中已经开展并取得实效的相关工作经验上升到了法律的高度，成为各级纪委、监察委员会加强内部监督执纪的法律依据和法律要求，有利于在深化国家监察体制改革过程中加强依规治党与依法治国有机结合，以实际行动打造忠诚、干净、担当的纪检、监察干部队伍，不断推动全面从严治党向纵深发展。

一、监察机关内部监督的方式和机构

信任不能代替监督，严管就是厚爱。监察委员会不仅要接受外部监督，还要进行严格的内部监督。内部监督是对本单位的工作人员执行职务和遵守法律的情况的监督，包括定期对监察人员进行考核，对监察人员不依法履行职务的行为依法予以警告、记过、降职、撤职、开除等处分；监察人员存在违反法律的行为的，依法严肃处理，构成犯罪的，移送司法机关处理。这些自我监督的手段和措施，都要通过设立内部专门的监督机构等方式来实现。设立内部专门的监督机构，就是要加强日常管理监督，使"两学一做"教育常态化、制度化，引导纪检、监察干部自觉做到忠于职守、秉公执法，清正廉洁、保守秘密，为全党全社会树立严格自律的标杆。

内部专门的监督机构要履行自身建设的主体责任，细化责任清单，明确责任主体，加强自上而下的监督管理；对纪检、监察干部违纪违法案件开展"一案双查"，加大问责力度，既追究直接责任，又追究领导责任，把管事与管人结合起来，促进自我监督责任落到实处。要健全监督制约的内控机制，问题线索由相关部门集中统一管理，动态更新、全程监控。执纪监督和审查调查部门分设，实行执纪监督、审查调查、案件监督管理、案件审理分离。严格执行回避、保密、安全、脱密期管理和从业限制规定。处置问题线索、确定审查方案、采取审查措施、协调审理与审查意见，均由集体研究决定，形成既相互协调又相互制衡的工作机制。要加强纪检、监察干部监督机构建设，实行提级监督，延伸监督触角；开展案件复查，既复查案件本身情况，也查明调查人员依规依法履职情况；抓住监督重点，对线索受理、初步核实、立案审查等监督权运行关键环节进行经常性检查。要加强审理监督，对调查取证、定性处理的合规合法性进行监督审核。要加强巡视监督，把监督权运行情况纳入巡视内容，发现问题，形成震慑。

二、监察机关内部监督的内容

监察机关对监察人员进行内部监督的主要内容是监察人员执行职务和遵守法律的情况。加强对监察人员执行职务的监督，是确保监察权规范运行、监察人员秉公执法的重要途径。对于监察人员违法执行职务的行为，应当把纪律挺在前面，运用监督执纪"四种形态"，根据监察人员违法行使监督权的情节、性质、后果等严重程度，进行分类处理。

对监察人员执行职务的监督，可从四个方面开展工作：一是对于监察人员有违法行使监察权的苗头性、倾向性行为的，要及时进行谈话提醒、批评教育、责令检查、促其警醒，使其增强执纪者更要守纪、执法者更要守法的意识，做到忠诚、干净、担当。二是对于监察人员有打听案情、过问案件、说情干预，未经批准接触被调查人、涉案人员及其特定关系人或者私下交往，越权或私自接触相关地区、部门、单位党委（党组）负责人的情况的，一律进行登记备案、先行停职，一经查实，对于未造成实质性后果、本人表现一向良好、认错态度诚恳的，视情给予谈话函询、诫勉谈话或组织处理，情节较重或造成一定后果的，调离纪检、监察系统。三是对于监察人员有未经批准、授权处置问题线索，发现重大案情隐瞒不报，私自留存、处理涉案材料，利用职权或者职务上的影响干预调查工作、以案谋私，违法窃取、泄露调查工作信息，泄露举报事项、举报受理情况以及举报人信息，对被调查人逼供、诱供或者侮辱、打骂、虐待、体罚或者变相体罚，违反规定处置查封、扣押、冻结财物，违反规定发生办案安全事故或者发生办案安全事故后隐瞒不报、报告失实、处置不当，违反规定采取留置、限制出境或者不按规定解除出境限制，以及其他滥用职权、玩忽职守、徇私舞弊，严重触犯党的纪律处分条例和国家法律法规的行为的，应当严格依纪依法给予党纪政务处分和组织处理；构成犯罪的，依法追究刑事责任。四是对于监察人员有严重违纪违法行为的，追究负有责任的领导人员和直接责任人员的责任。

加强对监察人员遵守法律情况的监督，是打铁必须自身硬的客观要求。监察人员越是权力、岗位重要，就越要做到遵纪守法，越要受到严格管理和监督。如果因为信任疏于监督，甚至放手不管、放任自流，再好的监察人员也有可能成为越轨的火车，作出自毁前程、践踏法纪的举动。近年来，对纪检、监察人员的监督力度不断加大，监督机制日益完善，效果也日益显现。但也要看到，监督“虚化”、流于形式的问题仍然存在。在监督环节上，重选拔任用，轻任后监督；在监督对象上，重一般干部，轻领导骨干；在监督内容上，重日常事务，轻原则问题；在监督时段上，重“八小时以内”，轻“八小时以外”；在监督形式上，重事后查处，轻事前监督。管理监督功能发挥不好，对苗头性、倾向性问题不敢管、不愿管，甚至哄着护着，就可能使小毛病演变成大问题。少数被查处的纪检、监察人员的情况说明，组织信任有余而监督不足，后果十分严重。

自觉接受党组织的管理监督，是每个监察人员的应有态度。即使对于那些严于律己、品行端正的监察人员，监督也绝不多余。道德修养、党性锤炼不可能一劳永逸，那种视监督为“找茬”“整人”的干部，总有一天会将组织的信任“挥霍一空”。只有把监督当成警戒、当作镜子，处处对照、时时检查，找出不足、改正缺点，才能赢得组织更大的信任，挑起更重的担子。严是爱，松是害。党组织加强监督管理，是对监察人员的真正关爱，是对党的事业的高度负责。搞好监督，要进一步健全制度、机制，切实发挥监督体系的功能、作用；要坚持对上对下一个样、此时彼时一个样、大事小事一个样；要克服好好人主义、思想，不怕丢选票，不怕得罪人，敢于坚持原则，敢于较真碰硬；要保持有规必依、执规必严、违规必究的高压态势，对违反纪律、不讲规矩的人和事，该批评的批评，该制止的制止，使每个监察人员心有所畏、言有所戒、行有所止。

加强对监察人员遵守法律情况的监督，关键在于落实有权必有责、滥权必追责的法治原则。如果既没办法在源头上达到对监察人员的有效监督与制约，又没办法及时补救监察人员的失职或滥用职权的行为，那么我们只能从刑法的预防效果理论中受到启发，转而通过制定对监察人员失职失责行为的追责制度来达到一般预防的效果和监督的目的。①

传统的个人归责无法把追责制度的监督效果最大化，“一案双查”制就是既追究直接责任，又追究有关领导人的责任。具体到监察工作中，在调查工作结束后发现立案依据不充分或失实、案件处置出现重大失误、监察人员严重违法这几种失职失责或者滥用职权的情形，应该同时追究负有责任的领导人员和直接责任人员的相关责任。案件处置出现重大失误时，对监察委员会监察人员的处置包含以下四种情形：对违法的公职人员作出政务处分决定；对行使职权中存在的问题提出监察建议；对履职不力、失职失责的领导人员进行问责；对于涉嫌职务犯罪的，将调查结果移送检察机关依法直接提起公诉。② 明确列出具体哪些处置行为可能会演变成监察人员的失职滥权行为，对于监察委员会的监督将起到非常重要的作用：既可节约监察委员会花费在监督这方面的人财物等资源，又能够直接清晰地进一步追究直接责任人和相关领导人的责任。此举无疑在加强监察委员会对监察人员的履职监督的同时，还增加了额外效益。

① 吴建雄，郭太盛，郭烽．把权力关进制度笼子的科学要义．红旗文稿，2017（2）．

② 吴建雄，李春阳．健全国家监察组织架构研究．湘潭大学学报（社会科学版），2017（1）．

三、监察机关内部监督的目的

监察机关内部监督的目的就是要建设忠诚、干净、担当的监察队伍。习近平总书记强调，执纪者必先守纪，律人者必先律己，要求纪检、监察干部做到坚定、担当尽责、遵纪守法、清正廉洁。忠诚、干净、担当是打铁必须自身硬的具体化，是每一位监察人员的基本标准。“政治忠诚、个人干净、敢于担当”是辩证统一的整体，涵盖了对监察干部在政治、思想、业务、作风、品德等各个方面的要求，是对新时期监察好干部标准的丰富和发展。

忠诚。习近平总书记强调，党内所有政治问题，归根到底就是对党是否忠诚。政治忠诚是对监察人员第一位的政治要求。监察人员长期工作在反腐败斗争一线，天天看到这样那样的问题，如果没有坚定的信念和坚强的党性，时间长了就很容易动摇，对未来失去信心。坚守信仰、坚定信念，是一个长期的自我修养过程，要增强政治敏锐性和政治警觉性，在严峻复杂的形势面前保持头脑清醒，牢固树立“四个自信”。要始终在思想上、政治上、行动上同党中央保持高度一致，坚决贯彻党的路线、方针、政策，坚决维护党中央权威和集中统一领导。

干净。监察人员是“打铁的人”，首先就要成为“铁打的人”，自身廉洁过硬是监察人员监督、调查、处置最大的底气、硬气。监察人员必须自身行得正，做守纪律、讲规矩的表率。监察机关不是保险箱，监察人员不是生活在真空里，对腐败也不具有天生的免疫力。监察人员因为手中的权力，同样会被别有用心的人和腐败分子拉拢腐蚀。守住干净这条底线，关键是守住党纪国法的底线。监察人员要始终绷紧党纪国法这根弦，坚决杜绝泄露工作秘密、擅自处理问题线索等问题，严禁办人情案、关系案。只有守住了党纪国法，才能做到清清白白、干干净净。

担当。权力就是责任，责任就要担当。担当首先体现在做好本职工作、勇于承担责任上，同时也体现在对干部的高要求、严管理上。监察人员，特别是监察机关领导人员更要敢于担当、敢于监督，切实履行好法律赋予的职责。监督、调查、处置是“得罪人”的活儿，监察人员必须以党和人民的利益为重，铁面执法，不怕得罪人。这是对民族、历史负责的担当。如果畏首畏尾、不敢监督、不想监督，对不正之风和腐败现象无动于衷、无所作为，就必然会辜负于党、失信于民。干事要有担当，管人也要有担当。管理要靠制度，更要靠有担当的领导来实现。监察机关领导人员都有领班子、带队伍的责任，对干部既要教育、锻炼、培养又要言传、身教、严管，要为党和国家的事业发展着想，领出好班子，带出好队伍，形成好风气。①

建设一支忠诚、干净、担当的监察队伍，除了要靠监察干部个人严格自律，不断提高职业修为，还要通过严格的法律法规对监察人员执法进行引导、规范和约束，并通过严密的监督制度对其执法活动进行监督，以便及时发现问题，抓早抓小，防微杜渐。这其中，内部监督因其专业性和及时性，而有着外部监督不具有的优越性。

第五节　监察人员的职务要求

《监察法》第56条规定“监察人员必须模范遵守宪法和法律，忠于职守、秉公执法，清正廉洁、保守秘密；必须具有良好的政治素质，熟悉监察业务，具备运用法律、法规、政策和调

① 中共中央纪律检查委员会法规室，中华人民共和国国家监察委员会法规室．《中华人民共和国监察法》释义．北京：中国方正出版社，2018：244-248.

查取证等能力，自觉接受监督。”这是关于监察人员在守法义务和业务能力等方面的要求的规定，主要目的是规范监察人员的行为，促使监察人员更好地履行本职工作。

一、监察人员的职务要求的主要内容

监察人员的职务要求主要包括九个方面的内容。

（1）“模范遵守宪法和法律”，主要是指监察人员作为执法人员要做遵守宪法和法律的标杆。正人先正己，打铁必须自身硬。监察人员责任重大，只有自身过硬，才能挺直腰杆去监督其他公职人员。监察人员要牢固树立法治观念，培养、增强法律意识，提高遵守法律的自觉性，做遵纪守法的模范。

（2）“忠于职守”，主要是指监察人员必须认真履行职责，坚守工作岗位，恪尽职守。对于自己范围内的事要坚持原则、竭尽全力、克服困难、任劳任怨，以对国家、对人民高度负责的精神，圆满完成本职工作。

（3）“秉公执法”，主要是指监察人员在履行职责中应实事求是，正确运用权力，客观、公正地执行国家法律。监察人员必须尊重事实，重证据、重调查，以事实为根据，以法律为准绳，不徇私枉法，客观、公正地严格执法。

（4）“清正廉洁”，主要是指监察人员在履行职责过程中必须廉洁奉公，不利用职权谋取个人私利。监察机关的性质和任务决定了监察人员首先要做到廉洁奉公，不贪赃枉法，不以权谋私。只有这样，才能在监督、促进监察对象遵纪守法、廉洁奉公等方面真正做到“执法如山”“铁面无私”。

（5）“保守秘密”，主要是指监察人员必须牢固树立保守党和国家秘密的观念，严格遵守保密法律和纪律，严守遵守有关保密工作的规定。

（6）“具有良好的政治素质”，主要是指监察人员要增强“四个意识”，提高政治觉悟、严守政治纪律，与党中央保持高度一致，坚决维护党中央权威。监察工作政治性极强，出现任何疏漏或问题，都会给全面从严治党、党风廉政建设和反腐败斗争造成损失。监察人员要切实把“四个意识”体现在思想上和行动上，把政治和业务有机统一起来，要紧紧跟上中央要求，坚定政治立场，把责任追究真正落到实处，推动全面从严治党不断向纵深发展。同时，监察人员经常同各种违法犯罪行为作面对面的斗争，不可避免地要接触些消极、阴暗的情况，容易受到腐朽思想的影响，这就特别要求监察人员必须具有极强的自我约束力和心理承受力，在同不正之风和腐败现象的斗争中不断锤炼党性、磨砺心性，在消极腐败面前不动摇，在金钱利诱面前不动心。

（7）“熟悉监察业务”，主要是指监察人员必须掌握监察专业知识及相关业务知识。中国共产党十九大报告强调，注重培养专业能力、专业精神，增强干部队伍适应新时代中国特色社会主义发展要求的能力。监察工作内容复杂、涉及面广，同时专业性强，这就要求监察人员不仅要具有较高的政治素质和工作热情，而且必须具有较强的业务能力。

（8）“具备运用法律、法规、政策和调查取证等能力”，主要是指监察人员必须掌握相关法律、法规、政策知识，并善于在调查取证等工作中加以运用。监察机关依法对公职人员进行监察，调查职务违法和职务犯罪，因此监察人员必须具备相应的知识和能力，努力养成严、实、深、细的工作作风。

（9）“自觉接受监督”，主要是指监察人员要坚定理想信念，提高政治站位，充分认识严管就是厚爱，把监督当成一种关心、爱护和保护，增强遵纪守法的自觉性，用实际行动证明，监察人员队伍是一支党和人民信得过、靠得住的队伍。①

二、确保监察人员履行职务要求的途径

中国共产党十九大报告明确指出，要建设高素质专业化干部队伍。习近平总书记在报告中强调，领导13亿多人的社会主义大国，我们党既要政治过硬、也要本领高强，要求全党增强“八种本领”。新时代要有新气象新作为，必须培育新素质、塑造新形象。

（一）增强监察人员模范遵守宪法和法律的自觉性

宪法是我国的根本法，规定了国家的根本制度和根本任务，是我们进行社会主义现代化建设的根本保障。我国的法律是以宪法为依据制定，并由以家强制力为保障而实施的行为规范。遵守宪法与法律，是各个国家机关、各个社会组织、团体和每个公民的义务。行使国家监察权力的监察人员，应当树立宪法至上的思维，维护宪法与法律的权威，自觉在宪法和法律的范围内活动。监察人员必须模范遵守宪法和法律，这就要求监察人员以自身的言行、举止来维护宪法的权威，必须依据宪法和法律的规定，在宪法和法律规定的职权范围内，按照法律规定的程序，依照法律的规定进行监察活动。

在贯彻、实施监察法的过程中，如何增强监察干部模范遵守宪法的自觉性，是一个十分重要的问题。宪法是国家的根本大法，是治国安邦的总章程。依法治国，核心是依宪治国；依法执政，核心是依宪执政。宪法的重要性、权威性决定了监察干部要在实际工作中身体力行，模范地遵守宪法。因此，要树立和维护宪法的权威，监察干部首先要无条件地带头模范遵守宪法，在任何时候任何情况下不做违宪的事，不做背离宪法原则和精神的事。“党必须在宪法和法律范围内活动”，“任何机关和个人都不能有超越宪法的特权”，“党员必须模范遵守国家的法律法规”，这些是对监察干部的基本要求。在推行依法治国、依法执政的今天，更需要努力提高全党依法执政的能力，善于通过法定程序，使党的主张成为国家意志；善于促进民主的法制化和法制的民主化，让更多的人民群众参与对国家和社会生活的管理和监督；善于以自身遵纪守法的模范行动，带领人民群众不断地完善法治秩序和法治环境，把党的领导、人民当家做主与依法治国有机地统一起来。随着法治的推进，全党的宪法意识在明显增强。监察干部面对重大决策，首先思考的问题是：是否合乎宪法和法律？守住的一条准则是：合宪则能做，不合宪则不能做。比如修改后的宪法规定，要“尊重和保障人权”，可是有些地方滥用警力、随意抓人、超期羁押等侵犯人权的行为还屡禁不止。出现这样的事，相当程度上是“权大于法”“官大于法”的观念在作怪，有些干部仍习惯于以权代法、以权压法。一些人敢于知宪违宪的另一个原因，就是认为“只听违法必究，未见违宪必究”；轻微违法有人管，重大违宪无人管，做了也就做了，不会被追究。有鉴于此，要对症下药，双管齐下：一要组织监察干部学法，使大家知宪法懂宪法；二要严明纪律，任何人不能以任何借口违宪，不能以任何借口和托词不遵守和不执行宪法。“宪法比天大。”在宪法面前人人平等，谁都没有超越宪法的特权。谁损害了宪法的权威，也就损害了党的权威，损害了最广大人民群众的根本利益。人民代表大会要切实强化宪法监督。监察干部做了违宪的事，既触犯了国家的法律又触犯了党的纪律，党的纪检部门也要管，要作为违纪行为认真查处。自律与他律相结合，才能更有效地保证监察干部模范地遵守宪法，自觉地维护宪法的权威。

---

① 中共中央纪律检查委员会法规室，中华人民共和国国家监察委员会法规室．《中华人民共和国监察法》释义．北京：中国方正出版社，2018：248－252.

（二）加强日常管理监督

监察人员是廉政建设和反腐败工作的实践者和促进者，责任重大，使命崇高，应专心致志地工作，严格履行工作职责，承担起本职位的法定责任。具体包括：在办理案件中必须要保持公正，严格遵守法律，秉公办事，严格执行法律，不贪赃枉法，忠于职守，做到品行端正、公正无私；对于涉及国家秘密、商业秘密、个人隐私的案件，必须严格依照法律规定的程序办理，不得随意泄露。

打铁必须自身硬，监察委员会要加强日常管理监督，引导纪检、监察干部自觉做到忠于职守、秉公执法，清正廉洁、保守秘密，为全党全社会树立严格自律的标杆。为了做到这些，可考虑采用以下办法。

一是扎紧织密制度笼子。严格工作程序、有效管控风险点，强化对监督执纪各环节的监督制约，明确纪委监察委员会内部谁来监督、监督什么、怎么监督的问题。

二是创新组织制度。建立执纪监督、执纪审查、案件审理相互协调、相互制约的工作机制，执纪监督室负责联系地区和部门的日常监督，执纪审查室负责对违纪案件进行初步核实和立案审查，案件监督管理室负责综合协调和监督管理，案件审理室负责审核把关。

三是充分发挥纪检、监察干部监督室的作用。纪检、监察干部监督室要重点盯紧机关、巡视机构、派驻纪检组，坚持把纪律和规矩挺在前面，从小处抓起，从日常抓起，让咬耳扯袖、红脸出汗成为常态。常态化开展干部谈心谈话、家访等工作，把监督范围从“工作圈”延伸至“生活圈”“交往圈”。持续刀刃向内，对不适宜在纪检、监察系统工作的干部及时进行组织调整，对纪检、监察干部违纪违法问题零容忍。

四是要主动接受审计监督、群众监督和社会监督。加强对监察委员会财政预算执行和其他财务情况进行审计，堵住薄弱环节和制度漏洞。充分发挥特邀监察员的作用，赋权特邀监察员加强对纪检干部的思想、工作、生活等方面情况的监督。坚持执纪开放理念，开展人大代表、政协委员、党风监督员、特邀监察员、基层群众、网友代表等“走进监委”活动，进一步增强机关干部主动接受监督的自觉性。

（三）培养良好的政治素质

监察人员本身应该具有良好的政治素养，并不断提高政治觉悟和加强职业道德修养。监察人员把坚定正确的政治方向放在首位，坚持为人民服务、为社会主义服务的方向；牢固树立全心全意为人民服务的思想。与此同时，要遵守宪法、法律和纪律。政治素质在不同时代、不同环境下，要求不尽相同，但一个监察干部，必须具有良好的政治素质，则是基本要求。政治素质在一个监察干部所必须具备的各种素质中是最根本的素质。在革命战争年代，政治素质要求每一个中国共产党党员干部要忠诚于党的事业，甚至准备为党的事业献出自己的一切。在和平建设时期，随着环境的改变，中国共产党成为执政党，肩负着领导全国人民建设社会主义和中华民族伟大复兴的重任，同样要求各级领导者，尤其是监察干部在政治上清醒、坚定，不负人民的厚望。“政治上靠得住”是对监察干部的政治素质的最基本要求。这里所说的“政治”，既包括在思想上树立崇高的理想和坚定的信念，具有较高的马克思主义理论水平和政治素养；也包括在行动上认真贯彻落实习近平新时代中国特色社会主义思想，坚决与党中央保持高度一致，认真执行党的路线方针政策；还包括在面对各种挑战和考验时，能够具有见微知著的政治鉴别力，具有高度的政治敏锐性，不断提高工作的预见性和科学性。当前，世界风云变幻，各种各样的思潮、理论陆续传入，各种各样的诱惑也会不断向监察干部袭来。在这样的情况下，各级监察干部一定要能够坚持正确的政治方向、政治立场，在重大原则问题上分得清是非，在重大关头和各种风浪中经得起考验。监察干部不论是在重大问题上，还是在日常工作中处理政务，都要做到坚持原则、明辨是非，始终保持政治上的清醒和坚定。监察干部应当以高度的政治责任感来认识这个问题，自觉按照党中央的要求，全面提高自身素质特别是政治素质，进一步增强政治意识、提高政治水平，始终保持政治上的清醒和坚定。

（四）不断提高监察业务能力

从监察人员自身工作来看，必须不断加强职业道德修养，熟悉自身的监察岗位、职责，提升业务水平。监察工作对中国共产党的事业非常重要，办案质量直接影响到中国共产党的执政，影响民心。因此，监察人员一定要认真负责，在办案过程中，忠于职守，掌握、熟悉监察业务。监察人员需具备运用法律、法规、政策的能力和调查取证等能力，在办理相关案件时，要做到事实清楚、证据确凿、定性准确、处理恰当、手续完备、程序合法，严格依照法律、法规、政策来办理案件、处理工作事宜。调查取证是监察委员会查处案件的中心环节，事关整个案件的调查成败，监察人员应通过拟定调查方案、宣布调查决定、实施调查取证、撰写调查报告的过程，不断提升办案取证的能力。

（五）自觉接受监督，强化自我约束

自觉接受监督、从严约束自己对每一名监察干部而言是一项要求、一份责任、一种境界。接受监督要形成自然行为习惯。习惯是内化于心的思想自觉。“少成若天性，习惯如自然”。监察干部要形成这种视监督既是约束也是爱护的习惯，要把监督看作是最大的爱护、最好的保护、最亲的呵护，把纪律当成最可靠的保险、最好的护身符，在潜移默化中形成自觉，成为习惯。监察干部要守住底线，不逾越规纪，干干净净做事，清清白白做人，使自觉接受监督在日常言行中形成条件反射，成为习惯。监察干部要慎独、自律、知敬畏，不仅在工作上要自觉按照权力运行规则办事，让权力在阳光下运行，时时以党纪国法提醒自己，不断提高秉公用权的透明度；就是在别人看不到、听不到的时候，在八小时之外的私底下、无人时、细微处，也要时刻以典型案例警示自己，自觉脱离低级趣味，主动抵制奢华低俗，要懂得感恩知足、淡泊名利，反对拜金主义、享乐主义和奢靡之风，保持高尚的精神追求。监察干部要坚持将纪律挺在前面，时刻以纪律规矩约束自己，不断反省自己、完善自己，使日常工作生活中不经意的行为举止也坚持以规则为准绳，形成良好的行为习惯。

第六节　监察事项报备制度

《监察法》第 57 条规定：“对于监察人员打听案情、过问案件、说情干预的，办理监察事项的监察人员应当及时报告。有关情况应当登记备案。发现办理监察事项的监察人员未经批准接触被调查人、涉案人员及其特定关系人，或者存在交往情形的，知情人应当及时报告。有关情况应当登记备案。”这是关于办理监察事项报告备案的规定，主要目的是完善过程管控制度，避免出现跑风漏气、以案谋私、办人情案等问题。这既是对监察人员的严格要求，也是对监察人员的真正关心爱护。

一、监察事项报告备案制度的含义

《监察法》第 57 条分两款规定了我国的监察事项报告备案制度。第 1 款是关于监察人员干预案件的报告备案的规定。对于监察人员在线索处置、日常监督、调查审理和处置等各环节有打听案情、过问案件、说情干预等行为的，办理监察事项的监察人员应当按照有关规定及时向组织反映并登记备案。第 2 款是对监察人员违反规定接触有关人员的报告备案的规定。这里的知情人既包括共同办理该监察事项的其他监察人员，也包括被调查人、涉案人员及其特定关系人或者其他人员。对这两款规定的情况，监察机关应当全面、如实记录，做到全程留痕、有据可查。对于上述违法干预案件、接触相关人员的监察人员，应当依法给予党纪或政务处分；构成犯罪的，还应依法追究刑事责任。

二、监察事项报告备案制度的内容

（一）打听情况、过问案件、说情干预事项的报备

监察机关被赋予特定的权力的同时，也意味着肩负着更大的责任。有权必有责、用权受监督的理论在作为国家权力的行使者的监察机关及其监察人员身上同样适用。中国共产党十八大之后中共中央纪委专门设立了对纪委工作人员实施监督的内设机构，集中力量解决“灯下黑”的问题，移交司法机关处理的有十几人，给予纪律处分的有几十人。打铁还需自身硬，只有解决好自我监督问题，才能够增强社会公众对国家监察体制改革的信心，更好发挥监察机关的监督功能。[①] 监察机关对监察人员的履职监督，是监察机关自我监督的体现。

监察人员打听案情、过问案件、说情干预，主体是监察人员，其对象是向办理监察事项的监察人员打听案情、过问案件、说情干预的行为。向监察人员打听案情、过问案件、说情干预的主体通常情况下不仅包括与案件有利害关系的人，如被监察人员、被调查人员及其特定关系人，也包括其他不负责案件调查的其他监察人员。《监察法》第 57 条第 1 款明确了其规制对象为监察人员。

干预监察人员办案的方式在情节上具有层次性。打听案情虽只是对拟获取信息的了解咨询，但利用了监察机关的内部关系资源，监察人员有可能是受人之托，也有可能与监察对象具有特殊关系。不管出于何种原因，监察人员之间的同事关系会对办理监察事项的监察人员产生隐性的影响。过问案件和说情干预这两种方式具备了显著的干预故意和行动方案，监察人员利用职权或人情关系主动影响办理监察事项的监察人员，甚至给其施加压力，目的在于为监察对象说情开脱。干扰监察人员办案的情节更为严重。

办理监察事项的监察人员报告、备案应当及时。监察人员不应当随意透露案件的真实情况和进展，遇到监察人员打听案情、过问案件、说情干预时应该及时向监察机关相关负责人或者案件的主管监察人员报告并登记备案。监察机关内部构建报告、备案制度为监察机关的内部监督提供了制度保障，同时也是对办理监察事项的监察人员的一种保护措施，有利于保证办案的独立性和公正性。这是自中国共产党十八大以来总结的反腐败斗争的经验教训：外力的打击和抑制不是长远的做法，反腐的第一步是不敢腐，但是最终是要做到不想腐和不愿腐，尽管这需要长远的战略谋划、严密的制度体系和完备的法治保障。

（二）未经批准接触被调查人、涉案人员及其特定关系人，或者存在交往情形的报告备案

办理监察事项的监察人员在此类情形中具有双重身份：既是监督者，又是被监督者。这里的知情人包括其他一切发现监察人员存在与被调查人、涉案人员及其特定关系人存在交往情形的人，不仅包括监察人员、被调查人、涉案人员及其特定关系人，还包括其他党政机关、社会企事业单位的人员，以及社会公众等等。只要发现办理监察事项的监察人员未经批准接触被调

① 马怀德．国家监察体制改革的重要意义和主要任务．国家行政学院学报，2016（1）.

查人、涉案人员及其特定关系人，或者存在交往情形的，不管是监察人员还是其他人，都有权利和义务及时报告。对知情者范围的扩大理解是社会监督的深刻体现，调动社会公众的力量对监察人员进行监督，以促进监察机关更科学、更高效地对监察人员实行监督。

监察人员不得未经批准接触这些对象是为了防止监察人员在办理具体案件之前对案件形成预断，影响案件的调查工作的展开；也是为了防止在这种接触过程中出现权力寻租、权钱交易的腐败现象。需要注意的是，这并不意味着直接剥夺监察人员接触被调查人、涉案人员及其特定关系人的权利，如果确有必要或者因为具体案件的复杂程度不同等因素，经过相关批准，监察人员仍然是可以接触这些人员的。

同监察人员不应当随意透露案件真实情况和进展的行为规范一样，当监察人员与被调查人、涉案人及其特定关系人有特定交往情形时，监察人员应当主动及时地报告并登记备案，如果是被发现的，发现人也应当及时向监察机关及其他监察人员报告并登记备案。当监察人员与这些对象存在交往情形时，很难保证被调查人及其家属乃至社会公众对调查和处置结果的信服，甚至进一步导致最终的司法公正问题。

对于上述两类情形，监察机关应当全面、如实记录，做到全程留痕、有据可查。对于上述违法干预案件、接触相关人员的监察人员，应当依法给予政务处分；是党员的，要依照《中国共产党纪律处分条例》追究党纪责任。构成犯罪的，还应当依法追究刑事责任。

第七节　监察人员的回避

《监察法》第 58 条规定："办理监察事项的监察人员有下列情形之一的，应当自行回避，监察对象、检举人及其他有关人员也有权要求其回避：（一）是监察对象或者检举人的近亲属的；（二）担任过本案的证人的；（三）本人或者其近亲属与办理的监察事项有利害关系的；（四）有可能影响监察事项公正处理的其他情形的。"规定该条的主要目的是确保监察工作客观、公正、合法，树立监察机关公正执法的良好形象。

一、监察回避制度的意义

回避是指办理监察事务的监察人员遇有法律规定的情形时，应当不参加对该具体案件的监督、调查、处置活动。

实行回避制度有着重要的法治价值。

首先，有利于案件或事项的客观、公正处理，实现实体公正。在监察活动中，要使案件在实体上得到公正处理，监察机关应依照法律履行监督、调查、处置职责，收集被调查人有无违法犯罪以及情节轻重的证据，查明违法犯罪事实，形成相互印证、完整稳定的证据链。在发现事实的基础上，监察机关根据监督、调查结果，依法作出处置。发现案件真相和正确作出处置，要求办理监察事项的监察人员在监察过程中保持客观公正的品格，这就要求监察人员与案件没有利害关系以及排除其他可能影响案件公正处置的关系。监察人员如果在监督、调查、处置等各个监察环节存在法定的妨碍诉讼公正进行的情形，就应回避。只有这样才能防止监察人员先入为主预断或徇私舞弊，保证案件得到公正、客观的处理。

其次，有利于防止执法偏见，彰显程序正义。如果办案人员具有是监察对象或者检举人的近亲属，或者担任过本案的证人，或者与办理的监察事项有利害关系等，有可能影响监察事项公正处理的情形，则其所办案和事项是难以做到客观公正的。即使做到了客观公正，也难以取信于当事人和社会公众。实行回避制度，可以消除监察对象及其他相关人员的思想顾虑，实现程序正义，避免不必要的申诉，提高办案效率，降低成本。而排除对监察对象的偏见既是对监察对象权益的维护，也是程序上的公正对待。在执法实践中，执法人员在办案中因涉及个人利益，或者本身与执法对象有着亲仇关系而不能做到公平对待，甚至徇私枉法的现象并不鲜见。监察工作要避免类似现象发生，就必须落实好回避制度。

最后，有利于确保监察机关和监察活动的公信力。习近平总书记指出，强化党内监督是为了保证党立党为公、执政为民，强化国家监察是为了保证国家机器依法履职、秉公用权，强化群众监督是为了保证权力来自人民、服务人民。监察机关实质就是国家反腐败工作机构，推进国家监察体制改革，正是要从组织和制度上巩固中国共产党十八大以来反腐败斗争取得的成果。反腐败压倒性态势已经形成，但反腐败斗争形势依然严峻。新时代反腐败机制建设必须走上法治化轨道才能满足人们的期待，才能确保监察机关和监察活动的公信力。回避制度的设立是反腐败机制法治化的重要体现，具有重要的时代意义。

二、监察回避的方式

监察法规定的回避方式有三种：一是自行回避。属于回避人员范围内的人员自行回避的，可以口头或书面提出，并说明理由。口头提出申请的，应记录在案。监察机关发现办理监察事项的监察人员存在法定回避情形的，应要求其回避。二是申请回避。据《监察法》第 58 条规定，能够提出回避申请的主体主要包括监察对象、检举人及其他有关人员。监察对象的申请回避的权利来源于他与案件处理结果有着直接利害关系。检举人则是指那些检举具体案件的人，即监察程序启动的案件线索来源之一。至于其他有关人员则对比参照前两者，与其具有相同性或相当性即可称为主体。知晓自己的权利是行使权利的前提，权利只有为享有者知晓时才能得到行使，因此，监察人员在各个监察阶段有义务告知监察对象、检举人及其他有关人员有申请回避的权利。监察对象、检举人及其他有关人员申请监察人员回避的，可以口头或书面提出，并说明理由。三是指令回避。这是指监察人员有法定回避情形而没有自行回避，监察对象、检举人和其他有关人员也没有申请其回避的，由法定人员或者组织径行决定，令其退出监察活动。监察法中没有明确规定指令回避，正如我国刑事诉讼法中也没有明确规定指令回避，但是在《最高人民法院关于适用〈中华人民共和国刑事诉讼法〉的解释》、《人民检察院刑事诉讼规则（试行）》和《公安机关办理刑事案件程序规定》中均明确规定了指令回避。《人民检察院刑事诉讼规则（试行）》第 26 条规定，应当回避的人员，本人没有自行回避，当事人及其法定代理人没有申请其回避的，检察长或者检察委员会应当决定其回避。因此，指令回避在《监察法》中也为应有之义。

从回避的执行考虑，借鉴司法回避制度的执行，监察人员的回避应该由本级监察委员会主任决定。这里的监察人员包括各级监察委员会副主任、委员、监察员等。监察委员会主任的回避由监察委员会委员大会决定。回避一经作出决定，即发生法律效力，应当回避的人员必须立即退出监察活动。但是鉴于监察工作的紧迫性和特殊性，为防止延误办案，监察人员的回避应参照我国《刑事诉讼法》第 30 条第 2 款关于侦查人员回避的规定，即在对监察人员的回避作出决定前，监察人员不能停止对案件的调查。因此，法定的个人或组织依法对监察人员的回避作出准许决定以后，该监察人员才能停止对案件的调查工作，由其他监察人员立即接替继续或重新开始调查工作。

三、监察回避的具体情形

法律意义上的“回避”一般有两种形态，即有因回避和无因回避。有因回避又称为“附理由的回避”，是指只有在案件具备法定回避理由的情况下，回避人员范围内的人员才会回避的制度。无因回避则称为“不附理由的回避”或者“强制回避”，是指有权提出回避申请的人无须提出任何理由，一旦提出申请，就产生令被申请者回避的效果。我国监察法实行有因回避制度，并对回避的法定事由作出了明确规定。

一是监察人员是监察对象或者检举人的近亲属的。监察人员代表国家行使监察权力，其自身的角色定位应该是客观公正的，是维护国家公共利益的，其前提是监察人员自身不能是案件的当事人，而如果监察人员是监察对象或者检举人的近亲属，势必会导致其存在主观预判或者徇私情，失去客观公正的立场，使对案件的处理产生偏差或者妨碍案件公正结果的达成，会造成对国家利益的损害或者造成冤假错案。公众对其办案的公正性基于常情会持怀疑态度，结果会影响监察机关的公信力。

二是监察人员担任过本案的证人的。若曾担任过本案证人，已经参加了案件的某些活动，将对案件事实或案件应当如何处理已经形成了一定的看法，可能会使监察人员先入为主，形成预断。证人在证明过程中是具有方向性的，同时某个证人的证词具有主观性和片段性。这就决定了证人可能无法从案件全盘来考虑问题，难以客观地从事监察活动，不利于全面收集运用证据，最终影响正确认定案件事实，极可能出现误断，因此应当回避。但是，这一阶段的回避不影响其在下一阶段仍担任证人。

三是监察人员本人或者他的近亲属与办理的监察事项有利害关系的。监察人员虽然不是监察对象或者检举人的近亲属，但他们或者其近亲属可能与办理的监察事项有利害关系，即与本案的处理结果有利益牵连，比如监察人员或者他的近亲属与监察对象有恋爱关系，案件的处理结果会直接影响到他们或其近亲属的利益时，如果他们参加监察活动，就可能使案件得不到公正处理或者妨碍诉讼。为避免监察人员或其近亲属从私利出发而影响其依法履行职责，公正处理案件，具有此种关系的人员应当回避。

四是监察人员是有可能影响公正处理监察事项的其他情形的。由于社会关系的复杂性，法律无法将监察人员与案件之间可能存在的所有情形全部罗列出来，因此作此原则性规定。此类情形的适用应明确两个内容：一是其他情形是指前述三种情形以外的情形，如具有邻居、朋友、师生关系，某种经济利益关系或亲密友好关系或不和睦的特殊关系等。参照我国《刑事诉讼法》第29条以及《最高人民法院关于适用〈中华人民共和国刑事诉讼法〉的解释》的相关规定，有下列情形的，监察对象、检举人及相关人员有权申请其回避：(1) 违反规定会见本案当事人及其委托人；(2) 索取、接受本案当事人及其委托人的财物或者其他利益；(3) 接受本案当事人及其委托人的宴请，或者参加由其支付费用的活动；(4) 有其他不正当行为，可能影响公正审判的。二是其他情形有可能影响公正处理监察事项。回避制度重在预防，是为了防止影响案件公正处理的可能性转化为事实。因此，对于一般的其他情形应具体问题具体分析，不能简单作出结论，只有在可能影响公正处理案件的情况下适用回避。而法定的情形时存在就可能影响对案件的公正处理，也就满足了回避的条件，无须存在影响案件公正处理的事实。

第八节　监察人员的保密义务

《监察法》第 59 条规定："监察机关涉密人员离岗离职后，应当遵守脱密期管理规定，严格履行保密义务，不得泄露相关秘密。""监察人员辞职、退休三年内，不得从事与监察和司法工作相关联且可能发生利益冲突的职业。"该条是关于监察人员脱密期管理和从业限制的规定，主要目的是加强对监察人员的保密管理和从业限制，防止发生失泄密问题，避免利益冲突。

在《监察法》中，监察人员的保密义务按所处的不同阶段分两类。第一类是关于监察人员脱密期管理的规定。监察工作涉及大量国家秘密和工作机密，要严格防范监察人员在工作中接触的秘密因为人员流动而流失，让保密责任与离岗离职的监察人员如影随形。相关人员要严格遵守保密法律和纪律，在脱密期内自觉遵守就业、出境等方面的限制性要求。有关部门和单位也要切实负起责任，加强对离岗离职后涉密人员的教育、管理和监督。第二类是关于监察人员辞职、退休后从业限制的规定。法律对行政机关公务员、法官、检察官辞职后都有从业限制规定。监察人员掌握监察权，故不仅要对监察人员在职期间的行为加以严格约束，而且也要对监察人员辞职、退休后的行为作出一定的限制，避免监察人员在职期间利用手中权力为他人谋取利益换取辞职、退休后的回报，或在辞职、退休后利用自己在原单位的影响力为自己谋取不当利益。

需要注意的是，如果监察人员是因被辞退、被开除而离职的，不适用《监察法》第 59 条第 2 款关于从业限制的规定。这主要是考虑到被动离职人员，已经失去良好的个人信誉，离职后即使从事与监察和司法工作相关联且可能发生利益冲突的职业，也难以在原单位发挥影响力。但是，监察机关涉密人员因被辞退、被开除而离职的仍要遵守《监察法》第 59 条第 1 款关于脱密期管理的要求。①

一、脱密期的保密义务

《中华人民共和国保守国家秘密法》第 2 条规定：国家秘密是关系国家安全和利益，依照法定程序确定，在一定时间内只限一定范围的人员知悉的事项。第 3 条规定：国家秘密受法律保护，一切国家机关、武装力量、政党、社会团体、企业事业单位和公民都有保守国家秘密的义务。任何危害国家秘密安全的行为，都必须受到法律追究。从法律要求上讲，监察机关作为国家机关负有保守国家秘密的义务。监察人员职业行为的基本规范应包括严守保密纪律，保守在工作中掌握的国家秘密、商业秘密和个人隐私，加强网络安全防范，妥善保管涉密文件或其他涉密载体，坚决防止失密泄密。

值得注意的是，监察机关的性质和职能决定了其保密范围和要求的特殊性。《中华人民共和国保守国家秘密法》第 9 条②第 2 款规定："政党的秘密事项中符合前款规定的，属于国家秘

---

① 中共中央纪律检查委员会法规室，中华人民共和国国家监察委员会法规室．《中华人民共和国监察法》释义．北京：中国方正出版社，2018：257－258.

② 该条规定，下列涉及国家安全和利益的事项，泄露后可能损害国家在政治、经济、国防、外交等领域的安全和利益的，应当确定为国家秘密：(1) 国家事务重大决策中的秘密事项；(2) 国防建设和武装力量活动中的秘密事项；(3) 外交和外事活动中的秘密事项以及对外承担保密义务的秘密事项；(4) 国民经济和社会发展中的秘密事项；(5) 科学技术中的秘密事项；(6) 维护国家安全活动和追查刑事犯罪中的秘密事项；(7) 经国家保密行政管理部门确定的其他秘密事项。""政党的秘密事项中符合前款规定的，属于国家秘密。

密。”《监察法》第 8 条规定：国家监察委员会由全国人民代表大会产生。与之前的监察体制最大的区别是，监察机关是与政府并列的国家机关，而非政府的组成部门，从而实现监察权和行政权的并列和分立。国家监察委员会是中国共产党领导下依法独立行使国家监督权的反腐败专门机构。在法律地位上，国家监察委员会与国务院、国家军委、最高人民检察院和最高人民法院并列；在政治上接受中国共产党的领导和中共中央纪委组织协调；在职能上体现国法与党纪相衔接、国家权力监督与党的执政监督相结合。① 因此，监察机关的工作可能会涉及党的秘密，而党的秘密事项中符合《中华人民共和国保守国家秘密法》第 9 条相关规定的属于国家秘密。

监察机关应当建立健全涉密人员管理制度，明确涉密人员的权利、岗位责任和要求，对涉密人员履行职责的情况开展经常性的监督检查。监察人员有泄露国家秘密或者监察工作秘密的行为的，应当给予处分；构成犯罪的，依法追究刑事责任。监察机关涉密人员离岗离职后，应当遵守脱密期管理规定，严格履行保密义务，不得泄露相关秘密。《中华人民共和国保守国家秘密法》规定：涉密人员离岗离职实行脱密期管理。涉密人员在脱密期内，应当按照规定履行保密义务，不得违反规定就业，不得以任何方式泄露国家秘密。国家工作人员或者其他公民发现国家秘密已经泄露或者可能泄露时，应当立即采取补救措施并及时报告有关机关、单位。机关、单位接到报告后，应当立即作出处理，并及时向保密行政管理部门报告。脱密期应当从涉密人员自监察机关批准其离开涉密岗位之日起计算。脱密期的管理规定大致包括：与原机关签订保密承诺书；作出继续履行保密义务、不泄露所知悉国家秘密的承诺；及时清退所有持有和使用的全部涉密载体与涉密信息设备，并办理移交手续等。

二、离职后的从业限制

监察人员离任任职回避规定的立法本意在于：一是保障办案和司法公正。监察人员在监察机关的工作经历使其熟悉监察工作程序，了解机制运行的现状与不足，并且与监察机关工作人员可能有着紧密的人情关系网，甚至因其原任职务对现任监察人员仍具有较大影响力，因此，监察人员离任后马上从事与监察和司法工作相关联的职业，有可能因其原任职务而影响监察机关和司法机关依法履行职责。立法规定监察人员离任 3 年内不得从事与监察和司法工作相关联且可能发生利益冲突的职业，有利于杜绝人情案、关系案。二是确保监察队伍的稳定。监察人员离任后的任职回避规定，使现任监察人员意识到自身工作的重要性，在进行职业再选择时慎重考虑。同时，监察人员的任职回避无期限地永久性地受限制缺乏公平、理性和科学。根据一般的经验，监察人员离任 3 年后对原任职监察机关的影响已基本消除，即使其在原任职部门还有一定的影响，但此种影响与其原有权力已无直接的必然关系。且监察人员离退休后经过 3 年年事已高，其原有影响已基本消除。故以 3 年为限的有期限职业回避制度不会造成监察队伍的不稳定。

我国《法官法》《检察官法》对法官和检察官的离任任职回避规定均为 2 年。《法官法》规定：“法官从人民法院离任后两年内，不得以律师身份担任诉讼代理人或者辩护人。”“法官从人民法院离任后，不得担任原任职法院办理案件的诉讼代理人或者辩护人……”《检察官法》规定：“检察官从人民检察院离任后两年内，不得以律师身份担任诉讼代理人或者辩护人。”“检察官从人民检察院离任后，不得担任原任职检察院办理案件的诉讼代理人或者辩

① 吴建雄，李春阳．健全国家监察组织架构研究．湘潭大学学报（哲学社会科学版），2017（1）．

护人……”而监察人员的离任任职回避期为 3 年，主要原因是：国家监察委员会是在坚持中国共产党对国家监察工作的领导的前提下，构建集中统一、权威高效的中国特色国家监察体制。国家监察委员会行使的国家监督权，是监督国家公权力依法规范运转，发现、揭露、查处和预防公职人员职务违法、犯罪的执法权力。各级监察委员会可以向本级中国共产党的机关、国家机关、经法律法规授权或者委托管理公共事务的组织和单位以及所管辖的行政区域、国有企业等派驻或者派出监察机构、监察专员。因此，监察机关的监察对象具有广泛性，职权具有权威性，职能具有高效性；监察人员离任后的影响力更大、更持久，其离任任职回避的时间也应更长。

监察人员应当履行谨慎注意义务，在辞职、退休三年内，如果打算从事的职业与监察和司法工作有关，且可能引致他人怀疑与原工作内容产生利益冲突的，应当事先征求原单位意见。需要指出的是，虽然监察法只规定了纪检、监察干部辞职、退休 3 年内不得从事相关职业的情况，但如果有关人员 3 年后去从事相关职业而且在从事该职业过程中仍然利用此前在纪检、监察机关的影响力去非法从业或者谋取非法利益，或者利用此前在纪检、监察机关掌握的秘密情况去非法从业或谋取非法利益，又或者利用对纪检、监察行业或司法领域了解的工作流程和专业知识去教唆、挑拨犯罪嫌疑人或其家属或其他涉案人违法规避调查、串通作伪证或制造虚假证据或是无理取闹影响正常监察调查或司法调查工作的，则这些人员仍有可能被依法追究责任，情节严重的，还将被依法追究刑事责任，因为这种情况已经不属于《监察法》第 59 条规定的离岗离职后从业限定的范畴，而属于利用影响力受贿、故意泄露国家秘密、教唆犯罪等其他法律规范的范畴。

第九节　被调查人申诉

《监察法》第 60 条规定：“监察机关及其工作人员有下列行为之一的，被调查人及其近亲属有权向该机关申诉：（一）留置法定期限届满，不予以解除的；（二）查封、扣押、冻结与案件无关的财物的；（三）应当解除查封、扣押、冻结措施而不解除的；（四）贪污、挪用、私分、调换以及违反规定使用查封、扣押、冻结的财物的；（五）其他违反法律法规、侵害被调查人合法权益的行为。”“受理申诉的监察机关应当在受理申诉之日起一个月内作出处理决定。申诉人对处理决定不服的，可以在收到处理决定之日起一个月内向上一级监察机关申请复查，上一级监察机关应当在收到复查申请之日起二个月内作出处理决定，情况属实的，及时予以纠正。”该条是关于申诉制度的规定，主要目的是保护被调查人的合法权益，强化对监察机关及其工作人员的监督管理。

一、被调查人申诉制度的主要内容

上述被调查人申诉制度分两个部分。第一个部分规定了被调查人及其近亲属的申诉权，第二个部分是申诉程序。

申诉是宪法规定的公民基本权利。监察机关在采取相关调查措施过程中，侵害了被调查人的人身、财产权等合法权益的，被调查人及其近亲属有权申诉。这里第 60 条规定被调查人的近亲属，是指被调查人的夫、妻、父、母、子、女、同胞兄弟姊妹。被调查人可申诉的情形包括五种。

一是留置法定期限届满，不予以解除的。《监察法》第 43 条第 2 款明确规定：“留置时间不得超过三个月。在特殊情况下，可以延长一次，延长时间不得超过三个月。省级以下监察机关采取留置措施的，延长留置时间应当报上一级监察机关批准。”如果超过上述规定期限，有关监察机关及其工作人员对被留置人不解除留置措施的，就属于《监察法》第 60 条第 1 款第 1 项规定的情形。

二是查封、扣押、冻结与案件无关的财物的。查封、扣押、冻结是指《监察法》第 25 条中规定的“监察机关在调查过程中，可以调取、查封、扣押用以证明被调查人涉嫌违法犯罪的财物、文件和电子数据等信息”和第 23 条中规定的“监察机关调查涉嫌贪污贿赂、失职渎职等严重职务违法或者职务犯罪，根据工作需要，可以依照规定查询、冻结涉案单位和个人的存款、汇款、债券、股票、基金份额等财产”。如果超出监察法规定的范围，任意查封、扣押、冻结与案件无关的财物，就属于《监察法》第 60 条第 1 款第 2 项规定的情形。

三是应当解除查封、扣押、冻结措施而不解除的。这是指监察机关采取查封、扣押、冻结措施后，按照《监察法》第 25 条第 3 款“查封、扣押的财物、文件经查明与案件无关的，应当在查明后三日内解除查封、扣押，予以退还”和第 23 条第 3 款“冻结的财产经查明与案件无关的，应当在查明后三日内解除冻结，予以退还”的规定，应当及时解除查封、扣押、冻结措施，否则就属于《监察法》第 60 条第 3 项规定的情形。经查明确实与案件无关的财物、文件、财产，包括案件处置完毕或者司法程序完结后不需要追缴、没收的财物、文件、财产。

四是贪污、挪用、私分、调换以及违反规定使用查封、扣押、冻结的财物的。“贪污”一般是指监察机关及其工作人员将被查封、扣押、冻结的财物占为己有；“挪用”一般是指将该财物私自自挪作他用；“私分”一般是指将该财物私下瓜分；“调换”一般是指将该财物以旧换新，或者换成低档品等；“违反规定使用”一般是指擅自将财物任意使用，如违规使用被扣押的车辆等。

五是其他违反法律法规、侵害被调查人的合法权益的行为。这是为了全面保护被调查人的合法权益设置的兜底条款。除了前述四项情形外，对于其他违法违规侵害被调查人的合法权益的行为，被调查人及其近亲属也可以提出申诉。

关于申诉处理程序，《监察法》规定了申诉的两级处理模式。一是原监察机关处理。监察机关及其工作人员具有前述情形之一的，被调查人及其近亲属可以向该机关提出申诉。受理申诉的监察机关应当自受理申诉之日起一个月内作出处理决定。

二是上一级监察机关处理。上一级监察机关领导下一级监察机关的工作，申诉人对受理申诉的监察机关作出的处理决定不服的，可以自收到处理决定之日起 1 个月内向上一级监察机关申请复查，上一级监察机关应当自收到复查申请之日起两个月内作出处理决定，情况属实的，及时予以纠正。

需要注意的是，监察机关不是行政机关，被调查人及其近亲属对上一级监察机关的复查结果不服的，不能申请行政复议或者提起行政诉讼。[①]

二、被调查人申诉权的实现

（一）被调查人及其近亲属的申诉权

申诉权是一项基本人权。许多国际人权文件或公约中都明确规定要保障社会成员的申诉权，我国宪法对保障公民的申诉权也作出了规定。《监察法》第 60 条是针对监察人员的工作程

① 中共中央纪律检查委员会法规室，中华人民共和国国家监察委员会法规室．《中华人民共和国监察法》释义．北京：中国方正出版社，2018：260－263．

序进行监督，将监察机关履职的程序纳入法治的轨道。赋予被调查人申诉权，是对被调查人权利保障和救济，也是对监察机关程序公正的护航和对法治反腐理念的践行。申诉的提起不仅主体包括被调查人而且包括起近亲属。《监察法》规定，采取留置措施后，除有可能毁灭、伪造证据，干扰证人作证或者串供等有碍调查情形的，应当在二十四小时以内，通知被留置人员所在单位和家属。赋予被调查人及其近亲属的申诉权利，是尊重和保障人权的宪法原则在监察活动中的重要体现。

在执法过程中对人的人权保障程度如何，是衡量一个国家人权保障水平的重要标志。监察活动中留置、查封、扣押、冻结等措施的实施，涉及被调查人的自由权和财产权等基本权利，如果出现留置法定期限届满，查封、扣押、冻结与案件无关的财物，应当解除查封、扣押、冻结措施而不解除等情形，应该及时改变相关措施。在贪污、挪用、私分、调换以及违反规定使用查封、扣押、冻结的财物和其他违反法律法规、侵害被调查人合法权益的行为的情形，更应该高度重视及时处置。被调查人及其近亲属有权向该机关申诉，就是要严格防止侵犯被调查人合法权益情形的发生。这充分体现了监察法对监察当事人人权的尊重和保障。

（二）被调查人及其近亲属申诉的理由

1. 留置法定期限届满不予以解除

《监察法》第 22 条明确了留置适用的条件、范围。在国家监察立法体系中，对留置措施的相关规定，既为限制和规范公权力的行使提供了手段与措施，同时又对监察权本身的行使设置了一套规范程序，是对监察权自身的约束和监督。《监察法》第 43 条规定：监察机关采取留置措施，应当由监察机关领导人员集体研究决定。设区的市级以下监察机关采取留置措施，应当报上一级监察机关批准。省级监察机关采取留置措施，应当报国家监察委员会备案。留置时间不得超过 3 个月。在特殊情况下，可以延长一次，延长时间不得超过三个月。省级以下监察机关采取留置措施的，延长留置时间应当报上一级监察机关批准。监察机关发现采取留置措施不当的，应当及时解除。凡逾期无正当理由不予解除的，被调查人及其近亲属均可申诉。

2. 查封、扣押、冻结与案件无关的财物

监察人员在调查过程中查封、扣押、冻结财物应遵循严格的法律程序，不是随意为之。《监察法》第 23 条规定，监察机关调查涉嫌贪污贿赂、失职渎职等严重职务违法或者职务犯罪，根据工作需要，可以依照规定查询、冻结涉案单位和个人的存款、汇款、债券、股票、基金份额等财产。有关单位和个人应当配合。第 25 条规定，监察机关在调查过程中，可以调取、查封、扣押用以证明被调查人涉嫌违法犯罪的财物、文件和电子数据等信息。采取调取、查封、扣押措施，应当收集原物原件，会同持有人或者保管人、见证人，当面逐一拍照、登记、编号，开列清单，由在场人员当场核对、签名，并将清单副本交财物、文件的持有人或者保管人。在调查过程中或调查结束后，经查明查封、扣押、冻结的财物与案件无关的，应在规定时间内解除并予以退还。未予以解除和退还的，被调查人及其近亲属可申诉。

3. 应当解除查封、扣押、冻结措施而不解除

《监察法》规定：冻结的财产经查明与案件无关的，应当在 3 日内解除冻结，予以退还。查封、扣押的财物、文件经查明与案件无关的，应当在 3 日内解除查封、扣押，予以退还。在法律规定的期限内应当解除查封、扣押、冻结措施而不解除的，被调查人及其近亲属可以申诉。

4. 贪污、挪用、私分、调换以及违反规定使用查封、扣押、冻结的财物

《监察法》对查封、扣押、冻结财物的程序有严格规定，对财物的保全也有相关规定。如对调取、查封、扣押的财物、文件，监察机关应当设立专用账户、专门场所，确定专门人员妥

善保管，严格履行交接、调取手续，定期对账核实，不得毁损或者用于其他目的。对价值不明物品应当及时鉴定，专门封存保管。监察机关查封、扣押、冻结财物，是一种保全措施，也是为了在案件调查期间，保证有关涉案财产不被转移、隐匿或者遭受损坏而影响最后判决的执行，还是为了进一步获取证明犯罪嫌疑人有罪或无罪的证据和固定证据。监察人员不得贪污、挪用、私分、调换以及违反规定使用查封、扣押、冻结的财物。凡出现监察人员有上述行为的，被调查人及其近亲属有权申诉。

5. 其他违反法律法规、侵害被调查人合法权益的行为

国家通过立法的途径建立集中统一、权威高效的国家监察机构，赋予监察机关职责权限和调查手段。同时，通过立法，实现对监察机关自身的监督，使反腐败进入法治轨道。然而，国家监察机关在工作中，可能会存在超越权力、滥用权力，从而侵犯被调查人合法权益，导致错追错断的现象。除了前述四种情形，在监察工作过程中，监察人员仍有可能出现侵犯被调查人的合法权利，如违反询问的程序性规定等。凡监察人员出现违反法律法规侵害被调查人合法权益的行为的，被调查人及其近亲属均有权申诉。

（三）对被调查人及其近亲属申诉权的救济

有权利就有救济，法律救济的存在就是为了更好地保障权利的实现。假如没有最基本的权利救济机制，那么，任何权利外延的扩张都将变成一种权利的宣示而已。[①] 对公民权利受侵害的救济是维护社会秩序的根本保证，也是公民幸福和社会和谐的保障。权利是尊重人性的表现，任何侵害，不管是否存在损害后果，都是对个人尊严和价值的贬损，都必须加以救济。按自然法学的观点，人类从自然状态走向人类社会的第一步是将防卫被侵害的权利让渡给国家，由国家负责保护每个人的自由、生命、安全和财产。这种保护是没有个体差别、类型差别的，只要是个体遭到侵害，就必须通过有效途径进行救济，才能符合当初订立社会契约的目的。侵害行为是对整个人类所订立的国家契约的侵犯，因而是必须加以制止和进行补救的。

被调查人及其近亲属发现有《监察法》第60条规定的相关法定侵权行为的，应当向作出该行为的监察机关提起申诉，受理申诉的监察机关应当及时处理。受理申诉的监察机关不及时处理或者被调查人及其近亲属对处理结果不服的，可以向上级监察机关申请复查。上级监察机关应当及时处理复查申请，情况属实的，有权予以纠正。受理申诉的监察机关应当在受理申诉之日起一个月内作出处理决定。申诉人对处理决定不服的，可以在收到处理决定之日起一个月内向上一级监察机关申请复查，上一级监察机关应当在收到复查申请之日起两个月内作出处理决定。这是对监察申诉复查程序的刚性规定。凡在规定时间内提出的申诉，即为有效申诉。凡未在法定期限内作出申诉复查决定的，即为违反法定程序的复查工作情形，应依法纠正。需要注意的是，监察机关不是行政机关，被调查人及其近亲属对上一级监察机关的复查结果不服的，不能申请行政复议或提起行政诉讼。

① 陈瑞华．论法学研究方法．北京：北京大学出版社，2009：187.

第十二章
监察法律责任

法律责任是指由特殊法律事实所引起的特殊义务，包括违反了法定的义务和约定的义务而引起的第二性义务。法律责任具有法定性、强制性和当为性的特点。《监察法》在第七、八章等章节中规定了违反监察法律规范的法律责任。在责任主体上，它既包括专司监察的各级监察机关和监察人员，也涉及被监察单位和人员，以及在监察活动中负有配合义务的其他主体。

第一节　对监察人员违法行为的责任追究

《监察法》第 61 条和第 65 条分别规定了对监察人员的失职失责行为和滥用职权、玩忽职守、徇私舞弊等违法行使职权行为的责任追究。这是在对监察人员的职务行为展开全面监督的基础上，对其中失职失察、违法履职行为人进行追究的规定。

一、对监察人员失职失察行为的责任追究

《监察法》第 61 条规定："对调查工作结束后发现立案依据不充分或者失实，案件处置出现重大失误，监察人员严重违法的，应当追究负有责任的领导人员和直接责任人员的责任。"这是关于"一案双查"的规定，主要目的是强化对调查工作的监督管理，督促监察人员在立案审查前做实做细初步核实等基础工作，在立案审查后严格依法处置。

（一）调查工作结束后发现立案依据不充分或者失实的责任追究

立案依据不充分或失实，是指立案的证据不足以证明有犯罪事实发生，达不到立案的标准。这是对立案审查人员的监督。监察机关应进行复查，并说明原因和法律依据。

监察工作中初核至关重要，如果初核不扎实、立案不准确，必然损害监察机关的公信力。承办部门应当提升初核质量，全面把握事实、性质、责任、情节，厘清是非轻重等关键问题后，才能依照程序报请立案。如果立案依据存在明显错误，影响案件调查审理，应当依法追究负有责任的领导人员和直接责任人员的责任。

调查工作结束后发现立案依据不充分或失实首先涉及的是立案标准的问题。《监察法》第 39 条规定：经过初步核实，对监察对象涉嫌职务违法犯罪，需要追究法律责任的，监察机关应当按照规定的权限和程序办理立案手续。监察机关主要负责人依法批准立案后，应当主持召开专题会议，研究确定调查方案，决定需要采取的调查措施。可以看出，监察法关于立案标准的表述是涉嫌职务违法犯罪，需要追究法律责任。立案是严肃、慎重的监察活动，监察机关一旦立案，就意味着将要实施必要的调查行为，采取必要的调查措施，将有关单位和个人的权利形成一定的限制。对于监察机关立案的标准可以从两个层面来理解。首先，涉嫌职务违法犯罪

可以理解为有违法犯罪事实、监察机关在初审后决定是否立案时应严格把握立案的先决条件：有无犯罪事实，正确区分罪与非罪、刑事责任与党纪、政纪处分、行政处罚的界限。违法犯罪事实是客观存在的，不能是监察人员的主观随意猜测。判断是否有违法犯罪事实必须建立在相关的证据材料基础之上。当然，立案要求的有违法犯罪事实是指有证据证明违法犯罪行为的存在，并不要求在立案审查阶段就查清犯罪过程、具体的情节等全部犯罪事实。但是，绝不是没有证据就可以立案。其次，需要追究法律责任。法律责任的范围比较宽泛，其中最为严重的是需要追究刑事责任，我国《刑事诉讼法》第16条规定了不追究刑事责任的情形，要加以区分。

（二）案件处置出现重大失误时的责任追究

《监察法》对案件处置有严格的要求。《监察法》第45条规定，监察机关根据监督、调查结果，依法可作出如下五种处置：对有职务违法行为但情节较轻的公职人员，按照管理权限，直接或者委托有关机关、人员，进行谈话提醒、批评教育、责令检查，或者予以诫勉；对违法的公职人员依照法定程序作出警告、记过、记大过、降级、撤职、开除等政务处分决定；对不履行或者不正确履行职责的，按照管理权限对负有责任的领导人员直接作出问责决定，或者向有权作出问责决定的机关提出问责建议；对被调查人涉嫌职务犯罪，监察机关经调查认为犯罪事实清楚，证据确实、充分的，制作起诉意见书，连同案卷材料、证据一并移送人民检察院，依法提起公诉，人民检察院依法对被调查人采取强制措施；对监察对象所在单位廉政建设和履行职责存在的问题等提出监察建议。监督人员应当严格遵守这些要求和规定。如果监察人员不认真履行职责，不严格遵守上述程序和要求，导致案件处置出现重大失误，产生严重后果，则应当追究负有责任的领导人员和直接责任人员相应的责任。

（三）监察人员严重违法时的责任追究

监察人员严重违法的情形可能出现在监察工作的各个环节，在实践中如何具体判断监察人员的违法行为？监察法尚未出台相关规定，但是可以对比《最高人民检察院关于对检察机关办案部门和办案人员违法行使职权行为纠正、记录通报及责任追究的规定》，将监察人员严重违法归纳为如下情形：（1）侵犯举报人、控告人、申诉人的合法权益，或者泄露、隐匿、毁弃、伪造举报、控告、申诉等有关材料的；（2）违法剥夺、限制监察对象及相关人员人身自由，或者违反办案安全防范规定的；（3）违法采取、变更、解除、撤销调查措施，或者超期留置被调查人，或者没有法定事由，超过法定办案期限仍未办结案件的；（4）违法使用武器、警械警具，或者殴打、体罚虐待、侮辱监察对象及相关人员的；（5）刑讯逼供、暴力取证，或者以其他非法方法获取证据的；（6）讯问职务犯罪嫌疑人未按规定同步录音录像，或者录音录像不规范的；（7）隐匿、毁弃、伪造证据，违背事实作出勘验、检查笔录、鉴定意见，包庇、放纵被举报人、被调查人，或者使无罪的人受到刑事追究的；（8）非法搜查，违法查封、扣押、冻结、处理涉案财物及其孳息的；（9）具有法定回避情形而不回避的；（10）违反法定程序或者办案纪律干预办案，或者未经批准私自办案的；（11）私自会见案件当事人及其亲友、利害关系人，或者接受上述人员提供的宴请、财物、娱乐、健身、旅游等活动的；（12）为案件当事人及其亲友、利害关系人、代理人打探案情、通风报信，或者泄露案件秘密的；（13）利用监察权或者借办案之机，通过当事人、利害关系人或发案单位、证人等谋取个人利益的；（14）越权办案、插手经济纠纷，利用办案之机拉赞助、乱收费、乱罚款，让发案单位、当事人、利害关系人报销费用，或者占用其房产或交通、通讯工具等物品的；（15）未依法对监察活动、行政机关违法行使职权或者不行使职权的行为履行监督职责，造成不良影响的；（16）其他违法行使职权的情形。对于以上行为中情节严重的，应当追究负责任的有关领导人员和直接责任人员的责任。

二、对监察人员违法行使职权的责任追究

《监察法》第65条规定："监察机关及其工作人员有下列行为之一的，对负有责任的领导人员和直接责任人员依法给予处理：（一）未经批准、授权处置问题线索，发现重大案情隐瞒不报，或者私自留存、处理涉案材料的；（二）利用职权或者职务上的影响干预调查工作、以案谋私的；（三）违法窃取、泄露调查工作信息，或者泄露举报事项、举报受理情况以及举报人信息的；（四）对被调查人或者涉案人员逼供、诱供，或者侮辱、打骂、虐待、体罚或者变相体罚的；（五）违反规定处置查封、扣押、冻结的财物的；（六）违反规定发生办案安全事故，或者发生安全事故后隐瞒不报、报告失实、处置不当的；（七）违反规定采取留置措施的；（八）违反规定限制他人出境，或者不按规定解除出境限制的；（九）其他滥用职权、玩忽职守、徇私舞弊的行为。"这是关于对监察机关及其工作人员违法行使职权的责任追究的规定，主要目的是强化对监察机关及其工作人员依法行使职权的监督管理，维护监察机关的形象和威信。

（一）未经批准、授权处置问题线索，发现重大案情隐瞒不报，或者私自留存、处理涉案材料的

这是针对监察机关及其工作人员违规违法处置问题线索和涉案材料的情形作出的规定。监察机关肩负对公职人员进行监察，调查职务违法和职务犯罪，使公权力始终置于人民监督之下的职责使命。监察机关本身更要以身作则，受到更为严格的监督。因此，监察法对监察机关及其工作人员处置问题线索和涉案材料的权限和程序均作出了严格规定。

《监察法》第37条、第38条、第39条明确规定了监察机关处置问题线索的法定程序，属于强制性规范。线索处置是监察活动开展的源头，必须规范管理、依规处置，监察机关对监察对象的问题线索，应当严格按照程序开展工作。此处的未经批准、授权处置问题线索，是指监察机关及其工作人员违反法定程序，擅自处置问题线索。涉案资料是指与监察机关线索处置、案件调查相关的举报材料、书证物证、视听资料和其他涉案材料。根据《监察法》第33条规定，监察机关在收集、固定、审查、运用证据时，应当与刑事审判关于证据的要求和标准相一致。

（二）利用职权或者职务上的影响干预调查工作、以案谋私的

从大数据分析统计的情况看，监察机关及其工作人员违反有关规定干预调查工作主要有五种形式：在线索核查、立案调查、执行强制措施等环节为案件当事人请托说情；要求办案人员或办案单位负责人私下会见案件当事人或其近亲属以及其他与案件有利害关系的人；授意、纵容身边工作人员或者亲属为案件当事人请托说情；为私利，以听取汇报、开协调会、发文件等形式，超越职权对案件处理提出倾向性意见或者具体要求；采取其他违法方式干预调查活动、妨碍调查。

监察机关及其工作人员具有上述所列行为之一，造成后果或者恶劣影响的，除了可依照《中国共产党纪律处分条例》《行政机关公务员处分条例》等党内法规给予纪律处分外，还应当依据有关法律法规追究相应责任。对于构成犯罪的，应当追究刑事责任。

（三）违法窃取、泄露调查工作信息，或者泄露举报事项、举报受理情况以及举报人信息的

这是对监察机关及其工作人员的保密责任规定，旨在使各级监察机关在开展调查工作和受理举报工作时维护工作秘密和举报人的安全，保障各项监察活动的顺利进行。

监察工作中的保密，关系监察活动的安全和秩序，是依照法定程序确定，在一定时间内只限一定范围的人知悉的事项。这些事项既包括属于国家秘密的监察事项，也包括属于国家秘密的其他事项。监察人员的调查对象为所有行使公权力的单位和个人，其调查工作必然接触国家秘密。这些调查信息和秘密一经泄露，可能会给监察工作带来不便，给国家利益造成损失。因此，制订案件调查工作计划时要有具体保密措施，针对调查工作中的有关请示、报告及其他有关调查材料，应指定专人保管；针对采取调查措施的具体实施时间、方法，在实施前应严格保密。同时，由于反腐败工作的特殊性，受理的举报信息必然涉及掌握国家公权力的单位和个人，因此对举报人的姓名、工作单位、住址和举报内容应严格保密，严禁向被举报单位和个人及其他无关单位、人员泄露，以保障举报信息和举报人的安全。

监察人员对于保守国家秘密负有特殊而重要的责任，必须严格保密调查工作信息。我国《宪法》《保守国家秘密法》等规范性文件都明确了监察人员保守国家秘密的行为规范。凡是违反规定的，不论行为人是出于故意还是出于过失，都应当追究其法律责任。此类行为可能涉及的罪名有泄露不应公开的案件信息罪、故意泄露国家秘密罪、披露报道不应公开的案件信息罪。

（四）对被调查人或者涉案人员逼供、诱供，或者侮辱、打骂、虐待、体罚或者变相体罚的

这是对监察机关及其工作人员对被调查人或者涉案人员采取强制手段的法律约束，旨在要求监察机关及其工作人员依法充分保障被调查人或者涉案人员，特别是被留置人的合法权利。

监察法在明确规定监察机关的职责权限和调查手段的同时作出多项规定，严格规范权力行使，以保障被调查人员特别是被留置人员的合法权利；此外，明确规定关于证据的要求和标准应当与刑事审判相一致，解决了长期以来纪律与法律衔接不畅的问题。监察法关于搜集证据的规定十分详细和严格，监察机关在收集、固定、审查、运用证据时，应当与刑事审判关于证据的要求和标准相一致。凡是伪造证据、隐匿证据或者毁灭证据的，无论属于何方，必须受法律追究。

《监察法》第 33 条第 3 款明确规定，以非法方法收集的证据应当依法予以排除，不得作为案件处置的依据。第 40 条进一步强调：监察机关依法收集、鉴别证据，形成相互印证、完整稳定的证据链。严禁以威胁、引诱、欺骗及其他违法方式收集证据，严禁侮辱、打骂、虐待、体罚或者变相体罚被调查人。第 47 条第 3 款明确规定，检察机关经审查后，认为需要补充核实的，应当退回监察机关补充调查，必要时可以自行补充侦查。

监察机关对被调查人或者涉案人员采取的强制措施属于法定的监管措施，监察机关及其工作人员必须遵守刑法规定，不得对被调查人或涉案人员逼供、诱供，或者侮辱、打骂、虐待、体罚或者变相体罚。此类情形可能构成刑讯逼供罪、暴力取证罪、虐待被监管人罪和破坏监管秩序罪。

（五）违反规定处置扣押、没收财物的

违反规定是指违反《监察法》第 25 条和第 46 条关于监察机关查封、扣押、没收财物的规定。违反上述规定的行为包括隐藏、转移、变卖、故意毁损已被监察机关扣押、没收的财产，情节严重的可能涉及非法处置查封、扣押、冻结的财产罪。监察机关在调查涉嫌贪污贿赂、失职渎职等严重职务违法或者职务犯罪时，可以根据工作需要行使调查权，对涉案单位和个人的财物采取冻结、查封、扣押等措施。所谓隐藏，是指将已被监察机关查封、扣押、冻结的财产隐蔽、藏匿起来，意图不使监察机关发现的行为。所谓转移，是指将已被司法机关查封、扣押、冻结的财产改换位置，从一处移至另一处，意图使司法机关难于查找、查找不到或者使其

失去本应具有的证明效力的行为。所谓变卖，是指违反规定，将已被监察机关查封、扣押、冻结的财产出卖以换取现金或其他等价物的行为。所谓毁损，是指将已被监察机关查封、扣押、冻结的财产进行损伤、损毁，使之失去财物或者证据价值的行为。

我国《刑法》第 314 条规定，非法处置查封、扣押、冻结的财产罪是指隐藏、转移、变卖、故意毁损已被司法机关查封、扣押、冻结的财产，情节严重的行为。该行为的构成要件包括以下三个方面：主观方面为故意，即明知是司法机关已经采取强制措施的财产，仍故意转移、毁损；侵害的客体是司法机关的公务活动和司法秩序，犯罪对象是已经被查封、扣押、冻结的财产；客观方面表现为隐藏、变卖、转移和故意毁损的行为，情节严重。

（六）违反规定发生办案安全事故，或者发生安全事故后隐瞒不报、报告失实、处置不当的

违反规定发生办案安全事故，是指办案人员违反法律或者监察机关办案安全责任制规定而导致发生伤害、自残、突发疾病、逃逸或火灾、交通等方面的办案安全事故。违反规定主要指：没有对可能发生的办案安全风险进行评估，没有制定安全防范预案；在讯问前没有认真了解讯问对象的健康状况、心理情绪：没有执行严禁监察对象或证人携带安全隐患物品进入办案工作区的规定；违法超时讯问，一个人讯问或者采取其他方式变相违法讯问；讯问监察对象或者询问证人时疏于看管、陪护，使用暴力逼取证言；违反规定在办案工作区以外的地点进行讯问；将讯问变相为留置；没有严格执行办案交接班程序的规定，发生擅自离岗、脱岗；违反规定使用交通车辆；违反规定，没有对办案安全进行检查、督导。办案安全事故发生后如实报告、及时处置是监察人员的应有的职业涵养和责任担当。如果在办案安全事故发生后，故意隐瞒事故，不予报告、报告不全面、报告不真实，或者对事故的处理措施明显违反法定程序要求、明显不符合办案安全责任制规定，都是严重不负责或失职渎职的行为，应该受到纪律和法律责任的追究。

为预防此类情形的发生应强化监察人员的办案安全意识，落实监察办案安全主体责任。通过责任追究，将办案安全意识贯彻于调查、处置全过程，严格执行监察机关办案安全防范工作方面的规定，切实做到案前提醒、案中把握，一旦发现问题及时落实整改，从源头上防止办案安全事故的发生。在调查中应充分考虑办案安全工作因被调查人或涉案人员不同而具有特殊性、不确定性，制定不同环节的安全防范措施，做到案前有预案、案中有检查、案后有总结，把办案安全防范工作贯穿于整个查办案件的始终，有效防止办案安全事故的发生。

（七）违反规定采取留置措施

留置措施作为监察调查的强制性手段，适用时必须符合法定条件，严格依照规范程序。违反规定采取留置措施主要是指在实体或程序上违反规定。就实体而言，主要表现为被调查人不涉嫌贪污贿赂，失职渎职等严重职务违法或者职务犯罪，监察机关没有掌握其部分违法犯罪事实及证据，没有可能逃跑自杀、可能串供或者伪造、隐匿、毁灭证据或者其他妨碍调查等行为迹象等情形。就程序而言，按规定监察机关采取留置措施，应当由监察机关领导人员集体研究决定；设区的市级以下监察机关采取留置措施须报经上一级监察机关批准；留置时间一般不得超过三个月。如果在案件调查中采取留置措施时未经集体研究，也未报上级监察机关批准，或者留置时间超过三个月后仍未解除，也未报上级监察机关办理延期手续，等等，都属于违反规定采取留置措施的情形。留置措施作为惩腐的利器，也是一把双刃剑，使用不当，也会伤及无辜。[①] 腐败治理唯有以法治模式推进，通过法律正当程序运行，才能实现对腐败行为的规范化

① 吴建雄．试点地区用留置取代两规措施的实践探索．新疆师范大学学报（哲学社会科学版），2018（2）．

惩治。鉴于腐败违法犯罪与一般刑事违法犯罪在查处特点和规律上的区别，对腐败、贪污贿赂这些职务违法犯罪的调查方式和手段必然不同于对一般刑事违法犯罪的侦查方式和手段，留置措施适应了腐败问题违规与违法交织的特点和规律，是查办职务违规违法和职务犯罪措施的制度创新，已成为揭露、证实、惩治腐败违法犯罪的法律利器，破解了刑事强制措施难以突破职务犯罪案件的困局。

（八）违反规定限制他人出境，或者不按规定解除出境限制的

此类行为至少包括四种情形：一是作出限制他人出境的决定时没有依照规定，二是作出解除限制他人出境的决定时没有依照规定，三是在执行限制出境决定时没有依照规定，四是在执行解除限制出境决定时没有依照规定。至于作为评判标准的“规定”，当然是指监察法以及监察机关的工作制度。出境自由是法律赋予公民的基本权利之一。违反规定限制他人出境，是指违反相关法律规定限制被调查人及相关人员出境。监察机关为防止被调查人及相关人员逃匿境外，经省级以上监察机关批准，可以对被调查人及相关人员采取限制出境措施。限制出境是为防止被调查人逃避调查，甚至潜入境外，以及实施其他干扰监察工作顺利进行的行为，而赋予监察机关的限制被调查人出境的权力。如果被调查人不存在干扰监察工作顺利进行的情况而被限制出境，即构成违反规定限制他人出境。对于不需要继续采取限制出境措施的，应当及时解除。不按规定解除出境限制，实际上是对公民出境自由权利的不尊重。限制出境制度是为维护国家安全和利益，保障公众的合法权益，并根据现实社会制度的发展要求而制定的。如果执行过宽，就可能损害国家的安全和利益，不利于社会秩序的稳定。反之，如果执行过严，就可能侵犯公民的出境自由权，损害公民的权益。所以有权采取限制出境措施的决定机关应当增强法律意识，严格依法，防止超越职权和滥用职权；对于执法机关应当进行人权意识教育，转变传统的管理思想，尊重公民合法的出境权益，防止非法侵害公民出境权事件的发生。

（九）其他滥用职权、玩忽职守、徇私舞弊行为的

这里的滥用职权是指不依法行使职权，以不当目的或者以不法方法，实施违反职务行为规定的活动。滥用职权属于故意行为，主要表现为以下几种情况：一是超越职权，擅自决定或处理没有具体决定、处理权限的事项；二是玩弄职权，随心所欲地对事项作出决定或者处理；三是故意不履行应当履行的职责，或者说任意放弃职责；四是以权谋私、假公济私，不正确地履行职责。只有当监察机关及其工作人员滥用职权的行为与公共财产、国家和人民利益遭受的重大损失之间有必然因果联系时，才构成滥用职权罪，应当追究刑事责任。不构成滥用职权罪，而属于一般工作上的错误问题时，应由监察机关进行纪律和组织处理。

这里的玩忽职守是指监察人员不负责任、不履行或不正确履行法定职责，致使公共财产、国家和人民利益遭受损失的行为。玩忽职守属于过失行为，有多种表现形式。比如，不履行监察职责，不实施职务上所要求实施的行为，对职责范围内的管辖事务不负责任，敷衍塞责；对于监察对象可能给公共财产、国家和人民利益造成损失的行为不及时采取有效措施加以制止；在履行监察职责过程中擅离职守，等等。对监察人员玩忽职守行为的认定，要注意主客观要件的统一，即只有造成了损失才能追究其责任。这个损失可能是因玩忽职守而造成的财物损失，也可能是财物外的其他利益损失，如损害了国家机关的声誉，妨碍监察机关职责的正常履行，给当事人造成严重的精神创伤等。

徇私舞弊是指为了私情和一己私利，用欺骗或其他不正当方式违法乱纪的行为。监察人员利用本人职责范围内的权限或者本人职务、地位所形成的便利条件为自己或者他人谋取私利，袒护或者帮助违法违纪人员掩盖错误事实，以逃避制裁，或者利用职权陷害他人的行为都属于徇私舞弊。根据我国刑法的规定，徇私舞弊罪属于渎职类罪中的罪名。在徇私舞弊类滥用职权

案中，徇私成为推动行为人滥用职权的直接动力，行为人为了徇私而滥用职权。而在徇私舞弊类玩忽职守案中，徇私仅仅是行为人不履行法定职责的一个原因，尚不具有刺激和推动行为人积极追求犯罪结果的作用，不能被称为犯罪动机，也反映不出行为人的主观恶性。因此，应根据徇私舞弊所起的作用鉴别行为人是构成玩忽职守罪还是构成徇私枉法罪。

对于监察人员违法行使监察权的行为，应当根据监察人员违法行使监察权的情节、性质、后果等严重程度，进行分类处理。对于严重触犯党的纪律处分条例和国家法律法规的行为，应当严格依纪依法给予党纪政务处分和组织处理；对于构成滥用职权罪、玩忽职守罪的行为，依法追究刑事责任。在调查工作结束后发现立案依据不充分或者失实，案件处置出现重大失误，监察人员严重违纪违法的，应当追究负有责任的领导人员和直接责任人员的责任。

第二节　拒不执行监察机关决定、拒不采纳监察建议的法律责任

《监察法》第 62 条规定：“有关单位拒不执行监察机关作出的处理决定，或者无正当理由拒不采纳监察建议的，由其主管部门、上级机关责令改正，对单位给予通报批评；对负有责任的领导人员和直接责任人员依法给予处理。”这是关于对拒不执行处理决定或者无正当理由拒不采纳监察建议给予处理的规定，主要目的是保障监察机关作为行使国家监察职能的专责机关的权威性。

一、拒不执行监察机关决定的法律责任

监察机关作出的处理决定一般是指监察机关依据《监察法》第 45 条的规定，根据监督、调查结果，向职务违法的监察对象作出警告、记过、记大过、降级、撤职、开除等政务处分决定；对不履行或者不正确履行职责负有责任的领导人员，按照管理权限对其直接作出问责决定，或者向有权作出问责决定的机关提出问责建议。监察机关作出的处理决定一经作出即产生法律效力，具有强制性，监察对象及有关单位必须执行，并且要将执行的情况通报监察机关。监察对象对监察机关涉及本人的处理决定不服的，应当依照《监察法》第 49 条规定的法定程序提出；有关单位对监察机关作出的处理决定有异议的，应当依照法定程序提出；拒不执行处理决定的，应当依法承担相应的法律责任。

拒不执行监察机关作出的处理决定的“有关单位”，涉及监察机关的监察范围。根据监察法的规定，“有关单位”包括：中国共产党的机关、人大机关、行政机关、政协机关、监察机关、审判机关、检察机关、民主党派和工商联机关，法律、法规授权或者受国家机关依法委托管理公共事务的组织，国有企业、事业单位，基层群众性自治组织，中国人民解放军和中国人民武装警察部队。

拒不执行的客体，是监察机关依法作出的具有执行内容、需要义务人执行并已发生法律效力的决定。监察机关是我国行使监察权的唯一机关，它在依法履行监督、调查、处置职责时作出的处理决定，是代表国家行使监察权的具体形式。决定一经生效，就具有法律强制力，有关单位都必须执行，不允许抗拒执行。

拒不执行的内容，是监察机关依法作出的决定中要求义务单位执行的内容。监察机关所作的决定一般包括两个层面的内容：执行内容并已经发生法律效力的决定。这里包括两层含义：第一是监察机关经过监督、调查后对被监察对象涉及的实体问题所作的判断性内容。第二是需要执行的内容。根据《监察法》第 45 第 1 款第 2 项的规定，这里的执行内容就是指监察机关

对违法的公职人员依照法定程序作出的警告、记过、记大过、降级、撤职、开除等处分决定。

需要注意的是，监察法讲究“令行禁止”，对拒不执行的构成，并没有设定主观认识能力和客观执行能力等方面的可例外不执行条件。只要具有故意拒绝的心理态度和客观上未执行、选择性执行的客观事实，就构成拒不执行。监察法也没有设定拒不执行必须造成的后果程度，因为监察法强调的是通过无条件执行来保障监察权威。

根据《监察法》的规定，对于上述构成拒不执行监察机关决定的行为，对直接责任人，由其主管部门、上级机关责令改正；对责任单位给予通报批评；对负有责任的领导人员则依法给予处理；构成犯罪的，应当追究刑事责任。

二、拒不采纳监察建议的法律责任

监察建议一般是指监察机关依据《监察法》第45条的规定，在监督、调查、处置的基础上，对监察对象所在单位在廉政建设和履行职责方面存在的问题等提出的建议性文件。对于监察机关提出的监察建议，监察对象及其所在单位如无正当理由，应当采纳，并且将采纳监察建议的情况通报给监察机关。监察对象所在单位未按照法定程序向监察机关提出异议，又拒不采纳监察建议的，应当追究所在单位及人员的法律责任。

监察建议是监察机关行使监察权的主要方式，是加强廉政建设、促进依法履行公职的有效手段，具有法律上的执行性。但是，基于监察建议和监察处理决定在其形成基础和对外功能等方面存在差异，监察法采取了区别对待的原则，容许有关单位有条件地不采纳监察建议，但是必须持有并报告不采纳的正当理由。持有正当理由，是指有关单位在单位廉政建设和履行职责这两个方面不存在监察建议所针对的事实证据和规范性依据以及预防必要。关于报告正当理由，监察法没有明确报告的方式方法，但是，按照我国有关单位履行公职的一般程序来理解，该报告应当是指符合我国现行公文规则的各类书面报告。对正当理由的认定权，当然属于作出监察建议的机关。在审查、认定的必要期间内，有关单位可以暂缓执行监察建议所涉及的内容。

对违反监察建议的规定的有关单位进行追责，其执行主体不是作出监察决定或者提出监察建议的监察机关，而是有关单位的主管部门、上级机关。“对负有责任的领导人员和直接责任人员依法给予处理”中两类人员的界定，参照我国刑法关于单位犯罪的理论和法条，应当是指有关单位直接负责的主管领导和其他直接责任人员；其中的“依法给予处理”，根据我国立法法的规定和监察法的立法旨意，应当是指依照法律、法规、规章、他规范性文件，特别是中国共产党党内法规，进行处理。

第三节　妨碍监察工作的法律追究

《监察法》第63条规定：“有关人员违反本法规定，有下列行为之一的，由其所在单位、主管部门、上级机关或者监察机关责令改正，依法给予处理：（一）不按要求提供有关材料，拒绝、阻碍调查措施实施等拒不配合监察机关调查的；（二）提供虚假情况，掩盖事实真相的；（三）串供或者伪造、隐匿、毁灭证据的；（四）阻止他人揭发检举、提供证据的；（五）其他违反本法规定的行为，情节严重的。”这是《监察法》关于妨碍监察工作的行为进行处理的规定，主要目的是克服和排除监察机关依法行使权力的各种阻力和干扰，保障监察活动的顺利进行。

监察法列举了五项属于阻碍、干扰监察机关行使职权的违法行为。对于有下列行为的人员，由有关单位依据管理权限责令改正，依法给予处理：

一、妨碍监察工作的情形

（一）拒不配合监察机关调查

监察机关的调查措施，包括谈话、讯问、询问、查询、冻结、调取、查封、扣押、搜查、勘验检查、鉴定、留置等12项，每一项措施的实施都应当得到强有力的法律支持和保障。任何人不得拒不配合，不得非法对抗、阻碍、破坏。这是指监察对象或其他有关人员故意违背监察机关的指示或者提示，不按要求提供有关材料，或者以拒绝、阻碍调查措施实施等故意拒不配合监察机关开展调查。

（二）提供虚假情况，掩盖事实真相

《中国共产党纪律处分条例》第57条将“串供或者伪造、销毁、转移、隐匿证据的；阻止他人揭发检举、提供证据材料的”等五类对抗组织审查行为，定性为违反政治纪律的行为，相关人员即使没有其他需要追究纪律责任的违法违纪行为，也应当追究其纪律责任。从逻辑上讲，党员如果没有违纪违法行为，即使面临组织审查，也应当积极配合、调查清楚事实真相，还自身清白。不会有对抗组织审查的行为，确实无从谈起追究其“对抗组织审查”的纪律责任。但在执纪监督工作中，往往存在例外，比如在组织审查他人违纪问题期间，党员主动阻止他人揭发检举、提供证据材料，或者帮助被审查人串供，故意向组织提供虚假情况，掩盖事实真相等；又如在组织审查多人共同违纪案中，党员本身虽有违纪事实但情节轻微不需要追究纪律责任的，为掩盖共同违纪事实也有可能存在对抗组织审查的行为。

这一规定从党内法规借鉴而来，科学地凸显了纪律挺在前面、党纪严于国法，党纪与国法相辅相成、相互促进、相互保障的原则。① 同时，该款也规定了不属于监察范围但与监察活动相关的其他人员不履行配合调查、不真实陈述事实的法律后果，使认定、打击和制裁变得有章可循、有法可依。

（三）串供或者伪造、隐匿、毁灭证据

被监察的部门和人员为了逃避监察机关的调查，或者为了包庇违法违纪者，或者为了陷害他人而故意隐瞒真实情况，就与案件有重要关系的情节提供虚假情况，隐匿、销毁案件证据是违反国家法律的行为。串供，是指违法违纪行为人之间，以及违法违纪行为人与案件其他有关人员之间，为了达到使违法违纪行为人逃避纪律法律责任追究目的，而统一口径、建立攻守同盟的行为。伪造证据，是指故意制造虚假的证据材料，包括模仿真实证据而制造假证据，或者凭空捏造虚假的证据，以及对真实证据加以变更、改造，使其失去或减弱证明作用。销毁、转移、隐匿证据，是指故意将证明事实情况的证据材料毁灭、转移、藏匿到监察机关不便或者不能搜集的地方。

监察机关是我国反腐败专门机关，调查职务违法和职务犯罪、开展廉政建设和反腐败工作是监察机关的法定职权。因此，妨碍监察机关及时、顺利、全面、准确地收集证据的行为，必然严重影响监察程序和刑事司法程序，必须对这类行为严厉追责。

（四）阻止他人揭发检举、提供证据的

这是指监察机关及其工作人员或被调查单位和个人，以暴力、威胁、贿买等方法阻止他

---

① 关于《中共中央关于全面推进依法治国若干重大问题的决定》的说明//中国共产党第十八届中央委员会第四次全体会议文件汇编．北京：人民出版社，2014：85.

人揭发检举、提供证据的行为。检举人向监察机关及其工作人员揭发检举公职人员，是监督国家公职人员清正廉洁的重要形式，是监察机关受理线索、收集证据的重要途径，也是监察机关行使监察职能、开展监察活动的信息来源之一。包括监察机关在内的任何单位和个人不得采用任何形式的手段阻止他人揭发检举，更不能阻止检举人向监察机关提供书证、物证和视听资料。

我国刑法明确规定了妨害作证罪的几种情形：行为人非法劝止、阻止证人依法作证；采用暴力方式使证人因人身自由受到严重限制而无法作证；威胁证人，使证人不敢作证；采用金钱、财物或其他利益，或许诺钱财或其他利益使证人不愿作证；利用职务等身份迫使从属部下不要作证；等等。

监察法这一规定既是对监察机关履行受理揭发、检举职能的保护，也是对其自身监督的严格规定。无论任何单位和个人采用何种方式，只要主观上故意阻碍揭发检举，客观上实施了妨害证人依法作证的行为，都应当被追究责任。

（五）有其他违反监察法规定的行为，情节严重的

这一规定是《监察法》第 63 条的兜底条款。因为前述四项违反监察法应当承担法律责任的行为，不可能穷尽所有违反监察法和刑事法律的行为。监察工作涉及面广、专业性强，监察工作的开展涉及所有行使公权力的单位和个人。监察机关不仅在受理举报、处理线索、调查案件等监察事项中会遇到某些妨碍监察机关行使职权的违法行为，而且在处理案件以至移送案件中也可能遇到某些阻碍监察机关正常履行职责的行为。对于这些行为，虽未能穷尽列举，但已设定义务性规范和强制性规范，以适用于其他违反监察法规定并且达到了需要追究责任的情节的行为。同时，这一规定也属于指引性条款，情节严重应当如何界定、违法行为适用哪些法律罪名待有权部门厘定。

二、妨碍监察工作的法律责任的追究

根据《监察法》第 63 条的规定，对于上述妨碍监察工作人员工作的行为，应当根据妨碍行为的性质和具体情形进行追责。

（1）依规进行纪律处分。对于实施前述阻碍、干扰监察人员从事监察活动的行为人，违反党纪的，由党的纪律部门进行违纪追责。

（2）依法进行行政追责。对于上述阻碍、干扰监察人员从事监察活动的行为，根据行为的严重程度、性质等，由所在单位、主管部门、上级机关责令改正，并依照相关法律法规进行行政追责，或者由监察机关依法给予政务处分。

（3）依法进行刑事追责。实施上述行为构成犯罪的，由监察机关进行调查取证后，移送检察机关进行刑事追责。

第四节　报复陷害和诬告陷害行为的法律追究

《监察法》第 64 条规定：“监察对象对控告人、检举人、证人或者监察人员进行报复陷害的；控告人、检举人、证人捏造事实诬告陷害监察对象的，依法给予处理。”这是关于处理报复陷害和诬告陷害的规定，主要目的是保障公民的控告权和检举权，保障监察人员行使职权时不受非法侵害。

一、监察对象报复陷害控告人、检举人、证人或监察人员的法律责任

控告、检举、证实公职人员职务违法和职务犯罪，是宪法和法律赋予公民的基本权利，对监察人员而言更是法律赋予的责任。报复陷害，既包括国家机关工作人员滥用职权、假公济私，对控告人、检举人、证人和监察人员实施报复陷害的行为，也包括非国家机关工作人员对控告人、检举人、证人或者监察人员报复陷害的行为。对控告人、检举人、证人或者监察人员进行报复陷害，是严重的违法犯罪行为。

监察人员在办理监察事项过程中不可避免地会触动一些人的利益。出于逃避制裁心理，一些监察对象会对监察工作进行抵抗；出于受到制裁后滋生的怨恨，一些监察对象也会对监察人员进行报复陷害。实践中，监察对象对控告人、检举人、证人或者监察人员打击报复的表现形式多种多样，如污蔑陷害、围攻阻挠、谩骂殴打、无理调动工作、压制提职晋级和评定职称等。监察对象对控告人、检举人、证人或者监察人员进行报复陷害的，应当依法给予政务处分；是党员的，应当依照《中国共产党纪律处分条例》追究党纪责任；构成犯罪的，应依法追究刑事责任。

二、控告人、检举人、证人捏造事实诬告陷害监察对象的法律责任

控告人、检举人、证人捏造事实诬告监察对象，是指控告人、检举人、证人捏造事实，告发陷害监察对象，意图使他受党纪、政务或者刑事追究。控告人、检举人、证人捏造事实诬告监察对象，既可能以使监察对象受到刑事追究为目的，也可能以败坏监察对象名誉、阻止监察对象得到某种奖励或提升为目的。

我国宪法规定，公民对任何国家机关和国家工作人员的违法失职行为，有向有关国家机关提出控告或检举的权利，但不得捏造或者歪曲事实进行诬告陷害。对于控告人、检察人、证人诬告陷害监察对象的，应当依法给予政务处分；是党员的，依照《中国共产党纪律处分条例》追究党纪责任；构成犯罪的，依法追究刑事责任。

第五节　追究刑事责任

《监察法》第 66 条规定：“违反本法规定，构成犯罪的，依法追究刑事责任。”这是关于构成犯罪追究刑事责任的规定，主要目的是打击犯罪，保障监察法各项制度顺利实施，维护监察法的权威性。

一、妨碍监察工作涉嫌犯罪的

这是指监察对象及有关人员违反《监察法》第 63 条的规定，构成犯罪，依法追究刑事责任的情形。比如串供或者伪造、隐匿、毁灭证据，涉嫌触犯《刑法》第 307 条第 2 款，该款规定，“帮助当事人毁灭、伪造证据，情节严重的，处三年以下有期徒刑或者拘役”。阻止他人揭发检举、提供证据的，涉嫌触犯《刑法》第 307 条第 1 款。该款规定：“以暴力、威胁、贿买等方法阻止证人作证或者指使他人作伪证的，处三年以下有期徒刑或者拘役；情节严重的，处三年以上七年以下有期徒刑。”

二、报复陷害涉嫌犯罪的

这是指监察对象违反《监察法》第 64 条的规定，构成犯罪，依法追究刑事责任的情形。监察对象对控告人、检举人、证人或者监察人员进行报复陷害，涉嫌触犯《刑法》第 254 条。该条规定："国家机关工作人员滥用职权、假公济私，对控告人、申诉人、批评人、举报人实行报复陷害的，处二年以下有期徒刑或者拘役；情节严重的，处二年以上七年以下有期徒刑。"

三、诬告陷害涉嫌犯罪的

这是指控告人、检举人、证人违反《监察法》第 64 条规定，构成犯罪，依法追究刑事责任的情形。控告人、检举人、证人捏造事实诬告陷害监察对象，可能涉嫌触犯《刑法》第 243 条。该条规定"捏造事实诬告陷害他人，意图使他人受刑事追究，情节严重的，处三年以下有期徒刑、拘役或者管制；造成严重后果的，处三年以上十年以以下有期徒刑。""国家机关工作人员犯前款罪的，从重处罚"。

四、违法行使职权涉嫌犯罪的

这是指监察机关及其工作人员违反《监察法》第 65 条规定，构成犯罪，依法追究刑事责任的情形。比如，泄露调查工作信息，可能涉嫌触犯《刑法》第 398 条第 1 款。该款规定"国家机关工作人员违反保守国家秘密法的规定，故意或者过失泄露国家秘密，情节严重的，处三年以下有期徒刑或者拘役；情节特别严重的，处三年以上七年以下有期徒刑"。其他滥用职权、玩忽职守、徇私舞弊的行为，可能涉嫌触犯《刑法》第 397 条规定。该条规定："国家机关工作人员滥用职权或者玩忽职守，致使公共财产、国家和人民利益遭受重大损失的，处三年以下有期徒刑或者拘役；情节特别严重的，处三年以上七年以下有期徒刑。本法另有规定的，依照规定。""国家机关工作人员徇私舞弊，犯前款罪的，处五年以下有期徒刑或者拘役；情节特别严重的，处五年以上十年以下有期徒刑。本法另有规定的，依照规定"。

需要注意的是，违反《监察法》其他法律规定，构成犯罪的，也应当依法追究刑事责任。①

依法追究刑事责任，是法律责任范畴最严厉的责任种类。这是由我国刑法的目的、功能所决定的。"良法善治"概念的本身，就包含违法必究的原则。因此，对于违反监察法的行为，在依照监察法进行打击、追责的同时，并不能代替甚至排斥适用刑法。违反监察法的规定构成犯罪的，依法追究刑事责任，既可以判处管制、拘役、有期徒刑、无期徒刑甚至死刑，也可以判处罚金、剥夺政治权利、没收财产等附加刑。

《监察法》第 66 条通过指引性的规定，将某种严重违反监察法的行为同时纳入刑法的评判和考察，体现了中国特色社会主义法律体系的全面贯通，为取得反腐败压倒性胜利提供了最严厉的法治保障。

第六节　监察机关承担国家赔偿责任的规定

《监察法》第 67 条规定："监察机关及其工作人员行使职权，侵犯公民、法人和其他组织

---

① 中共中央纪律检查委员会法规室，中华人民共和国国家监察委员会法规室．《中华人民共和国监察法》释义．北京：中国方正出版社，2018：280－282.

的合法权益造成损害的，依法给予国家赔偿。”这是关于监察机关国家赔偿责任的规定，主要目的是救济和保护公民、法人或者其他组织的合法权益，促进监察机关依法开展工作。

中国共产党十九大报告指出：我们中国共产党来自人民、植根人民、服务人民，一旦脱离群众，就会失去生命力。凡是群众反映强烈的问题都要严肃认真对待，凡是损害群众利益的行为都要坚决纠正。

《监察法》第 67 条所称侵犯公民、法人和其他组织的合法权益，造成损害的行为实质上是侵权行为，即监察机关及其工作人员由于职务过错或过失侵害了他人的财产或者人身权利，依法应当承担法律责任的违法行为。

监察机关因其履行职责构成侵权，应承担赔偿责任时，一般要具备以下几个条件。

一是公民、法人或者其他组织受到的损害必须是监察机关或者监察人员违法行使职权所造成的。所谓“行使职权”，一般是指监察机关及其工作人员依据职责和权限所进行的活动。监察人员在从事与行使职权无关的个人活动动给公民、法人或者其他组织造成损害的，监察机关不承担国家赔偿责任。

二是损害事实与违法行使职权的行为之间存在着因果关系。违法行使职权的行为既包括侵犯公民、法人或者其他组织财产权的行为，如违法提请人民法院冻结案件涉嫌人员的存款等，也包括侵犯人身权的行为，如采取留置措施时超过法定期限等。

三是损害必须是现实已经产生或者必然产生的，不是想象的、虚拟的，是直接的，不是间接的。

四是赔偿是法律规定的。国家赔偿责任是一种法律责任，只有当法律规定的各项条件具备后，国家才予以赔偿。受损害人提出国家赔偿请求，应当在法定范围和期限内依照法定程序提出。对于不符合法定条件，或者不属于法定赔偿范围的，国家不负责赔偿。

监察法出台后，《中华人民共和国国家赔偿法》将作相应修改，对监察机关的国家赔偿责任相关内容作出规定。公民、法人和其他组织请求监察机关给予国家赔偿的具体程序，按照《中华人民共和国国家赔偿法》的有关规定执行。①

① 中共中央纪律检查委员会法规室，中华人民共和国国家监察委员会法规室．《中华人民共和国监察法》释义．北京：中国方正出版社，2018：283－284.

第十三章 监察法与相关法规的衔接

第一节 监察法与相关法规衔接概述

《监察法》是反腐败基本法，对国家监察工作起统领和基础性作用，因而需要制定将原则性、概括性的规定具体化的配套法规，实现执纪执法贯通。同时，监察法还应有效衔接司法，实现监察法与刑事诉讼法的法法衔接，确保各级纪检监察机关发挥合署办公优势，既坚持纪严于法、纪在法前，又注重纪法贯通、法法衔接，做到纪法双施双守，使反腐败工作在法治化、规范化轨道上运行。

一、理清纪法关系，实现纪法贯通

党纪国法在本质上目标一致，党内法规体系是中国特色社会主义法治体系的重要组成部分。从法的基本属性来看，党纪同样遵循良治之法的普遍规律，与国法具有价值同向性。中共中央《深化党和国家机构改革方案》规定，国家监察委员会既要维护宪法法律，对公职人员依法履职、秉公用权、廉洁从政以及道德操守情况进行监督检查，也要维护中国共产党的章程和其他党内法规，检查党的路线方针政策和决议执行情况，对党员领导干部行使权力进行监督。监察委员会的职责说明，党纪国法具有相同的价值目标。

党纪国法在内容上相互贯通。习近平总书记强调，要善于使中国共产党的主张通过法定程序成为国家意志。法律是党的主张在国家层面的具体体现，这就决定了党纪国法在内容上是相互贯通的。作为反腐败国家立法的《监察法》，旗帜鲜明地宣示坚持中国共产党对监察工作的领导，贯彻习近平新时代中国特色社会主义思想，贯彻落实中国共产党十九大精神，体现了“四个意识”，彰显了“四个自信”，和党纪的要求完全一致。作为中国共产党的纪律建设基础性法规的《中国共产党纪律处分条例》在修订后明确党组织在纪律审查中发现党员涉嫌贪污贿赂、滥用职权、玩忽职守、权力寻租、利益输送、徇私舞弊、浪费国家资财等职务犯罪行为的，应当给予撤销党内职务、留党察看或者开除党籍处分，从而使纪律处分与监察处置有效衔接。

坚持纪法贯通必须运用好党规党纪和法律法规“两把尺子”，实现纪检监督执纪问责和监察监督调查处置双重职责同向发力、精准发力。党员监察对象同时存在违纪问题和职务违法犯罪问题的，既可以同时立案，也可以根据实际情况先后立案；纪律审查中发现党员严重违纪涉嫌职务犯罪的，先由党组织作出党纪处分，并由监察机关依法给予政务处分后，再依法追究刑事责任。同时纪法不能相互混同，也不能彼此代替，既不能以党纪处分代替政务处分和刑事处罚，也不能以政务处分和刑事处罚代替党纪处分，确保让违纪违法者既受到党纪处分又受到法律制裁。纪检监察机关内部要实现纪法贯通，进一步加强党对反腐败工作的集中统一领导，加强对权力运行的监督制约，把制度优势转化为治理效能。

实现纪法贯通必须找准着力点。纪委监委合署办公，代表党和国家行使监督权和监察权。纪检监察两项职责要相互贯通、一体贯彻，实现“形”的重塑、“神”的重铸，实现新时代纪检监察工作的整体性提升。要坚持纪严于法、纪在法前。中国共产党是中国工人阶级的先锋队，它的执政地位和历史使命决定了它必然要有更高的标准和更严的要求：党组织和党员不仅要模范遵守国家法律，还必须接受更加严格的纪律约束。从纪委监委的职责来看，纪律适用的对象是全体党员，是高标准；监察法适用的对象是所有行使公权力的公职人员，是底线要求。纪律比法律更严格。要坚持纪律先行、高标准在前，同时守住法律底线不放松，实现依规治党和依法治国、纪律检查和国家监察的有机统一。

二、推进法法衔接，完善配套法规

习近平总书记指出，要制定同监察法配套的法律法规，将监察法中原则性、概括性的规定具体化，形成系统完备、科学规范、运行有效的法规体系。[①] 这就要求我们，坚持以监察法为引领和基础，大力加强反腐败法律法规体系建设，以良法保障善治，不断提高立法立规的针对性、及时性、系统性、可操作性，发挥立法的引领和推动作用，形成完备的反腐败法律规范体系和党内法规体系、高效的法治反腐实施体系、严密的法治反腐监督体系、有力的法治反腐保障体系。

推进法法衔接应当认清监察法在反腐败法律体系中的引领性、奠基性地位。[②] 这是因为，依法治国必须首先依法治权，依法治权必须首先依法治吏。腐败行为是公共管理活动中的权力滥用，是国家治理中的一种病变。如果不能防止公共权力滥用，遏制国家治理中的病变，就谈不上国家治理体系和治理能力的现代化，全面依法治国的目标也不可能实现。监察法作为党和国家自我监督、自我革命的法律规范，承载着维护公共权力廉洁高效运转、维护人民当家做主、实现“三清”建设廉洁政治的重要使命。它的规制对象是所有行使公共权力的公职人员，它的规制范围涉及党和国家机关、国有企事业单位、农村乡村，包含了政治、经济、社会的各个领域、各个方面。可谓“党政军民学，东西南北中”，哪里有公共权力，哪里就在监察法的规制之列。监察法与党内法规相辅相成，共同发力，巩固党的执政地位，厚植党的执政基础；监察法与人大、司法、审计等方面的法规相衔接，保证国家机器依法履职、秉公用权；监察法与民主监督、社会监督方面的法规相衔接，保证权力来自人民、服务人民，确保人民赋予的权力为人民谋利益。

推进法法衔接应当认清监察法与相关法规在根本目标上的一致性，即都是为了查清违法犯罪事实，确保每一起案件都经得起实践和历史的检验。要构建在党委统一领导下，纪检监察机关与审判机关、检察机关、公安机关以及行政执法部门的协作配合机制，对涉嫌违法犯罪的，在收集、固定、审查、运用证据时，严格按照刑事诉讼法规定的程序和标准进行，形成相互印证、完整稳定的证据链，避免出现非法证据，确保犯罪事实清楚、证据确实充分并排除合理怀疑，所办案件经得起检察机关和审判机关的审查。要紧紧围绕运用监察法规定的谈话、讯问、询问等调查措施，完善制度机制，明确各项措施的审批程序、工作流程，严格把关，防止调查

① 习近平．在新的起点上深化监察体制改革．求是，2019 (5).

② 吴建雄，王友武．监察与司法衔接的价值基础、核心要素与规则构建．国家行政学院学报，2018 (5).

权被滥用。

推进法法衔接应当突出重点、蹄急而稳步地完善配套法规。十三届全国人大常委会第六次会议通过《关于修改〈中华人民共和国刑事诉讼法〉的决定》以及制定《中华人民共和国国际刑事司法协助法》，完善了刑事诉讼与监察的衔接机制，为深化国家监察体制改革顺利进行提供了保障；建立刑事缺席审判制度，为加强境外追逃工作提供了有力手段。在此基础上，还应制定一系列相关法律法规，如制定“公务人员财产申报法”，保证财产申报制度的实施；制定“公民举报保护法”，对公民行使举报权利的范围、方式、程序等作出明确规定等等。还应将近几年党内行之有效的廉政法规上升为廉政立法，完善公职人员勤政、廉政的法律规范。通过立、改、废，形成科学有效、健全完备的反腐败法律法规体系和实施体系，为夺取反腐败斗争的压倒性胜利提供有力法治保证。

三、更新执法观念，健全制度体系

要有法法一体运作的统筹观。纪检监察机关既对违纪行为进行查处问责，又对职务违法犯罪进行调查处置。要实现纪检监察机关调查职务犯罪与检察机关审查起诉的有效对接，亦即要实现监察法与刑事法、监察程序与刑事诉讼程序的精密衔接，其前提是有法法一体运作的统筹执法观。监察法与刑事法（主要指刑法和刑事诉讼法）一体运作，是指惩治腐败型犯罪的相关事项和要素深度融通而形成结构合理和机制顺畅的工作形态。任何事物都不可能孤立存在，法律在动态中存在和发展，监察法也在联系中存在和运转：在其之前是党纪党规，涉腐行为构成违纪的，运用党纪党规予以处罚，即所谓“纪在法前”；在其之后是刑事法，涉腐行为构成职务违法犯罪的，纪检监察机关调查处置后，通过刑事诉讼程序由司法机关依法处理。纪检监察干部要树立监察法和刑事法一体存在和运作的统筹执法观，既要有“监察”的理念，又要有“刑事诉讼”的观念。① 在履行职务犯罪调查职责时，既要有严格依照监察法规定的监察范围、监察程序、监察权限、监察措施等进行调查的监察思维模式，也要深知监察调查程序只是处置职务犯罪程序中的一个环节和阶段，因此，要有把监察执法活动放在刑事诉讼的司法范畴中予以考量的理念，树立用刑事诉讼标准验核监察执法质量的统筹思维观，在执法观念上把监察法和刑事法衔接起来，为纪检监察机关调查的职务犯罪案件顺利进入刑事司法程序奠下基础，为提升纪检监察工作的质量引好航、铺好路。

要有参照刑事法标准的执法观。纪检监察机关拥有监督、执纪和监督、调查的意识。法法衔接更多的是指纪检监察机关履行职务犯罪调查职能与检察机关履行公诉职能的有效对接。按照《监察法》第33条的规定，监察机关依照该法规定收集的物证、书证、证人证言、被调查人供述和辩解、视听资料、电子证据等证据材料，在刑事诉讼中可以作为证据使用；监察机关在收集、固定、运用证据时，应当与刑事审判关于证据的要求和标准相一致。鉴于此，在监察调查中，一是要按照刑法关于各具体职务犯罪的构成要件标准收集相关证据，如，证明职务犯罪的主体身份、主观要件、客观行为等方面的证据要依法分别收集；二是要按照《刑事诉讼法》“总则”第五章和最高人民法院公布、施行的《关于适用〈中华人民共和国刑事诉讼法〉的解释》第四章等相关规定确立的证据标准收集、固定、甄别和运用证据；三是要严格依照监察法的规定，文明规范地运用各项监察调查措施，严防侵害被调查人和其他涉案人员的合法权益，杜绝非法证据的产生，对于调查中的非法证据，在案件被移送检察机关审查起诉前要主动

① 向泽选．纪检监察工作如何实现法法衔接．中国纪检监察报，2018-04-28.

排除，并予补证；四是监察调查终结前，要对整个案件的证据进行综合分析判断，严格按照公诉标准或刑事审判的标准审查、甄别、采信和运用证据，确保证明案件事实所需要的证据都已收集在案、证据之间的合理怀疑得到排除，并且能够形成相互印证的证据链。要通过监察调查，达到案件实体上的穷尽、程序上的规范有效，即：被调查人涉嫌犯罪的所有事实和情节均已查清，并获取确实充分的证据予以证实；各项调查活动、调查措施和收集证据的行为都是依法实施的，做到了案件事实清楚、证据确实充分、法律手续完备、法律文书齐全规范，能够经得起后续审查起诉和刑事审判的检验。

要健全法法衔接制度体系。完善的制度体系是实现纪法贯通、法法衔接的重要保障，故要建立纪检监察机关内、外部衔接制度和工作流程，并在实践中不断完善，形成统一决策、一体化运行的执纪执法权力运行机制，实现执纪审查、依法调查的有序对接和相互贯通。[①] 一是在落实党中央决策和同级党委工作部署过程中加强协调。通过制定具体措施，抓好措施落实，依靠各级党委和政府，紧紧依靠群众的参与和支持，充分发挥各职能部门的作用，真正形成法法衔接、齐抓共管的局面。二是通过建章立制加强协调。纪检监察机关要在党委的领导和人大的监督下，组织制定、实施有关党风廉政建设和反腐败工作的计划、措施、制度、规定等，并进行督促检查，保证法法衔接的顺利实施，保证相关制度和规定的贯彻落实。三是通过细化、分解任务加强协调。按照业务分工，将法法衔接的相关工作交由有关职能部门落实。实行工作责任制，使有关部门互相配合、协同动作，形成法法衔接的反腐合力。四是通过督促、检查、指导加强协调。配合有关部门搞好纠正行业不正之风和下属单位领导班子建设和考核工作。通过深入调查研究和加强法法衔接信息交流，提出切合实际的措施和办法；督促相关部门落实法法衔接党风廉政建设责任制，结合业务工作抓好反腐败法法衔接工作；调查研究相关单位党风廉政建设法法衔接情况，总结和推广经验，树立和表彰先进，用典型推动纪法贯通、法法衔接和党风廉政建设。

第二节　监察法与党内监督条例的贯通

“监督”是党纪检查和国家监察的首要职责。《监察法》对监督职责只作了原则性规定。在监督的程序规范上，适用《中国共产党党内监督条例》（以下简称监督条例）的规定，体现党的纪检与国家监察一体贯通。监督条例分 8 章，即总则、党的中央组织的监督、党委（党组）的监督、党的纪律检查委员的监督、党的基层组织和党员的监督、党内监督和外部监督相结合、整改和保障、附则，共 47 条。它的颁布、实施，对于坚持党要管党、从严治党的方针，发展党内民主，加强党内监督，维护党的团结统一，保持党的先进性，始终做到立党为公、执政为民，起到了重要作用。

一、《中国共产党党内监督条例》的基本框架和主要内容

中国共产党十八届六中全会审议通过的《中国共产党党内监督条例》（以下简称《监督条例》）是在 2003 年印发的《中国共产党党内监督条例（试行）》的基础上修订而来的。

第一章是“总则”，构成第一板块，主要明确立规目的和依据，阐述党内监督指导思想、

① 吴建雄．新起点上深化国家监察体制改革的法理思考．武汉科技大学学报（社会科学版），2019（10）．

基本原则、监督内容、监督对象、监督方式以及强化自我监督、构建党内监督体系等重要问题；强调信任不能代替监督，党内监督重点是解决党的领导弱化、党的建设缺失、全面从严治党不力等问题，监督重点对象是党的领导机关和领导干部特别是主要领导干部。

第二章至第五章构成第二板块，是《监督条例》的主体部分，分别对四类监督主体的监督职责以及相应监督制度作了规定。第二章是“党的中央组织的监督”。将党的中央组织的监督单设一章，是对试行条例的突破，体现党中央以身作则、以上率下。该章中主要规定了党的中央委员会、中央政治局、中央政治局常委会，以及中央委员、中央政治局委员的监督职责。针对党的高级干部中发生的违纪问题，第二章明确提出中央委员会成员发现其他成员有违反党章、破坏党纪等问题时，必须坚决抵制并及时报告，坚决维护党中央的集中统一领导。第三章是“党委（党组）的监督”，是整个条例的重点，围绕落实党委（党组）在党内监督中的主体责任，从加强日常管理监督、巡视监督、严肃组织生活、党内谈话、考察考核、述责述廉、个人重要事项报告、重大事项干预记录等方面明确监督职责和措施；明确党的工作部门的监督职责，强化对党组织主要负责人的监督。第四章是“党的纪律检查委员会的监督”，围绕维护党章党规、严明政治纪律政治规矩、派驻监督、早发现早报告、受理信访举报、把好干部选拔任用“党风廉洁意见回复”关、约谈函询、执纪审查、通报曝光等方面提出监督职责和制度；强调落实纪律检查工作双重领导体制，强化上级纪委对下级纪委的领导。第五章是“党的基层组织和党员的监督”，主要就党的基层组织要发挥战斗堡垒作用，监督党员切实履行义务，维护和执行党的纪律，定期向上级党组织反映情况、提出意见建议等作出规定；强调党员应当以高度负责的态度行使党员权利，加强对党的领导干部的民主监督。

第六章至第八章构成第三板块。第六章是“党内监督和外部监督相结合”，主要对党内监督与有关国家机关监督、民主党派监督、社会监督及舆论监督等的关系作出规定；强调各级党委要支持和保证其他监督主体依法依规开展监督；对党内监督与其他监督的协调衔接作出程序性规定。第七章是“整改和保障”，分别就分类处置、整改落实、责任追究、监督者和监督对象的权利保障等作出规定；对党组织开展整改工作提出明确要求，对不履行责任的严肃问责。第八章是“附则”，主要包括授权规定、解释机关、施行日期等内容。

二、党内监督“专责”与国家监察“专责”高度契合

《监督条例》第26条中明确规定，党的各级纪律检查委员会是党内监督的专责机关，履行监督执纪问责职责。这是在全面从严治党条件下，对纪律检查委员会职责的高度凝练和准确定位。《监察法》规定，各级监察委员会是行使国家监察职能的专责机关，履行监督、调查、处置三项职责。《监察法》主要对调查、处置职责作出程序性规定，对于如何实施监督，则未作具体规范。监察监督与党内监督一体运行，意味着对公职人员的监督，要按照党内监督的要求实施。

第一，日常监督要从严。《监督条例》围绕日常监督设计制度，规定了纪委在党内监督中承担的三项具体任务，并对派驻监督、信访举报受理、严把“党风廉洁意见回复”关等提出明确要求。在三项具体任务中，首先明确了纪委的监督对象，即同级党委特别是常委会委员、党的工作部门和直接领导的党组织、党的领导干部共四类，既包括领导机关，也包括领导干部特别是主要领导干部。同时，把党章和党的十八届三中全会决定中关于纪律检查工作双重领导体制的要求具体化，提出强化上级纪委对下级纪委领导的具体举措。比如，要求下级纪委至少每半年向上级纪委报告一次工作，每年向上级纪委进行述职，等等。派驻机构是党组织设在被监督单位的“哨兵”和“探头”，必须伸长耳朵、瞪大眼睛，时刻关注干部的思想、工作、作风

和生活情况，监督驻在单位领导班子及其成员特别是主要负责人，不断增强发现问题、解决问题的能力，真正发挥“派”的权威和“驻”的优势。信访举报是党内监督和群众监督结合的重要方式，要认真负责地处理信访举报线索，对重要检举事项集体研究、分析研判，对典型性、普遍性问题提出有针对性的处置意见；对信访举报比较集中的地方和部门，督促查找原因、认真整改。选对人、用好人关系党的事业成败，严把干部选拔任用“党风廉洁意见回复”关是纪委的重要职责，纪委要及时核查掌握的反映领导干部问题线索，实事求是评价干部廉洁情况，防止“带病提拔”“带病上岗”。

第二，执纪执法要从严，要坚持把纪律挺在前面，以纪律为尺子衡量党员干部的行为，有错即纠，违纪即查，维护党的肌体健康和队伍纯洁。《监督条例》总结党风廉政建设和反腐败斗争新理念新实践，把监督执纪“四种形态”写入条文，明确了执纪重点和方式方法。维护纪律贵在日常，谈话提醒、约谈函询都是党内监督的重要方式。纪委要在实践第一种形态即“红红脸、出出汗”上做足功课、下足工夫，发现违纪问题就及时批评诫勉、督促纠正。这种警示和训诫，可以避免问题小变中、中变大、一变多、个人问题变成全家问题、违纪问题最后演变成违法犯罪问题，被实践证明是行之有效的。执纪审查是纪委的重要职责，要体现审查的政治性，把维护党的政治纪律和政治规矩放在首位，坚决纠正和查处上有政策、下有对策，有令不行、有禁不止，口是心非、阳奉阴违，搞团团伙伙、拉帮结派，欺骗组织、对抗组织等行为，这是拥护党的领导核心、维护党的团结统一、巩固党的执政基础、实现党的正确领导的必然要求。要突出重点，把不收敛不收手、问题线索反映集中、群众反映强烈，现在重要岗位且可能还要提拔使用的领导干部作为审查重点，三类情况同时具备的作为重中之重。要坚持惩前毖后、治病救人方针，发挥思想教育功能，让审查对象重温党章，从理想信念宗旨、党性原则、作风纪律上反省错误、真心悔过，回到正确的人生轨道上来。

第三，实施问责要从严。问责是执纪监督和监察监督的保证，两项监督的效果最终要靠问责来强化。《监督条例》把责任作为贯穿始终的主线，要求以问责作为落实责任的保障。党委（党组）在党内监督中负主体责任，书记是第一责任人，党委常委会委员（党组成员）和党委委员在职责范围内履行监督职责。抓住主体责任，就抓住了要害和关键。纪委在履行自身监督职责的同时，要拿起问责这个利器，对履行主体责任不力，导致党内监督弱化，造成严重后果的严肃问责。纪委、纪检组监督作用没有发挥，能发现的问题没有发现，发现问题不报告不处置的，也要严肃追究责任。

三、监察监督与党内监督的衔接与贯通

（一）监督范围上全面监督与重点监督结合

《监督条例》第6条明确规定：“党内监督的重点对象是党的领导机关和领导干部特别是主要领导干部。”这是建立在《监察法》总则规定“实现对国家监察全覆盖”基础上的政策性指引。

《监督条例》首次以法规的形式确立了监督的重点对象，强调对“一把手”的监督，并将其列为监督的重点。这是《监督条例》的一个重要特点。党的各级组织和全体党员都是党内监督的对象，也是党内监督的主体。领导班子主要负责人在班子中处于核心地位，对决策和决策的执行都起着关键作用，负有全面责任。这种特殊地位和影响，要求把他们作为监督重点对象之中的重点。

（二）监督职责和监督内容上相互补充

《监察法》对监督职责和内容只作出原则性规定。《监督条例》细化了监督职责和内容。

专门设立“监督职责”一章，规定了党的各级委员会、党的各级委员会委员、党的各级纪律检查委员会、党的各级纪律检查委员会委员、党员、党的各级代表大会代表在党内监督方面的职责或责任、权利；第一次把这六种主体的监督职责或责任、权利以党内法规的形式固定了下来。这是对监察法总则规定的“开展廉政建设和反腐败工作”主体的拓展。也就是说，开展廉政建设和反腐败工作是党和国家各级组织和机构、全体党员和全体公职人员的共同任务。

《监督条例》确定了纪检监督的七大重点内容，即：一是遵守党的章程和其他党内法规，维护中央权威，贯彻执行党的路线、方针、政策和上级党组织决议、决定及工作部署的情况；二是遵守宪法、法律，坚持依法执政的情况；三是贯彻执行民主集中制的情况；四是保障党员权利的情况；五是在干部选拔、任用中执行党和国家有关规定的情况；六是密切联系群众，实现、维护、发展人民群众根本利益的情况；七是廉洁自律和抓党风廉政建设的情况。这七大重点监督内容，无疑是开展监察监督的题中之意。

（三）监督主体上党内监督与党外监督并举

在党内监督方面，《监督条例》明确了党员在党内监督方面的责任和权利。这些责任和权利主要是：及时向党组织反映群众的意见和要求，维护群众的正当利益；对党的决议和政策如有不同意见，在坚决执行的前提下，可以在党的会议上或向党的组织提出保留，并且可以把自己的意见向党的上级组织直至中央反映，但不得公开发表同中央决定相反的意见；在党的会议上有根据地批评党的任何组织和任何党员，勇于揭露和纠正工作中的缺点、错误；检举党的任何组织和任何党员违纪违法的事实，同消极腐败现象作斗争；参加党组织开展的评议党员领导干部活动，发表意见。

在党外监督方面，《监督条例》规定：党内监督要与党外监督相结合。党的各级组织和党员领导干部，应当自觉接受并正确对待党和人民群众的监督。《监督条例》不仅重视来自党内的监督，还非常重视党外监督，即来自人民群众的监督和舆论的监督。《监督条例》明确规定，鼓励、支持、保护党组织和党员领导干部、党员、党的代表大会代表在党内监督中发挥积极作用。对署真实姓名反映问题或检举、控告违纪违法行为的，党组织和有关人员应当为其保密；对泄露的要追究责任。对检举、控告党员或党组织严重违纪违法问题经查证属实的，给予表扬或奖励。对打击报复监督者的，对以监督为名侮辱、诽谤、诬陷他人的，以及在监督中有其他违纪违法行为的，依纪依法严肃处理。

（四）监督方式上多元共存

1. 谈话和诫勉制度

谈话和诫勉制度有利于预防腐败，既是党内监督的主要形式，又是监察监督的主要方法。监督条例规定，各级党委、纪委领导班子成员和党委组织部门负责人，应当不定期与党委工作部门、直属机构、派出机关以及相当于这一级别的党组（党委）和下级党组织领导班子主要负责人谈话，主要了解该地区、该系统、该单位执行党的路线方针政策、坚持民主集中制、实施党内监督的情况和领导班子及其成员廉政勤政的情况，提出建议和要求。党委（党组）或组织（人事）部门对领导干部进行任职谈话，应当把贯彻执行民主集中制、廉政勤政方面的要求和存在的问题作为重要内容。

《监督条例》规定，发现领导干部在思想、作风、纪律等方面有苗头性、倾向性问题的，党委（党组）、纪委和党委组织部门应当按照干部管理权限及时对其进行提醒谈话。发现轻微违纪问题的，上级党组织负责人应当对其诫勉谈话，并由本人作出说明或者检讨，经所在党组织主要负责人签字后报上级纪委和组织部门。

2. 民主生活会制度

民主生活会是一种组织与个人相结合的监督方式。《监督条例》明确规定，党内民主生活会必须符合规定要求，否则将被责令重新召开，从而使民主生活会步入了制度化轨道。

《监督条例》规定，民主生活会应当经常化，遇到重要或者普遍性问题应当及时召开。民主生活会重在解决突出问题，领导干部应当在会上把群众反映、巡视反馈、组织约谈函询的问题说清楚、谈透彻，开展批评和自我批评，提出整改措施，接受组织监督。上级党组织应当加强对下级领导班子民主生活会的指导和监督，提高民主生活会质量。

3. 其他监督制度

《监督条例》第三章分别对集体领导和分工负责、个人有关事项报告、述责述廉、巡视、谈话、函询、领导干部插手干预重大事项记录等监督制度作出具体规定。这样设置和规定，符合党内监督工作的实际，体现了党内监督工作的规律，针对性、操作性和指导性都很强。其目的在于推进党内监督的规范化、制度化、科学化，保证党内监督健康有序、富有成效地开展。党内监督涉及党的各级组织和全体党员，对象分布面广，监督层次很多，只有把原则要求与制度规范结合起来，才能保证监督的质量和效能。

第三节　监察法与党纪处分条例的衔接

为衔接监察法赋予纪检、监察机关的处置职责，《中国共产党纪律处分条例》（以下简称“处分条例”）第四章“对违法犯罪党员的纪律处分”以设定专门条款的方式，实现党纪与国法的有效衔接；强调党组织在纪律审查中发现党员严重违纪涉嫌犯罪的，原则上先作出党纪处分决定，并按照规定给予政务处分，再移送有关国家机关依法处理。

一、与违反法律涉嫌犯罪的职务行为的处置衔接

处分条例规定，党组织在纪律审查中发现党员有贪污贿赂、滥用职权、玩忽职守、权力寻租、利益输送、徇私舞弊、浪费国家资财等违反法律涉嫌犯罪行为的，应当给予撤销党内职务、留党察看或者开除党籍处分。这是关于党员有违反法律涉嫌犯罪行为时具体适用的处分种类和幅度的规定。

纪检监察机关在纪律审查中，对于党员有违反法律涉嫌犯罪行为的，应当根据情节轻重，区别不同情况作出恰当处理。对于涉嫌故意犯罪且可能被司法机关判处刑法规定的主刑或者可能被单处或附加剥夺政治权利的，或者涉嫌过失犯罪，可能被依法判处 3 年以上（不含 3 年）有期徒刑的，应当给予开除党籍处分。对于涉嫌犯罪但情节轻微，人民检察院可能依法作出不起诉决定，或者人民法院可能依法作出有罪判决并免予刑事处罚等的，应当给予撤销党内职务、留党察看或者开除党籍处分。如果违纪党员在被移送司法前，党组织给予其开除党籍处分，而移送司法后人民检察院依法作出不起诉决定，或者人民法院依法作出免予刑事处罚的判决。在这种情况下受处分人如果认为处分决定不当，可以提出申诉，有关党组织应当依规依纪办理。

二、与违法但不构成犯罪的职务行为的处置衔接

处分条例规定，党组织在纪律审查中发现党员有刑法规定的行为，虽不构成犯罪但须追究

党纪责任或者有其他违法行为，损害党、国家和人民的利益的，应当视具体情节给予警告直至开除党籍处分。

上述规定主要分为两种情形：一是党员有刑法规定的行为，虽不构成犯罪但须追究党纪责任的情形。这里的“不构成犯罪”，主要是指依照《刑法》第 13 条等相关规定，情节显著轻微，危害不大，不认为是犯罪，或者尚未达到刑事案件立案追诉标准，不认为是犯罪等情形。二是党员有其他违法行为，损害党、国家和人民的利益的情形。“其他违法行为”，主要是指党员有违反刑法规定以外的其他违法行为，如违反《中华人民共和国治安管理处罚法》《中华人民共和国海关法》《中华人民共和国会计法》等法律法规的行为。党员有其他违法行为，产生损害党、国家和人民的利益的后果的，应当视情节轻重给予党纪处分。

三、与严重违纪涉嫌违法作出党纪处分的衔接

处分条例规定，党组织在纪律审查中发现党员严重违纪涉嫌违法犯罪的，原则上先作出党纪处分决定，并按照规定给予政务处分后，再移送有关国家机关依法处理。这规定了党组织在纪律审查中发现党员严重违纪涉嫌违法犯罪的处理，主要分为三个方面。

一是党组织“原则上先作出党纪处分决定”。中国共产党十八大后，党中央高度重视对涉嫌违法犯罪党员及时作出纪律处分工作，要求纪检机关向司法机关移送案件前，一般应当作出党纪处分决定；因案情疑难、复杂等原因难以在移送司法机关前作出党纪处分决定的，可以先行移送司法机关。中央纪委贯彻党中央要求，针对涉嫌违法犯罪党员作出纪律处分工作出台专门制度，进一步明确相关要求。一方面，强化纪检机关的担当意识，要求原则上做到先处分后移送；另一方面，充分考虑纪律审查工作的实际，特殊情况下可以例外，目的是确保纪严于法、纪在法前、把纪律挺在前面的要求落到实处。各级党组织应当认真落实党中央要求，在纪律审查中应当做到先处分后移送，避免出现党员带着“党籍”蹲监狱问题。

二是“按照规定给予政务处分”。《监察法》第 45 条第 1 款第 2 项规定，监察机关根据监督、调查结果，对违法的公职人员依照法定程序作出警告、记过、记大过、降级、撤职、开除等政务处分决定。在纪委、监察委员会合署办公的体制下，纪检、监察机关既执纪又执法，对于党员的违纪违法案件，不仅要依据党章党规党纪给予纪律处分，而且要依据宪法和《监察法》等法律法规作出政务处分。各级纪检、监察机关必须把执纪与执法统一起来，同向发力、精准发力，实现良好的政治效果、纪法效果和社会效果。

三是“移送有关国家机关依法处理”。在纪律审查中，若发现违纪党员存在违反国家法律法规行为，需要由有关国家机关依法处理的，应当及时移送有关国家机关。比如，根据《关于纪检监察机关和审计机关在查处案件中加强协作配合的通知》规定，纪检、监察机关在查处案件中，发现有违反国家规定的财政收支、财务收支行为，属于审计机关管辖范围的，应当将案件线索及时移送审计机关；纪检、监察机关根据审查结果，认为应当给予审计处理、处罚的，可以向审计机关提出建议，审计机关应当依法及时查处，并将结果书面通知纪检、监察机关。

四、与依法留置、逮捕的中止党员权利规定的衔接

处分条例规定，党员被依法留置、逮捕的，党组织应当按照管理权限中止其表决权、选举权和被选举权等党员权利。根据监察机关、司法机关处理结果，可以恢复其党员权利的，应当及时予以恢复。

中止党员权利，主要是指党组织对于因涉嫌犯罪被监察机关依法留置、司法机关依法逮捕

的党员，在不具备及时作出党纪处分决定的条件的情况下，作出暂停其行使表决权、选举权和被选举权等党员权利的决定。党章规定党员有八项权利，其中表决权、选举权和被选举权是较为重要的政治权利，中止党员权利一般是中止这三项权利；在确有必要的情况下，参加会议、阅读文件等其他党员权利，也可以被纳入中止党员权利的范围，并在中止党员权利的决定中予以明确；但党员的申辩权、申诉权和控告权，应按照有关规定予以充分保障。中止党员权利不影响党员义务的履行，被中止相关权利的党员仍需履行党章所规定的党员义务。

中止党员权利以党员被依法留置、逮捕为前提，主要适用于两种情况：一是纪检、监察机关在纪律审查中发现党员有严重职务违法和职务犯罪行为，依法采取留置措施后，应当及时中止其党员权利；二是党员涉嫌犯罪被司法机关依法逮捕后，若不具备及时作出党纪处分决定的条件，则党组织应根据相关司法文书，决定中止其党员权利。

中止党员权利不适用于党员被司法机关采取拘传、拘留、取保候审、监视居住等其他刑事强制措施的情况。有关党组织作出中止党员权利的决定后，应根据监察机关、司法机关的处理结果，及时对被中止党员权利的党员进行处理。其中，根据监察机关、司法机关作出的生效结论和处分条例等相关规定，经审查认为应当给予开除党籍处分的，按程序作出开除党籍的处分决定即可。

五、与党员受到刑事、党纪政纪等追究规定的衔接

1. 党员受到刑事追究的衔接

处分条例规定，党员依法受到刑事责任追究的，党组织应当根据司法机关的生效判决、裁定、决定及其认定的事实、性质和情节，依照本条例规定给予党纪处分；是公职人员的，由监察机关给予相应政务处分。这是党员依法受到刑事责任追究后，党组织如何处理的内容。司法机关作出生效判决、裁定和决定的案件，已经对侦查过程中收集、调取的证据材料进行综合审查判断，并通过法律程序予以确认，党组织无须再对这些证据材料进行审核。因此，党组织应当根据司法机关的生效判决、裁定、决定及其认定的事实、性质和情节，依照处分条例的规定给予党纪处分。根据有关规定，为落实纪法贯通要求，处分条例规定受到刑事责任追究的党员是公职人员的，由监察机关给予相应政务处分。

2. 党员受到政务、行政处罚的衔接

党员依法受到政务处分、行政处罚，应当追究党纪责任的，党组织可以根据生效的政务处分、行政处罚决定认定的事实、性质和情节，经核实后依照规定给予党纪处分或者组织处理。也就是说，对于受到政务处分、行政处罚的党员，应当追究党纪责任。党组织只有将政务处分、行政处罚决定书所认定的事实、性质和情节核实后，才能依照规定给予党纪处分或者组织处理。

3. 党员受到其他处分的衔接

党员违反国家法律法规，违反企事业单位或者其他社会组织的规章制度而受到其他纪律处分，应当追究党纪责任的，党组织在对有关方面认定的事实、性质和情节进行核实后，依照规定给予党纪处分或者组织处理。也就是说，只要党员违反了国家法律法规，违反了企事业单位或者其他社会组织的规章制度，并受到其他纪律处分，且应当追究党纪责任的，党组织在对有关方面认定的事实、性质和情节进行核实后，应当依照规定给予党纪处分或者作出组织处理。这同样强调的是，党组织必须对有关方面认定的事实、性质和情节进行相应核实。

4. 改变原生效判决、裁定后的衔接

党组织作出党纪处分或者组织处理决定后，司法机关、行政机关等依法改变原生效判决、裁定、决定等，对原党纪处分或者组织处理决定产生影响的，党组织应当根据改变后的生效判决、裁定、决定等重新作出相应处理。这就要求，党组织在处理此类问题时，既要尊重司法机关、行政机关作出的判决、裁定、决定等，也要坚持实事求是的原则，发现司法机关、行政机关作出的判决、裁定、决定等存在事实不清、证据不足、定性不准等问题的，应当依程序及时提请司法机关、行政机关按程序予以纠正。司法机关、行政机关最终作出的处理决定，对原党纪处分或者组织处理决定产生影响的，党组织应当根据改变后的生效判决、裁定、决定等作出相应处理。

第四节　《监察法》与《公职人员政务处分暂行规定》的衔接

公务员作为国家公职人员，是监察法规定的监察对象。监察法与政务处分暂行规定的衔接，首先体现为《监察法》与《公务员法》相关条款的对应，在此基础上，将现行政务处分暂行规定修改为“政务处分法”，最终实现《监察法》与“政务处分法”的衔接实施。

一、《监察法》与《公务员法》的对应条款

（一）监察法的相关条款

《监察法》第 11 条规定，监察委员会依照本法和有关法律规定履行监督、调查、处置职责，包括：对公职人员开展廉政教育，对其依法履职、秉公用权、廉洁从政从业以及道德操守情况进行监督检查；对涉嫌贪污贿赂、滥用职权、玩忽职守、权力寻租、利益输送、徇私舞弊以及浪费国家资财等职务违法和职务犯罪进行调查；对违法的公职人员依法作出政务处分决定；对履行职责不力、失职失责的领导人员进行问责；对涉嫌职务犯罪的，将调查结果移送人民检察院依法审查、提起公诉；向监察对象所在单位提出监察建议。

《监察法》第 45 条规定，监察机关根据监督、调查结果，依法作出如下处置：对有职务违法行为但情节较轻的公职人员，按照管理权限，直接或者委托有关机关、人员，进行谈话提醒、批评教育、责令检查，或者予以诫勉；对违法的公职人员依照法定程序作出警告、记过、记大过、降级、撤职、开除等政务处分决定；对不履行或者不正确履行职责负有责任的领导人员，按照管理权限对其直接作出问责决定，或者向有权作出问责决定的机关提出问责建议；对涉嫌职务犯罪的，监察机关经调查认为犯罪事实清楚，证据确实、充分的，制作起诉意见书，连同案卷材料、证据一并移送人民检察院依法审查、提起公诉；对监察对象所在单位廉政建设和履行职责存在的问题等提出监察建议。监察机关经调查，对没有证据证明被调查人存在违法犯罪行为的，应当撤销案件，并通知被调查人所在单位。

（二）公务员法的相关条款

《公务员法》第 61 条规定：“公务员因违法违纪应当承担纪律责任的，依照本法给予处分或者由监察机关依法给予政治处分；违纪违法行为情节轻微，经批评教育后改正的，可以免予处分。”第 62 条规定，处分分为：警告、记过、记大过、降级、撤职、开除。第 63 条规定：对公务员的处分，应当事实清楚、证据确凿、定性准确、处理恰当、程序合法、手续完备。公务员违纪违法的，应当由处分决定机关决定对公务员违纪违法的情况进行调查，并将调查认定

的事实以及拟给予处分的依据告知公务员本人。公务员有权进行陈述和申辩；处分决定机关不得因公务员申辩而加重处分。处分决定机关认为对公务员应当给予处分的，应当在规定的期限内，按照管理权限和规定的程序作出处分决定。处分决定应当以书面形式通知公务员本人。第64条规定：公务员在受处分期间不得晋升职务、职级和级别，其中受记过、记大过、降级、撤职处分的，不得晋升工资档次。受处分的期间为：警告，6个月；记过，12个月；记大过，18个月；降级、撤职，24个月。受撤职处分的，按照规定降低级别。

二、《监察法》相关规定与《公职人员政务处分暂行规定》的衔接

（一）《监察法》中政务处分的含义

《监察法》首次以法律的形式明确了“政务处分”这一法律概念。根据《监察法》相关条文，政务处分是指监察机关根据监督调查结果对违法的公职人员作出处置的一种形式。作出政务处分的主体是监察机关，对象即监察对象，包括所有行使公权力的公职人员，依据包括《监察法》《公务员法》《法官法》《检察官法》《行政机关公务员处分条例》《事业单位工作人员处分暂行规定》《公职人员政务处分暂行规定》等法律法规。

第十三届全国人大常委会立法规划已将制定“政务处分法”列入第一类项目。在统一的“政务处分法”出台前，《公职人员政务处分暂行规定》作为监察法的配套制度，是作出政务处分的重要依据。《公务员法》作为我国干部人事管理中一部基础性的法律，于2018年修订，修订时坚持严管厚爱，落实中国共产党十八大以来党中央全面从严治党、从严治吏和习近平总书记关于严管和厚爱相结合、激励和约束并重的要求。

按照我国法律，作出任何处分决定，必须依据明文规定。规定的内容一般包括：决定作出的原则、种类和适用、主体及权限、程序和救济途径等方面。从以上各个方面看，《监察法》关于政务处分的相关规定与《公务员法》等法律法规相关内容均保持了协调一致、顺畅衔接。协调一致，不仅体现在规范的内容这一实体意义上，而且体现在条款如何运用这一程序意义上。《公职人员政务处分暂行规定》专设多条“指引适用”条款，即在《公务员法》等法律法规针对某制度已作详细规定的情况下，可以依据“指引适用”条款直接适用《公务员法》等法律法规，保证了法律适用的高效与统一。

（二）《监察法》与《公职人员政务处分暂行规定》的衔接

首先，作出处分决定的原则协调一致。《公职人员政务处分暂行规定》第4条、第5条规定，公职人员非因法定事由，非经法定程序，不受政务处分；给予公职人员政务处分，应当坚持法律面前一律平等，实事求是、公平公正，做到事实清楚、证据确凿、定性准确、处理恰当、程序合法、手续完备；坚持民主集中制，集体讨论决定；坚持惩前毖后、治病救人方针，与违法行为的性质、情节、危害程度相适应。这些原则与《行政机关公务员处分条例》第3条、第4条之规定，《公务员法》第63条第1款之规定，以及事业单位工作人员处分暂行规定第3条的规定相一致。值得注意的是，《行政机关公务员处分条例》规定了“教育与惩处相结合的原则”，《公职人员政务处分暂行规定》则规定了“惩前毖后、治病救人方针”，在协调一致的基础上，更加彰显了纪法衔接、法法衔接的特点。

其次，处分的种类及其适用协调一致。《公职人员政务处分暂行规定》第6条第1款规定政务处分的种类包括警告、记过、记大过、降级、撤职、开除等。《公务员法》第62条和《行政机关公务员处分条例》第6条规定的六种处分类型与政务处分种类一样。值得注意的是，政务处分对象为所有行使公权力的公职人员。对此，《公职人员政务处分暂行规定》第6条专设

第 2 款规定，公职人员政务处分的期间和适用规则，可以根据被调查的公职人员的具体身份等情况，适用有关法律、法规、国务院决定和规章。这就保证了与《公务员法》《法官法》《事业单位工作人员处分暂行规定》等法律、法规、规章的衔接一致。此外，《公职人员政务处分暂行规定》第 10 条第 2 款规定了事业单位工作人员受到政务处分后的提前解除条件，包括“有重大立功表现，按照有关规定给予个人记功以上奖励的”等。《事业单位工作人员处分暂行规定》也规定了相同条件。

再次，处分决定的主体及其权限协调一致。《公职人员政务处分暂行规定》第 11 条规定，“对公职人员给予政务处分，由监察机关按照管理权限依法作出决定”。这与《公务员法》第 63 条第 3 款规定的“处分决定机关认为对公务员应当给予处分的，应当在规定的期限内，按照管理权限和规定的程序作出处分决定”，以及《行政机关公务员处分条例》第 34 条规定的“对行政机关公务员给予处分，由任免机关或者监察机关……按照管理权限决定”相一致。此外，针对给予地方各级人大及其常委会选举或决定任命的公职人员撤职或开除处分，“行政机关公务员处分条例”还规定了前置程序，即在处分机关作出决定前，先由有关机关依法对其进行罢免、撤销或免除职务。《公职人员政务处分暂行规定》第 11 条规定作出了同样规定。不仅如此，对于给予政协机关、基层群众性自治组织中的公职人员政务处分，也规定了类似的前置手续。

最后，处分决定作出的程序以及受处分人的救济途径协调一致。《公职人员政务处分暂行规定》第 13 条规定了政务处分作出的一般程序，包括依法调查审理、告知当事人、听取陈述和申辩、依法履行手续后作出决定、印发与送达决定并在一定范围公布、存入档案等。这与《公务员法》和《行政机关公务员处分条例》等法律、法规规定的程序保持一致，也契合法治精神。关于政务处分决定的内容和生效日期，“公职人员政务处分暂行规定”还专门规定，“参照《行政机关公务员处分条例》有关规定执行”。针对公职人员对处分决定不服的情况，《公职人员政务处分暂行规定》和《公务员法》等法律法规均规定了复审、复核，以及变更或撤销处分的程序。《公职人员政务处分暂行规定》还特别规定，对于变更、撤销政务处分的情形和法律后果，根据受处分的公职人员的具体身份，依照或者参照《行政机关公务员处分条例》《事业单位工作人员处分暂行规定》等规定执行。这就保证了制度适用上的有序、统一。

《监察法》与《公务员法》等都隶属于中国特色社会主义法律体系，监察法关于政务处分的相关规定，无论是在内容还是在适用上，均与《公务员法》等法律法规保持协调一致。这正是法律体系内在协调一致的生动反映，充分体现了坚持社会主义法制统一原则有利于确保国家法律法规统一、正确实施，实现政治效果、纪法效果和社会效果相统一。

第五节　监察法与相关法律的衔接[①]

第十三届全国人大常委会第六次会议通过了《关于修改〈中华人民共和国刑事诉讼法〉的决定》以及《中华人民共和国国际刑事司法协助法》，完善了刑事诉讼与监察的衔接机制，包括建立刑事缺席审判制度、加强境外追逃工作等，为推进国家监察体制改革提供了法治保障。

① 本节参见吴建雄．刑诉法与监察法衔接的反腐逻辑与反腐理念．新疆师范大学学报（哲学社会科学版），网络首发，2018 年 12 月 12 日。

一、刑事诉讼法与监察法的衔接

《监察法》整合了行政监察、预防腐败和检察机关查处贪污贿赂、失职渎职及预防职务犯罪等工作职能。为保障国家监察体制改革顺利进行，需要完善监察与刑事诉讼的衔接机制。为此，刑事诉讼法删去了人民检察院对贪污贿赂等案件行使侦查权的规定；保留了人民检察院对于在诉讼活动法律监督中发现司法工作人员利用职权实施的侵犯公民权利、损害司法公正的犯罪的侦查权。

此次修改刑事诉讼法，集中调整人民检察院的侦查职权内容，对于加强反腐败制度建设，推进国家治理体系、治理能力现代化具有重大意义。纪检、监察机关作为监督执纪执法机关，应主动适应新形势新变化，进一步增强法治意识、践行法治原则，成为建设社会主义法治国家的实践者和推动者。在深化监察体制改革中需要不断摸索，从移送机制、程序对接、个案沟通、日常沟通、组织机制等方面与司法、执法机关建立法法衔接机制，保障各办案环节的顺利高效，形成反腐败工作的强大合力。此次刑事诉讼法的修改，既充分考虑了监察体制改革中的经验做法，也符合刑事诉讼的规律和具体工作实际。

宪法和监察法都明确规定，监察机关办理职务违法和职务犯罪案件，应当与检察机关相互配合、相互制约。对于监察机关留置的案件，需要移送检察机关审查起诉的，检察机关应当对犯罪嫌疑人采取强制措施，避免犯罪嫌疑人在审查起诉环节出现“脱管”的状态。修改后的《刑事诉讼法》对检察机关审查起诉监察机关移送的案件、留置措施与刑事强制措施之间的衔接机制作出了规定：“对于监察机关移送起诉的已采取留置措施的案件，人民检察院应当对犯罪嫌疑人先行拘留，留置措施自动解除。人民检察院应当在拘留后的十日内作出是否逮捕、取保候审或者监视居住的决定……”这一程序设置确保了留置措施与刑事强制措施衔接得更加稳妥、有序。

修改后的刑事诉讼法保留了检察机关对在诉讼活动法律监督中发现司法工作人员利用职权实施的侵犯公民权利、损害司法公正的犯罪的侦查权。这一规定，对于保障当事人权益尤为重要，一旦出现比如非法拘禁、刑讯逼供、非法搜查等侵犯当事人权利的情形，检察机关即可及时介入，立案侦查。

二、刑事缺席审判制度的设立

中国共产党十八大以来，国际追逃追赃工作取得重大进展，得到人民群众的广泛拥护。2014 年，中共中央反腐败协调小组会议提出了建立刑事缺席审判制度的任务。2016 年 7 月，全国人大常委会法工委提出了关于建立刑事缺席审判制度的研究报告。中共中央纪委建议在配合监察体制改革修改刑事诉讼法时，对刑事缺席审判制度作出规定。

2018 年修改前的《刑事诉讼法》规定了违法所得没收特别程序，但缺席审判制度一直是空白点。比如，2011 年 1 月，“百名红通人员”2 号嫌犯、江西省鄱阳县财政局经济建设股原股长李华波作案潜逃新加坡后，法院就根据违法所得没收特别程序追缴了部分赃款赃物，李华波本人却一直逍遥法外，一直到被遣返回国后，才于 2017 年 1 月被法院依法判处。对此，2018 年修改后的《刑事诉讼法》第五编增加缺席审判程序一章，明确规定：对于贪污贿赂犯罪案件，犯罪嫌疑人、被告人在境外，监察机关移送起诉，人民检察院认为犯罪事实已经查清，证据确实、充分，依法应当追究刑事责任的，可以向人民法院提起公诉。

2018 年修改后的《刑事诉讼法》有力地破解了追逃追赃中的一系列问题：破解了多年来

制约反腐败国际合作和国际追逃追赃工作深入开展的机制性障碍，织密对外逃的腐败犯罪分子的法网，维护我国法律的尊严和权威；破解由于制度的缺失，诉讼程序过分拖延，使事实清楚，证据确实、充分的刑事案件不能得到及时解决等问题，发挥刑事审判定分止争的作用，及时恢复被腐败犯罪损害的社会关系；破解由于时间过长，证人记忆减退、实物证据灭失等问题，及时固定证据。

缺席审判制度丰富了反腐败、国际追逃追赃工作的手段，对外逃腐败分子形成强大震慑。通过作出刑事缺席审判，可请求外国将外逃的腐败分子予以引渡或者遣返，将腐败分子卷往国外的赃款予以没收、返还，让腐败分子人财两空，即便人不回来，也让腐败分子过上苦日子，成为过街老鼠人人喊打。

至于缺席审判中充分保障被告人的诉讼权利方面，修改后的《刑事诉讼法》规定：人民法院缺席审判案件，被告人有权委托辩护人，被告人的近亲属可以代为委托辩护人。被告人及其近亲属没有委托辩护人的，人民法院应当通知法律援助机构指派律师为其提供辩护。

三、国际刑事司法协助制度的立法完善

为推进国际追逃追赃工作，加强国际合作打击跨国犯罪，在中共中央反腐败协调小组的组织协调下，中共中央政法委牵头协调制定、司法部具体负责牵头起草国际刑事司法协助法草案，经过全面深入调研论证，多次征求相关部门和专家学者等各方面的意见，起草历经数十年。

新颁布的《国际刑事司法协助法》，确定国家监察委员会为国际刑事司法协助的主管机关之一，并且赋予监察机关在腐败犯罪案件调查等活动中与外国有关部门和机构开展反腐败国际合作和刑事司法协助的职责，明确了监察机关和国内有关机关在刑事司法协助中的职责分工，进一步完善了国际刑事司法协助工作的制度体系。《国际刑事司法协助法》和《监察法》第六章“反腐败国际合作”形成有序衔接，为监察机关深入开展反腐败国际合作和反腐败追逃追赃工作，推进全面从严治党向纵深发展提供了法律保障。

《国际刑事司法协助法》使《联合国反腐败公约》《联合国打击跨国有组织犯罪公约》以及我国同外国签订的刑事司法协助条约等在国内真正“落地”。《国际刑事司法协助法》规定了我国向外国提出查封、扣押、冻结涉案财物请求和没收、返还、分享违法所得请求的程序与要件，同时也规定了外国向我国提出此类请求的审查、执行程序。《国际刑事司法协助法》创设性的规定填补了法律空白，为我国开展此类国际合作奠定了法律基础。

四、监察法实施的衔接机制

（一）与检察机关的衔接机制

检察机关的衔接机制主要有：一是明确审查逮捕和审查起诉的程序。根据《监察法》和《刑事诉讼法》的相关规定，检察机关对职务犯罪案件行使拘留、逮捕等强制措施和审查起诉权。对于监察机关移送起诉的已采取留置措施的案件，检察机关应当对犯罪嫌疑人先行拘留，留置措施自动解除；拘留后的10日内作出是否逮捕、取保候审或者监视居住的决定。检察机关对监察机关移送审查起诉的证据标准、操作程序等作出具体规定，实现有序、有效衔接。二是明确提前介入的方式与程序。监察机关立案调查终结前，对准备提请逮捕，特别是准备移送审查起诉的案件，可以请检察机关提前熟悉案情；检察机关要对提前介入的预留时间、工作方式和内容等制定相应的制度。三是明确退回补充调查的条件程序。检察机关退回监察机关补充调查以两次为限，期限为30日。补充调查期间，监察机关对羁押的犯罪嫌疑人进行讯问，检

察机关应予以配合。必要时，检察机关可以自行补充侦查。四是明确不起诉案件的办理程序和标准。检察机关对监察机关移送审查起诉的案件，虽有决定不起诉的权力，但要依法行使、严格审批，明确决定不起诉的情形、标准及审批程序。五是明确非法证据排除的相关规定。在审查起诉职务犯罪案件中，检察机关认为可能存在不符合法定程序收集证据情形的，应当及时要求监察机关补正或者作出合理解释；发现监察机关办案人员以非法方法收集被调查人供述、证人证言、被害人陈述的，应当依法予以排除，同时及时通知监察机关。六是明确部分职务犯罪案件的侦查权限。对于发生在诉讼过程中的不严格执法和侵犯当事人权利的犯罪，包括暴力取证、刑讯逼供、虐待被监管人员，以及民事、行政案件枉法裁判等，检察机关依法立案侦查。[①] 七是明确律师参与的相关规定。检察机关应商司法行政机关制定相关规定，明确辩护律师会见在押犯罪嫌疑人和查阅、摘抄、复制案卷材料的具体要求。

（二）与审判机关的衔接机制

审判机关的衔接机制主要有：一是适用职务犯罪缺席审判制度。依据修改后的刑事诉讼法的规定，交付执行刑罚前，人民法院应当告知罪犯有权对判决、裁定提出异议。罪犯对判决、裁定提出异议的，人民法院应当重新审理。要严格限定缺席审判程序的适用条件，充分保障腐败犯罪被告人的知情权、辩护权、上诉权等诉讼权利，并赋予被告人必要的救济手段，以符合国际司法趋势。二是加强职务犯罪案件证据收集指导。各级法院要围绕职务犯罪案件证据的合法性、客观性、关联性，根据监察机关办理职务犯罪案件的特殊性，制定职务犯罪案件证据收集方法和职务犯罪案件办理办法，确定证据标准。为此，要分类列出证据清单，明确收集、固定、运用、保存证据的方式和标准，明确监察机关收集证据的法律效力；要明确对需要补充调查核实的证据的处理方法；明确自首立功证明材料的相关标准和条件。三是妥善处理意见分歧。人民法院对监察机关办理的职务犯罪案件，在案件定性、处理上与监察机关有重大分歧时，应及时与监察机关沟通。四是明确留置期限折抵刑期。虽留置措施不属于刑事诉讼范畴内的强制措施，但在试点期间可以考虑以留置期限折抵刑期。五是确定涉案财物的处置方法。职务犯罪案件涉案财物应随案移送，并由人民法院认定违法所得。人民法院未认定为违法所得的，涉嫌违纪所得，人民法院应退回监察机关处理。

（三）与公安机关的衔接机制

公安机关的衔接机制主要有：一是调整案件管辖范围。根据监察法规定的监察机关管理权限，原由公安机关管辖的非国家工作人员受贿案、对非国家工作人员行贿案，对外国公职人员、国际公共组织官员行贿案改由监察机关管辖。公安机关经侦、刑侦、治安、国保等部门管辖的案件，犯罪嫌疑人系公职人员的，改由监察机关管辖。[②] 二是配合做好留置工作。根据监察机关查办案件工作的具体需要，研究制定相关工作办法，在实践中积极探索配合监察机关设置留置场所，建立看护队伍、看护留置人员工作。三是协助调查。一方面，配合采取技术调查措施。制定“公安机关配合监察委员会采取技术调查措施办法”，为监察机关开展调查工作提供高效率、高质量的技术调查手段保障，同时确保技术调查手段不被滥用。另一方面，协助采取其他调查手段。主要有三种情形：监察机关在办案中发现被调查人的非职务犯罪问题，或职务犯罪案件涉及非公职人员，需要公安机关配合采取刑事侦查或强制手段的；监察机会在办案中需要采取查封、扣押、搜查、上网追逃、通缉、限制出境等措施，需要公安机关配合的；监

① 最高人民检察院《关于人民检察院立案侦查司法工作人员相关职务犯罪案件若干问题的规定》. 正义网，2019-01-20.

② 中央纪委、国家监察委《国家监察委员会管辖规定（试行）》(2018年4月16日，国监发〔2018〕1号)。

察机会对有关场所、物品、人身等进行勘验检查时，需要公安机关提供技术支持和安全保障的。同时，制定“公安机关配合监察委员会查办案件办法”，明确支持、配合工作的程序。四是明确归口管理部门，负责与监察机关的具体对接。根据公安机关内部警种部门的职能职责，统一接收、承办、转办监察机关有关工作任务。

（四）司法行政机关的衔接机制

司法行政机关的衔接机制主要有：一是明确司法鉴定管理部门归口受理监察机关案件，严格按照全国人大常委会、司法部相关规定，做好监察机关委托的司法鉴定工作。二是根据刑法、刑事诉讼法、监狱法和司法部有关要求，配合监察机关做好调查询（讯）问在押罪犯工作，并协助做好在押被讯问对象的安全防范，确保万无一失。三是加强律师教育、引导，确保监察机关调查完毕、案件移送检察机关审查逮捕或审查起诉后，律师的会见、阅卷等工作应当依据法律、法规等相关规定执行。四是履行职责过程中发现党员或公职人员涉嫌贪污贿赂、失职渎职、职务违法或职务犯罪线索，应及时向监察机关移送。

（五）纪检监察机关的衔接责任

纪检监察机关作为反腐败专责机关，要把贯彻实施监察法与修改后的《刑事诉讼法》结合起来，主动对接以审判为中心的司法体制改革方向，依照法定程序，参照刑事诉讼法对证据的形式要件和实质要件的要求，全面、客观地收集被调查人有无违法犯罪以及情节轻重的证据，包括物证、书证、证人证言、被调查人供述和辩解、视听资料、电子数据等证据材料。收集、固定、审查、运用证据时，应当与刑事审判关于证据的要求和标准相一致。按照《关于办理刑事案件排除非法证据若干问题的规定》的要求，以更高的标准、更严的要求，进一步规范监察人员调查职务犯罪的取证行为，对以非法方法收集的证据应当予以排除，确保调查所取得的证据符合刑事诉讼证据标准，确保在事实认定和证据收集、审查、运用上，与检察机关审查起诉、法院刑事审判的标准相符合。

对于检察机关退回补充调查的案件，调查组应根据检察机关提出的补充调查提纲和收集证据的清单，区分不同情况，经本级监察委员会主要负责人批准后，作如下处理：(1) 原调查认定的基本犯罪事实清楚、证据不够充分的，应当补充证据，制作补充调查报告书，移送检察机关审查；对于无法补充的证据，应当写明理由。(2) 在补充调查过程中，发现新的同案犯或新的罪行，需要追究刑事责任的，应当重新制作移送审查起诉书，移送检察机关审查。(3) 发现原认定的犯罪事实有重大变化，不应当追究刑事责任的，应当重新提出处理意见，并将处理结果通知退查的检察机关。(4) 发现原认定的犯罪事实有重大变化，应当改变罪名或增减犯罪事实的，应当重新提出处理意见，重新移送检察机关审查。(5) 原认定犯罪事实清楚，证据确实、充分，检察机关补充调查决定不当的，应当说明理由，移送检察机关审查。①

坚持把用法治思维和法治方式惩治腐败落实到对职务犯罪案件的调查处置中。从移送机制、程序对接、个案沟通、日常沟通、组织机制等方面与司法机关建立法法衔接机制。调查中采取的诸如边控、技术调查等措施，需要公安机关依法执行；涉及国家秘密的，需要国家安全机关的协助；特定线索的调查核实，需要审计机关的支持，即纪检监察执法与行政执法也应建立相应的衔接机制，以保证各办案环节的顺利、高效，形成反腐败工作的强大合力。

① 对检察机关退回补充调查案件，监察机关应如何处理．中央纪委、国家监委网站，2018－01－26.

附录

监察法实施涉及的党纪国法条目

一、《中华人民共和国宪法》（2018 年）

二、党内法规条目

（一）中国共产党章程（2017 年）

（二）综合类纪律规范

《中国共产党党内监督条例》（2016 年）

《中国共产党纪律处分条例》（2018 年）

《中国共产党问责条例》（2019 年）

《中国共产党纪律检查机关监督执纪工作规则》（2019 年）

《中国共产党党员权利保障条例》（2004 年）

《中国共产党纪律检查机关控告申诉工作条例》（1993 年）

（三）政治类纪律规范

《关于新形势下党内政治生活的若干准则》（2016 年）

《关于实行党风廉政建设责任制的规定》（2010 年）

《中共中央关于加强党的政治建设的意见》（2019 年）

《关于进一步推进国有企业贯彻落实“三重一大”决策制度的意见》（2010 年）

《关于领导干部不得参加自发成立的“老乡会”、“校友会”、“战友会”组织的通知》（2002 年）

《关于加强因公出国（境）团组境外纪律的通知》（2007 年）

（四）组织类纪律规范

《党政领导干部选拔任用工作条例》（2019 年）

《干部人事档案工作条例》（2018 年）

《干部选拔任用工作监督检查和责任追究办法（试行）》（2019 年）

《中国共产党农村基层组织工作条例》（2019 年）

《党组讨论和决定党员处分事项工作程序规定（试行）》（2018 年）

《关于严厉整治干部选拔任用工作中行贿受贿行为的通知》（2010 年）

《领导干部报告个人有关事项规定》（2017 年）

《领导干部个人有关事项报告查核结果处理办法》（2017 年）

《关于退出现职、接近或者达到退休年龄的党政领导干部在企业兼职、任职有关问题的意见》（2008 年）

《关于规范中管干部辞去公职或者退（离）休后担任上市公司、基金管理公司独立董事、独立监事的通知》（2008 年）

《中共中央组织部关于规范退（离）休领导干部在社会团体兼职问题的通知》（2014 年）

《关于进一步规范党政领导干部在企业兼职（任职）问题的意见》（2013 年）

《关于进一步加强领导干部出国（境）管理监督工作的通知》（2014 年）

《中纪委关于进一步加强党员干部出国（境）管理的通知》（2004 年）

《关于在干部教育培训中进一步加强学员管理的规定》（2013 年）

（五）工作类纪律规范

《纪检监察机关办案工作保密规定》（1996 年）

《党政机关办公用房管理办法》（2017 年）

《党政机关公务用车管理办法》（2017 年）

《党政机关国内公务接待管理规定》（2013 年）

《党政机关厉行节约反对浪费条例》（2013 年）

《关于对党和国家机关工作人员在国内交往中收受礼品实行登记制度的规定》（1995 年）

《关于中央党政机关工作人员在国内交往中收受礼品登记和处理办法》（1995 年）

《关于加强公务机票购买管理有关事项的通知》（2014 年）

《关于严禁党政机关到风景名胜区开会的通知》（2014 年）

《关于制止豪华铺张、提倡节俭办晚会的通知》（2013 年）

《关于规范党员干部网络行为的倡议》（2017 年）

《关于解决形式主义突出问题为基层减负的通知》（2019 年）

（六）廉洁类纪律规范

《中国共产党廉洁自律准则》（2015 年）

《国有企业领导人员廉洁从业若干规定》（2009 年）

《农村基层干部廉洁履行职责若干规定（试行）》（2011 年）

《关于进一步制止党政机关和党政干部经商、办企业的规定》（1986 年）

《关于坚决制止开具虚假发票公款报销行为的通知》（2003 年）

《关于严格禁止利用职务上的便利谋取不正当利益的若干规定》（2007 年）

《违规发放津贴补贴行为适用〈中国共产党纪律处分条例〉若干问题的解释》（2012 年）

《关于印发〈违反《国有企业领导人员廉洁从业若干规定》行为适用《中国共产党纪律处分条例》的解释〉的通知》（2012 年）

《对〈关于村委会主任（党员）利用职务之便收受财物行为如何处理的请示〉的答复》（2005 年）

（七）生活类纪律规范

《关于厉行节约反对食品浪费的意见》（2014 年）

《关于党员干部带头推动殡葬改革的意见》（2013 年）

《关于领导干部带头在公共场所禁烟有关事项的通知》（2013 年）

《关于严禁中央和国家机关使用“特供”“专供”等标识的通知》（2013 年）

（八）群众类纪律规范

《中共中央关于加强党同人民群众联系的决定》（1990 年）

《中央“八项规定”“六项禁令”》（2012 年）

三、行政法律法规条目

（一）人事类行政法律法规

《中华人民共和国公务员法》（2018 年）

《行政机关公务员处分条例》（2007 年）

《公安机关人民警察纪律条令》（2010 年）

《检察人员纪律处分条例》（2016 年）

《人民法院工作人员处分条例》（2009 年）

《监狱和劳动教养机关人民警察违法违纪行为处分规定》（2012 年）

《海关工作人员处分办法》（2012 年）

《公务员申诉规定（试行）》（2008 年）

《事业单位人事管理条例》（2014 年）

《事业单位工作人员处分暂行规定》（2012 年）

（二）工作类行政法规

《中华人民共和国保守国家秘密法实施条例》（2014 年）

《中华人民共和国审计法实施条例》（2010 年）

《机关事务管理条例》（2012 年）

《生产安全事故应急条例》（2019 年）

《医疗纠纷预防和处理条例》（2018 年）

《安全生产领域违法违纪行为政纪处分暂行规定》（2006 年）

《地方党政领导干部安全生产责任制规定》（2018 年）

《地方党政领导干部食品安全责任制规定》（2019 年）

《城乡规划违法违纪行为处分办法》（2016 年）

《税收违法违纪行为处分规定》（2012 年）

《统计违法违纪行为处分规定》（2009 年）

《档案管理违法违纪行为处分规定》（2013 年）

《关于违反信访工作纪律处分暂行规定》（2008 年）

《环境保护违法违纪行为处分暂行规定》（2006 年）

《违反土地管理规定行为处分办法》（2008 年）

《海域使用管理违法违纪行为处分规定》（2008 年）

《违反规定插手干预工程建设领域行为处分规定》（2010 年）

《关于加强国家工作人员因私事出国（境）管理的暂行规定》（2003 年）

《行政机关机构编制违法违纪行为政纪处分暂行规定》（2012 年）

《关于企业中由行政机关任命的人员参照执行〈行政机关公务员处分条例〉的通知》（2008 年）

《关于企业中由行政机关任命的人员参照〈行政机关公务员处分条例〉适用解除处分制度的通知》（2010 年）

（三）经济类行政法律法规

《中华人民共和国企业国有资产法》（2008 年）

《违反行政事业性收费和罚没收入收支两条线管理规定行政处分暂行规定》（2000 年）

《企业国有资产监督管理暂行条例》（2019 年）

《关于建立国有企业违规经营投资责任追究制度的意见》(2016 年)
《财政违法行为处罚处分条例》(2011 年)
《关于国有企业领导人员违反廉洁自律“七项要求”政纪处分规定》(2009 年)
《设立“小金库”和使用“小金库”款项违法违纪行为政纪处分暂行规定》(2010 年)
《用公款出国(境)旅游及相关违纪行为处分规定》(2010 年)
《违规发放津贴补贴行为处分规定》(2013 年)
《中央企业境外投资监督管理办法》(2017 年)
《中央企业投资监督管理办法》(2017 年)
《中央企业违规经营投资责任追究实施办法(试行)》(2018 年)
《中央企业工资总额管理办法》(2018 年)
《中央企业负责人经营业绩考核办法》(2019 年)

四、职务犯罪规范条目

(一)贪污贿赂类犯罪

1. 贪污贿赂类犯罪相关规范

《关于贯彻宽严相济刑事政策的若干意见》(2010 年)
《关于办理职务犯罪案件严格适用缓刑、免予刑事处罚若干问题的意见》(2012 年)
《关于办理贪污贿赂刑事案件适用法律若干问题的解释》(2016 年)

2. 贪污贿赂类犯罪罪名分述

(1)贪污罪
(2)挪用公款罪
(3)受贿罪
(4)单位受贿罪
(5)利用影响力受贿罪
(6)行贿罪
(7)对单位行贿罪
(8)介绍贿赂罪
(9)单位行贿罪
(10)巨额财产来源不明罪
(11)隐瞒境外存款罪
(12)私分国有资产罪
(13)私分罚没财物罪
(14)非国家工作人员受贿罪
(15)对非国家工作人员行贿罪

(二)滥用职权类犯罪

1. 渎职类犯罪相关规范

《关于〈中华人民共和国刑法〉第九章渎职罪主体适用问题的解释》(2002 年)
《关于办理渎职刑事案件适用法律若干问题的解释(一)》(2012 年)
《关于办理贪污贿赂刑事案件适用法律若干问题的解释》(2016 年)

2. 滥用职权类犯罪罪名分述

(1) 滥用职权罪

(2) 国有公司、企业、事业单位人员滥用职权罪

(3) 滥用管理公司、证券职权罪

(4) 食品监管渎职罪

(5) 故意泄露国家秘密罪

(6) 报复陷害罪

(7) 阻碍解救被拐卖、绑架妇女、儿童罪

(8) 帮助犯罪分子逃避处罚罪

(9) 违法发放林木采伐许可证罪

(10) 办理偷越国(边)境人员出入境证件罪

(11) 放行偷越国(边)境人员罪

(12) 挪用特定款物罪

(13) 非法剥夺公民宗教信仰自由罪

(14) 侵犯少数民族风俗习惯罪

(15) 打击报复会计、统计人员罪

(三) 玩忽职守类犯罪

1. 玩忽职守类犯罪相关规范

《关于〈中华人民共和国刑法〉第九章渎职罪主体适用问题的解释》(2002年)

《关于办理渎职刑事案件适用法律若干问题的解释(一)》(2012年)

《关于办理贪污贿赂刑事案件适用法律若干问题的解释》(2016年)

2. 玩忽职守类犯罪罪名分述

(1) 玩忽职守罪

(2) 国有公司、企业、事业单位人员失职罪

(3) 签订、履行合同失职被骗罪

(4) 国家机关工作人员签订、履行合同失职被骗罪

(5) 环境监管失职罪

(6) 传染病防治失职罪

(7) 商检失职罪

(8) 动植物检疫失职罪

(9) 不解救被拐卖、绑架妇女、儿童罪

(10) 失职造成珍贵文物损毁、流失罪

(11) 过失泄露国家秘密罪

(四) 徇私舞弊类犯罪

徇私舞弊类犯罪罪名分述

(1) 徇私舞弊低价折股、出售国有资产罪

(2) 非法批准征收、征用、占用土地罪

(3) 非法低价出让国有土地使用权罪

(4) 非法经营同类营业罪

(5) 为亲友非法牟利罪

(6) 枉法仲裁罪

(7) 徇私舞弊发售发票、抵扣税款、出口退税罪
(8) 商检徇私舞弊罪
(9) 动植物检疫徇私舞弊罪
(10) 放纵走私罪
(11) 放纵制售伪劣商品犯罪行为罪
(12) 招收公务员、学生徇私舞弊罪
(13) 徇私舞弊不移交刑事案件罪
(14) 违法提供出口退税凭证罪
(15) 徇私舞弊不征、少征税款罪

(五) 责任事故类犯罪

重大责任事故类犯罪罪名分述
(1) 重大责任事故罪
(2) 教育设施重大安全事故罪
(3) 消防责任事故罪
(4) 重大劳动安全事故罪
(5) 强令违章冒险作业罪
(6) 不报、谎报安全事故罪
(7) 铁路运营安全事故罪
(8) 重大飞行事故罪
(9) 大型群众性活动重大安全事故罪
(10) 危险物品肇事罪
(11) 工程重大安全事故罪

(六) 与诉讼领域相关职务犯罪

相关犯罪罪名综述
(1) 非法拘禁罪
(2) 非法搜查罪
(3) 刑讯逼供罪
(4) 暴力取证罪
(5) 虐待被监管人罪
(6) 滥用职权罪
(7) 玩忽职守罪
(8) 徇私枉法罪
(9) 民事、行政枉法裁判罪
(10) 执行判决、裁定失职罪
(11) 执行判决、裁定滥用职权罪
(12) 私放在押人员罪
(13) 失职致使在押人员脱逃罪
(14) 徇私舞弊减刑、假释、暂予监外执行罪

(七) 其他类型犯罪

相关犯罪罪名分述
(1) 破坏选举罪

(2) 背信损害上市公司利益罪
(3) 利用未公开信息交易罪
(4) 诱骗投资者买卖证券、期货合约罪
(5) 背信运用受托财产罪
(6) 违法运用资金罪
(7) 违法发放贷款罪
(8) 吸收客户资金不入账罪
(9) 违规出具金融票证罪
(10) 对违法票据承兑、付款、保证罪
(11) 非法转让、倒卖土地使用权罪
(12) 私自开拆、隐匿、毁弃邮件、电报罪
(13) 职务侵占罪
(14) 挪用资金罪
(15) 故意延误投递邮件罪
(16) 泄露不应公开的案件信息罪
(17) 披露、报道不应公开的案件信息罪
(18) 接送不合格兵员罪

图书在版编目（CIP）数据

监察法学/吴建雄，廖永安主编．--北京：中国人民大学出版社，2020.03
ISBN 978-7-300-27828-5

Ⅰ.①监… Ⅱ.①吴… ②廖… Ⅲ.①行政监察法—法的理论—中国 Ⅳ.①D922.114.1

中国版本图书馆 CIP 数据核字（2019）第 294707 号

21 世纪普通高等教育法学系列教材
监察法学
主编　吴建雄　廖永安
执行主编　李　蓉
Jiancha Faxue

出版发行	中国人民大学出版社		
社　　址	北京中关村大街 31 号	**邮政编码**	100080
电　　话	010－62511242（总编室）		010－62511770（质管部）
	010－82501766（邮购部）		010－62514148（门市部）
	010－62515195（发行公司）		010－62515275（盗版举报）
网　　址	http：//www.crup.com.cn		
经　　销	新华书店		
印　　刷	北京溢漾印刷有限公司		
规　　格	185 mm×260 mm　16 开本	**版　　次**	2020 年 3 月第 1 版
印　　张	16.25 插页 1	**印　　次**	2023 年 2 月第 2 次印刷
字　　数	428 000	**定　　价**	38.00 元

《　　　　　　》※任课教师调查问卷

为了能更好地为您提供优秀的教材及良好的服务，也为了进一步提高我社法学教材出版的质量，希望您能协助我们完成本次小问卷，完成后您可以在我社网站中选择与您教学相关的1本教材作为今后的备选教材，我们会及时为您邮寄送达！如果您不方便邮寄，也可以申请加入我社的**法学教师 QQ 群：83961183（申请时请注明法学教师）**，然后下载本问卷填写，并发往我们指定的邮箱（cruplaw@163.com）。

邮寄地址：北京市海淀区中关村大街31号中国人民大学出版社806室收

邮　　编：100080

再次感谢您在百忙中抽出时间为我们填写这份调查问卷，您的举手之劳，将使我们获益匪浅！

基本信息及联系方式：※

姓名：＿＿＿＿＿＿ 性别：＿＿＿＿＿＿ 课程：＿＿＿＿＿＿＿＿＿＿＿＿

任教学校：＿＿＿＿＿＿＿＿＿＿＿＿＿＿ 院系（所）：＿＿＿＿＿＿＿＿＿＿

邮寄地址：＿＿＿＿＿＿＿＿＿＿＿＿＿＿ 邮编：＿＿＿＿＿＿＿＿＿＿＿＿

电话（办公）：＿＿＿＿＿＿ 手机：＿＿＿＿＿＿ 电子邮件：＿＿＿＿＿＿＿

调查问卷：※

1. 您认为图书的哪类特性对您使用教材最有影响力？（　　）（可多选，按重要性排序）

   A. 各级规划教材、获奖教材　　B. 知名作者教材

   C. 完善的配套资源　　D. 自编教材

   E. 行政命令

2. 在教材配套资源中，您最需要哪些？（　　）（可多选，按重要性排序）

   A. 电子教案　　B. 教学案例

   C. 教学视频　　D. 配套习题、模拟试卷

3. 您对于本书的评价如何？（　　）

   A. 该书目前仍符合教学要求，表现不错将继续采用。

   B. 该书的配套资源需要改进，才会继续使用。

   C. 该书需要在内容或实例更新再版后才能满足我的教学，才会继续使用。

   D. 该书与同类教材差距很大，不准备继续采用了。

4. 从您的教学出发，谈谈对本书的改进建议：＿＿＿＿＿＿＿＿＿＿＿＿＿＿

＿＿＿＿＿＿＿＿＿＿＿＿＿＿＿＿＿＿＿＿＿＿＿＿＿＿＿＿＿＿＿＿＿＿＿＿

＿＿＿＿＿＿＿＿＿＿＿＿＿＿＿＿＿＿＿＿＿＿＿＿＿＿＿＿＿＿＿＿＿＿＿＿

选题征集：如果您有好的选题或出版需求，欢迎您联系我们：

联系人：黄　强　联系电话：010-62515955

索取样书：书名：＿＿＿＿＿＿＿＿＿＿＿＿＿＿＿＿＿＿＿＿＿＿＿＿＿＿

书号：＿＿＿＿＿＿＿＿＿＿＿＿＿＿＿＿＿＿＿＿＿＿＿＿＿＿＿＿＿＿＿

备注：※ 为必填项。